LOUIS GUIBERT

CHALUCET

LIMOGES
IMPRIMERIE ET LIBRAIRIE LIMOUSINE
Vᵉ H. DUCOURTIEUX
Libraire de la Société archéologique et historique du Limousin
7, RUE DES ARÈNES, 7

1887

*A Monsieur Léopold Delisle
hommage respectueux*

CHALUCET

RUINES DE CHÂLUCET

LOUIS GUIBERT

CHALUCET

LIMOGES
IMPRIMERIE ET LIBRAIRIE LIMOUSINE
Ve H. DUCOURTIEUX
Libraire de la Société archéologique et historique du Limousin
7, RUE DES ARÈNES, 7

1887

CHALUCET

Tout chemin, dit-on, mène à Rome. — Nous ne connaissons pas plus de deux chemins qui, du Vigen, conduisent à Châlucet. Le premier sera préféré par les voyageurs pressés, par les dames et par toutes les personnes que la nature n'a pas douées de bonnes jambes ou à qui la marâtre a enlevé l'usage de ces précieux auxiliaires de la santé, après les en avoir laissé plus ou moins longtemps jouir. Nous recommandons le second aux gens bien portants, aux vrais promeneurs, aux touristes, aux rêveurs, aux hommes qui ne mesurent pas leur temps et qui peuvent dépenser quelques heures à exercer leur corps pour le plus grand délassement de leur esprit.

Douze kilomètres, au témoignage des bornes plantées par le service des ponts et chaussées, séparent le Vigen de Limoges. L'étranger pressé ou la personne qui a ses raisons pour ne pas aimer la promenade, fera ce trajet en voiture, en suivant d'abord la route nationale n° 20, de Paris à Toulouse et à Barèges, puis la route départementale n° 2, de Limoges à Saint-Yrieix, bien abandonnée depuis l'ouverture des lignes de fer. Après avoir dépassé la petite église du Vigen, on devra prendre, à gauche, le chemin de grande communication n° 32, d'où se détache, sur la droite, une petite route récemment ouverte et conduisant au nouveau pont de la Briance, au pied même de la colline qui porte Châlucet. Pendant la durée de cette dernière partie du trajet, le voyageur aura, tantôt à droite, tantôt en face de lui, les ruines imposantes des tours, qu'il pourra admirer sous leurs aspects les plus pittoresques et les plus variés.

Le touriste, lui, quittera la ville de bon matin. Il traversera la Vienne sur l'ancien pont Saint-Martial, longtemps l'unique avenue du vieux Limoges du côté sud. A quelques centaines de mètres du pont, il prendra le chemin de Solignac, et, au bout de

1

deux heures de la plus charmante promenade, il atteindra la profonde et gracieuse vallée où saint Éloi obtint de Dagobert la permission d'élever « un escalier qui les conduisît l'un et l'autre jusqu'au ciel ». Le promeneur qui nous a accepté pour guide, saluera le souvenir de notre illustre compatriote, qui fut un grand évêque, un grand ministre, et l'artiste le plus renommé de son siècle. Il ne manquera pas de visiter la belle église abbatiale dont les intéressants vitraux laissent, en ce moment même, tomber leurs derniers fragments. Il jettera en passant un coup d'œil sur le monastère bénédictin, reconstruit au xvii° siècle, et dont les cellules ont vu, penchés sur leur laborieuse et patriotique tâche, Dom Estiennot, Dom Colomb, Dom Rivet, Dom Col. Ces beaux bâtiments, devenus, après la Révolution, un pensionnat tenu par d'anciennes religieuses de Fontevrault, servent aujourd'hui de fabrique de porcelaines. De Solignac, on gagne le Vigen en moins d'un quart d'heure. Notre touriste passera fièrement devant le poteau indicateur du chemin n° 32, et poursuivant sa droite route, traversera la Briance sur le pont de pierres (1) qui, depuis une dizaine d'années, a remplacé l'ancien pont suspendu, jadis objet de la complaisante admiration des gens de l'endroit. Quelques pas plus loin, il trouvera sur la gauche un petit chemin ombreux, inégal, rapide, qui s'enfonce sous une voûte de feuillage, descend par une pente rapide jusqu'à un premier ruisseau (dont le lit renferme d'ordinaire beaucoup moins d'eau que de cailloux), remonte aussitôt pour redescendre un peu plus loin, glisse le long des murs de clôture des prairies, frôle les haies, tantôt enjambe, tantôt contourne les replis du sol, et se perd bientôt derrière les arbres et les accidents de terrain.

Si l'on s'engage dans ce chemin, on arrivera, après vingt minutes d'une marche laborieuse, à un ruisselet dont l'eau filtre lentement, avec un bruit clair, entre deux morceaux de rocher usés; on le traversera sans être obligé d'allonger le pas. On prendra alors un étroit sentier suspendu au flanc de la colline; sur le versant poussent çà et là, dans un terrain maigre et sablonneux, quelques malingres châtaigniers. Une centaine de pas plus loin, ce sentier joint le ravin au fond duquel coule la Briance et fait brusquement un coude pour remonter la rivière. A ce moment, au milieu du plus pittoresque paysage, entre le rocher bleuâtre, semé de mousses et de bruyères, qui borne la vue à

(1) Les restes d'un vieux pont de pierres émergent encore de l'eau à quelques mètres en aval. Ce pont est mentionné dans plusieurs titres des xiii° et xiv° siècles.

droite, et les prairies verdoyantes qui, sur la gauche, descendent en pente douce jusqu'au bord de l'eau, le voyageur apercevra tout à coup en face de lui et s'élevant au-dessus des plus hautes branches des arbres, la silhouette décharnée et les tours grises d'une vieille forteresse. C'est tout ce que le temps et la main des hommes ont laissé de Châlucet (1).

I

ÉTAT ACTUEL DES RUINES ET DESCRIPTION DE CHALUCET.

Il ne faut pas se laisser rebuter par la difficulté du chemin : la fatigue des jambes doit ici payer le plaisir des yeux. La nature si pittoresque de nos pays s'offre aux regards sous les aspects les plus divers. Le sentier descend maintenant vers la rivière : la pente est rapide ; le granit se montre à fleur de terre ; à certains endroits il a fallu y pratiquer des degrés. A droite, on touche pour ainsi dire du coude le flanc escarpé de la colline; à gauche, à trente ou quarante mètres au-dessous du chemin, murmure la Briance, qui promène ses eaux sur un lit de fin gravier. L'œil erre avec complaisance et se repose successivement sur les champs couverts de moissons robustes, encadrés de buissons, d'arbres et de murs bas où s'ouvrent de larges brèches, sur les prés dont mille fleurs piquent d'étoiles d'un ton vif la douce et calme verdure, sur les villas dont les blanches façades et les toits rouges ou bleus égaient le paysage. Derrière le voyageur, les châtaigneraies forment un épais rideau cachant la campagne qu'il vient de parcourir; devant lui des peupliers grêles, profilant sur le ciel leurs rameaux droits et leur feuillage menu ; des ondulations de terrain revêtues de mousses, de ronces, de fougères, d'arbustes à profil tourmenté ; un peu plus loin la masse imposante de la forteresse en ruines.

On est arrivé tout au bord de la rivière ; le chemin est affreusement défoncé, et en si mauvais état que, huit jours après une pluie, il reste impraticable. Les racines de quelques arbres, pro-

---

(1) Nous écrivons *Châlucet*, parce que, dans les plus anciens documents qui mentionnent ce château, on lit presque toujours *Chaslucetum, Castrum Luceti, Castrum Lucii*, — très rarement *Chaslussetum* ou *Chalusset*.

fondément enfoncées dans le sol, soutiennent seules ce qui reste de la chaussée ; quelque jour d'inondation, tout descendra dans la rivière. Un peu plus loin, il faut, pour ne pas s'embourber, franchir un buisson à l'aide d'une de ces fourches de bois appuyées à une haie, si communes dans nos campagnes, et prendre par les prés, où le pied n'est pas toujours très assuré. Bientôt on retrouve la Briance, avec un vieux pont (1) dont le tablier, à demi pourri, est attaché par une chaîne de fer à une pile de maçonnerie chancelante et lézardée, — si chancelante et si lézardée qu'on se demande si l'on a compté sur le tablier pour retenir la pile ou sur la pile pour arrêter la chute du tablier.

Quelques pas encore et on arrive en face des tours, étagées sur une colline escarpée que baignent d'un côté la Ligoure, de l'autre la Briance. Les deux rivières, la première surtout, sont profondément encaissées et ne doivent pas être regardées comme une des moindres fortifications naturelles qui rendaient Châlucet presque imprenable avant l'usage du canon ; elles unissent leurs eaux un peu plus bas, au sommet du triangle très allongé dont le fossé pratiqué en arrière du château forme la base. Ce promontoire est situé sur le territoire de la commune de Saint-Jean-Ligoure et non de celle de Boisseuil comme on le lit dans un trop grand nombre d'ouvrages ; mais il appartient à la paroisse du Vigen.

A la pente très douce du chemin succède tout à coup un ressaut de terrain ; puis on commence à gravir une rampe assez rapide, qui franchit, sur la droite, un amas de débris, entre deux murs en ruines ; on se trouve ici au milieu d'un premier groupe de constructions tout à fait indépendant de la forteresse. La plupart de ces bâtisses ont sans doute servi d'habitation tant aux familles des

---

(1) Ce pont se trouvait sur un chemin appelé le « Chemin du Capitaine », qui venait, à ce qu'on prétend, du Pont-Rompu et se dirigeait vers Château-Chervix. Nous ne croyons pas qu'une voie importante ait jamais passé très près de Châlucet ; mais le château était placé, comme aujourd'hui, entre la route de Saint-Yrieix et celle de Pierrebuffière, à moins de deux mille mètres, à vol d'oiseau, de l'une et de l'autre. — Nos anciens manuscrits renferment, à partir du XIII° siècle, de fréquentes mentions du chemin de Limoges à Châlucet — *iter Castri Luceti* — qui passait, comme la route actuelle, à Saint-Lazare et sous Crochat. Un acte de 1245 (liasse 3918 des Archives de la Haute-Vienne) mentionne les chemins qui conduisent de la Croix de Lobéac à Châlucet et à Solignac, — *Vias publicas per quas itur de Cruce de Lobeac apud Chalucetum et apud Sollempniacum.*

tenanciers des Jaunhac et des Périgord qu'aux gens qui, à diverses époques, sont venus se mettre sous la protection du château. Mais tous les murs dont on aperçoit des vestiges ne semblent pas avoir appartenu à des maisons : évidemment certains d'entre eux ont été élevés pour défendre l'approche de la place. Quoiqu'il en soit, ces bâtiments et les chaumières qui s'étaient construites au pied de la colline, presque au bord de l'eau, formaient la « ville » ou bourg de Châlucet, mentionnée par un certain nombre de documents du XIIIe au XVe siècles (1). Un très ancien moulin en dépendait. On aperçoit encore les ruines de son barrage au pied des tours.

Une grande tour carrée de huit mètres environ de côté, construite en pierres plates de moyennes dimensions, et à larges contreforts plats sur chaque face, se dresse à peu de distance, assise sur le roc vif et solidement plantée sur l'échine même du promontoire. Du côté de l'arrivée, elle présente, à trois mètres et demi environ du sol, à gauche du contrefort, une ouverture à plein cintre, qui devait servir d'entrée. On y accédait par une échelle qu'on retirait ensuite, comme cela se pratiquait dans beaucoup de châteaux. Sur les autres faces, on n'aperçoit qu'un petit nombre de meurtrières. Par derrière, une archère surveille et commande le chemin, dans la direction de la forteresse. Détail assez curieux : les encoignures de la tour ne sont garnies de pierres de taille qu'à partir d'une certaine hauteur, et les arêtes des assises supérieures, comme celles des assises inférieures, sont constituées par des matériaux analogues à ceux du reste de la maçonnerie. On comprend que, pour économiser la pierre de taille, les constructeurs ne l'aient pas employée dans la partie basse de l'édifice, qui se trouvait garantie des projectiles ou de la sape par les bâtiments avoi-

---

(1) *In territorio ville de Chalusset* (Arch. Haute-Vienne, l. 5788); *in toto castro predicto seu villa ejusdem et in barriis et pertinenciis castri et ville* (Appendice ci-après, pièce 10);.... *dans le chastel, dix hommes d'armes et deux dans la ville d'illeuc* (*Mandements de Charles V*, n° 619). Si le mot de *villa* a été, pendant la première partie du moyen âge, employé pour désigner un centre d'exploitation rurale, il a eu, plus tard, exactement le sens de « bourg ». C'est ainsi que l'agglomération de maisons existant sur le bord de la Vienne, auprès du plus ancien des ponts connus de Limoges, était appelée, depuis un temps immémorial, « ville du pont Saint-Martial. »—*Villa pontis Sancti Martialis.*— Le sens que nous indiquons est précisé dans un grand nombre de pièces : *decima ville et parrochie de Sussac,*— *villa et parrochia de Esgallo,*— *in burgo seu villa et parrochia de Aurelio.* (Arch. Haute-Vienne, fonds de Solignac et d'Aureil.)

sinants; mais il est plus difficile de trouver l'explication de cette économie en ce qui a trait à la partie haute. L'anomalie que nous signalons ici, ne paraît pas provenir, au surplus, d'une réparation ou d'une réfection partielle. Tout le bâtiment offre le même appareil, indique les mêmes procédés, montre la même pierre de nature schisteuse, de même échantillon. Le couronnement de la tour est tombé. L'intérieur ne présente rien d'intéressant.

Autour de ce premier donjon s'élevaient des constructions dont on observe encore les restes, mais dont on ne saurait préciser ni l'usage ni les dispositions. Il semble toutefois qu'à côté de la tour dont nous venons de parler et séparée d'elle par le chemin, se trouvait une tour ou redoute, carrée aussi. Cet ensemble de bâtiments formait le *Bas Château de Châlucet*, — *Castrum inferius* (1) — auquel appartenaient trois ou quatre constructions placées sur le bord du chemin, à moitié suspendues sur le ravin, et dont le pied heurte les décombres ou les murs à fleur de terre, quand on continue à avancer dans la direction du château haut. Ces dépendances ne s'étendent pas à moins d'une cinquantaine de mètres de ce côté. Nous ne retrouvons pas de traces bien précises d'une enceinte; il est à peu près certain toutefois qu'il en a existé une.

Le bas château devait avoir plus d'importance que n'en annonce l'aspect presque mesquin de ses débris; car nombre de documents, dont nous aurons l'occasion de citer des extraits, nous le montrent habité aux XIII° et XIV° siècles par plusieurs chevaliers avec leurs familles et leurs serviteurs, et pourvu de toutes les dépendances nécessaires, même d'une chapelle. Peut-être, en avant du bas château et le séparant du village, existait-il une porte fortifiée, qu'un testament daté de 1330 (2) désigne sous le nom de *Porte Neuve*. On n'en retrouve du reste nul vestige, et ce premier groupe de constructions ne présente aucune pierre sculptée, aucun détail remarquable d'architecture.

La tour du Bas Châlucet ne saurait être postérieure au XII° siècle. On la désigne dans le pays sous le nom de *tour Jeannette*. Les habitants des environs racontent qu'une jeune bergère y fut ren-

---

(1) C'est ici le lieu de remarquer quelle précision on trouve souvent dans le langage courant, et comme une expression passée en usage et sans conséquence à ce qu'il semble, conserve parfois le souvenir de faits dont la science a perdu toute notion. M. Allou et M. Mérimée, disaient « le château de Châlucet »; le peuple n'a jamais dit autrement que « les Tours ».

(2) Appendice, n° 16.

fermée par des brigands, qui la laissèrent mourir de faim. Le fait n'a rien que de vraisemblable et a pu se produire au moment où les routiers occupèrent la forteresse. Cependant nous serions tenté de voir tout simplement, dans ce nom de Jeannette, une réminiscence, ou plutôt une forme corrompue du nom des anciens possesseurs du château, les seigneurs de Jaunhac.

Le sentier qu'on a suivi jusque-là, et qui se maintient sur la crête du promontoire, se dirige vers le haut château, tantôt à découvert, sur des rochers et des décombres, tantôt à travers des fourrés et des broussailles au milieu desquels le touriste disparaît complètement. De temps à autre on est arrêté par un monticule formé de matériaux mêlés de terre ou par quelque énorme éclat de granit recouvert de lichen. A droite et à gauche, le voyageur entend rouler des pierres et voit fuir des lézards ou des serpents que son approche a dérangés de leur béate sieste. Il atteint enfin le premier ouvrage de défense de la forteresse, qu'une distance de trente-cinq mètres à peine sépare des derniers débris paraissant appartenir au groupe du bas château, mais qui n'est pas à moins de 80 mètres de la tour dont nous venons de parler.

Cette première enceinte était commandée en avant par un ouvrage en saillie, à contreforts plats, dont la construction offre beaucoup d'analogie avec celle de la tour Jeannette ; elle se continuait sur le versant de la colline qui regarde la Ligoure, et faisait le tour du château, tantôt ne présentant qu'une simple muraille percée de meurtrières, élevée sur une corniche de granit et au-dessous de laquelle la pente abrupte du rocher rendait à l'assaillant l'escalade presque impossible, tantôt renforcée de terrasses ou de galeries du haut desquelles les guetteurs et les combattants dominaient le ravin : plus ou moins haute, mais jamais assez élevée pour gêner le tir des archers ou des arbalétriers postés dans le bâtiment central, et qui pouvaient constamment apporter à la défense de ce premier boulevard un précieux concours. L'enceinte dont il s'agit se terminait, en arrière du château, par une grande terrasse au devant de laquelle on avait pratiqué une profonde coupure formant fossé. Le point où ce fossé rejoint le chemin de ronde du côté de la Briance, était défendu par une tour dont les traces sont fort apparentes. De là on suit, à travers les broussailles et les ronces, le tracé de ce mur extérieur, jusqu'à une sorte de corps de garde ou d'orillon placé en arrière d'un grand portail élevé du même côté. Ce portail, qui semble avoir été la principale entrée de l'enceinte extérieure, n'avait ni pont-levis ni herse : aucun ornement ne relève son aspect lourd et sa fruste maçonnerie. Son mur, très épais, se termine carrément du côté de la campagne et n'a conservé aucun vestige d'attaches; mais, à l'intérieur, on reconnaît les traces d'un petit toit qui garantissait, selon toute vraisemblance, le corps de garde dont nous venons de parler. Peut-être le mur extérieur, de ce côté, n'était-il pas très haut, et était-il garni d'une palissade, entre le portail et l'amortissement de la terrasse qui couronnait l'escarpe du grand fossé creusé au sud-ouest.

L'entrée principale du haut château de Châlucet, dont la majestueuse et solide façade, flanquée de deux tours rondes, était munie de meurtrières, de créneaux et d'une galerie en encorbellement, avec machicoulis, s'ouvrait sous un avant-corps peu saillant. Elle se trouvait protégée par une sorte de demi-lune : en arrière on avait construit une terrasse peu élevée, permettant, au cas où ce premier ouvrage aurait été emporté, d'arrêter les assaillants et de les empêcher de briser la herse. Au revêtement de cette demi-lune se rattachait un mur allant rejoindre l'enceinte extérieure et destiné, si l'ennemi forçait la tête de la première enceinte, à lui fermer l'accès du chemin de ronde, et à créer un obstacle de plus au devant de lui.

Si tous les ouvrages avancés étaient enlevés, et la terrasse bastionnée du sud-ouest qui commandait le chemin de ronde et l'enceinte extérieure, occupée par l'ennemi, l'assiégé se réfugiait dans la forteresse proprement dite, dont il fermait les portes. L'assaillant parvenait-il à forcer la herse qui défendait l'entrée,— et qui était cependant maintenue par de solides pierres de taille en saillie, encore à leur place, — et à pénétrer dans le château, il se trouvait dabord dans une cour étroite, entourée de hautes murailles et où il ne devait s'engager qu'avec prudence. Les défenseurs du fort, du haut d'une galerie ménagée au-dessus de la porte, et par des fenêtres et meurtrières s'ouvrant à droite et à gauche, dans l'épaisseur des murs latéraux, faisaient pleuvoir sur lui des pierres, de l'huile bouillante, du plomb fondu ; en face, sur une sorte de terrasse élevée à l'extrémité de la cour intérieure, en avant du donjon, et dans une position fort avantageuse — le couloir allait en s'élargissant — d'autres tiraient sur lui presque à coup sûr. S'ils ne réussissaient pas à arrêter les progrès de l'adversaire, les hommes du château, après s'être défendus de cour en cour, de salle en salle, de porte en porte, se réfugiaient dans le grand donjon, où des provisions et des munitions avaient été accumulées à la première nouvelle de l'approche de l'ennemi, et où on pouvait tenir longtemps et attendre des secours ou obtenir du moins une capitulation honorable.

Outre la grande terrasse et le fossé dont nous avons déjà

parlé, trois tours rondes et une longue galerie pratiquée dans l'épaisseur du rempart et percée d'étroites meurtrières, défendaient les derrières du château. Ce côté, complétement dépourvu de fortifications naturelles, était regardé à juste titre comme le point le plus faible de la position; aussi y avait-on multiplié les ouvrages de défense. — Au nord-ouest et au sud-est, les murs du château qui faisaient face à la Ligoure et à la Briance étaient munis de machicoulis, de meurtrières, et protégés par les tours rondes des angles. Pour faciliter les communications du fort avec la première enceinte, plusieurs puits ou fausses cheminées, dont on trouve des traces, avaient été ménagés dans l'épaisseur des remparts, et ouvraient sur le chemin de ronde. Ils servaient aussi à monter des provisions, des matériaux, des fardeaux de toute espèce; quelques-uns étaient utilisés comme latrines.

Le château proprement dit a 70 mètres de long ; sa façade se développe sur une largeur de 27 mètres environ. La ligne formée par le rempart postérieur dépasse 43 mètres. Les courtines étaient hautes de 20 mètres et plus.

Outre son donjon, le Haut Châlucet était défendu par cinq tours rondes, dont on reconnaît la situation et dont le diamètre intérieur n'est guère de moins de 3 mètres. Quatre d'entr'elles sont placées aux angles du trapèze formé par l'ensemble des bâtiments de la forteresse ; à côté de chacune de ces tours se trouve un escalier pratiqué dans l'épaisseur du rempart et faisant communiquer entr'eux les divers étages des tours et des corps de logis auxquels elles étaient accolées. La cinquième s'élève au milieu de la galerie qui défendait la partie postérieure du château et qui, voûtée en berceau, avait 2 mètres 75 environ de hauteur sur 1 mètre 20 de large et plus de 40 mètres de long; elle concourait, avec cette galerie et les deux tours qui la flanquent, à la défense du fort de ce côté. C'est dans ces tours, aujourd'hui comblées par les décombres, que la tradition place les oubliettes de la forteresse. Tout vieux château doit avoir ses oubliettes, et, s'il faut en croire certains récits, celles de Châlucet étaient particulièrement horribles : des vieillards racontaient, au commencement de ce siècle, qu'on pouvait encore voir, dans leur enfance, les piques qui garnissaient le fond d'une sorte de puits et sur lesquelles les malheureux précipités par les bandits, tombaient et se déchiraient affreusement. Il est fort croyable que piques et oubliettes n'ont jamais existé que dans l'imagination des bonnes gens des environs. Quoiqu'il en soit, les basses-fosses de Châlucet devaient être un triste séjour pour les pauvres prisonniers qu'on y jetait. Les ancêtres de beaucoup de bourgeois de Limoges ont dû en savoir quelque chose.

Au milieu du fort s'élève le donjon, qu'à l'intérieur un mur de refend de 2 mètres d'épaisseur partage du haut en bas. Il n'offre rien de remarquable si ce n'est, sur une de ses faces extérieures, un contre-fort en angle très saillant que l'on a comparé avec raison à l'éperon d'un navire. Tout porte à croire que cet édifice est une des parties les plus anciennes du château. La maçonnerie est plus soignée que celle de la Jeannette, et composée de matériaux plus beaux ; mais l'appareil n'offre, contrairement à ce qu'on a prétendu, aucune analogie avec l'appareil romain. Non-seulement les encoignures de la tour, mais celles des contre-forts, ne sont en pierres de taille qu'à partir d'une certaine hauteur : la partie basse se trouvant à l'abri des gros projectiles lancés par les machines, à cause des constructions qui l'entouraient. Il est difficile de faire remonter cet édifice au delà du xiie siècle. C'est du reste, on va le voir, la date que nos chroniques assignent à la première construction du château. A l'intérieur, on trouve les vestiges d'un escalier de pierre à deux courses qui a été coupé, et dont on ne peut plus faire usage. Il n'atteignait pas, du reste, le haut de la tour; on accédait aux étages supérieurs par un escalier à vis, pratiqué dans l'épaisseur du mur de refend (1). — Tous les planchers sont tombés. Une voûte qui tient bon encore, couvre le compartiment nord et supporte une partie de la plate-forme ; mais le donjon a perdu son couronnement. On pénètre aujourd'hui dans l'intérieur de cette tour en passant, non sans peine, au-dessus de deux voûtes presque effondrées. Il y a vingt ans, l'accès en était plus facile. A l'extérieur du donjon, on remarque quelques beaux machicoulis d'assez grandes dimensions. Leur présence, fort rare, on le sait, dans les châteaux forts antérieurs au xiiie siècle, pourrait faire contester la date que nous assignons à la tour, si nous n'avions d'autres exemples de la même singularité dans notre pays. Montbrun notamment nous offre, dans sa partie la plus ancienne, — le donjon carré dont la construction remonte certainement au dernier tiers du xiie siècle, et qui ne paraît pas avoir subi d'importantes réparations, — des machicoulis dont la galerie est détruite, mais dont les corbeaux et une partie de la console sont encore en place.

Au surplus, il n'est pas impossible que la tour Jeannette soit plus ancienne que le donjon, et qu'elle marque l'emplacement

(1) Plusieurs personnes assurent être montées, à l'aide d'échelles et non sans péril, jusqu'au sommet du donjon. Leurs récits confirment nos indications et signalent l'existence d'un petit escalier tournant dans l'épaisseur de la muraille.

d'un premier château, bâti peut-être par les vicomtes de Limoges et sur lequel ils avaient conservé des droits.

La cour qui s'étend au pied du donjon a, de l'arête de l'éperon au rempart dans lequel est pratiqué la galerie de l'extrémité méridionale et qui, profondément miné, ne tardera pas sans doute à tomber, une longueur de 21 mètres ; sa largeur est d'environ 27. Elle communique, à l'Est, avec un bâtiment rectangulaire à deux étages dont la pièce supérieure mesurant près de 16 mètres de long, très haute de voûte et ornée d'arcatures ogivales, a dû être la grande salle du manoir, l'appartement d'apparat et de cérémonie. Cette pièce paraît avoir été restaurée, ou même refaite au début du XIV° siècle, peut être au temps où les Sully ont possédé la forteresse.

Tout cela est ruiné, triste, nu, désolé, battu par les vents et la pluie. L'eau du ciel s'infiltre entre les pierres, et les déchausse peu à peu ; dans les crevasses gîtent des oiseaux de nuit et des reptiles de toute espèce. Le lierre éventre de tous côtés les murailles que sillonnent de profondes lézardes ; chaque jour y fait sa plaie et y laisse sa trace. Tous les bâtiments sont découverts et rien ne défend ces restes contre les injures de l'air et les intempéries des saisons (1). Des amas de matériaux couvrent le sol, exhaussé par les décombres. De temps en temps quelque bloc énorme de maçonnerie se détache tout d'un coup, roule avec fracas le long du flanc de la colline, brisant les malingres arbustes qui s'y sont accrochés, écrasant les fougères, bondit de roche en roche et va tomber dans la rivière.

Avec quelques larges cheminées dont les dimensions seules appellent les regards et qui n'ont même pas toutes gardé leur manteau, sept ou huit chapiteaux assez frustes sont les seuls restes de sculpture qu'offrent les ruines de Châlucet. L'un d'eux est orné d'une fleur de lis très reconnaissable, qui se détache entre deux masses ailées où l'imagination peut à son gré reconnaître des anges ou des chauves-souris ; un autre est formé de deux têtes fort barbares, de la bouche desquelles s'échappent des rinceaux terminés par des fleurons ; ces fleurons, juxtaposés, forment le centre du motif ; un troisième présente trois fruits ou fleurs, un peu lourds, mais groupés avec une certaine entente de l'effet ; sur un quatrième, au-dessous d'une console ornée de besants, se voyait un oiseau (2) en pal entre deux objets qu'il est aujourd'hui

(1) L'édifice a subi depuis cent ans des dégradations considérables : une notice manuscrite du dernier siècle, conservée aux archives de la Haute-Vienne, affirme que jusqu'à cette époque toutes les voûtes avaient tenu bon.

(2) L'oiseau n'est pas reconnaissable sur la principale face du chapiteau, mais il est très visible à droite et à gauche.

impossible de déterminer. Les autres n'offrent que des palmettes, des fleurons, des trèfles et des quintefeuilles, de courts et pesants feuillages. Rien de tout cela n'est antérieur au xiii° siècle, et quelques-uns de ces morceaux nous semblent beaucoup plus récents.

Nous n'essaierons pas de rechercher la destination spéciale de chacun des appartements du château. Cette étude serait fort difficile, et ses résultats très hasardés, vu la disposition des bâtiments, leur délabrement extrême, les changements qu'ils ont subis pendant la période la plus récente de leur histoire. Châlucet qui du reste, dès le principe, avait été avant tout une forteresse, ne fut guère, aux xiv°, xv° et xvi° siècles, qu'une caserne de soudards ou un repaire de brigands. — Les seules pièces dont on puisse, avec quelque certitude, préciser l'usage, sont la grande salle, dont nous avons parlé un peu plus haut, et la chapelle, dont on voit quelques arrachements au pied du donjon. Cette chapelle, qui appartient au xiii° ou xiv° siècles (1), avait sans doute remplacé la chapelle primitive dont il est fait mention à la date de 1147, dans une bulle adressée par le pape Eugène III au monastère de Solignac. Sous l'arcade qui tient au donjon, on observe encore quelques restes de peintures; on en retrouve dans diverses pièces, entre autres dans une chambre au nord-ouest.

D'après la tradition, il existerait, sous le château, des souterrains creusés dans le roc et allant aboutir à une des rivières qui coulent au bas de la colline, ou même ayant une issue de l'autre côté du ravin, dans la campagne. Il n'y a là rien d'absolument impossible; cependant, vu la dureté du rocher et les difficultés énormes qu'aurait offertes l'exécution d'un semblable travail, il est permis de croire que ces galeries n'ont été creusées que par l'imagination des paysans et des visiteurs. Nous n'avons pu, dans l'exploration complète à laquelle nous nous sommes livrés, retrouver aucune indication sur les souterrains de Châlucet, où personne n'a jamais pénétré (2). Ce qui a pu accréditer la tradition, c'est qu'on ne voit, sur la colline, ni

(1) Il ne faut pas oublier que notre architecture « retarde » sur celle des contrées voisines : il est aisé de s'y tromper.

(2) Au xvii° siècle, on croyait déjà à l'existence d'un « conduit souterrain pour aller abreuver les chevaux »; mais le P. Bonaventure de Saint-Amable (*Histoire de Saint-Martial*, t. I, p. 535) dit qu'au rapport d'un religieux Carme qui avait visité avec soin Châlucet, le prétendu orifice de ce souterrain était tout simplement une citerne.

puits ni fontaine, et qu'on a dû se demander comment la garnison
du fort pouvait, en cas de siége, s'approvisionner d'eau. Beaucoup
de châteaux anciens sont, à cet égard, dans les mêmes conditions,
et à Châlucet comme ailleurs, à défaut de l'eau de la rivière, les
hommes et les animaux se contentaient de l'eau de pluie recueillie dans des citernes. Il est probable, du reste, que des sentiers
avaient été pratiqués dans le flanc abrupte de la colline pour per-
mettre aux assiégés de descendre la nuit jusqu'au ruisseau ; il
aurait fallu, pour les empêcher d'y arriver, que le blocus fût bien
étroit, et les postes établis en deçà des deux rivières, au pied de la
colline, eussent été singulièrement exposés.

Un lierre magnifique étendait autrefois son feuillage sur la
façade principale, qu'il revêtait presque entièrement. Quelques
visiteurs ont eu, il y a sept ou huit ans, l'imbécile fantaisie d'y mettre le feu. Sa verdure vigoureuse donnait un peu de ton et de vie à
ces débris dont elle adoucissait les lignes trop raides. Le squelette
desséché du lierre, avec ses bras morts accrochés à la vieille muraille grise, ajoute maintenant au spectacle des ruines une tristesse de plus.

Tels qu'ils sont aujourd'hui, les restes de la forteresse de Châlucet peuvent être rangés au nombre des plus curieux échantillons
de l'architecture militaire du moyen âge qui subsistent en France:
nous avons visité un grand nombre de châteaux plus connus et
plus remarquables, sous certains rapports, que celui-ci ; nous n'a-
vons rencontré nulle part un système d'ouvrages extérieurs aussi
bien combiné et aussi complet. — « Je n'ai jamais vu, dit M. Mérimée dans son *Voyage en Auvergne*, de château du moyen âge
dans une situation plus avantageuse, aucun où l'art de l'ingénieur
eût déployé plus de ressources. »

II

LÉGENDES ET TRADITIONS. — CHALUCET SOUS LES BERNARD DE
JAUNHAC.

L'histoire de Châlucet est encore à faire. Elle ne pourra être
écrite que plus tard, après que le passé féodal de notre province
et certaines périodes de l'histoire générale elle-même seront
mieux connus. Nous allons chercher à en donner un aperçu,
sans dissimuler les lacunes que notre notice doit nécessairement
offrir.

Nos *Annales manuscrites* attribuent à la forteresse une respectable antiquité. S'il faut les en croire, un proconsul romain, le propre père de sainte Valérie, Léocadius, fit bâtir, entre les rivières de la Briance et de la Ligoure, à deux lieues de Limoges, « un fort beau chasteau qu'il nomma *Castel-Lucii*, du nom de son fils Lucillius, à présent nommé Chasluscet. » (1). Ce Lucilius mourut, d'après le même annaliste, à Déols, en revenant de Bourges. On ne le connaît pas autrement.

Il semble qu'il eût été plus rationnel d'appeler ce château *Castellum Lucilii*, puisqu'il était destiné, dans la pensée du fondateur, à perpétuer le souvenir de Lucilius. Mais l'annaliste, qui s'était vu obligé de remuer beaucoup de vieux parchemins, avait trouvé partout la forteresse désignée sous le nom de *Castrum Lucii*, *Castrolucium*, *Caslucium*, *Chaslucium*, *Chaslucetum*, *Castrum Luceti*, et pas plus que nous il n'avait découvert un seul document où il fût question d'un *Castrum* ou d'un *Castellum Lucilii*. Il corrigeait donc, tout en acceptant la tradition elle-même, la dénomination donnée par les récits traditionnels.

Le nom de Lucius, au surplus, n'est pas seulement fourni par des documents du moyen âge et des compilations d'Annales relativement récentes. Il a existé plusieurs chefs Gaulois du nom de Lucius ou Loucios, et tous les numismates savent qu'on possède un certain nombre de pièces de monnaie frappées par ou pour un chef Pétrocorien appelé Lucios ou Lucoios (2).

Auprès de cette indication précise que nous fournit une science destinée à suppléer souvent aux oublis ou aux lacunes de l'histoire, il pourrait y avoir place pour une hypothèse plus éloignée de la tradition : cette hypothèse se présente tout naturellement à l'esprit après la lecture de l'ouvrage d'une érudition un peu hardie peut-être, mais à coup sûr ingénieuse, de notre compatriote, M. Deloche, sur les Lémovices de l'Armorique (3). La plus importante des tribus qui formaient cette petite confédération, habitait, d'après le géographe de ce peuple retrouvé, une bande de territoire dont la Briance, depuis sa source jusqu'au confluent de la Ligoure, formait précisément la limite. La colline au sommet de laquelle se dressent les vieilles murailles de Châlucet se trouvait placée sur l'extrême frontière des Leukes, et il est fort possible que cette tribu, si elle a jamais existé, eût établi

---

(1) *Annales manuscrites de Limoges*, dites *Manuscrit de 1638*. Limoges, V° H. Ducourtieux, 1873, p. 28.
(2) De Saulcy : *Revue numismatique*; Hucher, *Art Gaulois*, etc.
(3) *Les Lémovices de l'Armorique*, Paris, Lahure, 1856.

un poste ou observatoire à l'endroit même où s'éleva plus tard le château de Léocadius. Nous ne croyons pas qu'on ait rien à redire à l'étymologie *Castrum Leukorum*.

Il faut confesser toutefois qu'on ne retrouve à Châlucet ni traces de l'occupation gauloise, ni restes de constructions romaines. Nous donnons donc notre hypothèse, comme la légende de l'annaliste, pour ce qu'elle vaut. Rien ne répugne à ce qu'on accorde à Châlucet soit une origine gauloise soit une origine romaine. Une voie romaine ne passait pas loin de là, et bien que le côteau fût absolument nu, la position était admirable. On a trouvé quelques pièces impériales aux environs, et au mois de janvier 1884, un ouvrier de M. Lachenaud découvrait, à Fougeras, tout près du chemin dit du Capitaine, un modeste trésor composé de monnaies des empereurs du IIIe siècle et des tyrans Gaulois et renfermé dans un vase de terre. — Nos chroniques, au surplus, ne parlent pas une seule fois de Châlucet pendant la première période du moyen âge. Si le château du proconsul a vraiment été bâti, on peut admettre que les Wisigoths, les Vandales, les Franks l'abattirent ou le livrèrent aux flammes, ou bien qu'il fut ruiné durant les terribles guerres du VIIIe siècle, entre Pépin et Waïfre.

L'étude de l'histoire de Châlucet offrirait assurément moins de difficultés, si nous ne possédions, en Limousin même, un autre château qui a longtemps porté le même nom. C'est Châlus, dont l'annaliste attribue la fondation à un autre proconsul ou gouverneur du pays au temps de la domination romaine, Lucius Capreolus, et qui, désigné sous la dénomination de *Castrum montis Leuci* (1) dans un document du VIIe siècle, est appelé plus tard *Castrum Lucii, Castrolucium, Chaslucium, Caslucium, Chasluz,* ou *Chaslutz*, exactement comme Châlucet. Il y a là une source perpétuelle de confusion et d'erreur qu'il n'est pas toujours possible d'éviter, même en y regardant de très près. Ajoutons qu'il existe, près de Jumilhac, dans le département de la Dordogne, non loin des limites de la Haute-Vienne, une troisième localité appelée Châlusset, et que les deux Châtelus, en Marche et Poitou,

---

(1) *Vie de saint Waast*. Nous pensons, comme M. Deloche, qu'on ne saurait attribuer cette dénomination à une localité autre que Châlus. Il convient de rappeler, à propos du nom de Châlus, ce que nous avons dit plus haut du chef Pétrocorien Lucios.

sont appelés parfois *Castrum Lucii*(1) : ces derniers, heureusement, n'ont pas eu l'importance de Châlucet et de Châlus, et peuvent rarement fournir une occasion de malentendu.

Geoffroi, prieur de Vigeois, rapporte, dans sa chronique si intéressante pour l'histoire de nos contrées, qu'Itier, élevé au siége épiscopal de Limoges en 1052, et appelé par d'anciens titres Itier Chabot ou Itier de Châlus, « transféra — nous traduisons littéralement — le château de Châlus *(Chaslutz, Chasulus, Chaslas)* du lieu appelé Fraisenjas *(Fraisenias, Fraissenges, Fraiselinas)* (2) « à l'endroit où on le voit aujourd'hui. » Le prélat, ajoute le chroniqueur, était frère du seigneur de ce château (3).

S'agit-il ici de Châlus ou de Châlucet ? Le doute est permis. S'il y a, autour de Châlus, plusieurs localités dont le nom se rapporte aux leçons diverses de nos manuscrits, Saint-Martin-de-Fressengeas, par exemple, paroisse des environs de Thiviers, et Fraischeix, paroisse de Saint-Martin, où les Magnac possédaient en 1274 la dîme d'une borderie (4), on connaît, dans un rayon peu éloigné de Châlucet, un assez grand nombre de loca-

(1) On rencontre, dans les *Registres d'hommages de l'Évêché*, plusieurs mentions de seigneurs de Châtelus, dénommés *de Castro Lucii* ou *de Chastro Lucii* : de Foulques, notamment, — première moitié du xiv° siècle — (Reg. *Mea Sancta Maria*). Le *Cartulaire* d'Aureil nomme Pierre Le Brun « de Chaslut » qui fait un don aux chanoines en présence de Bernard de Jaunhac (fol. 52). Foulques « de Chasteluz », chevalier, figure à deux actes au moins (fol. 73 et 81). Elie de Chastelud, appelé aussi *de Castellucio*, est nommé au *Cartulaire* de l'Artige (fol. 12 et 26).

(2) On ne trouve *Fraiselinas* que dans un manuscrit, et c'est probablement à une erreur de copiste qu'on doit cette variante. Il ne saurait être ici question de Fresselines (Creuse).

(3) *Successit Iterius, qui castrum de Chaslas de loco vocato Fraisenias ad locum ubi nunc cernitur permutasse narratur. Erat quippe frater principis illius castri* (Labbe, *Nova bibl. manuscript. libr.* t. ii, p. 284). Le manuscrit latin n° 5452, de la Bibliothèque nationale, donne *Chaslutz* et *Fraissenges* (fol. 6, recto). Dans un manuscrit du xvii° siècle des Archives de la Haute-Vienne, qui renferme la copie d'une portion de la chronique de Geoffroi, d'après un cahier du F. Pardoux de La Garde, religieux de Grandmont dans la seconde moitié du xvi° siècle, et qui, comparé avec le texte édité par Labbe, offre de nombreuses variantes, on lit *Chasulus* et *Fraiselinas vel Fraisenias*. Itier, dit l'auteur des *Annales*, p. 141, « avoit fait ediffier le chasteau de Chaslux Fraisanges. »

(4) Bibl. nationale, mss. français 18757. Les localités du nom de *Fraisse* ou *Le Fraisse*, ne sont pas rares dans le département de la Dordogne (Voy. le *Dict. topographique* de ce département, par M. de Gourgues).

lités qui semblent avoir tout autant de titres à être le « Fraisenjas » du moine de Vigeois. Nous citerons en première ligne Fressanges, hameau de la commune de Saint-Bonnet-La-Rivière, à 1,500 mètres nord-nord-est de Saint-Bonnet, et Fressanges ou Fraissanges (en patois Fressenjas) village de la paroisse de Vicq, distant de 3,200 mètres environ du bourg ; ce dernier Fressanges, en particulier, nous paraît avoir fort bien pu servir d'emplacement au château du frère de l'évêque Itier. Placé sur une hauteur et dominant le cours de la Blanzou, il possédait une chapelle, qui tombait en ruines en 1751 et fut interdite à cette époque. On y voit encore une grande maison à peu près moderne, que les gens du pays appellent le *château*. Toutefois, dans sa construction, on ne remarque pas de débris paraissant avoir appartenu à un ancien édifice (1). Fressanges dépendait, au xve siècle, de la seigneurie de Château-Chervix, et Jean de Laigle, alors vicomte de Limoges, l'accensa, le 4 janvier 1437, à Jean Audoin (2). On le trouve plus tard possédé successivement par plusieurs familles. Son dernier maître avant la Révolution fut Léonard de Fressanges, ancien trésorier de France (3). Parmi les autres hameaux ou lieux dits de la région auxquels pourrait se rapporter le passage de la chronique de Vigeois, mentionnons le Fraisseix, à 3 kilomètres nord-nord-ouest de Château-Chervix, où l'on observe encore quelques ruines ; le Frachet, à 2 kilomètres ouest-nord-ouest de Saint-Germain-les-Belles ; Fraissinet, al. Fraichenet, village de la commune de Saint-Priest-Ligoure, où il a existé jusqu'en 1790 une église paroissiale ; enfin le Fraisseix et le Freyssinaud, situés à peu de distance l'un de l'autre, entre Boisseuil et Eyjeaux (4). A ces dernières localités se rapportent vraisemblablement la plupart des mentions fournies par les terriers, les liòves, les titres des monastères des environs de Limoges, et pouvant concerner

(1) Nous devons ces renseignements à l'obligeance de M. l'abbé Joyeux, curé de Vicq.
(2) Bibliothèque du séminaire de Limoges : LEGROS, *Abrégé des Annales du Limousin*, t. I, p. 415.
(3) NADAUD : *Nobiliaire de la généralité de Limoges*, publié par M. l'abbé Leclerc Limoges, Ve H. Ducourtieux, t. II, p. 157.
En juillet 1230, *Jaucinellus*, chevalier de Fraissinet, *miles de Fraicheneto*, fait un don à l'abbaye de Solignac (Arch. Haute-Vienne, 9041).
(4) Nous avons emprunté la plupart de ces renseignements au *Dictionnaire géographique de la Haute-Vienne*, de M. Emile Grignard, précieux manuscrit d'un travailleur infatigable, que le Conseil général de la Haute-Vienne a bien voulu acquérir, il y a trois ans, sur notre proposition, et a déposé aux archives.

un des lieux que nous venons d'énumérer. Nous nous bornerons à citer quelques-unes de ces mentions. Le plus ancien des cartulaires de Solignac signale une redevance due sur le mas de Fraissenc et payé par la Fraissange (1). Un des fondateurs du château édifié à Châlucet au xii⁰ siècle, et dont nous allons parler, donne à Aureil le mas de Fraisse (2); un membre de la même famille cède au chapitre de Saint-Etienne ses droits sur Fraisenet (3) et un chevalier de Monts donne aux chanoines ce qu'il a *al Fraisina* (4). *Le Cartulaire d'Aureil* mentionne le mas *del Fraisenc* et *li Fraisines* dans l'alleu de Gérald de Laron. Au xv⁰ siècle, Jean Seduiraud fait hommage, pour les terres de Fraisseys, à Isabeau de La Tour, tutrice de Jean d'Albret, seigneur de Châlucet (5).

Nous ne nous dissimulons pas que nous n'avons fourni aucune preuve de l'identité du Fraisenjas nommé par le chroniqueur et d'une des localités ci-dessus énumérées des cantons de Saint-Germain, de Nexon et de Pierrebuffière, non plus que de celle de son Chaslutz et de notre Châlucet. Nous reconnaissons d'autre part qu'il existe une certaine ressemblance entre le nom de Chabot donné à l'évêque Itier et à son frère par la chronique, et le nom ou plutôt le surnom de *Chabrol* que portèrent les anciens maîtres de Châlus et que conserve la ville moderne (6). Mais cette ressemblance n'est pas plus frappante que celle qu'on pourrait alléguer entre ces deux mots et la dénomination du mas de Chabros ou de Chabroas, dans la paroisse de Saint-Priest-Ligoure, mentionné par plusieurs titres de l'abbaye de Solignac (7). Du reste, nous apprenons par un passage du *Cartulaire* de Vigeois (8) qu'un des fils d'Itier Bernard, appartenant sûrement à la famille d'où

---

(1) *Mansus de Freissenc* : ii. sol. *de la Fraissenga* (Bibl. nationale, mss. latin, 18363).

(2) *A Fraise.* Appendice, pièce n⁰ 1.

(3) Collection Moreau, *Chartes*, t. XVII, p. 96.

(4) *Cartulaire d'Aureil*, fol. 10.

(5) Archives des Basses-Pyrénées, E. 729.

(6) Cet argument contre notre opinion nous a été signalé par M. le chanoine Arbellot, dont on connait la compétence et l'autorité en ces matières.

(7) Ubilis, veuve de Gérald de Jaunhac, donne à Solignac, au xii⁰ siècle, le mas de Chabroas : *mansum qui vocatur Chabroas;* un peu plus tard, Pierre de Royère donne une borderie à Chabroas. (Bibl. nationale, mss. latin, n⁰ 18363, fol. 16, 17, 24). Des pièces de 1250 et 1256 aux Archives de la Haute-Vienne (fonds de Solignac, liasses non dépouillées) nomment le mas de *Chabros*.

(8) Bibl. nationale, mss. lat. 2018, nouv. acquis., fol. 13.

Châlucet a tiré ses maîtres, porte le nom de *Cabrols*. Quant à l'appellation d'Itier de Châlus, constamment donnée au prélat(1) dont il s'agit, elle ne prouve pas grand chose, puisque *Castrum Lucii* et *Chasluz* désignent indistinctement les deux localités. Le doute subsiste donc et le passage de l'historien peut se rapporter à l'une comme à l'autre des deux forteresses Limousines. Il est même possible qu'elle n'ait trait à aucune des deux.

Au xiie siècle seulement, nous trouvons un texte qu'avec une entière certitude on peut rapporter à Châlucet; c'est encore la chronique du prieur de Vigeois qui nous le fournit. Ce texte, que confirment des passages de plusieurs autres chroniques limousines, fixe à l'épiscopat d'Eustorge et à l'an 1132 environ la construction du château. Faut-il en conclure que nous avons là non-seulement l'acte de naissance de la forteresse actuelle, mais le récit de la première fondation, de l'origine même de Châlucet? Devons-nous croire qu'à aucune époque antérieure cette position n'avait été utilisée pour la défense du pays? On a émis cet avis, et dans ce cas, il y aurait lieu, cela va sans dire, d'écarter toute application, à Châlucet, de la phrase qui plus haut nous a arrêté un instant. Telle n'est pas notre opinion et il nous paraît impossible qu'avant le xiie siècle les avantages du site de Châlucet n'aient appelé l'attention de personne. La dénomination de *Castrum Lucii*, donnée à la forteresse par beaucoup de titres des xiiie et xive siècles, semblerait, à elle seule, être l'indice d'une origine plus ancienne, et s'il ne faut pas exagérer l'importance de l'emploi persistant de cette forme du nom de la vieille forteresse, au moins aussi commune que celles de *Castrum Lucetum, Castrum Luceti, Chaslucetum, Chaslucet* ou *Chaslusset*, il convient aussi de ne pas négliger une indication de cette nature. D'autre part, il ne faut pas l'oublier, la colline portait autrefois deux châteaux,

---

(1) Un autre évêque de Limoges du même nom qu'Itier, Sébrand Chabot, (1178 † 1198) appartenait à une famille bien connue du Poitou. On trouve au nécrologe de Saint-Etienne cette note relative au père du second de ces prélats : *Obiit Scebrandus Chabot, pater Scebrandi, Lemovicensis episcopi, et mater ejus Agnes Chabossa, et Theobaldus, frater dicti episcopi, ad quorum anniversarium debentur xxv ll. de ecclesia Sancti Severini de Valeria*. Un peu plus loin se rencontre ce passage qui peut se rapporter à un membre de la famille de l'évêque Itier : *Obiit W. Chabort, ad cujus anniversarium debentur v sol. de dono Michaelis de Frachet*. Les Frachet, on le verra plus loin, sont au nombre des chevaliers qui, au xiiie siècle, ont des droits sur le Bas-Châlucet.

et si l'un ne remontait pas au delà du xii⁰ siècle, l'autre, celui sur lequel le vicomte de Limoges avait des droits, par exemple, pouvait avoir une origine beaucoup plus ancienne.

En l'an 1130, un schisme des plus graves se produisit dans l'Église. Innocent II et Pierre de Léon se disputèrent le siège apostolique. Ce dernier, élu par quelques cardinaux et intronisé sous le nom d'Anaclet, comptait, parmi ses plus zélés partisans, le comte de Poitiers, Guillaume X, alors en guerre ouverte avec Adémar III, vicomte de Limoges. L'évêque Eustorge avait soutenu Adémar et s'était prononcé en faveur d'Innocent. Gérald d'Angoulême, légat de l'anti-pape, déposa Eustorge, et, avec l'aide de Guillaume, plaça Ramnulfe, abbé du Dorat, sur le siége de Limoges. Eustorge, contraint par la force de quitter la cité épiscopale, se réfugia d'abord auprès du vicomte, dans la partie de la ville qu'on désignait sous le nom de Château (1), puis au delà de la Vienne, sur les terres de l'abbaye de Solignac. C'est là qu'avec l'aide de deux nobles de la contrée, Arnaud Bernard et Bernard de Jaunhac (2), il aurait construit le château de Châlucet (3); c'est là qu'un chroniqueur lui fait rendre le dernier soupir. Geoffroi de Vigeois, avec plus de raison, ce semble, dit qu'il mourut à Saint-Augustin-lès-Limoges.

Le fort des hôtes d'Eustorge avait été construit sur les terres

(1) *Historiens de France*, t. XII, p. 433, 434.

(2) Ce nom tire son origine, selon toute probabilité, du bourg de Jourgnac, situé dans le canton d'Aixe (Haute-Vienne) et à peu de distance de Solignac. Il ne serait pas impossible, toutefois, qu'il eût été emprunté à une localité de l'Angoumois : Jaugnat, actuellement commune de Vitrac et Saint-Vincent, canton de Montembœuf, arrond. de Confolens (Charente).

(3) *Episcopus ultra Vigennam, in terra Ademari, demorabatur. Oderat quippe Pictaviensis comes pontificem, eo quod Eustorgius favebat Ademaro : ea de causa multoties dux præsulem persecutus est, et ideo non procul a Solemniaco construxit, una cum Arnaldo Bernardi et Bernardo de Javarnas, Eustorgius castrum quod vocatur Chaslucet, alias Chaslasset* (Chron. Vosiense, ap. LABBE, Bibl. nov. man. librorum, t. II, p. 301). — *Eustorgius,... non erat ausus morari nisi in terra vicecomitis, et cum Arnaudo Bernardi et Bernardo de Jaunhac, edificavit Chaslusset.* (Chroniques limousines, mss. lat. 5452 de la Bibliothèque nationale, f. 25). Le manuscrit des Archives de la Haute-Vienne écrit : *Arnaldo Bernardi et Bernardo de Javernat;* Bernard Gui, ap. LABBE : *Arnaldo Bernardi et Bernardo de Janiliaco;* le P. Bonaventure de Saint-Amable *(Annales du Limousin)* : *Arnaud, Bernard et Bernard de Javarnas.*

de l'abbé de Solignac (1). Les plus anciens actes d'hommages conservés dans nos archives le constatent et un passage très explicite de nos chroniques limousines l'affirme. L'abbé de Solignac était le seigneur de Châlucet, comme il était seigneur (en partie) du château d'Aixe, que les vicomtes de Limoges tenaient en fief du monastère, et de celui de Larche, pour lequel il recevait l'hommage des vicomtes de Turenne. Il se peut toutefois qu'à une époque antérieure à la période à laquelle se rapportent ces titres, la colline formant promontoire entre la Briance et la Ligoure, eût appartenu, soit aux vicomtes de Limoges, soit aux Pierrebuffière. Nous verrons plus loin, en effet, les premiers occuper la forteresse au XIII° siècle, et, de certaines pièces, on pourrait inférer qu'au siècle précédent ils y entretinrent une garnison ou du moins y eurent des officiers sous le règne de Richard Cœur-de-Lion (2). Toutefois, le fait est douteux. Ce qui est certain, c'est que, dès une époque assez reculée, ils possédèrent des droits sur le Bas-Châlucet. Il faut se rappeler, à ce sujet, la phrase du prieur de Vigeois : « Eustorge n'osait résider que sur la terre du » vicomte. » — Quant aux seigneurs de Pierrebuffière, qui figurent parmi les principaux bienfaiteurs de Solignac, on les voit, à une certaine époque, prétendre, au cours de difficultés avec le monastère, que la juridiction de Châlucet a dépendu, à l'origine, comme Tranchelion et Saint-Jean-Ligoure, de leur châtellenie (3).

(1) *Castrum de Chalusset, quod est de dominio abbatis Sollempniacensis.* (Historiens de France, t. XXI, p. 785, 786.) Quant aux hommages, nous en citerons plus loin.

(2) Un de ces documents est la déclaration par laquelle Adémar III, en présence de plusieurs nobles, notament de Bernard de Jaunhac, peut-être seigneur de Châlucet à cette époque, déclare renoncer aux redevances abusives levées par ses baillis de « Chastel » sur les terres de Solignac : *De mestiva... quam ego ex toto genere meo primus ex abbatie terra levari feceram, et de omnibus aliis exactionibus quod ballivi mei de Chastel faciebant in terra ad eandem abbatiam pertinente... Et, sic me precipiente, Emericus de Cossac, qui tunc erat ballicus meus de Chastel, in manu domini Sebrandi episcopi concessit et promisit se nichil prorsus... quæsiturum.* (Extrait des Antiquités Bénédictines de Dom Estiennot, mss. des Archives de la Haute-Vienne, p. 163). Ce document nous semble toutefois se rapporter à Château-Chervix ou même au château de Solignac plutôt qu'à Châlucet. L'original existe dans le fonds de Solignac.

(3) *Trenchaleo, Sanctus Johannes Ligora et Chalucet dicuntur esse de castellania de Petra Bufferia.* (Bibl. nat., coll. Gaignières, t. 186, p. 134.)

Au plus ancien cartulaire de l'abbaye est mentionné, comme faisant partie du fief donné à l'abbaye par Gaucelin de Pierrebuffière, un mas qui est appelé *Alucenc* ou *Alucenes* (1). Le même document nomme, dans la baylie du Vigen, la borderie de *Chauchet* (2); mais y a-t-il quelque rapport entre Chauchet ou Alucenes et Châlucet?... Quoiqu'il en soit, nous ne connaissons aucun acte positif de juridiction concernant la forteresse qui émane des seigneurs de Pierrebuffière. Plusieurs documents affirment, au contraire, que tous les chevaliers habitant Châlucet tiennent leurs droits du monastère seul, et, dans les pièces des procès entre l'abbaye et les Pierrebuffière dont nous parlions plus haut, ces derniers semblent vouloir plutôt tirer avantage, à un point de vue général, de l'ancien état de choses rappelé dans leur *intendit*, que réclamer la restitution de droits dont ils ne sont plus en possession depuis longtemps.

Les plus anciennes mentions certaines que nous ayons rencontrées de Châlucet après le passage signalé plus haut de la chronique de Vigeois, sont relatives à la chapelle de ce château. Entre 1142 et 1147 il s'était élevé, au sujet de cette chapelle, entre le seigneur et l'abbé de Solignac, des difficultés assez graves qu'avaient suivies, semble-t-il, des actes de violence trop communs à cette époque. Pierre, archevêque de Bourges, écrivit, à ce sujet, à Gérald du Cher, évêque de Limoges, pour lui ordonner d'interdire la chapelle (3) jusqu'au moment où une satisfaction convenable aurait été donnée au monastère. Vers la même époque, un peu après peut-être, le pape Eugène III confirma, par une bulle datée du mois de septembre 1147, les droits du monastère de Solignac sur un certain nombre d'églises et d'autres lieux consacrés au culte, entr'autres sur la chapelle de Châlucet (4). De 1147 à 1204, nous ne connaissons aucun titre où il soit parlé de la forteresse relevée ou réédifiée par Arnaud Bernard et Bernard de Jaunhac. Le cartulaire d'Aureil prononce une fois seulement le nom de *Chalasset*; encore n'est-il pas sûr qu'il s'agisse de Châlucet dans le passage que nous avons en vue.

(1) *Fevum quod G. de Petrabufferia dedit Beato Petro... in manso Alucenes.* (Bibl. nat., mss. lat. 18363.)
(2) *In baillia de Vicano..., bordaria Chauchet.*
(3) ... *Capelle que est in castro de Chaslut.* (Appendice, pièce n° 3.)
(4) ... *Ecclesiam Sancti Eligii de Vicano, ecclesiam Sancti Hylarii de Bonavalle, cum capella de Casluceth, decimis et prossessionibus earum.* (mss. Estiennot déjà cité, p. 146).

Les manuscrits de nos chroniques, un seul excepté (1), défigurent comme à plaisir le nom d'un des chevaliers à qui Eustorge, chassé de son siège, demanda un asile ; mais peu importe : il ne saurait s'élever aucun doute sur l'identité de la famille à laquelle appartenaient ces deux personnages.

Arnaud Bernard et Bernard de Jaunhac étaient vraisemblablement frères ; peut-être le premier était-il le neveu du second. A coup sûr, il existait entre eux des liens de parenté. De vingt textes il ressort avec la dernière évidence que les Bernard et les de Jaunhac ne sont qu'une seule et même lignée. En 1101, Bernard de Jaunhac est dit frère d'Aymeric Bernard et d'Arnaud Bernard (2) ; en 1233, Pierre Bernard, seigneur de Châlucet, est dit fils de feu Hugues de Jaunhac (3). Bernard est, dans cette famille, ou du moins dans une de ses branches, un nom traditionnel et caractérisque, et il semble que celui de Pierre Bernard ait été, au XIII° siècle, donné aux aînés de cette branche. Toutefois, les deux noms de Bernard et de Jaunhac paraissent être portés presque indifféremment à certaines époques ; le premier semble être le véritable nom patronymique de la race, le second a servi à désigner un fief qui n'appartient plus à la branche qui nous occupe. Celle-ci a cependant conservé cette dénomination pour se distinguer des autres Bernard : Bernard de Bré, Bernard d'Aixe et Bernard de Royère (4).

C'est vers le milieu du XI° siècle que l'existence de cette famille nous est signalée. Elle paraît avoir été très anciennement fixée à Pierrebuffière où elle avait, à ce qu'il semble, sa tour (5), et dont elle tenait en fief la prévôté. En 1063, Gaucelin de Pierrebuffière, son neveu Gaucelin, Aimeric de Jaunhac, Almodis, femme de ce dernier, Pierre, Bernard, Etienne et Gui, leurs fils, et plusieurs membres de la famille de Monts, donnèrent à Solignac le monas-

(1) Le manuscrit latin 5452 de la Bibliothèque nationale. Voir plus haut.
(2) Voir l'appendice, pièce n° 1.
(3) Appendice, pièce n° 5.
(4) On verra plus loin que les Bernard de Jaunhac paraissent avoir emprunté aux Royère leurs armoiries. Au douzième siècle, une fille de Gaucelin de Royère est mariée à Pierre de Jaunhac de Saint-Vitte et a pour fils un autre Pierre de Jaunhac (Cartulaire d'Aureil, fol. 41 v°).
(5) Appendice, pièce n° 1. Cette tour appartenait probablement au château bas de Pierrebuffière et se trouvait auprès du manoir de Tranchelion. Un titre de 1391 mentionne un immeuble *in castro inferiori de Petrabufferia, juxta ospitium vocatum de Trenchaleone*. Arch. Haute-Vienne, c. 8623.

tère situé au pied du château de Pierrebuffière, et qu'ils avaient commencé à édifier en l'honneur de la Sainte-Croix (1), plus le fief presbitéral de Saint-Martin (2). Les témoins sont Aimeric de Jaunhac, Gérald de Jaunhac, Hugues et Gérald de Ponroi et Pierre de Monts. On retrouve Aimeric de Jaunhac et ses fils donnant le mas de Fraisenet au chapitre cathédral de Limoges (3). Peu après, en 1073, le cartulaire de Solignac fait mention de Pierre Bernard et de son fils Gérald. Un peu plus tard, Robert de Jaunhac est témoin à l'acte constatant une donation de Bernard Taillefer, fils d'Armand de Bonneval, à l'abbé Gui Ier et au monastère de Solignac (4). Vers le même temps, nous voyons Ubilis, veuve de Gérald de Jaunhac (sans doute le fils de Pierre Bernard) et ses quatre fils, Bernard, Pierre, Aldegaire ou Hildegaire et Aimeric, compter au nombre des bienfaiteurs de l'abbaye (5), à laquelle, entre 1090 et 1103, Aldegaire, sur son lit de mort, abandonne, en présence de ses trois frères, ses droits sur la terre de Lobéac (6). Gaucelin de Jaunhac et Gérald de Jaunhac sont nommés dans une autre charte (7). Gérald, fils de Hugues, donne à Solignac le mas du Coudier — *a Coder* (8), — situé près d'Ambazac, et qui fut cédé plus tard par l'abbaye au monastère de Grandmont. Lors de la consécration du cimetière d'Aureil, qui a lieu avant 1096, Gérald de Jaunhac, Bernard, son neveu, et les autres possesseurs de la dîme d'Eyjeaux, renoncent à toute redevance sur le sol du cimetière et

(1) *Ego, Lauzcelinus* (sic) *de Petrabuferia et nepos meus qui similiter vocatur Gauzcelinus, Aymiricus de Jaunac, et uxor ejus Aalmodis, et filii eorum Petrus, Bernardus, Stephanus atque Guido, sed et Petrus del Mon... et filius* (?) *ejus Gauzcelinus, donamus aliquam porcionem hereditatis nostre, hoc est monasterium quod edificare ceperamus in honore... Sancte Crucis... apud castrum quod dicitur Petrabuferia.* (Arch. Haute-Vienne, liasse 3534). D. Estiennot a inséré cette charte dans son recueil, page 136.

(2) Très vraisemblablement Saint-Martin-le-Vieux, aujourd'hui chef-lieu de commune du canton d'Aixe, arrondissement de Limoges (Haute-Vienne).

(3) Bibl. Nationale : fonds Moreau, coll. de chartes, t. XVII, p. 96.

(4) Bibl. Nationale, mss. latin 18363, fol. 39.

(5) *Ego, Ubilis, que fui uxor Geraldi de Jaunac... Testes fuerunt* IIII^{or} *filii mei, scilicet Bernardus, Petrus, Aldegarius, Aimericus* (mss. 18363 fol. 16,17).

(6) *Ildegarius de Jaunac, etc.* (mss. 18363, fol. 17).

(7) Mss. 18363, fol. 17.

(8) Mss. 18363 et copies d'Estiennot aux Archives de la Hte-Vienne.

sur les arbres et les vignes que planteront les chanoines (1), Bernard de Jaunhac, fils de Pierre, Gui de Jaunhac et Aimeric de Jaunhac vivent entre 1098 et 1105 (2). En 1101 une libéralité en faveur du monastère d'Aureil est ratifiée par Bernard de Jaunhac et ses frères, Aimeric Bernard et Arnaud Bernard ; Aimeric et Arnaud font cette donation « dans leur tour »(3), vraisemblablement celle de Pierrebuffière comme nous l'avons dit plus haut. Arnaud Bernard, fils d'Aimeric ou de Guillaume, confirme à Aureil, après la mort de son frère Pierre, la donation, faite par ce dernier à la communauté, d'une rente assise sur le mas de Fraise ou Freisseix (4). A un acte du mois de juillet 1105, relatif à une libéralité pieuse du vicomte de Limoges, Adémar III, interviennent Itier Bernard, Bernard de Jaunhac et le frère de celui-ci, Aimeric. Un autre Bernard de Jaunhac est mentionné à la même pièce (5). Itier paraît être le même qu'Itier Bernard nommé avec ses fils, Gérald, Gaucelin et *Cabrols*, dans une charte du monastère de Vigeois (6). Un peu plus tard, deux membres de cette même famille sont nommés par la chronique de Vigeois à l'occasion d'un traité intervenu entre Adémar, vicomte de Limoges, et Gaucelin de Pierrebuffière, qui, au cours d'une guerre avec le vicomte, avait été fait prisonnier et était resté un an renfermé dans le château de Ségur. Les deux adversaires se reconcilièrent solennellement et jurèrent, en présence de l'évêque Eustorge et d'Amblard, abbé de Saint-Martial, et sur le sépulcre de l'apôtre d'Aquitaine, de tenir fidèlement toutes leurs promesses réciproques. L'accord avait surtout trait à l'occupation par divers seigneurs de la grande tour

(1) *Placuit nobilibus et probis viris Geraldo de Joviniaco et Bernardo, nepote suo, et aliis viris ad quos pertinebat decima de ecclesia d'Esjau. ut donarent Deo et sancto Johanni*, etc... (Arch. Haute-Vienne, cartul. d'Aureil).

(2) *S. Bernardi de Jouaniac, filii Petri.— S. Guidonis de Jouaniac.— S. Aimerici de Jouaniac.* (Bibliothèque nat., coll. Moreau, t. CCLXXXIV, fol. 97).

(3) *Aimericus vero et Arnaldus fecerunt hoc donum in turre sua* (voir ci-après, appendice : n° 1).

(4) *Arnaldus Bernardi, filius Guillelmi Bernardi* (al. *Aimerici*) *post mortem fratris sui.* (*Ibid.*)

(5) Man. lat. 18363, fol. 20.

(6) Cartulaire de Vigeois, man. lat. 2048, nouv. acqu. Nous retrouvons cette Almodis, mentionnée au cartulaire d'Aureil (fol. 7) où ses fils sont nommés Gérald, Gaucelin et Bernard. C'est sans doute ce dernier qui est appelé *Cabrols* à la charte de Vigeois. — Il s'agit ici d'un mas sur la limite actuelle de la Corrèze et de la Haute-Vienne.

de Pierrebuffière. Il fut convenu que Gaucelin la garderait six mois, Gérald Bernard (1) et Itier, son fils, trois mois; Séguin et Gui de Lastours, trois mois, ainsi de suite. Tous devaient rendre la tour au vicomte de Limoges et celui-ci les en remettre aussitôt en possession, « sans fraude (2) ».

Arnaud Bernard (1101, 1105), fils d'Aimeric, et peut-être petit-fils de Gérald (1073) et arrière petit-fils de Pierre, et son frère Bernard de Jaunhac (1101), sont-ils les deux fondateurs de Châlucet ? Nous ne saurions l'affirmer ; car trente années séparent la date des actes mentionnant leurs noms que nous fournissent les cartulaires de Solignac et d'Aureil, de celle de la construction ou de la reconstruction de la forteresse ; mais il y a sans aucun doute identité entre Bernard de Jaunhac, donné par Geoffroi de Vigeois comme le coopérateur d'Eustorge, et le seigneur du même nom à qui les chanoines d'Aureil doivent la visite du vicomte Adémar V, ami du même évêque (3), et qui, se préparant à suivre Louis VII à la croisade avec son frère Gérald, renonce, en faveur des mêmes chanoines, à ses prétentions sur la dîme d'Eyjeaux (4). Peut-être ce Bernard est-il neveu d'Arnaud, et faut-il reconnaître en lui le chevalier de la même famille marié à une dame de la maison de La Porcherie (5). Il est permis enfin de voir la mention des deux fondateurs de Châlucet dans deux articles fort rapprochés d'une vieille liève de Solignac, mentionnant une redevance payée sur les mas de la Roche et de la Chalucie pour l'anniversaire de

---

(1) Ce Gérald Bernard n'est pas le Gérald *de Pierrebuffière* du cartulaire de Vigeois : *Omnibus hominibus notum sit quia ego, Iterius Bernardus, et Geraldus de Turribus, damus... Deo et sancto Petro Vosiensi totum quidquid habemus in manso Alroi de Altafagia... Hoc donum concessit similiter Geraldus de Petrabufeira, filius Iterii Bernardi, audiente Bernardo de Bre. Simili modo concessit Almodis, uxor Iterii Bernardi, et filii eorum, Gaucelinus et Cabrols* (Bibl. nat., man. lat. 2048, nouv. acq., fol. 13.)

(2) *Gaucelinus debet turrem sex menses tenere unoquoque anno, Geraldus et Iterius Bornar* (sic), *filius ejus, tres menses; Seguinus et Guido, filii Geraldi de Turribus, tres menses, etc.* (LABBE : *Bibl. nova manuscriptorum libr.*, t. II, p. 303).

(3) *Rogatu et ammonitione domini Bernardi de Joviniaco* (Appendice n° 4).

(4) *Tempore quo Lodoïcus, rex Francie, cum exercitu Jerosolimam perrexit, Bernardus de Joviniaco et frater ejus Geraldus, cum illo pergere cupientes, in capitulo Aureliensi venerunt. (Ibid.)*

(5) *Eodem anno quo Bernardus de Jounnac mortuus est, Agnes, uxor ejus, donavit, apud castrum de La Porcharia, etc. (Ibid.)*

Bernard de Jaunhac et une autre due sur le moulin du Bas-Château pour celui d'Arnaud Bernard (1).

Les Jaunhac étaient une des familles féodales les plus puissantes des environs de Limoges. Leurs possessions s'étendaient sur le territoire des communes de Condat, de Saint-Martin-le-Vieux, de Jourgnac, d'Aixe, du Vigen, de Boisseuil, d'Eyjeaux, de Pierrebuffière, de Saint-Bonnet-La-Rivière, de Saint-Jean et de Saint-Priest-Ligoure, de Saint-Vitte, de Glanges, de Saint-Germain. Ils paraissent appartenir à la même souche que les Bernard de Royère, les Bernard de Bré (2), les Tranchelion, les de Monts ou des Monts, les Périgord, etc., et il est fort possible qu'entr'eux et les anciens seigneurs de Pierrebuffière, il y eût communauté d'origine. Un membre de cette famille avait épousé Aiba, de la race des vigiers de Laurière, sœur d'Adémar, abbé de Saint-Martial dans les dernières années du xie siècle (3). De là peut-être, ou d'une alliance avec les Montcocu, les mas et redevances possédés par les Jaunhac auprès d'Ambazac et de La Jonchère; d'autres alliances avec les seigneurs de La Porcherie, leurs terres dans les environs de Masseret, de Meuzac et de Benayes. Un membre de la famille fait même une donation de droits dans la paroisse de Villac, sur les limites du Bas-Limousin et du Périgord. Des mariages, dans le cours des xiie, xiiie et xive siècles, resserrèrent les liens de parenté, d'alliance ou d'amitié qui les unissaient déjà aux familles riches du voisinage : les Lastours, les Laron, les Pierrebuffière, les Tranchelion, les de Monts, les de Breuil, les de Veyrac, les La Brosse. Outre leurs tours de Pierrebuffière et de Châlucet, ils avaient des résidences, dès cette époque, dans la paroisse d'Eyjeaux, où Itier Bernard devint, avant 1270, seigneur du Breuil par son mariage avec l'héritière de ce fief, Alaïde; dans celle de Saint-Vitte et dans celle de Saint-Hilaire-Bonneval, où un titre de 1271 signale l'existence d'une terre appelée « du Château de Gui Bernard (4) ». On les trouve aussi à Eymoutiers et aux environs. C'est pour des domaines situés dans cette partie de la province qu'Itier Bernard, chevalier, en 1299, plus tard

(1) x *sol. a la Rocha et a la Chaslucia, pro anima Bernaudi de Jaunac.., in molendino de Chaslus,* vii *sol. pro Arnaudo* (Arch. Hte-Vienne, 613.)

(2) Cartulaires d'Aureil et de Vigeois.

(3) *Uxor Stephani de Jaonac... Aiba, soror Ademari, Abbatis Sancti Marcialis, que nata fuit de vicariis de Lauriera.* (Cartul. d'Aureil).

(4) ... *Terra deu chasteu Guidonis Bernardi.* (Archiv. Haute-Vienne, D. 1086).

Guillaume Bernard, puis Constantin, fils de feu Guillaume, en 1309 et 1328, et Guillaume, fils de feu Constantin, en 1339, rendent hommage à l'évêque (1). Cette famille a même une habitation dans le Château de Limoges et compte, peut-être, parmi celles auxquelles la vigerie a été inféodée par les vicomtes. On la voit, dès la seconde moitié du xie sièle, sous l'abbatiat d'Adémar, dont l'un de ses membres, nous l'avons vu, a épousé la sœur, posséder un jardin dans les Combes, qui ne sont pas encore réunies au bourg de Saint-Martial, le futur Château de Limoges (2). Plus tard ils ont une maison dans le haut de la ville, sur la place de Saint-Michel, à proximité de la tour vicomtale (3).

A tous les monastères de la contrée, à Saint-Martial, à Saint-Augustin, à la Règle, aux Allois, à Uzerche, à Solignac, les Bernard fournissent des abbés, des abbesses, des prieurs, des religieux. Pas une communauté du pays qui ne leur doive d'importantes libéralités, Solignac surtout, malgré quelques différends qui parfois prirent une tournure assez grave, motivèrent l'intervention de l'autorité épiscopale et appelèrent même sur eux les sévérités de l'Église, compta les Jaunhac parmi ses bienfaiteurs les plus généreux et ses plus fidèles amis. On les voit figurer, comme témoins, à tous les contrats importants qui intéressent l'abbé ou les religieux. Quand ceux-ci ont besoin d'une caution, c'est à un Jaunhac qu'ils s'adressent. En 1247, après une lutte entre l'abbé et les habitants de la ville, signalée par de regrettables excès de part et d'autre, on sent le besoin d'entrer en arrangements et l'official de Limoges est choisi d'un commun accord pour régler les questions en litige. Les deux parties fournissent des répondants : ceux de l'abbaye sont Pierre Bernard, seigneur de Châlucet et Hugues de Périgord, un de ses cheva-

---

(1) Livre d'hommages de l'évêché, aux archives départementales, t. I, p. 346, et t. II, *passim*.

(2) *Hortum in Combis Lemovicenis, penes ipsum burgum Sancti Marcialis*. (Cartulaire de l'Aumônerie de Saint-Martial, compris aux *Documents historiques* publiés par MM. Leroux, Molinier et Thomas, t. II, p. 6.

(3) 1204. *Obierunt IIII^{or} milites Castri Lemovicensis... Boso Bernardi... Petrus Bernardi, miles Castri Lemovicensis... 1256... Obiit Boso Bernardus, et dedit nobis XII sol. in domo sua in platea Sancti Michaelis de Leonibus*, etc. (Arch. de la Haute-Vienne, nécrolog. de Saint-Martial; Chron. de Saint-Martial, p. 75). — En 1284, les Bernard ont même deux maisons à Limoges. (Arch. Hte-Vienne, 5269, D 568, etc.)

liers (1). Les archives de Solignac nous fournissent d'autres exemples que nous pourrions citer.

Dans la mort comme dans la vie, les Jaunhac étaient fidèles au monastère. Ils avaient leur sépulture à Solignac, dans l'église et sous le porche. L'obituaire de l'abbaye mentionne un grand nombre de membres de cette famille et il n'est pas de nom qui s'y trouve plus souvent répété; c'est Hugues de Jaunhac, chevalier, seigneur de Châlucet, qui repose sous le vitrail de Saint-Théau, auprès de la porte; c'est Bernard de Jaunhac, aussi seigneur de Châlucet, enterré à côté du précédent; c'est Pierre Bernard et Arnaud Bernard, chevaliers, déposés entre la grande porte du cimetière de Notre-Dame et l'autel de Saint-Eloi; Pierre Bernard de Jaunhac, chevalier, seigneur du Haut-Château de Châlucet, et ses frères Bernard, damoiseau, et Guillaume, etc. (2). Auprès des seigneurs principaux, leurs chevaliers et

---

(1) *Datis ex parte dictorum abbatis et conventus duobus fidejussoribus, videlicet nobili viro P. Bernardi, domino de Castro Lucii, et Hugone de Peyrigos, militibus.* (Archiv. de la Haute-Vienne, 6521.)

(2) *Anniversarium domini Hugonis de Jaunhac, militis, domini de Castro Lucii, qui est sepultus in portico (sic), subtus vitream Sancti Tillonis, juxta portam... A. Bernardi de Jaunhac, militis, domini de Castro Lucii, qui est sepultus in portico, juxta magnam portam cimiterii Beatæ Mariæ, subtus vitream altaris Sancti Tillonis... A. Dominorum Petri Bernardi et Arnaudi Bernardi, militum, sepultorum in arnouto, inter magnam portam cimiterii et altare Sancti Eligii.*, etc., etc. (Bibliothèque nationale., man. latin 9193, copies de Dom Col : nécrologe de Solignac, nos 53, 88, 80, 102, 120, 139, 141, 142, 143, 144, 157, 216, 243, 244, 257, 258, etc.

Aucun de ces chevaliers n'est enterré dans le chapitre, réservé aux seuls abbés et aux seigneurs du château d'Aixe et à leur famille. Ce privilége, que signale un document du Recueil de D. Estiennot, p. 158, est établi par un très curieux titre du dernier tiers du xiie siècle... *Cum Trenchaleos miles ab abbate Sollempniacensi, Gauberto scilicet, et a monachis ejusdem in capitulo Sollempniacensi sepulture traderetur, domini Axie, ad eamdem sepulturam accedentes, nullum alium in eodem capitulo nisi dominos et dominas castri Axie et filios eorum et filias, sicut predecessores eorum quondam habuerant, debere sepeliri constanter asseruerunt. Quibus auditis, prenominatus abbas et Helias prior et conventus... dominis Axie, duobus scilicet Aymericis, libere concesserunt quod, exceptis abbatibus Sollempniacensibus, aliquis militum seu baronum vel alius de cetero, nisi ipsi domini et domine et filii et filie eorum predictorum, in jamdicto capitulo non habeant canonicam sepulturam.* (Arch. de la Haute-Vienne, liasse 5261.)

coseigneurs, les Frachet (1), les Périgord (2) les de Monts (3), les La Brosse (4). Même les habitants de Châlucet qui mouraient dans des expéditions lointaines et dont les cendres ne reposaient pas à Solignac, y avaient un anniversaire et on y conservait leur mémoire (5).

Nous avons dit que plus d'une fois la bonne intelligence qui régnait entre l'abbaye et le château fut troublée. Fort peu d'années après la construction de la forteresse, le monastère avait déjà à souffrir de ce redoutable voisinage. Entre 1140 et 1147, plusieurs seigneurs du pays commirent des déprédations sur les terres de Solignac : l'église d'Ayen, qui dépendait de l'abbaye, lui fut disputée, probablement même enlevée, et le doyen de Saint-Yrieix prit une grande part à ces excès. Parmi les chevaliers dont le monastère eut alors particulièrement à se plaindre, deux lettres de Pierre, archevêque de Bourges, à Gérald, évêque de Limoges, signalent V. de Jaunhac (6) : celui-ci ne s'était pas contenté de jeter un religieux du couvent en prison ; il l'avait maltraité et n'avait laissé panser les blessures du pauvre moine qu'après s'être fait payer par lui ou ses frères une forte somme d'argent. Le même seigneur avait mis à rançon plusieurs vassaux du monastère. L'archevêque ordonna à son suffragant de jeter l'interdit sur les terres de V. de Jaunhac et de sévir contre lui. Le chevalier ne céda pas à la première semonce de l'Eglise ; toutefois il se décida, après un peu de temps, à se soumettre, et chargea Gérald de traiter de la paix entre lui et l'abbé de Solignac. Vers la même époque, il y avait, entre le monastère et la forteresse, un autre sujet de différend : c'était la chapelle, qui, construite probablement pendant le séjour d'Eustorge, était restée dans le principe indépendante de la juridiction de l'abbaye, mais sur laquelle, après la mort de ce prélat, l'abbé avait sans doute revendiqué certaines prérogatives. Le métropolitain prescrivit à l'évêque d'interdire la célébration du service divin dans cette chapelle jusqu'au moment où l'abbé, ayant reçu une satisfaction convenable, intercèderait lui-même en faveur du seigneur

(1) *Inter tumbas illorum de Frachet*, nécr. n⁰ˢ 86, etc.
(2) *Ibid.*, n⁰ˢ 166 et 167, etc.
(3) An. *Bozonis de Monte, militis de Castro Lucii, qui obiit mense maii... in domo sua de castro.* (Nécrologe de Solignac, n° 264.)
(4) An. *Hugonis La Brossa, militis de Castro Lucii.* (ibid., n° 266.)
(5) An. *Domini Guidonis de Peyrigos, militis, qui obiit ultra mare.* (Ibid., n° 166.)
(6) *Tirannus etenim quidam de vestro episcopatu, V. de Jaunac*, etc. Appendice, pièce n° 2.

de Châlucet (1). Nous avons dit qu'une bulle du Pape Eugène III, datée de 1147, consacra l'autorité et la juridiction de l'abbaye sur cette chapelle. Les évêques de Limoges n'y gardèrent aucun droit. Peu après, à ce qu'il semble, et certainement avant 1153, puisque la pièce donne au roi de France le titre de Duc d'Aquitaine, Louis VII lui-même intervint pour réprimer de nouveaux excès commis par Hugues de Jaunhac, Pierre Bernard et Hugues de Lastours, et enjoindre à ces seigneurs d'avoir à réparer les dommages qu'ils avaient causés aux biens du monastère (2).

Ce que fut Châlucet pendant les guerres qui marquèrent en Limousin la seconde moitié du xiie siècle, il est plus aisé de l'imaginer que de le savoir d'une façon précise. Quand la lutte éclata entre Richard Cœur-de-Lion et Philippe-Auguste, la forteresse paraît avoir été occupée par une bande de ces routiers que le roi d'Angleterre avait appelés de nouveau dans le pays, (où ils s'étaient montrés pour la première fois à l'époque des longs démêlés entre Henri II et ses enfants), et qui constituaient la presque totalité des forces Anglaises au midi de la Loire. Peut-être cette occupation eut elle lieu dès 1183, après la prise de Pierre-buffière par les bandes de Sanche et de Curbaran (3), peut-être seulement en 1199, l'année même de la mort de Richard, au moment où les troupes de Merchaders pillèrent Solignac et attaquèrent le Château de Limoges. Il règne quelque obscurité dans les événements de cette période. On voit, après la convention conclue, au mois de mai 1200, entre les deux rois, le vicomte de Limoges Gui V, — qui vient de succéder à son père Adémar, assassiné, dit-on, par un bâtard du Cœur-de-Lion — faire hommage pour sa vicomté à Jean Sans-Terre (4) ; le vicomte reçoit même du roi à cette occasion un sauf-conduit, daté de Chinon, le 25 juin 1200, et l'invitant à se trouver à Lusignan, le mercredi après la fête des

---

(1) Appendice, pièce n° 3. Il va sans dire que cette chapelle ne saurait être celle dont on voit les restes auprès du donjon et qui ne peut pas remonter au de là du xiiie ou du xive siècles.

(2) *L. Dei gracia Rex Francorum et Dux Aquitanie... Hugoni de Jaunaico, et Petro Bernardi, et Hugoni de Turribus... Mandamus atque precipimus... Vobis, de Jaunaico, ut universa dampna que Sollempniacensi ecclesie intulistis, competenti racione reparetis.* (Arch. Hte-Vienne, 4598).

(3) CHRON. DE VIGEOIS, p. 333 du t. II de la *Nouvelle Bibliothèque de Labbe*.

(4) RYMER : *Fœdera* : t. I, 80 : *Itinerary of the king John* et *Rotuli Chartarum*, etc.

apôtres Saint-Pierre et Saint-Paul (1), mais peu après on trouve Gui mêlé au complot qui de nouveau menaça la domination Anglaise en Aquitaine, et dont les chefs, Hugues-le-Brun, Arthur de Bretagne, Geoffroi et Raoul de Lusignan, furent faits prisonniers, en août 1202, sous les murs de Mirebeau, où ils assiégeaient la vieille reine Aliénor. Gui avait sans doute pris les armes ou organisait en ce moment même une levée de boucliers dans la province, lorsque Gouffier de Lastours et les Malemort s'emparèrent de lui ; ils cédèrent ou vendirent leur capture à Jean-Sans-Terre. Le malheureux vicomte fut transféré à Chinon, où on le traita probablement comme ses complices, à qui le roi avait fait mettre un collier de fer et des chaînes aux mains et aux pieds.

Le parti des révoltés ne désarma pas pour cela. Secondés par une diversion puissante de Philippe-Auguste, les barons de l'Aquitaine, que la mort d'Aliénor vint bientôt affranchir du seul lien qui les attachait à Jean-sans-Terre, continuèrent à tenir la campagne et quelques échecs partiels n'enrayèrent pas les progrès de leurs armes. En 1203, ils battirent en Limousin le chef des troupes Anglaises, Robert de Turneham, qui perdit deux mille routiers dans cette rencontre (2). L'évêque de Limoges, Jean de Veyrac, avec l'appui des seigneurs et des communes du pays, continuant l'œuvre de son prédécesseur Sébrand Chabot, travaillait activement à débarrasser la contrée des bandes qui l'infestaient. Il leur enlevait Noblat-Saint-Léonard et combattait sans se lasser l'influence anglaise restée prépondérante dans les villes. Le jeune frère de Gui, Adémar, avait pris les armes en l'absence de son aîné : il fit prisonnier, en 1204, l'abbé de Saint-Martial, Hugues de Brosse, qui, à peine sorti de ses mains, tomba, vingt jours après cette première mésaventure, dans celles de la garnison de Châlucet (3).

Le vicomte de Limoges, délivré de captivité par Philippe-Auguste, qui entra dans Chinon le 23 juin 1205, revint dans sa vicomté pour y assister au triomphe complet de son parti. Il est vraisemblable que Châlucet fut alors repris et sa garde rendue à ses légitimes possesseurs. Ce ne fut pas pour longtemps. Le roi Jean, qui avait réussi, après s'être réconcilié avec le Saint Siége à force de bassesses, à organiser contre Philippe-Auguste une ligue où entrèrent les princes les plus puissants de l'Europe, reprit pied en

---

(1) Rymer, t. I, p. 38.
(2) *Historiens de France*, t. XVIII, p. 712.
(3) *Hugo, abbas, capitur ab Ademaro..... infra xx dies iterum capitur a Chaslucet* (Duplès-Agier, *Chron. de Saint-Martial*, p. 69).

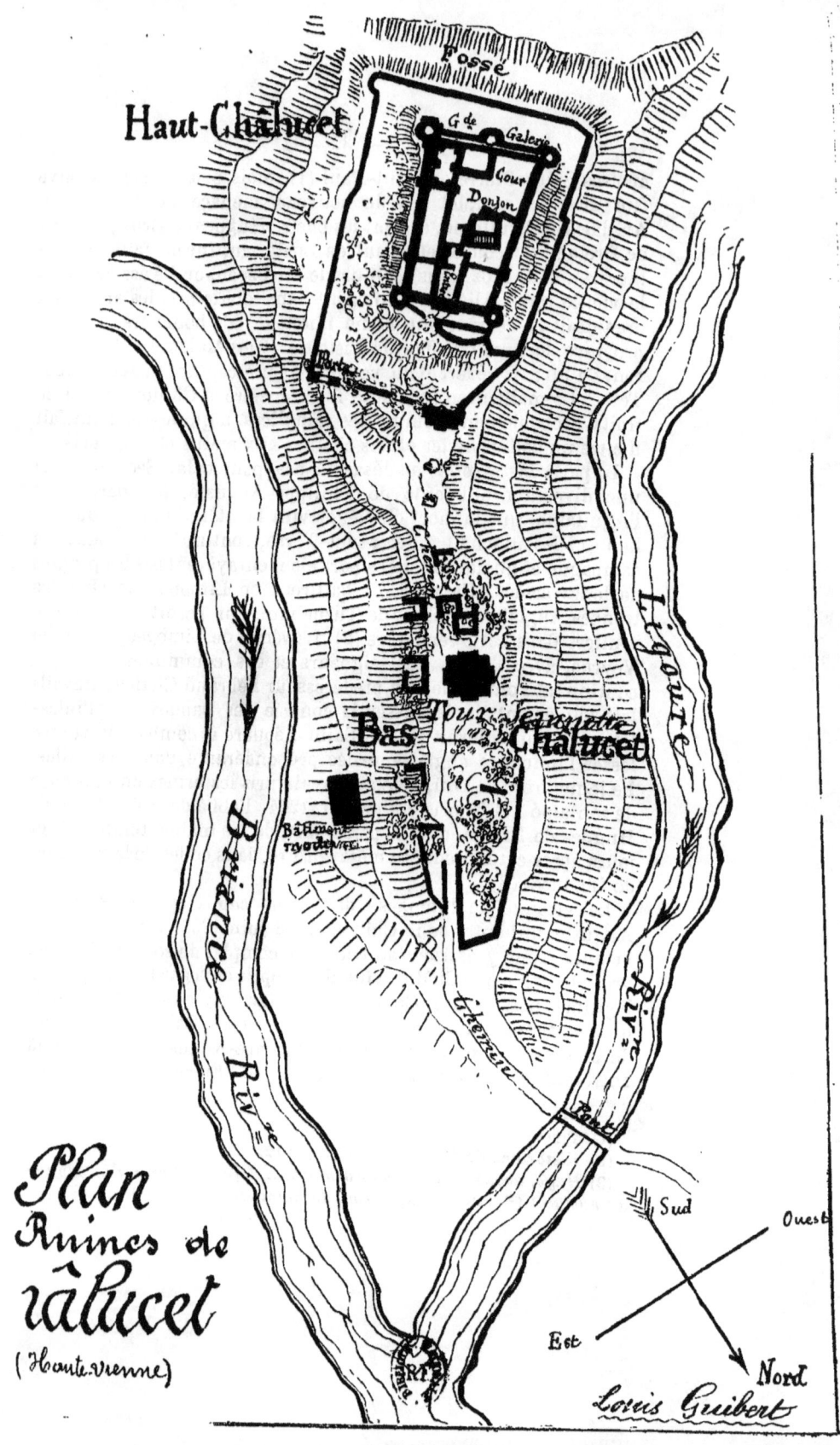

Aquitaine et y réoccupa un certain nombre de places parmi lesquelles il faut compter Châlucet. Mais, honteusement battu par le prince Louis à La Roche-aux-Moines, il vit la glorieuse journée de Bouvines achever de ruiner ses espérances de revanche. En Limousin, comme partout, les partisans de la France reprirent le dessus. Gui V réunit les seigneurs de la contrée pour chasser les garnisons Anglaises des places qu'elles tenaient encore. Dans la seule année 1216, Royère fut enlevé — il s'agit du château de Royère, au sud-est de La Roche-Abeille, — La Porcherie détruit de fond en comble; Châlucet dut se rendre, et le vicomte rentra de vive force, après un siége de neuf semaines, dans le château d'Aixe, que Jean avait confisqué sur lui (1). Les familles féodales qui occupaient ces forteresses étaient toutes alliées aux Jaunhac : tenaient-elles pour l'Angleterre, ou leurs manoirs étaient-ils, malgré elles, devenus les derniers boulevards de l'autorité de Jean-Sans-Terre dans la contrée? Les Bernard de Jaunhac eux-mêmes tenaient-ils pour Philippe-Auguste ou pour le frère du Cœur-de-Lion. Nous l'ignorons. On connaît à peine, pendant cette période, les noms des membres de la famille : on trouve un B. de Jaunhac témoin en 1195, avec Gui de Périgord, Guillaume Jourdain et B. de Royère, à un acte entre les Frachet et le monastère de Soliguac (2). Bernard de Jaunhac, chevalier, est nommé à une charte donnée en 1196 à la grande abbaye (3). Le même seigneur figure, avec son fils Bernard, et Aimeric Bernard, P. de Jaunhac et leur cousin Hugues, à un titre de 1199 (4).

Peu d'années après, une guerre terrible, dont nous ne connaissons ni les causes ni les principaux incidents, éclata entre le vicomte de Limoges et ses vassaux. Au cours des hostilités, en 1221, Châlucet fut de nouveau assiégé et emporté (5). Nos chroniques ne nous disent pas si ses maîtres avaient pris parti pour Gui V ou contre lui.

Le plus précieux des anciens registres consulaires conservés

---

(1) *Anno M^{o}CC^o XVI°... La Porcharia diruitur; Roieira capitur; Chalusset Guidoni vicecomiti redderunt... Castrum de Axia obsidetur ab eodem vicecomite et capitur* (Bibl. Nat., ms. lat. 5452). M. Duplès-Agier écrit ici: *Chaslucet*, probablement d'après un autre manuscrit. — Voir *Chr. de Saint-Martial*, p. 98 et 99.

(2) Arch. Haute-Vienne, 1. 6846.

(3) *Bernardus de Jaugnac, miles* (Arch. Hte-Vienne, 8624).

(4) *Bernardus de Jaunaco, B. filius ejus... Ai. Bernart, P. de Jaunac et Hugonem, cognatum illorum* (Arch. Hte-Vienne 8623).

(5) *Guido vicecomes cum militibus suis pessimam guerram habebat... Chaslucet capitur.* (Duplès-Agier, *Chr. de Saint-Martial*, p. 110.)

à l'Hôtel-de-Ville de Limoges révèle un fait assez curieux. Deux ans après la reddition de la forteresse, deux chevaliers de Châlucet, A. de Jaunhac et Gui de Périgord, traitent avec les bourgeois du Château de Limoges pour la garde des chemins et la protection des hommes de la commune « allants et venants » et de leurs biens (1). Il est dommage que la mention, trop sommaire, de l'engagement pris, sous leur serment, par ces deux chevaliers, ne nous permette pas d'apprécier la portée de cet engagement et ne nous fasse connaître ni les circonstances dans lesquelles fut conclue la convention, ni le prix de la protection promise. A. de Jaunhac et Gui de Périgord étaient-ils alors en possession du château? C'est vraisemblable. Ils ne paraissent pas, toutefois, en avoir été les principaux seigneurs. Cet A. de Jaunhac est probablement Aimeric, nommé avec Hugues, son frère, à un acte de 1218 (2). Pierre Bernard, fils de Hugues, qui est dit, en 1232, chevalier de Châlucet (3), s'intitule seigneur du fort en mars de l'année suivante, dans l'acte par lequel il donne à l'église de l'abbaye, pour fonder l'anniversaire de son père, la borderie de la Jussarie. On le retrouve en 1237, 1239, 1240, 1242, 1243, appelé tantôt seigneur, tantôt chevalier de Châlucet. Il est vraisemblablement le Pierre Bernard de Chasluz qui s'engage, en 1240 (4), à payer une rente pour lever les dernières difficultés qui s'opposent à l'installation, dans leur nouveau couvent du faubourg Manigne, des Dominicains de Limoges, dont Gérald de Frachet, de la famille des seigneurs du Bas-Châlucet, est à ce moment le prieur.

Le titre de 1232 dont nous venons de parler, fait également mention de Guillaume Metge, bailli de P. Bernard, de Hugues de Périgord, damoiseau, et de P. Lafforest, prêtre de Châlucet (5).

(1) *Memorial q[uc] A. de Jaunac e Gui de Peireguos jureren sobre s[ains] euvangel[is] ad gardar los chamis e los homes de Lem[otges] anans e venens e las lors chauzas en las mas deu Cossulum. Actum anno g[raci]e m° cc° xxx° tercio* (Ancien Reg. consulaire, à l'Hôtel-de-Ville de Limoges, fol. 24 v°).

(2) *Hugo deJaunac, miles, et Aymericus, ejus frater. et P. Bernardi, filius ipsius Hugonis.* (Arch. Hte-Vienne D. 777.)

(3) *P. Bernardus, miles de Chasluz, filius quondam nobilis viri Hugonis de Jaunhac. (Ibid).*

(4) BON. DE SAINT-AMABLE, *Histoire de Saint-Martial*, t. III. Annales, p. 543.

(5) *Wilelmus Metge, de Castro Lucii, bailivus dicti militis... P. Lafforest, presbitero de Chaslus; Hugone de Peiregors, domisello.* (Haute-Vienne, D. 777.)

Il y avait donc, dès ce temps-là, à Châlucet, non-seulement une chapelle, mais un prêtre attaché à son service. Un testament daté de 1264 et dont on pourra lire à l'appendice le texte fort intéressant (1), établit qu'à cette date et probablement à une époque antérieure, il existait sur cette colline pierreuse qui n'a plus aujourd'hui un seul habitant, deux chapelles, l'une dans le château haut, l'autre dans le château bas. Nous savons par un autre testament, postérieur de soixante-six ans au premier (2), que Châlucet possédait, en 1330, une église sous l'invocation de saint Thomas, très vraisemblablement de saint Thomas d'Aquin, canonisé en 1323. Ce serait sans doute la première chapelle ou oratoire érigée à l'honneur de ce saint dans la région ; mais les liens étroits qui unissaient une des familles nobles de Châlucet à un membre notable de l'Ordre de Saint-Dominique, Gérald de Frachet, expliqueraient cette curieuse particularité. Cette église paraît avoir eu quelque importance et certaines phrases de la pièce dont il s'agit, celle par exemple où il est parlé des « prêtres et clercs de Châlucet », feraient croire que les ministres du culte étaient presque aussi nombreux dans le fort que les chevaliers. L'abbé Nadaud signale un document qui mentionne l'existence, à Châlucet, de la chapelle du « château vieux » en 1273 (3). Il s'agit vraisemblablement de celle du haut château, peut être de la chapelle construite pour l'évêque Eustorge; on pourrait néanmoins tirer de cette mention un indice favorable à l'existence d'un château antérieur au fort élevé en 1132.

Cette chapelle subsistait, dit-on, en 1610 ; elle avait porté le titre de prieuré. Châlucet est encore dit paroisse à la fin du xviie siècle (4). La chapelle du château bas est aussi signalée en 1273 et elle porte le titre de cure jusqu'en 1438, date à laquelle elle devint simple succursale de l'église du Vigen. La chapelle de Châlucet haut est-elle la même que Saint-Thomas ? Dans ce cas, si l'hypothèse émise par nous tout à l'heure est exacte, elle aurait été à l'origine placée sous l'invocation d'un autre saint. — Il ressort du second testament que nous avons cité, celui d'Élie de Frachet, que Saint-Thomas est pourvu d'ornements, que le culte y est célébré avec décence et qu'il y existe un fonds spécial, alimenté par des legs et des aumônes, pour pourvoir au luminaire

---

(1) Appendice, pièce n° 9.
(2) Appendice, pièce n° 16.
(3) *Pouillé du diocèse de Limoges*, ms. du Séminaire, p. 213 et suiv.
(4) *Estat des paroisses de l'eslection de Limoges*, 1680-1686, manusc. de la Bibliothèque de Limoges.

du Saint-Sacrement. Un prêtre au moins la dessert et il y a été fondé une Confrérie de Notre-Dame. L'autre chapelle, beaucoup moins importante, est dédiée à saint Blaise et elle est désignée en 1428 (*al.* 1438) comme une succursale de l'église du Vigen (1). Laquelle des deux appartient au château haut, laquelle au Bas Châlucet? Il nous est impossible de le dire. D'un passage de la curieuse pièce à laquelle nous empruntons la plupart de ces détails, il semblerait ressortir que les deux chapelles étaient non dans le château proprement dit, mais dans le village, ou peut-être Saint-Thomas se trouvait-il dans le Bas château et Saint-Blaise auprès des maisons construites en dehors de l'enceinte (2)? Y aurait-il eu trois chapelles à Châlucet? Cela n'est pas impossible. L'une d'elles avait, à la fin du xiii° siècle, un autel dédié à saint Jean-Baptiste : un seigneur de Châlucet, Gérald de Maulmont (3), fit à cette époque un legs pour la fondation, à cet autel, d'une messe quotidienne.

Le testament d'Elie de Frachet nous révèle un fait intéressant : chaque année, le jour des Morts, on distribuait des aumônes, à Châlucet, aux pauvres qui se présentaient. Nous avons parlé plus haut de la piété des habitants du château ; leurs testaments, dont nous connaissons cinq ou six, attestent leur charité. Tous contiennent des legs en faveur des pauvres. Elie de Frachet, non-seulement laisse une rente à l'aumône du 2 novembre et une offrande pour tous les pauvres qui veilleront son corps et assisteront à ses obsèques, mais ordonne que tous ses meubles, joyaux et armures soient vendus, et leur prix distribué aux pauvres de Châlucet, du Vigen et de Solignac.

Outre les indigents des environs, les maîtres de la forteresse paraissent avoir eu leur « pauvre » en titre. Quelques documents donnent à penser qu'il exista à une certaine époque, auprès du pont jeté sur la Ligoure et pour ainsi dire au pied des tours, un

---

(1) Peut-être est-ce la chapelle déjà désignée en 1157 comme succursale du Vigen.

(2) La phrase suivante s'applique-t-elle à deux chapelles élevées dans l'enceinte d'un même fort, ou à des chapelles comprises dans les constructions de deux forts voisins..... *Domum meam de Castro Luceto, sitam..... inter viam per quam itur et regreditur de capella Sancti Blasii ad capellam Sancti Thome.* (Appendice, n° 16.)

(3) *Geraldus de Malomonte..... legavit, pro missa singulis diebus dicenda ad altare sancti Joannis Baptiste, apud Chaslucetum* (coll. Gaignières, t. 186, p. 151.

de ces ermitages (1) où se retiraient, pour y finir leurs jours dans l'isolement et les pratiques de la dévotion, des personnes pieuses, souvent frappées d'une inguérissable blessure dans le combat de la vie, et sans attaches désormais ici-bas, cherchant l'apaisement de leur douleur dans cette existence d'anachorète. Il y eut de semblables ermitages à Montjauvy près Limoges, à Pierrebuffière, au Pont-de-Noblat et en plusieurs autres localités du Limousin.

Diverses pièces établissent qu'aux xiii° et xiv° siècles, la colline de Châlucet possédait vraiment un centre d'habitation de quelque importance : outre les maisons comprises dans l'enceinte du haut château et celles qui s'étaient groupées autour du donjon du château bas, et où demeuraient, avec un certain nombre d'écuyers et de domestiques des deux sexes, les familles des Bernard de Jaunhac, des Frachet, des Périgord, des de Monts, des de Brosses, etc. (2), il y avait là des maisons de tenanciers, des cultivateurs, des vignerons, peut-être même des marchands ; car un acte conservé dans les archives de l'abbaye de Solignac fait mention d'un marchand « *de Caslucio* » du nom d'Adémar Vigier, qui, mort sans doute au cours d'un voyage, avait laissé au monastère de Souillac, une rente de dix sols de monnaie raymondine. Son fils, Raymond Vigier, confirme en 1310 cette libéralité et porte à 15 sols la redevance léguée par son père (3).

(1) Un registre contenant une liève des revenus de la seigneurie de Châlucet, renferme cette mention : *la Vignie de l'Hermite au Pont de Chaslucet*. (Arch. Haute-Vienne, 5530.)

(2) Une pièce intéressante, mais en fort mauvais état, qui paraît appartenir au xiii° siècle et qui est conservée dans le fonds de Solignac, aux Archives de la Haute-Vienne, liasse n° 4207, donne le relevé des cens et rentes acquis ou dus par un religieux du nom d'Adémar, non autrement désigné. On y voit figurer, à l'article Châlucet *(de Castro Lucii)*, les noms suivants : *Gui de Periguos, dominus P. Bernardi, G. deu Girardet, W. Jordas, Hel. La Rocha; Gui de Bosco, presbiter; Hugo La Porcharia, P. de Monte, W. Amlars, G. Portier, P. Auderii, S. deu Girardet, B. de Bosco, Hugo La Rocha, Bozo de Montibus, P. Lesclava, J. Escharvat, Maria Pelerarga, Felips de Domibus, G. Perardit, Agnes de Domibus, G. de Castro Lucii, B. Peraus, Gauterius Rainaudit, P. La Bozonia*, etc. Rappelons cette formule significative : *In toto castro predicto seu villa ejusdem, et in barriis et pertinenciis*. (Arch. Hte-Vienne, 3703.).

(3) *Ademarus Vigerii, mercator (?) de Caslucio... in infirmitate qua decessit, legavit venerabili conventui monasterii Soliacensis*, etc. (Arch. Haute-Vienne, 2452.) Le seul fait de l'attribution donnée par la cote et de l'existence de cette pièce dans le fonds de Solignac nous l'a fait attribuer à un marchand de Châlucet.

III

DERNIERS SEIGNEURS DE LA FAMILLE DES BERNARD DE JAUNHAC. — LA FORTERESSE PENDANT LA GUERRE DITE DE LA VICOMTÉ. — GÉRALD DE MAULMONT, SEIGNEUR DU HAUT ET DU BAS CHALUCET.

La famille de Jaunhac est tellement nombreuse au temps de Saint-Louis qu'il est très difficile de distinguer ses diverses branches à l'aide des mentions, le plus souvent fort sommaires, des documents à notre disposition. Toutefois, même à cette date, nous reconnaissons aisément le groupe de Pierrebuffière et le groupe de Châlucet.

Le premier est représenté, en 1255, par cinq membres qui, à leurs fiefs individuels, joignent la possession indivise de la prévôté de Pierrebuffière : trois chevaliers, Pierre de Jaunhac, surnommé « les Flammes » — *Las Flamas* — (1); un autre Pierre, que, pour le distinguer du précédent, on appelle le Roux (2); Gérald de Jaunhac; et deux damoiseaux : Gui et Hugues. Ils font usage d'un sceau commun dont nous avons rencontré la mention dans plusieurs titres (3), mais dont il nous a été impossible de retrouver une seule empreinte. Un sixième Jaunhac de Pierrebuffière est nommé dans un acte de 1277; c'est un clerc, Ramnulfe, frère de *Las Flamas*.

A Châlucet, deux ou trois familles nobles, les Périgord et les de Monts notamment, ont acquis, par suite d'alliances, à ce qu'il semble, avec les Jaunhac, certains droits sur une partie du fief; mais les descendants des fondateurs restent les principaux seigneurs du lieu et les seuls maîtres du château haut (4). Peut-être même les chevaliers qu'on trouve vers le milieu du xiiie siècle copossesseurs du bas château, avaient-ils jadis rendu hommage aux Jaunhac. Toutefois il faut reconnaître que nous avons peu d'indications sur les rapports réciproques des deux groupes féodaux.

(1) *Petrus de Jaonhac, miles, cognominatus Las Flamas... Petrus de Jaonhac Las Flamas, miles de Petrabuferia... Petri de Jaunhaco Las Flamas.* (Arch. Haute-Vienne, D, 1082, D, 1086, etc.)

(2) *Petrus de Jaunhach lorros.* (Ms. latin, 9193, p. 21 et 22). *Petrus de Jaonhac Ruffi, miles, prepositus de Petrabufferia.* (Arch. Haute-Vienne, D, 1086.)

(3) *Petrus... pro me et porcionariis meis... sigillo quo ego et dicti porcionarii in talibus communiter utimur.* (Ibid.)

(4) Voir toutefois ce qui est dit plus bas au sujet de la cession, par Jourdain de Montcocu, de ses droits sur Châlucet, en 1279.

Vers le milieu du xiiie siècle, on trouve plusieurs fois mention d'un damoiseau nommé Gérald de Châlucet, qui, en 1247 et 1249, fait des libéralités à l'abbaye des Allois (1). Un peu plus tard, au mois de mai 1256, un titre provenant de Solignac montre le même personnage vendant à ce monastère divers revenus qu'il possède dans les environs. Gérald fut enterré sous le porche de l'église abbatiale, entre le passage et la muraille, auprès des Jaunhac et des Frachet. Il eut pour héritier Pierre Amblard, chevalier, Gausbert de Livron, damoiseau, et Gui de Périgord (2). Ce Gérald ne fut peut-être seigneur que du bas château. Appartenait-il à la lignée des Jaunhac? C'est fort probable. Toutefois le prénom de Gérald est fréquent chez les Frachet. Il faut au surplus noter qu'au lieu de le désigner par son nom de famille, comme ils le font presque toujours des autres seigneurs de Châlucet, les cartulaires et les nécrologes l'appellent constamment du nom de la forteresse, ajouté au prénom de Gérald. Il en est de même de trois ou quatre autres personnages, dont il semble presque impossible d'établir l'identité : d'Elie de Châlucet, par exemple, qui, dans la première moitié du xiiie siècle, figure comme témoin à plusieurs actes où il est seulement appelé *Hel. de Caslucio, Hel. de Chasluz*. On trouve plus tard, vers 1330 notamment (3), un chanoine d'Eymoutiers du nom de Guillaume *de Caslhuto* (?), chargé de la garde du sceau royal au bailliage de Limoges : mais il ne paraît pas appartenir à nos familles de Châlucet.

Un acte, reproduit par le cartulaire de la maison Grandmontaine du Châtenet, donne le titre de seigneur de Châlucet à Hugues de Jaunhac (4), à la date du jeudi après Pâques de l'an 1211. Deux ans plus tard, un autre document, qui nous est fourni par le même recueil, donne le même titre à Aymeric Bernard et à P. de Jaunhac, « fils de feu Hugues de Jaunhac,

---

(1) On trouvera le texte d'une de ces donations sous le n° 7 *bis* de l'appendice.

(2) *Geraldus de Chasluts, Geraldus de Castro Lucii.* Arch. de la Haute-Vienne, 5003, 6568, et Bibl. nationale, ms. latin, 9195, Coll. D. Col., (fol. 668, 690, 694) et 9193.— Nécrologe de Solignac, n° 86 : *Sepultus in portico, inter viam et murum et inter tumbas illorum de Frachet et deus Tabas... Petrus Amlardi, miles, Gausbertus de Livro, domicellus, Guido de Peyrigos et plures alii.*

(3) Archives de la Haute-Vienne, 8551.

(4) *Hugo de Jauniac, dominus de Castro Luceto.* (Arch. Haute-Vienne, titres de Grandmont, provenant de l'Hôpital général. Voir appendice, n° 4.

de bonne mémoire » (1). Que se passe-t-il entre 1213 et 1218? Les deux chevaliers sont-ils tués en 1216, lorsque Châlucet est pris (ou repris) par le vicomte de Limoges? La forteresse est-elle, en vertu des stipulations d'un traité, remise en de nouvelles mains? Tout ce que nous savons, c'est qu'en 1218 (2), Aymeric et Hugues de Jaunhac, frères, paraissent être devenus les maîtres du château, et qu'à cette époque, le second a un fils du nom de Pierre Bernard. Celui-ci, nous l'avons vu plus haut, est dit, en 1232, chevalier de Châlucet et en 1233, seigneur de ce lieu.

Notons qu'à l'acte de 1213, par lequel, après la mort du premier Hugues, ses deux fils confirment la libéralité de leur père, il est fait mention du sceau des coseigneurs de Châlucet (3), dont la charte n'a pas conservé l'empreinte. Nous avons toutefois été assez heureux pour découvrir tout récemment, aux archives de la Haute-Vienne, dans une liasse non inventoriée du fonds de l'abbaye des Allois, un exemplaire, le seul que nous connaissions, du sceau d'un seigneur de Châlucet. Il s'agit de celui de Pierre Bernard, le dernier de sa famille qui ait possédé la forteresse. Ce sceau, apposé à un titre de 1264 constatant une cession à l'abbaye, est de forme ronde, a environ 27 millimètres de diamètre, et présente un écu triangulaire portant trois ailes empennées, en pal, trois demi-vols pour parler la langue héraldique, mouvant de senestre, disposées 2 et 4, mais fort rapprochées l'une de l'autre et couvrant presque entièrement le champ de l'écu. Peut-être y a-t-il quelque rapport entre ces emblêmes et les êtres ailés, anges ou chauves-souris, qui ornent un chapiteau existant encore dans une des pièces du château. La légende a en partie disparu. A peine lit-on : † S. P. B.... *Sigillum Petri Bernardi* [*de Jaunhaco*] ou [*domini de Chasluceto*]; encore donnons-nous cette lecture sous réserve. Le contre-sceau, dont le champ est d'un diamètre un peu moindre, offre un animal de forme assez lourde, bas sur jambes, à tête allongée et poils hérissés : un sanglier sans doute. Aucune légende (4). Parmi les familles féodales du pays qui paraissent avoir eu des alliances ou des rapports suivis avec les

---

(1) *Aimericus Bernardi et P. de Jauniac, domini de Chaslucet... cum bone memorie dominus Hugo de Jauniac, pater noster, quondam dedisset*, etc. (*Ibid.*, et liasse 4826.) L'original écrit *Jaunac*.

(2) Voir plus haut.

(3) *Et erat sigillata duobus sigillis : Sigillo domini prioris Grandimontis in cera alba, et dictorum dominorum de Chaslucet etiam in cera alba.*

(4) Arch. de la Haute-Vienne, fonds des Allois, liasse 5633.

Jaunhac, les Royère seuls portent *trois demi-vols d'or, sur un écu d'azur* (1). Il est très possible que cette famille (Bernard de Royère), soit sortie de la même souche que les seigneurs de Châlucet. On voit du reste, dans les dernières années du xii° siècle, plusieurs chevaliers de Royère figurer comme témoins à des actes concernant les Jaunhac. B. de Royère, neveu de Jourdain est nommé en 1195, et « P. de Royère de Châlucet » en 1224 (2). L'animal du revers ne viendrait-il pas d'une alliance avec les La Porcherie?

Le second des Hugues de Jaunhac dont nous avons parlé plus haut laissa au moins trois fils : Pierre-Bernard, Bernard et Guillaume (3). On a vu que le premier, appelé en 1232, chevalier de Châlucet, est dit, au mois de mars de l'année suivante, seigneur du château. Ses frères ont certains droits sur les terres qui en dépendent, puisqu'à un acte de 1236 (4), leur consentement à une libéralité faite aux Allois par un de leurs tenanciers se trouve relaté ; mais Pierre Bernard porte seul le titre de seigneur de Châlucet et il stipule seul en 1233, pour la fondation de l'anniversaire de son père dans l'église de Solignac. De 1235 à 1258, on ne trouve mention que de deux membres de la branche des Jaunhac de Châlucet : Pierre Bernard, dont nous venons de parler, et qui est qualifié tantôt de seigneur de Châlucet, tantôt de seigneur du haut château seulement (5), et Aimeric, son

(1) Une branche des Royère portait un blason différent. Peut-être celle qui avait les trois demi-vols, ne les avait-elle adoptés qu'à la suite d'une alliance avec les Jaunhac.

(2) Arch. de la Haute-Vienne, Cartulaire du Châtenet, et liasse 6846.

(3) *Haymericus de Jaunac, miles, ex una parte, et P. Bernardi, miles, Bernardus et Guillelmus, domicelli, fratres, ex alia,* 1237 (fonds de Grandmont). *Ego P. Bernardi de Caslucio..... fratres mei, videlicet Bernardus et Gulielmus.* Arch. Haute-Vienne, 5984. (Voir appendice n°s 5, 6, 7). — *Ann. Petri Bernardi de Jaunhac, militis, domini quondam de Castro Lucii superiori et fratris sui Bernardi, domicelli.* (Nécrologe de Solignac, n°s 141 et 142). Ce Pierre Bernard est-il le *Petrus Bernardi de Chasluz, miles,* nommé dans un acte de la liasse 6346 du même dépôt?

(4) Appendice, pièce n° 6.

(5) *Nobili viro Petro Bernardi, domino de Castro Lucii,* 1247 (Arch. Haute-Vienne 6521); *Petrus Bernardi, dominus de Castro Lucet, miles,* 1257 (Bibl. Nation., coll. Gaignières, t. 186, p. 130); *P. Bernardi, miles, dominus Castri Lucii superioris* (Arch. Haute-Vienne, 6568) et aussi les notes précédentes. Dans un titre du fonds de Saint-Augustin, aux Archives de la Haute-Vienne (l. 2980), il est parlé de P. de Jounhac, chevalier, lequel cède à l'abbaye des redevances sur les mas de *Pela-Puey,* et *Pela-Vezy,* paroisse du Vigen, en mars 1236.

oncle, (1) dont nous avons déjà rencontré le nom et dont nous ne trouvons plus aucune trace après octobre 1237. De cet Aimeric ou plutôt d'un des frères de P. Bernard était né un troisième Hugues de Jaunhac, dont son oncle, Pierre Bernard, fut le tuteur, et qui figure, à côté de celui-ci, dans plusieurs actes à partir de 1258. Ils traitent notamment avec l'abbé de Saint-Augustin-lès-Limoges au sujet des redevances qu'ils sont en possession de lever à La Plagne, près de Saint-Priest-Ligoure, village dont les habitants, cette année-là même, ont été victimes d'extorsions de la part d'un certain chevalier du nom de Guillaume de Richebort et de ses sergents et baillis, prétendant agir comme officiers de Gui VI, vicomte de Limoges (2). Peut être à ce moment le vicomte avait-il réoccupé la forteresse, et faut-il considérer comme une sorte de protestation, une déclaration solennelle faite le 7 des calendes de novembre (26 octobre 1260), par Pierre Bernard et Hugues de Jaunhac, en présence de l'évêque de Limoges et du sénéchal du roi de France en Périgord, Limousin et Querci (3) : ces deux seigneurs reconnaissent qu'ils tiennent à foi et hommage de l'abbé de Solignac et du monastère, le château haut ou repaire de Châlucet avec ses dépendances et les mas de la Ville, de la Bosonie, du Puy, des Maisons, de Ligoure, de la Peyre, du Monteil, de la Faurie, dans la paroisse du Vigen, la dîme du mas supérieur de Loubet et toutes leurs possessions dans cette même paroisse, sauf le mas de Vilars ; les mas de Champ-Espinasse, du Bois, de la Marronie, de Cresten, de La Valeille, et tout ce qu'ils peuvent posséder dans la paroisse de La Porcherie, à l'exception du fort (4) ; — que leurs auteurs ont, comme eux, possédé la forteresse à titre de fief mouvant de l'abbaye ; que ni les déclarants ni leurs prédécesseurs n'ont jamais eu ni reconnu d'autres seigneurs ; et ils corroborent leurs dires par le serment, s'engageant, sous peine de perdre le fief, à ne jamais avouer d'autres maîtres et à ne consentir à aucun arrangement, à aucune aliénation de nature à porter préjudice aux droits du monastère. Les religieux, de leur côté, s'obligent par serment

(1) *Aimericus de Jauniac et P. Bernardi de Caslucio, ejus nepos* (Arch. Haute-Vienne, 3351).
(2) Bibliothèque Nation., fonds Moreau, coll. de Chartes, tomes 180, p. 208, et 181, p. 87.
(3) C'est-à-dire dans les trois diocèses rétrocédés par Louis IX à Henri III.
(4) Ces possessions dans la paroisse de La Porcherie avaient été acquises par un mariage, peut-être par celui de Bernard de Jaunhac avec Agnès, nommée au cartulaire d'Aureil (appendice, pièce n° 1).

à conserver Châlucet et ses dépendances aux « héritiers du lieu », à leur en garantir la possession tranquille, à les défendre, à ne jamais invoquer à l'avenir aucun suzerain en ce qui aura trait au fief en question et à ne pas le placer, sans l'aveu des Bernard de Jaunhac, sous une autre seigneurie que celle du monastère (1).

On pourrait supposer, d'après les déclarations des religieux, que ceux-ci avaient à cet égard quelque chose à se reprocher. Il n'y aurait rien d'impossible à ce qu'il en fût ainsi, et une convention était peut-être intervenue entre eux et le vicomte au sujet de Châlucet. L'abbé Pierre de Vieilleville, qui occupait alors le siége abbatial, était en excellents rapports avec Gui VI. Celui-ci, désigné pour servir d'arbitre entre le monastère et les habitants de Solignac, qui s'étaient soulevés contre leur seigneur et avaient essayé d'organiser une commune, rendit, en avril 1242, une sentence dont l'abbaye n'eut pas trop à se plaindre. D'autre part un lien féodal unissait le chef du monastère et le vicomte, qui devait hommage à Solignac pour plusieurs places et terres, notamment pour la moitié du château d'Aixe. De là une certaine communauté d'intérêts et des relations que les difficultés survenues entre l'abbaye et les habitants du bourg devaient avoir resserrées. Néanmoins, quand cette querelle, un instant assoupie, s'était ranimée, les maîtres de Châlucet avaient défendu les religieux et servi, comme on l'a dit, de caution au monastère, pour l'exécution du nouvel arbitrage confié, en 1247, à l'official de Limoges (2). Nous verrons du reste l'abbaye réclamer indistinctement, dans la suite, l'hommage des possesseurs des deux châteaux de Châlucet et se défendre d'avoir jamais aliéné ses droits. Si, à un moment donné, des arrangements pour l'occupation de la forte- avaient pu être pris, ils ne portaient en rien atteinte à la suprématie féodale du monastère. Nous n'avons au surplus trouvé aucun document qui mentionne une convention de cette nature. On ne peut que la supposer.

Les vicomtes de Limoges avaient, nous l'avons dit, certains droits sur le bas-château. De quelle nature étaient ces droits? Quelle pouvait être leur origine? nous l'ignorons. Rappelons seulement que si la plupart des titres et un passage de nos chroniques montrent les deux hôtes de l'évêque Eustorge construisant leur manoir sur les terres de l'abbaye de Solignac, Geoffroi de

---

(1) Appendice, pièce n° 8.
(2) Arch. Haute-Vienne, liasses 3969 et 4209.

Vigeois rapporte que ce fut « dans les possessions du vicomte, au-delà de la Vienne » que le prélat chercha un asile (1), et qu'un autre chroniqueur ajoute : « Eustorge n'osait demeurer ailleurs que sur les terres d'Adhémar (2) ». — Il est possible que les vicomtes possédassent la moitié de la seigneurie du bas château et qu'ils n'eussent jadis rendu ce fort aux Jaunhac que sous condition d'hommage. Nous allons voir la veuve de Gui VI le donner à son conseiller, Gérald de Maumont, en 1275. Il ne paraît nullement qu'elle l'eût acheté à une date récente. Peut-être même le bas-château tout entier était-il un fief vicomtal. — Dans son testament, fait en l'an 1264, c'est-à-dire onze ans avant la donation dont nous venons de parler, Gui de Périgord, seigneur pour moitié du bas-château, prend la précaution de déclarer qu'au cas de prédécès de ses héritiers naturels, il entend que sa maison de Châlucet avec les dépendances de celle-ci et tous les droits du testateur sur le Bas-Châlucet reviennent à ses copossesseurs, habitant le dit manoir, — « non au vicomte ou à ses héritiers » (3). Que viendrait faire ici cette mention du vicomte, et pourquoi cette stipulation prudente du testateur, si Gui VI n'avait pas eu un droit de suzeraineté sur le bas-château ? Au cas où l'abbé en aurait été le seigneur, n'est-ce pas à lui, non au vicomte, que fût revenu par dévolution l'héritage du vassal mort *ab intestat ?* — Il y a là un état de choses mal connu de nous et déterminé par des faits sur lesquels aucun document ne jette un peu de lumière.

Ce même Gui de Périgord avait du reste fait, avec son frère, hommage au vicomte pour la moitié du bas-château. Son fils rendit le même devoir à Gérald de Maumont, quand celui-ci eut reçu Châlucet de la veuve de Gui VI ; il reconnut, il est vrai, devant l'abbé de Solignac, que son père et lui avaient avoué à tort un autre seigneur que le monastère et s'engagea à se remettre, s'il pouvait en trouver le moyen, sous la dépendance et la sujétion de Solignac (4). Au mois de décembre 1264, Pierre de

(1) *Episcopus ultra Vigennam, in terra Ademari demorabatur, etc....*
(2) *Non erat ausus morari nisi in terra vicecomitis, et una cum Arnaudo Bernardi et Bernardo de Jaunhac, edificavit Chaslusset* (ms. lat. 5452, fol. 25).
(3) *Precipio quod porcionarii mei, videlicet illi qui commorantur in Castro Lucii inferiori, non vicecomes Lemovicensis nec ipsius heredes, habeant, etc.* (Appendice, pièce n° 9).
(4) ... *Pater suus, dominus Guido de Peyrigos, et patruus suus fecerunt homagium indebite pro dicto castro vicecomiti Lemovicensi, et ipse fecit homagium domino magistro G. de Malo Monte, pro dicta*

Monts, chevalier de Châlucet, rendant pour son propre compte hommage à l'abbé de Solignac, pour sa maison du bas château et pour tous les droits qu'il y possède, déclare que feu Gui de Périgord, chevalier, s'est jadis reconnu homme-lige du monastère, à raison de son fief du Bas-Châlucet (1). Gérald de Maumont, de son côté, ne fait aucune difficulté, une fois devenu seigneur de Châlucet, pour rendre hommage à l'abbé et reconnaître qu'il tient de lui le château haut; mais il refuse péremptoirement tout devoir à Solignac pour le bas château (2), dont il se prétend seul seigneur et pour lequel il ne doit hommage qu'au roi.

Quoi qu'il en soit, Gui VI ou sa veuve, Marguerite de Bourgogne, mirent garnison, entre 1263 et 1268, dans Châlucet, qui devint, après le château d'Aixe, la place la plus importante du cordon de forts d'où leurs soldats bloquaient les bourgeois de Limoges, alors en guerre déclarée avec leur seigneur. Marguerite n'était pas seulement en lutte avec la commune du Château : plusieurs des chevaliers du pays, notamment Pierre de Pierrebuffière, s'étaient ouvertement révoltés contre la vicomtesse, qui avait, d'un autre côté, de graves différends avec le Chapitre de Saint-Yrieix. Le seigneur de Pierrebuffière, qui avait renversé les fourches du vicomte, fait alliance avec ses ennemis et donné asile à ceux-ci dans son château, avait été pris et Marguerite le tenait captif. Craignant que la détention de Pierre n'excitât des troubles dans une partie de la province, le sénéchal de Périgord et du Limousin, Raoul de Trappes, le fit mettre en liberté.

medietate... Sed ipse promisit Archambaldo, abbati Sollempniacensi, quod, si posset facere bono modo, ad jus et proprietatem monasterii Sollemniacensis procuraret quod rediret (Rouleau d'hommages dont on trouve des fragments dans plusieurs liasses du fonds de Solignac, notamment dans celles n°ˢ 6691, 6927, 9195).

(1) *Petrus de Montibus, de Castro Lucii, recognovit quod illud deverium seu juridictio, quod deverium et quam juridictionem ipse habet in Castro Lucii inferiori, et domus sua, sita in dicto loco, juxta domum dicti Las Vinhas defuncti, et vinea sua que olim fuit Aymerici de Montibus, sunt et movent de feodo et dominio abbatis et conventus... Et scit pro cetero quod Guido de Peyriguos, miles defunctus, fecit olim, dum vivebat, predecessori dicti abbatis homagium litgium pro dominio dicti Castri Lucii inferioris, quod idem miles, dum vivebat, habebat ibidem.* (Arch. Haute-Vienne, fonds de Solignac, pièces non inventoriées.)

(2) *Homagium litgium venerabilis viri magistri G. de Malo Monte, pro castro et villa de Castro Lucii superioris, cum suis pertinenciis... excepto Castro Lucii inferiore. (Ibid.)*

— 46 —

Le sire de Pierrebuffière reconnut ses torts, rendit hommage et jura fidélité à la vicomtesse, qui lui pardonna (1).

Châlucet, au cours de cette querelle, avait rendu à la veuve de Gui VI d'immenses services ; mais c'était surtout contre les bourgeois de Limoges que la forteresse paraissait aux vicomtes une position d'un prix inestimable : de ce fort écarté, les soldats de Marguerite tenaient la campagne, rançonnant les voyageurs et les marchands, commettant mille dégâts dans les domaines de la banlieue, emportant ou brûlant les récoltes, s'emparant des bestiaux, coupant les vignes, détruisant les moulins et les pressoirs, s'avançant jusqu'aux faubourgs de la ville. Les troupes de la Commune les repoussaient ; mais ils se réfugiaient aussitôt, avec le butin conquis, dans leur retraite, où la milice bourgeoise, obligée à veiller jour et nuit sur les remparts pour déjouer une surprise ou répondre à une attaque, ne pouvait songer à les poursuivre. L'évêque Aimeric de La Serre, dont le clergé avait fort à souffrir de cet état de choses, et auprès duquel les seigneurs de Châlucet avaient sans doute porté leurs plaintes comme au témoin et au garant des engagements réciproques pris, en 1260, par eux et l'abbaye de Solignac, tenta de s'interposer et d'obtenir une trêve. La vicomtesse, qui était hautaine, accueillit mal ses ouvertures. Le prélat eut recours alors au moyen qu'avaient employé ses prédécesseurs contre les routiers de Richard et de Jean-Sans-Terre. Il convoqua les communes du pays et marcha contre Châlucet, qui fut emporté. On l'eût peut être démantelé pour empêcher qu'il ne servît de nouveau de retraite à des perturbateurs de la paix publique ; mais comme c'était un fief de l'abbaye de Solignac, il fut remis entre les mains de l'abbé, 1269 ou 1270 (2).

Que se passa-t-il alors ? Nous ne pouvons que le conjecturer d'après des textes en apparence contradictoires, ou du moins fort décousus. Le conseiller de la vicomtesse, Gérald de Maulmont, qui était le véritable gouverneur de la vicomté, — titre que lui donnent plusieurs chroniques, — acheta le château-haut de Châlucet.

(1) Parlement de l'octave de la Toussaint 1267. (*Olim*, t. I, p. 693, 694.)
(2) *Anno M°CC°LXIX°... Eodem anno, dominus Aimericus, episcopus Lemovicensis, habuit communias contra Chasluts* (Bibliothèque nationale, mss. latins, 5452, fol. 23, et 11019, fol. 112). — 1270. *Dominus Aymericus, Lemovicensis episcopus, habuit communias Lemovicensis diocesis contra raptores qui erant apud Chaslucetum* (ms. latin 11019, fol. 269). Voir aussi *Annales manuscrites*, p. 204 : on remarquera que, dans un des paragraphes de cette page, l'annaliste écrit Chaslux et dans le suivant : Chaslucet. Les deux passages se rapportant évidemment au même château, c'est dans le premier qu'il y a une erreur.

Un écrivain du temps affirme qu'il fit cette acquisition pour lui et non pour le compte de la vicomtesse : il est certain qu'elle fut faite en son nom ; mais au fond, on peut supposer que Marguerite n'aurait pas obtenu à ce moment la cession de la forteresse qui lui avait été enlevée de vive force deux ans plus tôt, et que, voulant recommencer la guerre, elle fit acheter Châlucet par son affidé (1). Ce qui le prouve, c'est que tout aussitôt les vicomtins rentrèrent dans le château, rompirent la trève ordonnée par le roi et recommencèrent leurs courses, battant l'estrade, dépouillant les bourgeois, coupant les oreilles et la queue des bestiaux et commettant mille déprédations et mille insolences (2).

Le bas-château de Châlucet était à la même époque, comme la forteresse proprement dite, aux mains de la vicomtesse. Nous avons vu que les vicomtes avaient sur ce fief des droits dont nous ne connaissons ni l'étendue ni l'origine, et qu'en 1264, ils semblaient en être les seigneurs en partie du moins. Marguerite et sa fille, Marie de Limoges, donnèrent, en 1275, tous ces droits à Maulmont, qui, ayant acheté de divers copossesseurs du Bas-Château, de P. de Frachet notamment (3) et peut-être aussi de P. de Monts, leur part de juridiction et de seigneurie sur la colline où s'élevait Châlucet, réunit ainsi entre ses mains le fief tout entier — la moitié du Bas-Château restant aux Périgord, sous hommage (4). — Cinq ans plus tard, en 1280, la fille de

(1) *Anno Domini MCCLXXII, emit magister G. de Malomonte, clericus et rector vicecomitatus Lemovicensis, castrum de Chaslucet, quod est de dominio abbatis Sollempniacensis; tamen non emit ad opus vicecomitis, sed ad opus sui.* (Bibliothèque nationale, mss. latin 11019, fol. 127, 128.)

(2) *Circa eumdem annum* (1272), *vicecomitissa voluit reiterare guerram mariti sui contra burgenses Castri Lemovicensis : sed rex inhibuit. Tamen ipsa tenebat armatos apud Axiam et apud Chaslucet, qui cotidie perturbabant protectionem, et capiebant quicquid inveniebant de rebus burgensium, preterea detruncabant aures et caudas bestiarum quas afferebant per tractus et fundendo bladum et multa mala.* (*Ibid.*, et ms. latin 5452, fol. 28). Peut-être y a-t-il là une erreur de date, et ce passage se rapporterait-il à des déprédations antérieures à l'expédition de l'évêque et des communes contre Châlucet. Néanmoins les *Annales manuscrites* sont ici d'accord avec les anciennes chroniques. Nous avons donc cru devoir ne pas nous écarter de leurs indications, quand l'inexactitude de celles-ci ne nous a pas paru à peu près évidente.

(3) Voir Appendice, pièce n° 11.

(4) *Habuit a vicecomitissa magister G. castrum inferius de Chaslucet* (ms. latin 11019. fol. 128). On voit que l'indication donnée par la chronique n'est pas rigoureusement exacte : Maulmont acheta une partie du Bas-Château.

Produxit dictus dominus de Lebreto quoddam vidimus cujusdam dona-

Marguerite, héritière de la vicomté, et le mari de celle-ci, Arthur de Bretagne, voulant récompenser les services de Maumont, dont l'habileté leur avait permis de rentrer à Limoges (1), ajoutèrent à ces libéralités les châteaux de Châlus et de Courbefy, leurs dépendances, peut-être aussi certaines dépendances de Châlucet ou les droits sur le château que s'était réservés, en 1275, la vicomtesse (2).

L'histoire de Châlus-Chabrol — l'autre *Castrum Lucii*, — n'avait pas été moins fertile en évènements et en vicissitudes pendant les dernières années, que celle de Châlucet. Un certain Ebles tenait, vers 1260, le fort à foi et hommage de la vicomtesse Marguerite. C'était un officier plus encore qu'un vassal ; la vicomtesse avait en tout temps le droit d'occuper le château, d'y mettre garnison, de reléguer Ebles dans une partie du fort ou même au dehors, de placer guettes et sentinelles sur le haut de la tour, de faire garder ses prisonniers dans le repaire et d'en tenir les portes ouvertes ou fermées à son gré (3). Peut-être vers cette époque Ebles mourut-il. La veuve de Gui VI plaça alors à Châlus pour capitaine un neveu de ce chevalier (4), Adémar de Maulmont, frère de Gérald, son bras droit, et d'Elie, qui devint un peu plus tard doyen du cha-

cionis facte eidem magistro Geraldo de Malomonte, de dicto castro et castellania de Castro Luceto et jurisdictione ejusdem per nobilem Mariam, vicecomitissam Lemovicensem, que donacio... fuit facta anno Domini millesimo ducentesimo sexagesimo quarto (Arch. Haute-Vienne, fonds de Solignac). — Il faut lire, de toute évidence : *septuagesimo quarto*.

(1) *Margarita... per industriam Geraldi de Malo Monte, Castrum Lemovicense subjecit dominationi sue.* (Bibliothèque nationale ms. latin 11019, p. 246).

(2) *Castrum Lucii cum omni honore suo dat in beneficium. (Ibid.)* Voir aussi manuscrit français 18757, fol. 181 et 182 : « Les châtellenies de Chalucet (*lisez* : Châlus) et Courbefy, comprinse la grande forêt et autres biens ». L'acte est daté du lundi avant la fête de Sainte-Marie-Madeleine, l'an 1280.

(3) *Per inquestam inventum est quod dictus Ebolus fecerat homagium litgium vicecomitisse... Quod vicecomitissa erat in possessione capiendi dictum castrum, sicut feodum suum, in manu sua, et dictum Ebolum ponendi aliquando ad partem dicti castri, aliquando extra dictum castrum, et ipsum reducendi in dictum castrum, et ponendi municionem in dicto castro, et speculatores seu vigiles in turre dicti Eboli, et tenendi prisonarios suos in dicto castro et faciendi claudi et aperiri portas vel posternulas. (Olim, t. I, partie II, p. 264.)*

(4) Nous n'avons d'autre raison de croire les trois Maulmont neveux d'Ebles, que les termes d'un arrêt du Parlement de 1322, qui, en mentionnant Gérald, lui donne cette qualification.

LE HAUT CHALUCET (côté sud-est)

pitre de Saint-Yrieix (1). Cet Adémar, obligé de quitter le château d'Aixe (2), à la suite d'une révolte des habitants de la ville provoquée par ses vexations, — révolte qui motiva l'intervention du roi, puis un arbitrage de l'évêque de Limoges, ne fut pas plus heureux à Châlus. Les seigneurs du pays ayant à leur tête Boson de Bourdeilles et Elie Flamenc, marchèrent contre le fort qui servait de refuge à sa troupe, mirent à mort Adémar et retinrent ses enfants en ôtages. Boson s'installa à Châlus, invoquant, du chef de sa famille, certains droits sur ce fief et refusant de le restituer à la vicomtesse; celle-ci porta ses réclamations devant le Parlement. Ordre fut donné, en 1267, à l'usurpateur de rendre le château à qui de droit. L'affaire fut assez grave pour motiver l'envoi de Raoul de Trappes, sénéchal du Périgord, de Henri de Gaudonvilliers, bailli de Bourges, et de Nicolas de Menot, chevalier du Roi, en qualité de commissaires extraordinaires, et la réunion de forces militaires imposantes (3). Non sans résistance, à ce qu'il semble, Boson se décida à remettre aux commissaires le fort de Châlus, les deux enfants d'Adémar de Maulmont et un autre ôtage. La vicomtesse, à qui le château fut restitué, s'empressa d'en faire abattre une partie. Boson protesta; mais le Parlement, — Octave de la Pentecôte 1268, — jugea que Marguerite avait agi dans la limite de ses droits. La vicomtesse dut rendre ses ôtages au seigneur de Bourdeilles, qui, de son côté, fut condamné à restituer à Gérald de Maulmont, à sa mère, à la veuve et aux enfants de son frère Adémar, tout ce qu'il leur avait enlevé et à indemniser cette famille des dommages qui lui avaient été causés (4).

Malgré la reconnaissance solennelle des droits de la vicomtesse sur Châlus, Marguerite ne parvint pas à les exercer sans rencontrer certaines difficultés, et en donnant à Gérald de Maulmont le château où son frère avait été tué au service de la veuve de Gui VI, Marie de Limoges et son époux ne purent lui en garantir, que par une clause toute de style, la paisible possession. Le conseiller de la célèbre vicomtesse s'en aperçut bientôt.

(1) Les frères de Maulmont étaient originaires de Châlus, s'il faut en croire certains chroniqueurs, parmi lesquels nous citerons Bernard Gui. (*Historiens de France*, t. XXI, p. 750, etc.)
(2) *Annales manuscrites*, p. 203, 204.
(3) Les communes de tout le pays furent convoquées en armes pour se rendre à la chevauchée du Roi contre le château de Châlus. Saint-Léonard fournit environ trois cents hommes. Les consuls et les habitants de Figeac, qui n'avaient pas obéi à l'ordre des commissaires de Louis IX, furent condamnés pour ce fait à l'amende, au Parlement de l'Octave de la Toussaint 1267. (Arch. Haute-Vienne : Evêché, 2440.)
(4) *Olim*, t. I, part. II, 681, 682, 724, etc.

Après le traité de Paris, la forteresse de Châlucet fut, selon toute apparence, comprise au nombre des châteaux, villes et territoires qui demeurèrent sous la dépendance directe du roi de France. En rendant, en 1259, à Henri III, une partie des provinces confisquées sur Jean-Sans-Terre, le petit-fils de Philippe-Auguste avait formellement excepté de cette restitution les terres de ceux de ses vassaux vis-à-vis desquels ses prédécesseurs ou lui-même avaient pris l'engagement solennel de ne céder ni transférer à personne leurs droits sur eux et leurs possessions (1).

Il ne faut jamais perdre de vue cette clause expresse du traité quand on s'occupe des événements de cette époque. Le monastère de Solignac, de tout temps placé sous la protection spéciale et directe des rois de France, avait, comme l'évêque de Limoges et plusieurs autres seigneurs, obtenu après le traité des lettres formelles d'exception et de sauvegarde. Celles qui concernent l'abbaye et ses dépendances sont données au Parlement de la Pentecôte 1263, et prescrivent au sénéchal envoyé par Louis IX en Limousin, de défendre le monastère contre toute injure et toute usurpation, spécialement de la part du roi d'Angleterre (2).

Il nous a été impossible de retrouver l'acte de vente du Haut-Châlucet à Gérald de Maulmont et nous n'avons pu découvrir davantage le contrat par lequel l'héritière de la vicomté lui abandonna les droits qu'elle tenait de son père sur le château-bas. Nous avons lieu de croire que l'acquisition fut antérieure à la date de 1272, indiquée par nos chroniques. On trouve, en effet, la trace de certaines dispositions prises au cours des années 1264, 1265 et 1266, par Pierre Bernard, seigneur de Châlucet et son neveu Hugues de Jaunhac (3), et qui pourraient donner à penser

---

(1) « Li rois de France donra au Roi d'Engleterre tote la droiture qe li rois de France a e tient en ces trois eveschiez e citez, c'est a dire de Limoges, de Cahors e de Pieregord, en fiez e en demaines, sauf le homage de ses freres... e sauves les choses qe li rois de France ne peut mettre hors de sa main par lettre de lui ou de ses anceisors. » Préliminaires : Paris, 28 mai 1258, et Londres, 13 octobre 1259 (*Trésor des Chartes*, 4416). — De nombreux documents prouvent qu'en réalité une grande partie du territoire de ces trois évêchés se trouva par le fait soustraite à la suzeraineté du roi d'Angleterre.

(2 Archives de la Haute-Vienne, 8507. Voir ci-après appendice, n° 8 *bis*.

(3) Vente, en mai 1264, à l'abbaye des Allois, du bois et de la terre appelée *lo Deves*, et du bois ayant appartenu à Bernard d'Aureil, paroisse d'Eyjeaux (ms. latin 9193, fol. 693). Engagement, en décembre 1264, à l'abbaye de Solignac, de droits dans la paroisse de Saint-Hilaire-Bonneval. (Arch. de la Haute-Vienne, 3702, etc., etc.)

que la vente de Châlucet étant sinon effectuée, du moins décidée dès cette époque, les Jaunhac s'occupaient de régler leurs affaires et de vendre les redevances possédées par eux dans les environs. Peut-être même les déclarations faites à la fin de 1260 devant l'évêque et le sénéchal de saint Louis, par les seigneurs de Châlucet et le monastère de Solignac, n'étaient-elles que les préliminaires de cette vente, déjà arrêtée en principe. Toutefois nous serions disposé à croire plutôt que l'acte en question eut pour but de constater la mouvance féodale du château, afin d'établir qu'étant un fief de l'abbaye de Solignac, il se trouvait compris dans les territoires du diocèse de Limoges expressément exceptés des restitutions faites à Henri III. — Quoiqu'il en soit, nous n'avons pas rencontré d'acte postérieur au mois de janvier 1266 où un membre de la famille des Bernard de Jaunhac soit qualifié de seigneur de Châlucet. En 1269, un Pierre Bernard, qui pourrait fort bien être l'ancien maître du Haut-Château, habite la Desmarie (par corruption pour l'Adémarie) près Saint-Jean-Ligoure; Pierre et Hugues de Jaunhac sont dits, en 1266, 1267, 1270, chevaliers de Saint-Vitte, et le second est seigneur en partie du bourg de Saint-Vitte à cette dernière date (1). Le dernier seigneur de Châlucet de la famille de Jaunhac meurt avant le 25 mai 1279 (2). Un acte du fonds des Allois, daté du mois de mars 1301 vieux st. (1302) mentionne Missa, veuve de Pierre Bernard, chevalier de La Porcherie (3). Il n'est pas impossible que ce Pierre Bernard soit le même que notre Pierre Bernard de Châlucet. Il faudrait admettre dans ce cas que celui-ci aurait été marié à une fille de la maison de La Porcherie, et se serait retiré dans ce château, en vertu des droits qu'il pouvait tenir de sa femme. Le porc ou le sanglier qui figure au sceau de Pierre Bernard, en 1264, viendrait à l'appui de cette conjecture.

On a vu qu'une branche de cette famille se fixa à Foursac, près Benayes; mais la principale demeura au centre de ses anciennes possessions, et les membres de cette dernière portèrent constamment, aux xiv°, xv° et xvi° siècles, le titre de seigneurs d'Eyjeaux (4).

(1) Arch. de la Haute-Vienne, 3506, 3351. 3969, D 1054, D 1080, D 1132; et Nécrologe de Solignac, *passim*.
(2) Appendice, n° 10.
(3) Haute-Vienne; Allois, liasses sans numéro : *Domina Missa, relicta Domini Petri Bernardi, militis deffuncti de La Porcharia*.
(4) Saint-Jean-Ligoure, commune du canton de Pierrebuffière (Haute-Vienne) ; — Saint-Vitte, (autrefois Saint-Vic ou Saint-Victe) commune du canton de Saint-Germain-les-Belles (Haute-Vienne) ; — Benayes, commune du canton de Lubersac (Corrèze).

Nous avons entendu Pierre Bernard et Hugues de Jaunhac déclarer, en 1260, qu'ils tiennent directement de l'abbé et du monastère de Solignac leurs droits sur Châlucet. Cette affirmation se trouve contredite, au moins dans une certaine mesure, par un acte du mois de mai 1279, conservé aux Archives de la Haute-Vienne (1). A cette date, Jourdain de Montcocu, chevalier, investit Gérald de Maulmont, dans la personne d'un mandataire, Élie de La Roche, de tous ses droits féodaux sur la quatrième partie du haut-château de Châlucet — portion pour laquelle feu Pierre Bernard, jadis seigneur du dit château, était tenu, au dire de Jourdain, à l'hommage envers lui. Le même seigneur abandonne tous les immeubles, héritages et redevances qu'il possède dans tout le château, dans le bourg de Châlucet, dans les faubourgs et les dépendances du château et du bourg, plus tout ce qu'il a ou peut prétendre sur les tènements de La Bosonie, Les Maisons, Ligoure, La Peyre. Ces quatre mas sont précisément au nombre de ceux que P. Bernard et son neveu déclaraient solennellement, dix-neuf ans plus tôt, tenir directement de Solignac. Comme on voit Jourdain faire hommage à l'abbaye de ce même fief, on peut croire qu'il l'avait eu, par héritage, du neveu de Pierre Bernard, Hugues de Jaunhac, dont il était peut-être le gendre, ou le beau-frère. Nous ne saurions expliquer autrement l'intervention de Jourdain de Montcocu dans le règlement des affaires de Châlucet.

IV

COPOSSESSEURS ET CHEVALIERS DE CHALUCET HAUT ET BAS : LES FRACHET, LES DE MONTS, LES PÉRIGORD, ETC.

Les Frachet sont, après les Jaunhac, la principale famille féodale de Châlucet, ou, pour mieux dire, la seule dont l'histoire du pays ait conservé le souvenir.

Cette famille a-t-elle pris son nom du lieu de Fraisseix, paroisse d'Eyjeaux, du Frachet de la paroisse de St-Germain, ou du Fraisenius ou Fressenjas mentionné par la chronique de Vigeois? C'est possible. En réalité, tous ces mots semblent avoir la même racine. Dès le XIIe siècle, l'abbaye a inféodé à une branche de la famille des Frachet certaines juridictions et certaines redevances. Il y a la *baillie de Frachet*, dont les lièves de cette époque font plusieurs fois men-

(1) Voir appendice, pièces n°s 10 et 11.

tion (1). Le nom de Gérald est très commun dans cette famille et semble y jouer le même rôle que celui de Bernard parmi les Jaunhac. Ainsi le cartulaire de l'Artige nomme, au XII° siècle, Richardis et ses deux fils, Gérald de Frachet et Pierre Gérald (2). Pierre Gérald, chevalier, est dit, en 1230, frère de Gautier de Frachet (3). En 1195, Gérald de Frachet, chanoine de Limoges, a pour frères P. Gérald, Elie et Gautier, et tous les quatre concluent un accord avec le monastère, au sujet de droits acquis ou d'usurpations commises par eux sur les terres dépendant de l'église du Vigen (4). Ils ont leurs sépultures auprès de celles des Jaunhac, dans la vieille abbatiale de Solignac (5); ils possèdent, dans le château de cette ville, plusieurs maisons situées tout auprès du dortoir des religieux et de l'habitation des prêtres séculiers (6). Dès le commencement du XIII° siècle, des membres de cette famille habitent Châlucet. Le second prieur du couvent des Dominicains de Limoges, Gérald de Frachet, qui présida, le 25 décembre 1241, au transfert de la communauté dans les bâtiments du faubourg Manigne et qui fut un des hommes les plus distingués de son ordre, est désigné par les anciens chroniqueurs comme étant originaire de Châlucet (7). Du reste, plusieurs titres de 1195 à 1280 mentionnent des Frachet témoins à des actes concernant des Jaunhac, et réciproquement : B. de Frachet figure à une donation de 1213 (8). Gautier de Frachet, damoiseau, et Gaucelin de Frachet sont nommés en 1224 (9). Pierre Gérald, chevalier, Gautier, damoiseau, son fils, et Gautier de Frachet, frère de

(1) *Ballia de Frachet* (Arch. Haute-Vienne, 613).

(2) *Richardis, concedentibus filiis suis Geraldo de Frachet et Petro Geraldo* (fol. 57).

(3) *Petrus Geraldi, miles, et Galterus de Frachet, frater dicti Petri Geraldi* (Haute-Vienne : 8556 *bis*).

(4) *Geraldus de Fracheto..., P. Geraldus, Helias et Galterius de Fracheto, fratres* (Arch. Haute-Vienne, 6846).

(5) *Inter tumbas illorum de Frachet* (ms. lat., 9193, Nécr. de Solignac, n° 86).

(6) *In domo seu domibus que sunt site apud Sollempniacum, in castro dicti loci, prope dormitorium monasterii, juxta domum presbiterorum seu clericorum Sollempniacensium; que domus fuerunt domini Galterii de Frachet, militis deffuncti, et Petri de Frachet, domicelli, quondam filii dicti deffuncti* (Arch. Haute-Vienne, 4209 et 3351).

(7) *Geraldus de Frachet, de Castro Luceti* (Bibliothèque Nation. ms. 5486 : *Exordia Fratrum Prædicatorum*, p. 218). Plusieurs documents copiés par Nadaud et Legros mentionnent ce religieux.

(8) Arch. Haute-Vienne, D. 568.

(9) *Galterio de Frachet, domisello... et Gaucelino de Frachet.* (*Ibid.*, Solignac, 6344).

Pierre Gérald, en 1230 (1). Nous avons déjà mentionné plus haut le premier et le troisième. Pierre Gérald, qui est le père du dominicain, et que nous retrouvons en 1241 (2), fait, à diverses dates, avec son fils Gautier, des libéralités à Aureil ; ils obtiennent des religieux, en 1234, leur pardon pour les injustices et les usurpations commises à leur préjudice (3). Pierre Gérald prend l'habit de Saint-Dominique avant de mourir (4). Il est fait mention de Gautier dans un grand nombre de documents (5) des archives de Solignac, des Allois, de Saint-Augustin de Limoges et du Chapitre cathédral. Il mérita d'être surnommé le *prud'homme*, c'est-à-dire le sage et le preux, mourut entre 1259 et 1265, et fut enterré à Solignac. Il eut pour fils Gautier et Élie, qualifiés tous deux en 1265 de damoiseaux de Châlucet (6); Élie vit en 1286 (7). Peut-être est-ce le même qu'Élie de Frachet, chanoine de Saint-Etienne (8). Il paraît y avoir eu deux Gautier de Frachet à qui les documents appliquent indistinctement le surnom de *jeune*. L'un, nous venons de le voir, était fils de Gautier l'aîné, de Gautier dit *le Prud'homme* ; l'autre était sans doute le frère de ce dernier. Il est appelé en avril 1260, chevalier de Châlucet, et ses deux fils, Pierre et Gérald, sont nommés avec lui (9). Ce Gautier vit encore en 1271 et porte toujours le titre de chevalier de Châlucet. Peut-être Gérald entre-t-il dans les ordres et est-il le G. de Frachet, prêtre, chanoine de Limoges, dont il est parlé

(1) *Petrus Geraldi, miles, et Galterus, filius ipsius, domicellus, et Galterus de Frachet, miles, frater dicti Petri Geraldi* (Arch. Haute-Vienne, Solignac, 8556 *bis*).

(2) *Ibid.*, Solignac, 8556 *bis*.

(3) *P. Geraldus de Frachet, miles, et Gauterius, filius ejus, domicellus... et prior, pro se et monasterio Aureliensi, remisit eidem militi et ejus filio et suis heredibus omnem rancorem, injuriam et odium quod habebant vel habere poterant contra eos* (Arch. Haute-Vienne, D. 782).

(4) *Nobiliaire de la généralité de Limoges*, par Nadaud, publié par l'abbé Lecler, t. II, p. 157.

(5) Entre autres la liasse 2980, qui le nomme à propos d'une cession à l'archiprêtre de La Meyze.

(6) *Galterius de Frachet, senior, miles, ... Helia de Frachet, domisello de Chaslusseto, filio quondam Galterii de Frachet, dicti le Predome... Galterio de Frachet, domisello de Chaslusseto, filio Galterii senioris, dicti le Predom* (Arch. Haute-Vienne, 3351, 4598).

(7) Arch. de la Haute-Vienne, fonds de Solignac, pièces diverses.

(8) Nécrologe de Saint-Etienne, aux Arch. de la Haute-Vienne.

(9) *Galterius de Frachet, junior, miles de Castro Lucii, et Petrus et Geraldus de Frachet, ejus filii* (Arch. dép., Solignac, 6022).

dans deux ou trois documents. Pierre, fils de Gautier (1), après le don de la vicomtesse de Limoges à Maulmont, traita avec le conseiller de Marguerite, et lui céda ses droits sur le Bas-Châlucet. Des membres de la famille continuèrent néanmoins d'habiter le bas-château. Élie, en 1330, s'intitule encore damoiseau de Châlucet (2). Il y possède deux maisons et y habite avec sa famille. On trouve Michel de Frachet nommé au xiv° siècle (3). Aux registres de l'abbaye des Allois, on relève, dans d'anciennes listes de religieuses, les noms d'Agnès de Frachet, Marie de Frachet et sa nièce (4).

Les de Mont ou de Monts — on les appelle indifféremment *de Monte* ou *de Montibus* — sont mentionnés dans des actes remontant à la seconde moitié du xi° siècle. Ce sont des membres de cette famille qui paraissent avoir commencé la construction de l'église de Sainte-Croix de Pierrebuffière, donnée, en 1063, à Solignac par les Gaucelin de Pierrebuffière, Aimeric de Jaunhac, le fils de ce dernier et les trois frères de Monts : Pierre, Gaucelin et Hugues (5). Aux titres de l'abbaye il est souvent question d'un mas des Monts ou du Mont dans la paroisse du Vigen. Peut-être cette famille tirait-elle son origine de ce lieu, pour lequel plusieurs de ses membres rendent hommage aux abbés de Solignac (6). Le cartulaire d'Aureil nous montre Gérald de Monts faisant une libéralité au prieuré à la veille de partir pour Jérusalem (7). Deux nobles hommes du même nom, Pierre et Hugues, sont dits, en 1247 et 1257, chevaliers de Pierrebuffière, et il est

---

(1) *Petrus de Frachet, filius Galterii de Frachet junioris* (Arch. Haute-Vienne, 7747, 9041, etc.).

(2) Appendice, pièce n° 16.

(3) *Obiit W. Chabort, ad cujus anniversarium debentur v sol. de domo Michaëlis de Frachet* (Arch. Haute-Vienne, Nécr. de St-Etienne).

(4) *Maria de Frachet et ejus neptis... Agnes de Frachet*. (Haute-Vienne, Allois, 263). Ces listes, relevées au xvi° siècle, se trouvent à la fin d'un Nécrologe qu'une note de l'abbé Legros fait remonter à la seconde moitié du xiii°.

(5) *Petrus del Mont et fratres ejus Gauscelinus et Ugo* (Arch. Haute-Vienne, ms. Estiennot, p. 136 et suiv.).

(6) Il y avait aussi un mas des Monts près de Bujaleuf.

(7) *Geraldus de Monte, volens ire in Jherusalem* (Arch. Haute-Vienne, D. 656). Peut-être y a-t-il identité entre ce Gérald et celui mentionné au fol. 41 du manuscrit latin 18363 de la Bibl. nationale?

parlé de Gaucelin, fils du premier (1). Pierre de Monts est chevalier de Châlucet. Il reconnaît cinq ans plus tard (décembre 1264) tenir de l'abbé de Solignac sa maison du bas-château et tous ses droits au même lieu (2). Mention est faite de la vigne de feu Aimeric de Monts, sise près de Châlucet et qui appartient alors à Pierre de Monts; son fils Bozon, mentionné dès cette époque avec le titre de damoiseau, est qualifié de chevalier de Châlucet par le nécrologe du monastère. Il meurt dans son habitation du bas-château et est enterré à Solignac (3). Vers 1282, Hilaire de Monts est dit fils et héritier de feu Pierre (4). En 1286, Marie, veuve d'Hilaire, et ses deux fils, Etienne et Bernard, prêtent hommage à l'abbé pour le domaine bas de Monts (5). Un demi-siècle plus tard, Hugues de Monts, damoiseau, et ses frères, ont encore leur résidence à Châlucet et y gardent certains droits, comme on le voit par un acte de 1330 (6) : Hugues, à cette époque, s'intitule prévôt du château pour le seigneur de Sully (7). On trouve Almodie, Raymonde, Philippe des Monts au catalogue des religieuses des Allois (8).

La famille qui, après les Jaunhac, a laissé le plus de traces de son séjour à Châlucet, est incontestablement la famille de Périgord, qui, au XIIIe siècle, possède la moitié du bas-château, peut-être même à une certaine époque, l'a possédé tout entier. Nous ignorons l'origine de cette famille. Peut-être n'était-ce

(1) *Petrus de Montibus, miles de Petrabufferia .. Petrus deu Mon... Hugo de Montibus, miles de Petrabufferia... Petrus... et filius ejus Gaucelinus* (Arch. Haute-Vienne, D. 1081, D. 1086, D. 1279).

(2) *Petrus de Montibus, miles de Castro Lucii, recognovit quod illud deverium seu jurisdictio, quod deverium et quam jurisdictionam ipse habet in Castro Lucii inferiori, et domus sua, sita in dicto loco... sunt et movent de feodo et dominio abbatis et conventus* (Arch. Haute-Vienne, fonds de Solignac, divers).

(3) *Petrus de Montibus, miles de Castro Lucii, et Bozo, filius ejus, domicellus... Bozone de Montibus, domisello de Chaslaceto... Ann. Bozonis de Montibus, militis de Castro Lucii, qui obiit in domo sua de Castro* (Arch. Haute-Vienne, D. 1081, fonds de Solignac; liasses non inventoriés; nécrologe, n° 264, etc).

(4) *Ilario de Montibus, filio et herede... Petri* (Arch. Haute-Vienne, fonds de Solignac, pièces non inventoriées).

(5) *Ibid.*

(6) *Ibid.*, et 3120.

(7) *Ibid.*

(8) Haute-Vienne, Allois, 263.

qu'une branche des Jaunhac, ou plutôt des Bernard, autrefois transplantée dans une province voisine dont elle avait pris le nom et revenue ensuite en Limousin (1). Peut-être était-elle un rameau de la grande et illustre souche des Lastours; car un Gui de Périgord est dit, en 1102, fils de Hugues de Lastours (2), et à plusieurs dates, notamment en 1246, il est parlé des droits que Gui et Hugues de Périgord, frères, chevaliers (3), possèdent sur le mas de Maslhac, paroisse de Saint-Hilaire-Lastours. Un don fait à Solignac sous le règne de Philippe I et l'épiscopat de Pierre de Bordeaux, est le premier acte, à notre connaissance, révélant l'existence des Périgord (4): il semble être antérieur à la mention de 1102 dont nous venons de parler, et ne saurait être postérieur à 1104. Les divers représentants de cette famille signalés vers cette époque portent le nom de Gui : il n'est pas vraisemblable que les multiples mentions qu'on trouve ayant trait à Gui de Périgord soient toutes relatives au même personnage. On perd de vue quelque temps ces seigneurs pour ne les retrouver qu'en 1195. A cette date, un Gui de Périgord est témoin, avec B. de Jaunhac, à un acte passé entre les Frachet et l'abbaye de Solignac (5). Un manuscrit de la Bibliothèque nationale nomme ce Gui en 1209 et nous apprend qu'il avait épousé une fille d'Élie de Razès (6). Il mourut avant 1231. A cette date ses fils, Gui et Hugues, sont appelés damoiseaux de Châlucet. Le premier est-il le même qu'un chevalier nommé en 1237 dans les titres des archives de Solignac, mort outre-mer, et pour l'anniversaire

---

(1) Les possessions des Jaunhac à Villac, signalées par le cartulaire d'Aureil, tendraient à confirmer cette opinion. Toutefois ce cartulaire ne donne jamais aux Périgord le nom de Jaunhac, et il écrit parfois *Pairigol*.

(2) *Guido de Petragorico, filius Hugoni (sic) de Turribus* (Arch. de l'hôpital de Limoges, B. 422). Les cartulaires des monastères de notre province mentionnent du reste plusieurs libéralités faites par les Périgord et se rapportant à des droits possédés par eux dans les environs de Lastours.

(3) *Guido et Hugo de Pairiguos, fratres, milites* (Arch. de l'hôpital, B. 422, et Arch. de la Haute-Vienne, fonds de Solignac, liasses non classées).

(4) Manuscrit Estiennot, p. 134.

(5) *Guido de Petragoricis* (Arch. Haute-Vienne, 6846).

(6) *Guido de Perregors* (Bibl. nat., ms. latin 5452). — Ce chevalier est probablement celui qui traite avec les consuls de Limoges pour la protection des bourgeois, en 1223.

duquel le monastère recevait une rente de huit sols (1)? Ce n'est pas impossible.

Le second prit l'habit de Saint-Benoît à Solignac ; il est qualifié de « chevalier et moine » au nécrologe du monastère (2). Tous les deux avaient des droits sur le moulin du Bas-Châlucet et y percevaient quelques redevances. Un autre Gui de Périgord, damoiseau du bas château, est mentionné au nombre des héritiers de Gérald de Châlucet, mort vers le milieu du siècle, et reçoit précisément pour sa part de nouvelles rentes sur le même moulin, grevé de cinq sols de rente obituaire pour l'anniversaire de son père ou de son oncle, mort à la Croisade (3). En 1259, il est appelé Gui de Peirigueys, damoiseau (4). Nous avons le testament de ce Gui, qui tenait en fief, du monastère, le mas de Savignac, dans la paroisse de Meilhac, et divers fonds dans celle de Saint-Jean-Ligoure. Dans ce document, daté du mois d'octobre 1264, Gui se dit neveu de Pierre Bernard, seigneur du château haut (5). C'est selon toute vraisemblance ce Gui qu'un acte du mois de décembre suivant mentionne comme décédé, et qui avait fait hommage à l'abbé de Solignac pour le bas château de Châlucet (6). En 1273, un autre Gui de Périgord prend le titre de coseigneur du Bas-Châlucet dans des lettres par lesquelles il ratifie un don fait par Pierre Portier, son sergent et son homme (7). Le même, probablement, vend, en 1287, au Célérier de Saint-Augustin-lès-Limoges, certains droits sur des immeubles sis dans la paroisse de Saint-Priest-Ligoure (8). En 1313, Pierre de Périgord

---

(1) *Guido et Hugo de Peirigors, domiselli de Castro Lucio, filii Guidonis de Peirigors, militis jam deffuncti* (Arch. Haute-Vienne, D. 777, D. 778, *Sol.* 7816, et nécrologe de Solignac, n° 166). Ce sont évidemment les mêmes que ceux mentionnés à la note 3 de la page précédente.

(2) *Anniversarium Hugonis de Peyriguos, militis et monachi Sollempniacensis.* (Nécrologe, n°s 120 et 167.)

(3) *An. D. Guidonis de Peyrigos, militis, qui obiit ultra mare : VIII solidos renduales, quos debet Guido de Peyriguos, domicellus, de molendino inferiori de Castro Lucii, quod molendinum fuit Geraldi de Castro Lucii.* (*Ibid.*, n°s 86, 166, etc.)

(4) Arch. Haute-Vienne, fonds de Saint-Augustin, liasse 2980.

(5) Arch. Haute-Vienne, liasses non inventoriées du fonds de Solignac et pièce n° 9 de l'appendice.

(6) *Et scit quod Guido de Peyriguos, miles defunctus... fecit olim... homagium litgium pro dominio dicti Castri Lucii inferioris, quod idem miles, dum vivebat, habebat ibidem.* (Arch. Haute-Vienne : Solignac, liasses non numérotées).

(7) *Dominus pro parte Castri inferioris de Chasluceto.* (*Ibid.*)

(8) Arch. Haute-Vienne, fonds de Saint-Augustin, liasse 5108.

est encore qualifié de « damoiseau de Châlucet(1). » Une borderie de Peyregore est plusieurs fois mentionnée à l'ancienne lièvecartulaire de Solignac, et trois ou quatre titres du xiii° siècle nomment la « vigne des Périgord (2). Ajoutons que cette famille, comme les Bernard, avait sa maison à Limoges. Plusieurs pièces en font mention : cette habitation était située dans la rue de Beauvoir ou de Beauvais, non loin de l'habitation des de Gain (3).

Parmi les autres nobles à qui divers documents donnent le titre de chevalier ou damoiseau de Châlucet, ou qui paraissent avoir habité la forteresse, il faut mentionner P. de Royère, de Châlucet, qui fait un don au prieuré grandmontain du Châtenet, en 1224 (4). Longtemps auparavant un autre Pierre de Royère avait donné à Solignac une borderie à Chabroas (5), et une fille de Gaucelin de Royère, au xii° siècle, est mariée à Pierre de Jaunhac (6). En 1279, Gui de Royère, damoiseau de Châlucet, est nommé, à propos de droits fonciers dans la paroisse de Saint-Hilaire-Bonneval (7).

Guillaume Jourdain, parent ou allié du précédent (8), qui prête l'hommage à l'abbé Archambaud II — al. III (1263-126..), ou à Archambaud III — al. IV (1286-1318), pour sa maison de Soli-

(1) *Petro de Petraguoris, domicello de Chasthuceto.* (Arch. Haute-Vienne, liasses sans numéros.)

(2) *Bordaria Peiregore* (man. lat. 18363), *vinea de Peyreguos.* (Haute-Vienne, Solignac, divers.)

(3) *In Bello Videre, ante domum W. de Peregore... domum P. de Perigort, in carreria per quam recte itur de abbacia apud S. Micaelem.* (Arch. Haute-Vienne : Obituaire de Saint-Martial.)

(4) *P. de Rocira de Chaslus.* (Arch. Haute-Vienne : Grandmont, Cartulaire du Châtenet.)

(5) Cartulaire d'Aureil, fol. 41 v°.

(6) Bibl. nat. man. lat. 18363, fol. 24. Pierre de Royère, damoiseau, gendre d'Aymeric Vigier, chevalier, appartient manifestement à cette famille. En 1264, ce Pierre de Royère reconnaît tenir de l'abbaye tout ce qu'il possède dans la ville et le château de Solignac. Il laisse quatre enfants : Boson, clerc ; Elie, Ahélis et Bernard, qui, de concert avec leur mère, Ahélis Vigier, vendent au monastère, en 1287, leur part de la vigerie de Solignac, au prix de 10,000 sols, monnaie de Limoges. (Arch. Haute-Vienne : Solignac, 3970, 4592, etc.) Tiphaine et Agnès de Royère sont religieuses aux Allois.

(7) *Guidone de Roeria, domicello de Castro Lucii.* (Arch. Hte-Vienne, Solignac, 5900).

(8) De plus un titre du fonds de Solignac mentionne, en 1195, W. *Jordani,* oncle de B. de Royère (liasse 6846).

gnac (1), est certainement de la famille de Guillaume Jourdain nommé, avec les deux Bernard de Jaunhac, dans une charte de 1199 (2), et doit être le même que Guillaume Jourdain, qualifié, dans plusieurs actes, de chevalier de Châlucet (3). A la même famille appartiennent, sans nul doute, Jourdain de Montcocu, qui se dit, en 1279, seigneur pour un quart du Haut-Châlucet et en possession de l'hommage de Pierre Bernard pour ce quart (4), et Guillaume de Jourdain, chevalier de Jourgnac, et Olivier de Jourdain, qui vivent en 1366 (5).

Le titre de chevalier ou damoiseau de Châlucet est donné à Hugues et Foucher de La Brosse ou de La Brousse, fils d'Aymeric, lesquels, en 1272, se reconnaissent les hommes-liges de l'abbé pour un mas qu'ils possèdent aux environs du Vigen, et dont le premier est enterré à Solignac (6), — à Pierre Amblard, qu'on trouve nommé en 1277 et 1287 et que le nécrologe du monastère désigne comme un des héritiers de Gérald de Châlucet (7), — à Foulques de Châlucet, qui, vers 1340, après la mort d'Aymeric de Montcocu, réclame une rente de 30 livres due à sa femme, pour sa dot (8) ; — à Élie Vigier, membre, semble-t-il, de la grande famille des Vigier de Noblat-Saint-Léonard et de Saint-Paul, allié aux Royère, et qui, en mars 1236, fait une aumône aux Allois (9) ; — à Guillaume Narbonne et son

(1) Appendice, pièce n° 11.
(2) Arch. Haute-Vienne, Solignac, 8623.
(3) *Guilelmus Jordani de Chaslucet, miles.* (Bibl. nationale, Coll. Gaignières, t. 186, p. 130.) *Homagium litgium Guillelmi Jordani, militis de Castro Lucii.* (Arch. Haute-Vienne, Solignac, liasses sans numéro).
(4) Appendice, pièce n° 10.
(5) *Guillermo de Jordano, milite de Jornhaco.... Oliverio de Jordano.* (Arch. Haute-Vienne, 6995.)
(6) *Hugone et Foscherio de Brucia, domisellis de Castro Lucii* (Haute-Vienne, Solignac, 6995 et liasses sans numéro) ; *Hugonis La Brossa, militis de Castro Lucii.* (Nécrologe de Solignac, n°s 120 et 167). Deux filles de cette maison — *Alaïs* et *Marguarita La Brosso* — figurent sur les listes déjà mentionnées des religieuses des Allois.
(7) *Petrus Amblardi, miles de castro de Castro Lucii.* (Coll. Gaignières, t. 186, p. 132.) *Petrus Amlardi, miles.* (Nécrologe, n° 86.)
(8) *Fulco de Castro Lucii, miles.* (Arch. Haute-Vienne, pièces concernant la vicairie des Marteau.)
(9) *Helias Vigerii, domisellus de Chaslus* (Haute-Vienne, Allois, 7324). En 1256, Almodie Vigier est l'épouse de Faydit de Royère, damoiseau *(ibid)*, Alaïs Vigier est religieuse aux Allois, au XV° et XVI° siècle. En 1265, Pierre de Royère est gendre de feu Aymeric Vigier, chevalier (Solignac, 4597). C'est de cette famille que le Bostviger, près Saint-Paul-d'Eyjeaux, tient son nom.

frère Pierre, qu'on trouve en 1367, et dont deux localités voisines : Narbonneix et Narbonneau, conservent le nom (1). Ajoutons à cette liste Pierre de Laver, écuyer de Châlucet, nommé en 1282 (2).

On trouve aussi, dans les archives de nos monastères et de nos hôpitaux, le nom de quelques autres habitants nobles ou non nobles de Châlucet, d'Etienne Manha par exemple, qui, en 1232, fit un don à l'hôpital Saint-Gérald (3).

V

LES PROCÈS DE GÉRALD DE MAULMONT. — CHALUCET CÉDÉ AU ROI. — IL EST DONNÉ AUX SULLY. — COMMENCEMENT DE LA GUERRE DE CENT ANS.

Le nouveau seigneur de Châlucet, Gérald de Maulmont, n'était pas le premier venu. Chanoine et archidiacre de Limoges, conseiller du roi de France, chanoine de Lyon, chapelain du Pape, il fut, nous l'avons dit, le véritable gouverneur de la vicomté après la mort de Gui VI, et joua un rôle considérable au cours des événements qui agitèrent la province de 1263 à 1280. On le voit plus tard tuteur des enfants du vicomte de Thiers (4). Il fit bâtir, dans la Cité de Limoges, tout auprès du palais de l'évêque, une « forte tour carrée (5) » que Raynaud de La Porte, peu soucieux d'un tel voisinage, s'empressa d'acheter aux héritiers du remuant chanoine. Devenu seigneur de la forteresse élevée au confluent de la Briance et de la Ligoure, Gérald voulut affirmer les droits qu'il tenait des anciens possesseurs du château ; peut-être même chercha-t-il à en faire revivre que ceux-ci avaient laissé sommeiller. Il se heurta d'abord aux prétentions rivales de l'évêque et du chapitre de Saint-Etienne ; mais, homme d'église lui-même, il s'effraya moins que les hommes d'épée, ses prédécesseurs, d'un conflit avec la gent ecclésiastique. Se proclamant justicier à tous degrés de la paroisse de Boisseuil, il fit planter auprès du bourg

---

(1) *Petro de Narbona de Chalucet et filiis suis.* (Nécr. de St-Etienne de Limoges.) *Petrus Narbona, domicellus de Castro Luceto.* (Gaignières, t. 186, p. 188, et Haute-Vienne : Solignac, liasse sans numéro.)
(2) Arch. Haute-Vienne, liasse 6654.
(3) Arch. Haute-Vienne, liasse 7270.
(4) Baluze, *Hist. de la maison d'Auvergne,* t, I, p. 32 et suiv.
(5) *Annales manuscrites,* p. 205, 206.

des fourches patibulaires et y fit pendre un criminel (1). Le chapitre cathédral, qui devait précisément à la famille de Jaunhac la plupart de ses possessions dans ces parages, protesta et invoqua l'état de choses existant depuis longtemps. On en vint à un accommodement : Gérald se décida, en 1274 ou 1275, — 1287 seulement, d'après le P. de Saint-Amable (2), — à renoncer à ses prétendus droits (3). — Peu après, ce fut avec l'évêque Gérald de Malemort que le conseiller de la vicomtesse Marguerite eut des contestations. L'un et l'autre revendiquaient la justice dans l'étendue de la paroisse de Feytiat. Un procès s'engagea devant le Parlement : on l'y trouve pendant en 1283. Après un compromis intervenu pour une année entre les parties, deux arbitres furent nommés ; leur sentence reconnut les droits de l'évêque, et le seigneur de Châlucet y acquiesça (4). — L'abbé de Solignac eut son tour. Nous avons vu que Gérald avait consenti à lui faire hommage pour le Haut-Château ; mais avait refusé pour le Bas-Château, qu'il tenait, en partie du moins, de Marguerite et de Marie de Limoges, et sur lequel il déniait tout droit au monastère. Le conflit s'aggrava d'un différend particulier concernant la limite de la juridiction respective de Maulmont et de l'abbé dans le bourg du Vigen. La route de Limoges séparait-elle les deux territoires ? Telle était la question. Un procès fut engagé et il aboutit, soit du vivant de Gérald, soit peu après sa mort, au séquestre de la justice en litige, qui fut mise à la main du roi (5).

En 1284, Maulmont cessa de faire partie du conseil de Philippe III. Ses méfaits l'en auraient fait chasser, s'il faut en croire nos chroniques (6). Nous doutons fort que sa conduite en

---

(1) *Annales manuscrites*, p. 206.

(2) *Hist. de Saint-Martial*, t. III : Annales du Limousin, p. 596.

(3) Arch. de la Haute-Vienne : registres de l'évêché, *passim*.

(4) *Olim*, t. II, p. 833, etc. Les registres de l'évêché mentionnent ce compromis : *Littera compromissi facti inter magistrum G. de Malo monte, dominum de Chalusseto, super juridictione et justicia alta et bassa burgi et parrochie de Festiaco*, etc. (Reg. o Domina, fol. 41, v° ; *Te hodie* fol. 3, etc.)

(5) ... *Cum propter debatum olim motum inter religiosos viros abbatem et conventum Sollempniacenses et dominum de Chasluceto, jurisdictio burgi de Vicano et nonnullorum mansorum dicti loci ad manum nostram, tanquam superioris, posita fuerit*. (Arch. Haute-Vienne, fonds de Solignac, pièces non inventoriées.)

(6) *Fuit G. de Malomonte ejectus de consilio Regis, meritis suis exigentibus.* (*Chr. de Saint-Martial*, p. 128.)

Limousin ait été pour quelque chose dans une disgrâce qui dut avoir des causes d'un autre ordre. Nous ne les rechercherons pas ici.

On a vu que les services de Gérald de Maulmont avaient été récompensés, en 1280, par le don de Châlus et de Courbefy. Là encore sa prise de possession et l'exercice de ses droits de justicier rencontrèrent des difficultés. Il y eut même un conflit à main armée au sujet de la juridiction d'Oradour-sur-Vayres, entre les gens du nouveau seigneur et ceux du vicomte de Rochechouart (1). A la suite de plusieurs procès avec ses voisins, notamment avec le chapitre de Saint-Yrieix, l'ancien affidé de la vicomtesse Marguerite crut devoir s'adresser au Parlement pour réclamer des donateurs eux-mêmes, Arthur de Bretagne et Marie de Limoges, ce qu'il assurait manquer dans les dépendances de son château de Châlus qui lui avaient été livrées (2) : réclamation qui semble, au premier abord, un peu singulière après la libéralité dont Gérald avait été l'objet, mais qu'expliquent et justifient les usages féodaux : dans cette organisation où tous les échelons successifs de la société étaient étroitement solidaires les uns des autres, il n'y avait à l'origine aucun droit qui ne fût corrélatif d'un devoir. Gérald se voyait sommé de remplir des obligations se rapportant à des terres dont il n'avait pas été mis en possession par la vicomtesse et son mari. De là le procès. Marie étant morte, le Parlement décida, en 1291, que l'examen de l'affaire serait remis à l'époque de la majorité de ses enfants. Deux ans après, un arrêt du Parlement (Toussaint 1293), condamnait Arthur de Bretagne à ressaisir Gérald des châteaux dont il l'avait dépouillé, malgré *l'asseurement* donné par lui, à l'ancien conseiller de Marguerite, devant Pierre de Blanosc, sénéchal du Poitou et du Limousin. Nous ignorons à quels faits se rapporte cet arrêt; ils devaient offrir une certaine gravité, puisque les officiers vicomtaux avaient maltraité des sergents du roi, requis sans doute par Gérald de Maulmont pour protéger ses droits. On ne voit pas, toutefois, que cette affaire ait eu de suites.

Gérald de Maulmont, qui avait, le 28 août 1285, donné dans son château l'hospitalité à Simon de Beaulieu, archevêque de Bourges (3), mourut une douzaine d'années plus tard — en 1299,

(1) *Annales manuscrites*, p. 219, 220. ; *Chr. de Saint-Martial*, p. 277.
(2) *Super hiis que dicto magistro Geraudo complende deficiunt in pertinenciis Castri Lucii as Chabrols.* (*Olim*, t. I, p. II, p. 322). Cette dénomination de *Châlus* aux *Chabrols* mérite d'être notée.
(3) *Exinde* (de Solignac) *venit apud Caluciun, castrum magistri Geraldi de Malomonte et fuit ibidem ad invitationem dicti magistri ex gratia* (BALUZE, *Miscellanées*, édition de 1761, t. I, p. 286).

d'après Bernard Gui; en 1298, suivant d'autres chroniqueurs — à Châlucet (1), peu aimé du clergé, détesté des bourgeois. Sa grande fortune passa à ses neveux, Guillaume et Pierre de Maulmont, fils d'Adémar. Ceux-ci, malgré les liens de famille qui les attachaient au pays, ne se soucièrent pas de conserver les possessions provenant des libéralités des vicomtes de Limoges. Ils vendirent à Raynaud de La Porte la tour que leur oncle avait fait construire dans la Cité, ainsi que divers droits et possessions ; ils entrèrent aussi en arrangements avec le roi Philippe IV, qui, à ce moment même, travaillait à augmenter en Limousin l'influence et l'action directe de la couronne, en concluant avec un certain nombre de seigneurs ecclésiastiques, notamment avec l'évêque de Limoges et le chapitre de Saint-Yrieix, des traités de pariage. Les héritiers de Gérald de Maulmont cédèrent, en 1306, au roi toutes les terres, les domaines et les châteaux qu'ils avaient dans les diocèses de Limoges et de Périgueux et qui faisaient partie de la succession de l'ancien conseiller de Marguerite (2). Cette cession devint définitive en 1313. Pierre et Guillaume de Maulmont abandonnaient à l'acquéreur « le château de Bourdeilles en Périgord, le fort d'Aixe, les châteaux du Haut et Bas-Châlus en Limousin ; plus, tous les droits et possessions des vendeurs dans le bourg de Saint-Pardoux-la-Rivière, à Courbefy, aux Haut et Bas-Châlucet et à Bré, y compris les forêts et les hommages ». Ils recevaient en échange les châteaux et châtellenies de Tournoël près de Riom, et de Châteauneuf en Auvergne, plus Château-Guyon et Cébazat, avec la haute et basse justice, les hommages et les bois en dépendant (3). Gérald de Maulmont,

(1) *Obiit in Castro Luceti, anno Domini 1299* (*Historiens de France,* t. XXI, p. 750). D'autres historiens le font mourir à Châlus (*Annales manuscrites*, p. 222, et *Chronique de Saint-Martial*, copiée par Estiennot, ms. latin 12763, p. 236).

(2) *Totam terram et hereditatem et omnia castra quam et que habent ex parte magistri Geraldi de Malomonte, quondam patrui sui defuncti, in civitatibus et diocesibus Lemovicensi et Petragoricensi* (ms. latin 11019, fol. 277). Nos *Annales manuscrites* donnent comme date, à ces conventions, 1307 au lieu de 1306 (p. 224).

(3) *Castra de Burdelia, Petragoricensis, et de Chalucio Chabrol superius et inferius, et quicquid habent in villa de Sancto Pardulpho, et Curvifinio, de Chasluceto superius et inferius (sic), de Breno, et fortalicium de Axia, Lemovicensis diocesium, cum forestis, hommagiis, juribus omnibus... Castra nostra et castellanias de Castro Novo in Arvernia, de Tornolio, necnon castrum Guidonis et Cabazaci, cum alta et bassa justicia, hommagiis, nemoribus* (Bibliothèque nationale, Armoires

avait laissé des possessions assez considérables en Auvergne, notamment dans la vicomté de Thiers. — L'acte est du mois de février. Six ans auparavant, le chapitre de Saint-Yrieix, en traitant avec Philippe IV au sujet du pariage de cette ville, lui avait transporté tous ses droits sur Courbefy, Bré et le Haut et Bas-Châlus : certains de ces droits avaient fait l'objet d'un procès entre les chanoines et Maulmont.

Un juge spécial, que mentionnent plusieurs titres de 1314, 1315 et 1316 (1), paraît avoir été le seul officier que la couronne ait préposé à ses nouvelles acquisitions. Il résulte toutefois d'un précieux document copié par Baluze, qu'en 1317 il y avait un châtelain et une garnison entretenus par le roi à Châlucet et qu'on fit cette année là des réparations au château-haut et au château-bas, pour les mettre en état de défense (2) ; mais les successeurs de Philippe IV ne continuèrent pas l'œuvre que ce monarque avait entreprise : des forteresses vendues par les Maulmont, et dont la possession eût été si précieuse au moment de la reprise de la lutte avec les rois d'Angleterre, aucune ne fut conservée. Philippe V, au mois d'octobre 1317, donna le Haut et le Bas-Châlucet, le Haut et le Bas-Châlus, Bré, Courbefy et leurs dépendances, à Henri de Sully, bouteiller de France, pour prix du rachat d'une rente viagère de deux mille livres tournoises qui avaient été précédemment assignées à ce seigneur sur le château de Lunel et sur certaines localités, sises en Auvergne. Cette libéralité fut confirmée, avec d'autres dons faits à la même famille,

---

de Baluze, Arm. 1, t. XVIII, fol. 21). « En eschange le roy leur donna Tonnay-Boutonne ». (*Annales*, p. 224). Tonnay-Boutonne est-il mis pour Chef-Boutonne, par une mauvaise traduction de *Cabasacum?* — Il paraît évident qu'il s'agit ici de Tournoël, près Riom ; — de Châteauneuf, canton de Mauzat ; — de Chatelguyon, canton de Riom, — et de Cébazat, canton de Clermont-Ferrand.

(1) *Judex castrorum et terrarum illorum de Malomonte.* Les juges des Sully portent le même titre : en 1330, Philippe d'Aunai ; en 1368, Pierre Roger sont dits « juges de la terre qui a jadis appartenu aux Maulmont ». Pierre Roger est en outre garde du sceau du seigneur de Sully, dans toutes ses possessions du Limousin ; on trouve, en 1330, Geoffroi Lenfan, châtelain du château de Châlucet — *Castellano de Castro Luceti* — pour le sire de Sully. (Arch. Haute-Vienne, D. 258, 259, et Solignac, 3190). — En 1473, Martial d'Auvergne est encore dit « *senescallus tocius terre que condam fuit illorum de Malomonte.* » (*Ibid.*, 3190, et hôpital de Limoges).

(2) Pièce n° 12 de l'appendice.

par lettres du mois de février 1320, v. st. — 1321 — (1). Le roi se réserva toutefois l'hommage et la haute juridiction. — Henri IV de Sully était un des principaux représentants de la féodalité. Il fut, en 1321, un des exécuteurs testamentaires du roi, et remplit la charge importante de gouverneur de la Navarre, de 1329 à 1334. Ordre fut donné au sénéchal du Poitou de mettre ce seigneur en possession de ses châteaux : ce qui fut fait à très bref délai (2), puisque dès le 16 novembre 1317, le nouveau propriétaire recevait l'hommage d'Aymeric du Mas, de Foucher de Saint-Hilaire, de Guillaume Radulphe, d'Othon de Bré, de Gérard de Jaunhac, de Bernard La Melle (?), de Jean Vigier, de Jean de Bonneval, d'Adémar Lespinat, de Denise de Leymarie, veuve de Gui Adémar, et de plusieurs autres possesseurs de fiefs relevant des

(1) Arch. nationales, *Trésor des Chartes*, JJ. 69, n° 63. Pièces n°s 13 et 14 de l'appendice.

(2) Celui-ci en prit possession par procureur, comme nous l'apprend un intéressant article de l'*Inventaire des Titres de Pompadour*, ms. in-4° de 580 pages, du cabinet de M. Joseph Brunet, ancien ministre, et que celui-ci a bien voulu nous communiquer. Ce passage nous a paru assez curieux pour être reproduit ici :

— « Inventaire des titres produits par les seigneurs de Pompadour pour prouver qu'ils ont droit d'exiger foi et hommage des nobles qui tiennent fiefs et héritages dans l'étendue de la baronnie de Bré. Le premier article de cet inventaire est remarquable et bien propre à faire évanouir l'illusion dans laquelle est le Chapitre de Saint-Yrieix en prétendant qu'il a donné à Philippe-le-Bel les terres et seigneuries de Châlus-Chabrol, Châlucet, Courbouffi et Bré : voici l'article mot à mot :

« Et premièrement, un double d'instrument daté de l'an 1317, signé par
» un notaire nommé Martin Drapier, notaire royal, autorisé par Aimeri
» Fricon, garde du sceel authentique au bailliage de Limoges, (Laron,
» peut-être) « contenant comme, par le commandement de Philippe-
» le-Bel, roi de France et de Navarre, le sénéchal du Limousin et du
» Poitou a ce commis, comme il appert par les lettres dans le dit ins-
» trument insérées, mit en possession et saisine l'abbé de Saint-Sulpice-
» de-Bourges et Messire Heble de Ventadour, chevalier, procureurs de
» noble et puissant seigneur de Soulli, grand Bouteiller de France, des
» terres et seigneuries de Châlus-Chabrol, Châlucet, Courbouffi et Bré en
» Limousin, lesquelles avoient été permutées avec sa seigneurie de
» Limeuil. La possession desquelles places fut baillée réellement et de
» fait aux dits procureurs etc. (en papier) ». — Liasse 3°, *Hommages*, cote 17.

N'en déplaise à l'auteur de cet Inventaire, le Chapitre de Saint-Yrieix avait bien réellement possédé des droits, non sur Châlucet, mais sur Châlus Haut et Bas, Bré et Courbefy : la cession de ces droits à la couronne avait fait l'objet de conventions spéciales entre les chanoines et Philippe IV.

domaines que la couronne venait de lui abandonner (1). Ses successeurs ayant cherché à renouveler les prétentions de Gérald de Maulmont, eurent plusieurs procès malheureux, entre autres au sujet de la justice d'Aureil et de Marboau (Bost-las-Monjas), avec le chapitre de Saint-Etienne de Limoges (2).

Nous avons dit que Châlucet, Châlus et Aixe avaient été vendus au roi de France par deux des neveux de Gérald de Maulmont : Pierre et Guillaume, fils d'Adémar, son frère. Ce dernier avait eu un troisième fils, Élie, dont la fille, Agnès, mariée en premières noces avec Guillaume IV, vicomte de Thiers, épousa, après la mort de ce seigneur, Guillaume Guenant, chevalier, sieur des Bordes et du Blanc, en Berri. Guillaume Guenant et sa femme se prétendirent frustrés des droits qui revenaient à Élie de Maulmont dans la succession de Gérald, et ils s'adressèrent au Parlement le 27 mars 1323 pour réclamer le quart de toutes les possessions du fameux chanoine, des châteaux vendus au roi notamment : Châlucet, Châlus, Château-Chervix (?), Courbefy et Bré (3). Leurs revendications ne paraissent pas avoir abouti.

Sauf l'abbé de Solignac et ses religieux, nul ne songeait plus aux droits du monastère sur Châlucet. L'abbé venait de traverser une période des plus difficiles. Il avait eu, avec le doyen du chapitre de Saint-Yrieix, de longs démêlés qui avaient amené, en 1304, le séquestre par les officiers royaux de la justice d'une partie de la paroisse du Vigen. On a vu que la juridiction du bourg et de plusieurs localités de la même paroisse était déjà sous la main du roi. Les différends entre le couvent et les habitants de la ville de Solignac étaient incessants. Néanmoins, en 1305,

(1) Fonds Bosvieux aux Arch. de la Haute-Vienne : copies faites aux Arch. des Basses-Pyrénées.

(2) *Domina Margarita de Borbonio, tutrix liberorum suorum, heredum defuncti Domini de Suliaco et terre de Malomonte et de Chasluceto, pretendebat justiciam apud Aurelium et Marbotin; sed causa cecidit et vicit capitulum* (coll. Gaignières, t. 186, p. 154.

(3) Arch. Haute-Vienne, 3090. Le roi ou plutôt Henri de Sully, sous son nom, revendiquèrent certains droits ou fiefs accessoires, qu'ils prétendaient mouvoir de Châlus et de Courbefy. Le conflit au sujet de la justice d'Oradour, assoupi en 1291, se réveilla. Le roi ou les Sully, prétendaient que la moitié de cette justice leur appartenait comme « ayant-cause de Gérald de Maulmont, neveu d'Ebles, seigneur de Châlus ». Le Parlement décida, en 1322, que cette justice devait être adjugée au vicomte de Rochechouart. — BOUTARIC : *Actes du Parlement*, t. II, p. 574; NADAUD : *Nobiliaire de la Généralité de Limoges*, publié par l'abbé Lecler, t. III, p. 208, 209.

l'abbé Archambaud III avait obtenu que les bourgeois lui rendissent hommage et lui prêtassent le serment de fidélité, devant le lieutenant d'Aymeric Frichon, garde scel au bailliage royal de Laron (1). L'abbé, tranquille de ce côté, se préparait sans doute à reprendre le procès jadis commencé entre lui et les maîtres de la forteresse, lorsque ceux-ci crurent devoir le prévenir. Peu de temps après leur prise de possession, les seigneurs de Sully obtinrent du roi qu'un ajournement serait donné à l'abbaye pour faire vider le débat. Le premier vendredi après la nativité de la Vierge, 1321, Colin Prévôt, sergent royal de Limoges, signifia cet ajournement à l'abbé de Solignac, devant le portail de l'abbaye de la Rògle. L'affaire toutefois traîna en longueur. L'abbé réussit, en 1325 ou 1326, à obtenir de Charles IV des lettres adressées au sénéchal du Limousin et de la Marche, Hugues de Pouvreau — *Pulverelli* — et reconnaissant explicitement les droits de l'abbaye, au moins en ce qui a trait au château-haut de Châlucet. Hugues de Pouvreau s'empressa d'envoyer sur les lieux deux sergents royaux, Guillaume Paparet (*al.* Proparet), et Colin Prévôt, chargés d'assurer l'exercice libre et intégral de ces droits. Le seigneur de Sully protesta aussitôt contre cette violation des siens. Son procureur se présenta, le 20 juin 1326, à l'audience du sénéchal, affirma que Henri de Sully tenait le château-haut et le château-bas, ainsi que la châtellenie de Châlucet, en fief direct du roi de France, à qui seul il devait l'hommage et le serment; que les terres ayant appartenu aux Maulmont et lui appartenant aux termes de la donation de Philippe V étaient sous la sauvegarde spéciale de la couronne et que les ordres de Hugues allaient à l'encontre de la volonté du roi et des intérêts de son fief. Il demandait, en conséquence, que ces ordres fussent révoqués. Le sénéchal se contenta d'en suspendre l'exécution et ajourna le seigneur de Châlucet et l'abbé de Solignac à l'audience du troisième jour après la fête de Sainte-Marie-Madeleine de la même année (2).

Nous ne connaissons qu'imparfaitement les incidents de cette cause; nous savons toutefois que Colin Prévôt et Guillaume Paparet demeurèrent dans le pays. On les voit en plusieurs occasions, proclamer et faire respecter les droits et priviléges du monastère. Il faut donc penser que la victoire du seigneur de Sully sur l'abbé ne fut pas complète. La querelle, au reste, dura longtemps et fut signalée par un certain nombre d'épisodes ana-

(1) Arch. Haute-Vienne, fonds de Solignac, pièces non inventoriées.
(2) Pièce n° 15 de l'appendice.

— 69 —

logues à celui dont nous trouvons le récit dans un rouleau de parchemin de plus de deux mètres de longueur, conservé aux Archives départementales. La scène se passe au bourg du Vigen, devant le grand portail de l'église, en 1330. Colin Prévôt est là; Paparet aussi; un troisième sergent, Etienne La Peyre, y arrive avec Hugues de Monts, damoiseau, se disant prévôt des seigneurs de Sully à Châlucet et à Solignac (1). Celui-ci vient pour faire vendre, en vertu des droits de banvin que réclament les deux parties, la récolte des vignes de son seigneur. Le procureur du monastère s'y oppose et requiert les sergents royaux de défendre les prérogatives de l'abbaye et de la maintenir dans ses droits. Hugues de Monts, à son tour, les somme de ne pas s'opposer à l'exercice des priviléges de son maître, vassal du roi, et passant outre aux observations qui lui sont faites, il s'avance sur la place du bourg. Un écuyer du seigneur de Sully, qui mène par la bride une bête de somme chargée de deux barils de vin, marche derrière lui, escorté d'une troupe de gens de Châlucet, armés de lances, de javelines, d'épées, de dagues et d'autres armes « prohibées ». On pénètre de force dans la maison de la nommée Almodie Petitaud, et là, malgré ses cris et ses protestations, auxquelles le procureur du monastère mêle les siennes, on met en vente le vin du seigneur de Châlucet (2).

Le procès entre les Sully et l'abbaye de Solignac paraît avoir été terminé par une transaction. Une sorte de mémorandum relatif à cette affaire et dont la partie inférieure a malheureusement été lacérée, le donne à entendre. « Il a été dit, écrit l'auteur de cette note, que nous remettrions au roi, notre seigneur, l'hommage qui nous est dû pour Châlucet et que nous lui transférerions tous les droits que nous avons à cet hommage avec toute notre juridiction sur les lieux dont la justice fait l'objet du différend, notamment sur le château, mais sauf sur la partie du bourg du Vigen en question. Par contre, le roi nous mettrait

(1) *Et asserebat se esse prepositum pro domino de Seuliaco apud Castrum Luceti et apud Solempniacum* (Arch. Haute-Vienne, liasse 3120).

(2) *Venerunt ad plateam dicti burgi incontinenter dictus Colinus Prepositi, Stephanus La Peyra, servientes regii, ac Hugo de Montibus, una cum Geraldo Bajuli, serviente, ut dicebatur, domini de Seuliaco ; qui quidem Geraldus Bajuli duxit quoddam animal honeratum de duobus bairilis plenis vino, una cum turba cohadunata plurium habitancium castri de Castro Luceti, armatorum lanceis, jaculis, ensibus, gladiis et aliis armis prohibitis: que turba cohadunata ducendo dictum animal, vino, ut dicitur, honeratum, per vim et violenciam intraverunt*

en pleine possession de la justice de cette partie dudit bourg, et nous ferait transfert et abandon de tous les droits qu'il peut y avoir. » (1).

Telles furent, et telles devaient être les bases de l'accommodement. C'était au fond avec le roi, non avec son ayant-droit, le seigneur de Sully, qu'on avait à traiter. Au xiv° siècle le temps était passé où un petit seigneur ecclésiastique, comme l'abbé de Solignac, pouvait stipuler d'égal à égal avec la royauté. Philippe IV avait omis de faire intervenir le monastère, suzerain direct de Châlucet, au contrat d'échange entre la couronne et les héritiers de Maulmont, pour obtenir de lui l'abandon de ses droits féodaux ; mais il n'était guère admissible qu'après la cession faite au roi, le domaine foncier de l'abbaye subsistât. Tout au plus celle-ci pouvait-elle demander une indemnité. On voit qu'elle ne l'obtint même pas ; car la justice qui lui fut remise lui appartenait depuis longtemps.

Quoiqu'il en fût, l'arrangement qui intervint laissait les religieux exposés à tous les inconvénients résultant du voisinage d'une forteresse qu'aucun lien féodal ne rattachait à l'abbaye. Les châteaux, à cette époque, étaient plutôt un danger qu'une défense. La guerre de Cent Ans venait de commencer. Bien que le Haut-Limousin ne ressentît pas encore le contre-coup des hostilités ouvertes en Picardie, en Normandie et en Artois, il y régnait une certaine inquiétude. La sécurité n'était pas complète dans la contrée. Une bande de malfaiteurs, renouvelant les exploits des routiers, avait pu s'établir à Comborn et y tenir, à ce qu'il semble, assez longtemps (2). Bientôt le théâtre de la lutte se rapprocha. On se battit en Guyenne et une partie du Périgord fut dévastée. Les bourgeois du Château de Limoges, qui depuis 1292

---

domum quam inhabitat Almodia Petitauda, preter et contra ejus voluntatem, dicta Almodia clamante semper et dicente : « Certe vos non intrabitis, » etc. (Arch. Haute-Vienne, 3120).

(1)... *Tractatum fuit quod nos eidem domino Regi remitteremus homagium supradictum et transferremus in eum homagium nostrum predictum et nichilominus totam jurisdictionem et justiciam quam habebamus in dictis locis contenciosis et presertim in dicto castro de Chasluceto... excepta jurisdictione quam habemus in dicta parte dicti burgi de Vicano... et quod pro premissis, in recompensacionem eorum, dictus dominus nobis quittaret et remitteret jurisdictionem et justiciam et totum jus, si quod vel quam habebat, in dicta parte contenciosa burgi de Vicano* (Arch. Haute-Vienne, fonds de Solignac, liasses non inventoriées).

(2) *Annales manuscrites*, p. 230.

paraît être resté aux mains du roi de France, malgré les restitutions de 1303, envoyèrent au comte de l'Isle Jourdain, gouverneur de la province pour Philippe VI, « quatre gros engins » avec lesquels il battit vigoureusement les murailles de la petite place d'Auberoche (1). Les Anglais délivrèrent les assiégés. Le Limousin dut se préparer à son tour à prendre part à la lutte. Les villes et les châteaux remirent en état leurs fortifications, qu'une longue paix avait depuis cent ans rendues inutiles. Philippe VI autorisa, en 1345, la levée d'une aide pour la réparation des remparts du Château de Limoges, et de plusieurs autres villes ou bourgs. Ce fut l'occasion de quelques conflits entre les seigneurs et les monastères ou les églises, qui, même dans ces temps critiques, n'entendaient pas renoncer à leurs privilèges. Solignac réussit, au plus fort de la lutte en Guyenne, à faire reconnaître les siens par le prince Jean, lieutenant général de son père, et à obtenir qu'il fût défendu aux maîtres des châteaux voisins d'exiger « tailles, guet, manobres et autres servitutes » des vassaux de l'abbaye (2). Ces inhibitions s'adressaient probablement d'une façon spéciale au seigneur de Châlucet; elles ne servirent pas à grand chose. Solignac possédait des foires assez importantes, et il s'y tenait chaque samedi un marché pour lequel le vicomte de Limoges avait accordé une sauvegarde dès 1239. Un jour de foire, des officiers et serviteurs de la maison de Sully, « Jehan Chambon, Guillem et Pierre Narbone, avecques plusieurs aultres, leurs complices, s'en vindrent en la ville de Sollompgnac, fermerent ou firent fermer la porte de ceste ville et y depputerent aucuns gardes de leur propre authorité ». Cela fait, ils « pristrent par leur force et violance en ladicte foire grant quantité de bestes contre le gré et volenté des bonnes gens, c'est assavoir vii bues et xxiiij pors ou environ et s'efforcerent de les mener avecques eux, se ne fussent les merchans et autres gens qui en ladicte foire estoient, qui les empescherent, sans faire a culx aultre villenie ». Pour se venger d'avoir vu ainsi contrarier leurs desseins, les gens de Châlucet revinrent peu après en armes « par maniere de guerre et d'ostilité », et « corurent la terre du couvent ». Ils commirent toutes

(1) *Annales*, p. 230, et *Chroniques de Jean Froissart*, édition Siméon Luce, t. 3, p. 63. D'après Froissart, qui décrit les terribles effets de ces engins — des canons à ce qu'il semble, — cette artillerie avait été envoyée par la ville de Toulouse et non par les consuls de Limoges.

(2) Arch. Haute-Vienne, liasse 4209. Ces lettres sont datées du camp devant Aiguillon, 1ᵉʳ août 1346.

sortes de dégâts, enlevèrent « jusques au nombre de xl bues arrables ou environ, et lx aultres bestes grosses ou environ, berbis, moustons, pors », emmenèrent même les hommes de l'abbaye et emportèrent « grant foison de draps de lit, robes, pots, poelles et aultres », pris dans les maisons. Plainte en fut aussitôt adressée aux « capitaines depputez ès parties du Limosin ». Ceux-ci envoyèrent une de nos vieilles connaissances, le sergent Guillaume Paparet, pour faire mettre en liberté les prisonniers et restituer les animaux et objets enlevés dans cette razzia. Le sergent, accompagné du procureur du monastère, se rendit à Châlucet pour remplir sa mission ; mais les gens du château « dedens, entre les deux portes dudict chastel, enclosèrent ledict sergent et procureur, par telle maniere qu'il les covint a salhir hors par un lieu moult perilleux ». Ce n'est pas tout. On arracha le chapeau et l'épée du sergent, on les jeta sur le chemin, et on garda le cheval du pauvre procureur, qui dut s'en revenir à pied. Pour montrer le peu de cas qu'ils faisaient des injonctions des gens du roi, les pillards sortirent de nouveau de Châlucet, en troupe nombreuse, à cheval et bien armés, coururent les villages relevant de l'abbaye, y prirent cent quatorze bœufs, et les vendirent. « Estienne de Morlans, soy pourtant soverein cappitaine du chastel », vint à Solignac, enleva aux habitants « bles, vins et aultres vivres » et même « les armures que les bonnes gens de ladicte ville avoient pour garder et deffendre ladicte ville », — et cela « avecques grosses, injurieuses et villenes paroles de la sauvegarde du Roy (1) ».

Il est à croire qu'on mit bon ordre, cette fois, aux rapines des gens de Châlucet ; mais le temps des grandes compagnies était revenu, et pour le Limousin allait commencer une longue période de misères, de fléaux et de catastrophes. Le maréchal de Nesle, lieutenant du roi en Poitou, Limousin, Saintonge et Périgord, attaqua dans les premiers jours d'avril 1351, entre Saintes et Taillebourg (2), deux ou trois mille Anglais commandés par Jean de Beauchamp ou, selon Robert d'Avesbury, par le sire d'Albret, et fut complètement défait. Quelques-uns des meilleurs chevaliers qui se trouvaient alors dans la contrée tombèrent aux mains de l'ennemi, avec le lieutenant du roi. Parmi

(1) Arch. Haute-Vienne, fonds de Solignac, liasses non inventoriées.
(2) L'action eut lieu probablement à Saint-Georges-la-Valade. (E. Molinier : *Etude sur la vie d'Arnoul d'Audrehem. Mém. de l'Académie des Inscriptions,* 2ᵉ série, t. VI, 1ʳᵉ partie).

eux se trouvait Arnoul d'Audrehem, qui, promptement délivré, se distingua peu après en Picardie et en Artois et fut nommé maréchal de France. Le 6 mars 1352, Arnoul était investi des fonctions de lieutenant du roi « ès pays d'entre Loire et Dordogne ». Il avait déjà, à cette époque, un commandement dans la contrée et venait de diriger une petite expédition sur Saint-Auvent, bourg situé entre Rochechouart et Aixe et que tenait un parti. Les Anglais occupaient plusieurs places dans le pays, Excideuil et Comborn, entre autres. Arnoul, qui avait renforcé toutes les garnisons importantes de sa lieutenance, recouvra Maisonnais, Montbrun, Nontron et plusieurs autres forteresses. Appelé en Normandie avant le milieu de l'année 1353, le brave maréchal revint au moins une fois en Limousin; il y livra même aux Anglais, près de Comborn, en juillet ou août 1353, un combat où il perdit près de 150 hommes d'armes et manqua d'être pris (1). Le maréchal de Clermont le remplaça dans ses fonctions de lieutenant du roi; le clergé, les gentilshommes et les communes du pays ne marchandèrent pas leur concours. Des assemblées des trois états de la province furent tenues et on vota un subside, le 16 juin 1355, au Maréchal, mais à la condition qu'il construirait un fort pour tenir en échec la garnison d'Excideuil (2).

Les Français firent cette année là quelques progrès; mais, bientôt après, le prince de Galles, suivant la lisière de la province, — ses étapes du 9 au 19 août 1356 furent : Brantôme, Rochechouart, La Péruze, Lesterps, Bellac, Lussac-les-Eglises (3), —

(1) Nous empruntons ces détails à l'intéressante étude de M. Molinier.

(2) « Comme les seigneurs, nobles, genz d'esglize, consouls, villes, com-
» munes et autres du païs de Limosin et des parties d'environ, ou la grei-
» gneur et plus saine partie d'iceulx, pour la tres grant affection et desir
» de grever les ennemis et qu'ils ont à la deslivrance d'icellui païs, et pour
» consideration de ce que Monsieur est moult grevez pour cause de ces
» presentes guerres, et que du sien il ne peut bonnement satisfaire a
» touz, nous avons octroïé et accorde certain subside et aide, a la condi-
» tion que le mareschal ou autre bon capitaine demourera en Limosin,
» qu'il construira un fort devant Excideuil, etc. » (*Ordonnances des rois de France*, t. III. p. 684 et 685). La pièce émane de l'évêque de Limoges, des abbés de Saint-Martial, de Saint-Martin, de Saint-Augustin, de Lesterps, des gens du vicomte, de la dame de Sully et du seigneur de Pierrebuffière. — Jean de Pierrebuffière est dit « capitaine de Limosin » dans un mandement du 3 janvier 1357, cité par M. Molinier sous le n° 28 des pièces justificatives qui accompagnent son travail.

(3) *Chroniques de Froissart*, édition Siméon Luce, t. V, p. 11, note. C'est à cette marche que se rapporte ce paragraphe de nos *Annales* où le

marcha au devant de l'armée du roi Jean. Les Anglais commirent beaucoup de dégâts sur leur passage et l'alarme fut grande dans toute la contrée. C'est aux années 1355 et 1356 qu'il faut rapporter la prise ou l'occupation, soit par les soldats du prince Edouard, soit par des bandes de routiers à ses gages, de plusieurs places fortes de la province : Excideuil, Ségur, Ayen, Château-Chervix et Aixe, aux portes de Limoges (1); Châlucet paraît avoir été conservé par les Français pendant toute cette période.

Le traité de Brétigny rendit le Limousin à l'Angleterre, et le maréchal de Boucicaut fut chargé de faire, au nom du roi de France, la remise des places de la province à Jean Chandos. Les populations des villes, qui avaient gardé un bon souvenir de la domination anglaise et du respect que celle-ci avait montré pour les libertés communales, paraissent avoir d'abord accepté, sans peine, le joug du vainqueur. Les seigneurs s'y résignèrent moins aisément. Toutefois, il fallut bien obéir au roi ; d'ailleurs, la noblesse limousine avait été fort affaiblie par les dernières guerres. Beaucoup de ses membres étaient restés sur le champ de bataille de Poitiers ; d'autres, faits prisonniers, devaient encore leur rançon. La misère était extrême ; mais les pays cédés à Edouard III avaient, sur les contrées voisines, l'inestimable avantage d'être à l'abri des incursions des grandes compagnies. Les chefs de ces bandes, formées de l'écume de toutes les nations et où figuraient beaucoup d'aventuriers originaires du Limousin et du Périgord, respectaient les possessions anglaises et avaient une crainte salutaire du Prince Noir. On sait comment Charles V et Du Guesclin en débarrassèrent la France.

Le fouage levé par le prince de Galles sur l'Aquitaine, au mois de janvier 1368, causa un mécontentement général. Beaucoup de seigneurs en appelèrent au roi de France, alléguant que l'établissement de cet impôt violait une clause formelle des conventions de Brétigny. Des villes s'associèrent à ces réclamations. Charles V hésita quelque temps à mettre à profit l'occasion qui se présentait de déchirer le désastreux traité imposé par le vainqueur de Poitiers. Il se décida enfin à relever l'appel. Les nombreux partisans que la France avait gardés en Aquitaine reprirent courage,

chroniqueur indique Limoges comme l'objectif du prince Edouard : « Le » prince de Galles... assembla gens de toutes partz et vint en bataille » jusques près Limoges ; mais connoissant l'advis des habitants, passa » oultre sans s'approcher, pillant le païs de Lymosin. » p. 232.

(1) *Annales manuscrites*, p. 232.

et grâce à leurs agissements, un tel courant s'établit qu'en peu de mois, neuf cent vingt villes, bourgs ou châteaux adhérèrent aux réclamations formées auprès du fils de Jean-le-Bon, dont on proclamait ainsi solennellement l'incessible souveraineté. Malgré les efforts des Anglais, le mouvement s'accentuait chaque jour. Le vicomte de Turenne se déclarait hautement pour Charles V ; le vicomte de Rochechouart ouvrait les portes de son château à une garnison française commandée par un capitaine breton, Thibaut du Pont. La ville du Dorat se donnait à son tour au roi et recevait ses soldats (1). — Charles V entretenait des émissaires dans tout le pays ; il avait mandé à Paris un certain nombre de seigneurs du Limousin, de la Marche, du Poitou et du Périgord, et s'efforçait de les détacher du parti anglais, n'épargnant ni les caresses ni les promesses. Le comte de la Marche résista d'abord à ces sollicitations. Le roi tenait d'autant plus à s'attacher son concours dès le commencement des hostilités qu'à ce moment, par suite de conventions dont nous ne connaissons ni les raisons ni l'origine, ce seigneur détenait diverses places fortes du Limousin dont les conseillers militaires de Charles V avaient dès lors en vue l'occupation : Châlucet, Châlus et Courbefy, entre autres. La possession de la première de ces forteresses était doublement importante ; car le seigneur de Pierrebuffière, son plus proche voisin, et les consuls du Château de Limoges demeuraient fidèles au roi d'Angleterre (2).

Charles V se fit alors donner par Louis de Sully, seigneur de Châlucet, l'autorisation de mettre garnison dans cette place et dans les autres forts que celui-ci possédait en Limousin. L'acte de délivrance au roi de ces divers châteaux est du 26 octobre 1369.

« — Considérant, y est-il dit, que la ville et chastel de Chalusset ;
» le chastel et ville de Corveffin, le chastel de Malmont et le
» chastel de Chasluz-Chavrol, lesquels sont de notre propre heri-
» taige et demayne, assiz en la seneschaussée de Limosin et en la
» la frontière des ennemis de Monsr le Roy et de son royaume,
» et qui, si ilz estoyent pris ou occupez par aventure desdiz enne-
» mis, ce seroit ou tres grant grief et dommaige de mondit sei-
» gneur le Roy et de son royaume, — baillons et deslivrons des
» maintenant, et mettons es mains de mondit seigneur le Roy, le
» gouvernement, possession et saizine de noz diz chasteaulx et
» villes ; voulons et consentons que Monsr le comte de la Marche,
» qui noz diz chasteaux et villes tient, et ycelles devoit rendre,

---

(1) Froissart, édition Siméon Luce, t. VII, p. 209 et 397.
(2) *Ibid*, t. VI, p. 58.

» bailler et delivrer au mandement, voulente et ordenance de
» Mons' le Roy, veu ses lettres ou coppies d'ycelles, noz diz chas-
» teaulx et villes il baille et delivre a mondit seigneur le
» Roy ou a son certain commendement. » La remise des places
était faite pour trois ans, durant lesquels Charles V s'engageait à
gouverner, défendre et entretenir les châteaux du seigneur de
Sully ; ce terme expiré, il devait les rendre au propriétaire dans
l'état où il les aurait pris, et, le cas échéant, l'indemniser de
leur perte. Château-Landon, Moret et Grez en Gâtinais étaient
assignés comme garantie au maître de Châlucet et de Châlus (1).

Cinq jours après ces conventions, le 31 octobre, un capitaine
berrichon, Guichard de Culant, entrait, en vertu d'un ordre du
roi, dans le château de Châlucet, à la tête d'une petite troupe
d'hommes déterminés et s'établissait fortement dans cette position, aux portes de Limoges et au milieu des garnisons anglaises (2).

Plusieurs petites places des environs venaient d'être remises en
état de défense. L'anglais Thomas de Rooz, sénéchal du Limousin,
avait pris, de concert avec le bailli de Limoges, Jean de Rochelles,
des mesures pour s'assurer la conservation des villes qui recon-
naissaient encore l'autorité du prince de Galles. Solignac, presque en vue de Châlucet, avait été réparé, et nous possédons un
mandement ordonnant aux habitants de concourir à la construction des ouvrages destinés à protéger cette petite ville (3). Plusieurs forts de la Marche et du Bas-Limousin tenaient encore
pour les Anglais ; mais la plupart avaient reçu une garnison
française. Le duc de Bourbon avait acheté, en 1360, La Chapelle-
Taillefer ; cinq ans plus tard, on lui avait vendu Felletin (4).

Le commencement de l'année 1370 ne fut marqué en Limousin
que par des incidents sans importance ; mais, au cours de juillet,
les garnisons françaises furent renforcées, et le mois suivant,
pendant que le duc d'Anjou et Du Guesclin s'avançaient à travers
l'Agénois et le Périgord, le duc de Berri, à la tête de douze cents
lances et de trois mille brigandiniers, partit de Bourges, son
quartier général, traversa la Marche, fit occuper plusieurs posi-

---

(1) Trésor des Chartes, J 400 n° 63.

(2) LÉOPOLD DELISLE : *Mandements et actes divers de Charles V*. (Documents inédits sur l'Histoire de France, n°s 619 et 692.)

(3) Archives de la Haute-Vienne, 4593. La pièce est malheureusement
en mauvais état et on ne peut lire qu'une partie de la date : mai 136...

(4) SIMÉON LUCE : *La Jeunesse de Du Guesclin*, p. 459 à 509.

tions, Grandmont entre autres, situées à proximité de la route suivie par ses troupes, et, le 21, arriva sous les murs de la Cité de Limoges, où l'avait vraisemblablement précédé le maréchal de Sancerre, qui, dès le commencement du mois de juillet, préparait « l'entreprise pour le recouvrement de cette ville (1). » Du Guesclin l'y rejoignit et prit part aux négociations déjà entamées par les émissaires du duc avec l'évêque Jean de Cros et les habitants de la Cité, que, confiant dans le dévouement du prélat, parrain d'un de ses enfants, le prince de Galles n'avait pas pourvue d'une garnison anglaise. Les pourparlers aboutirent, le 24, à la reddition de la place (2). L'armée se dispersa presque aussitôt et le duc de Berri partit, laissant dans la Cité cent hommes d'armes seulement. Vingt jours plus tard, le Prince Noir, accouru de l'Angoumois à la nouvelle du succès rapide de l'expédition du duc de Berri, venait mettre le siège devant la malheureuse ville, y entrait le 19 septembre, et la livrait aux flammes, après avoir massacré un grand nombre de bourgeois. Plusieurs places des environs furent sans doute, à ce moment, attaquées par les Anglais. Du Guesclin, avec deux cents lances, battait l'estrade sur les derrières de l'ennemi, parcourait la vicomté en revendiquant les droits de la veuve de Charles de Blois, et réussissait à s'emparer de Saint-Yrieix. Cette place fut aussitôt mise en état de défense (3) ; mais les troupes anglaises ne se présentèrent pas devant ses murs, et le prince de Galles, satisfait du châtiment exemplaire qu'il venait d'infliger à la défection des citadins, reprit le chemin de l'Angoumois.

Guichard de Culant continuait à tenir Châlucet avec deux chevaliers et neuf écuyers. De ces douze hommes, dix occupaient le château et deux étaient logés dans le village (4). Les Anglais étaient venus les attaquer — vraisemblablement dans le cours de novembre 1369. — Nous ne connaissons pas les détails de cette

---

(1) *Mandements de Charles V*, n° 705.

(2) Voir le procès-verbal de reddition, publié dans l'*Almanach Limousin* de 1867. Consulter aussi Froissart, édit. Siméon Luce, t. VII, texte et notes du sommaire.

(3) Arch. de la Haute-Vienne, 5851. Lettre d'Alain de Beaumont à Du Guesclin, 24 septembre 1370.

(4) « Et comme il y ait tenu chascun jour dix hommes d'armes, et deux
» dans la ville d'illeuc. » *(Mandements de Charles V*, n° 619) ; — « se mist
» de nostre commendement a Chalucet et en entreprit la garde, ayant avec
» lui, chevalier, deux chevaliers et neuf escuiers ». (*Ibid.*, 692.)

expédition, ni sa durée ; mais un mandement du roi Charles V,
du 11 décembre suivant, nous apprend que les ennemis « avoient
grande envie de le prendre et longuement y tinrent siége (1) ».
Ils ne réussirent pas dans leur entreprise et furent obligés de se
retirer. Châlucet fut de nouveau menacé par les Anglais après
le sac de la Cité de Limoges, entre le 20 et le 28 septembre 1370.
Tout au moins les maisons construites au pied de la forteresse
furent-elles pillées. C'est ce qui semble résulter des indications
fournies par un très curieux rôle d'assises tenues par les prévôts
de l'abbaye de Solignac. Ce document prouve combien peu solide
était à ce moment la domination anglaise dans nos contrées,
puisqu'à peine les soldats du prince de Galles avaient-ils quitté
une localité, les victimes de leurs déprédations pouvaient ac-
tionner judiciairement les acquéreurs du butin fait à leur préjudice et, particularité bien plus significative encore, les seigneurs justiciers poursuivaient ces derniers d'office. Nous voyons
dans ces assises les officiers du monastère condamnant à l'amende
toute personne ayant acheté quelque chose aux troupes d'Edouard :
qui a acheté un cheval, qui une anesse, qui un poulain ou une
pouliche, qui des grains, de menus ustensiles, des couvertures, des
draps, des sacs (2). Parmi les objets ainsi vendus, il s'en trouve
qui proviennent de Châlucet, d'autres de Pierrebuffière.

Peut-être — mais nous ne saurions émettre qu'une hypothèse
à cet égard — les Anglais s'étaient-ils débarrassés de ce butin au
retour de l'échauffourée de Pierrebuffière, qu'il faudrait par con-
séquent placer dans les derniers jours du mois de septembre 1370.
Nous ne savons que peu de chose sur cet épisode, bien curieux
pourtant, de la guerre franco-anglaise dans nos pays. Les
Annales manuscrites donnent à entendre qu'il y eut un engagement entre le seigneur de Bertincourt, sénéchal d'Angleterre,
à qui le Prince Noir avait « donné lettres de la vicomté de Ségur »,
et que « messire Bertrand du Clesquin chaslongeoit », et quelques
bandes françaises réunies sous les ordres du capitaine de Rochechouart, le breton Thibaut du Pont (3). Froissart raconte d'une
autre façon « la moult dure aventure » qui « en ce temps avint
a monseigneur Eustache d'Auberchicourt ». Chevauchant en
Limousin, le sénéchal arriva un soir sous les murs de Pierre-

---

(1) *Mandements,* n° 649 (11 décembre 1369).
(2) Appendice, pièce n° 18.
(3) *Annales manuscrites.* p. 274 et 282. L'annaliste dit que le sénéchal marchait sur Limoges pour empêcher la défection des bourgeois du
Château.

buffière et s'empressa de demander l'hospitalité au seigneur du lieu qu'il tenait « pour ami, pour compagnon et pour bon Anglois ». Pierrebuffière ne lui ferma pas sa porte ; mais comme il venait de se ranger au parti français, il trouva l'occasion excellente pour y payer sa bienvenue. Il fit prévenir Thibaut du Pont et sa *route*. Peut-être même étaient-ils déjà embusqués dans les environs du château. Le sénéchal, qui se croyait en pays ami et « ne se donnoit point de garde », fut pris comme un renard au gîte et rançonné sans miséricorde. Il n'obtint sa liberté que moyennant la somme énorme de douze mille francs, plus d'un demi million d'aujourd'hui. Ses finances ne se relevèrent pas de cette saignée (1).

A la nouvelle du désastre de la Cité, Charles V avait pris sur-le-champ des mesures pour que le Limousin ne restât pas sous le coup de cette catastrophe. Dès le 28 septembre, ordre fut donné au maréchal de Sancerre de conserver sous ses ordres cinq cents hommes d'armes pour tenir la campagne dans la province (2). Les places que gardaient encore les Anglais furent vigoureusement attaquées. Le fort de Solignac, qui leur avait à plusieurs reprises servi de refuge, fut occupé (3); la ville d'Aixe prise d'assaut, et le château de cette ville, assiégé par des forces importantes. La garnison se défendit avec courage ; mais l'emploi de la mine et l'offre de douze cents francs d'or (environ 12,800 fr. qui en vaudraient aujourd'hui plus de 60,000) décida les chefs à se rendre. Les fortifications furent aussitôt remises en état et on n'y dépensa pas moins de cinq cents francs (5,400 fr., près de 22,000) (4). Plusieurs autres places furent prises ou occupées. Les Anglais n'avaient laissé, en se retirant, aucune garnison ni dans le Château de Limoges ni dans ce qui restait encore debout des ruines de la Cité. Le duc d'Anjou nomma le nouvel évêque, Aimeric de Lage au Chapt, « gouverneur et réformateur souverain
» et général, pour et au nom du Roi et au sien, dans les
» diocèses de Limoges et de Tulle, traiter avec les nobles,
» barons, capitaines, consuls, etc. », non encore soumis, et les contraindre « par fait d'armes ou autrement » à se soumettre, avec autorisation de convoquer les communes et de prendre tou-

---

(1) *Chroniques de Froissart*, livre I, partie 2, ch. 320.
(2) *Mandements de Charles V*, n° 718.
(3) *Ibid.*, n° 844.
(4) *Ibid.*, n°ˢ 844, 845, 846.

tes les mesures nécessaires. (Lettres du 6 janvier 1371-72) (1).
Peut-être les négociations du prélat contribuèrent-elles à la
reddition du Château de Limoges. Les bourgeois de cette ville
avaient envoyé à Paris trois d'entre eux, munis des pleins pouvoirs
de la Commune pour traiter, avec le roi, des conditions de la
reddition (2). Celle-ci était arrêtée en principe ; si, en effet, les
habitants ne paraissent avoir consenti à ouvrir leurs portes que
le 24 avril 1372 (3), on voit, dès le 14 novembre précédent, les
consuls et les notables avoir des pourparlers avec le maréchal de
Sancerre (4) et lui avancer même de l'argent pour payer ses
hommes d'armes (5). Le Limousin, bien que les troupes ne
l'aient pas complètement évacué, est définitivement perdu pour
l'Angleterre dès la fin de 1371. Charles V, après avoir réduit,
au mois d'août 1371, les forces qu'il entretient dans cette province à cent soixante-dix hommes d'armes : quatre-vingt-dix sous
les ordres de Robert de Sancerre, cinquante sous le commande-
de Jean de Pierrebuffière, et trente pour la garde de Lesterps (6),
peut diminuer encore ce faible effectif et assurer la tranquillité
du pays avec cinquante hommes d'armes sous les ordres de Gaucher de Passac, à qui il donne le titre de sénéchal, et avec une
dépense de trois cents francs d'or par mois : la solde d'un chevalier
étant fixée à 30 livres et celle d'un écuyer à 20 (7).

VI

Les routiers : exploits de Perrot le Béarnais.

Les Anglais tenaient encore quelques forteresses dans le pays,
et il semble résulter de deux passages de nos *Annales manuscrites* (8), qu'à l'époque où le Château de Limoges se rendit à
Charles V, Châlucet avait déjà été repris par l'ennemi. Nous
croyons toutefois qu'il y a ici erreur et que la forteresse ne fut

---

(1) *Ordonnances des rois de France*, t. V, p. 719.
(2) *Annales manuscrites*, p. 277.
(3) *Ibid.*, p. 281. Le maréchal y fit son entrée, le lundi 26 avril, d'après les registres du notaire Bermondet. (Legros, *Mélanges manuscrits*, t. I, p. 86 et 87.)
(4) *Bibl. nation.*, coll. Doat, t. 244, f. 63 et suiv.
(5) *Mandements de Charles V*, n° 844, du 8 janvier 1371 v. st. (1372).
(6) *Mandements*, n° 816.
(7) *Ibid.*, n° 845.
(8) P. 283.

occupée par une bande d'aventuriers se disant à la solde de l'Angleterre que quelques années plus tard. Quoiqu'il en soit, Charles V avait, à la date du 30 avril 1371, renouvelé vis-à-vis de Louis de Sully les engagements pris le 26 octobre 1369 : les lettres qui nous l'apprennent nous font connaître en même temps que le château était occupé par le seigneur de Pierrebuffière, qui le tenait pour le Roi. Ce dernier déclarait qu'il ne garderait pas Châlucet au-delà du terme d'une année, à moins de « tres grant et evident necessite » et s'obligeait, si l'ennemi venait à s'emparer du château, à « en faire digne et juste recompensacion, tant en noblesce et forteresse de ville et chastel, comme en assiete et valeur » (1).

Un grand effort fut fait pour achever de chasser les Anglais, qui, profitant de la diminution de l'effectif des troupes chargées de la défense de la province et du relâchement de leur surveillance, avaient repris plusieurs places. L'argent paraît, dans cette campagne, avoir joué le principal rôle : preuve évidente qu'on n'avait pas affaire à des officiers du roi d'Angleterre, mais à des capitaines de bandes se livrant, sous le nom d'une des puissances en guerre, à un pur brigandage. Ces désordres avaient commencé depuis le départ du Prince Noir pour l'Angleterre, et la faiblesse du commandement en Aquitaine, après lui, avait beaucoup contribué à détacher les villes des Anglais. Limoges, devenu Français, s'imposa les plus lourds sacrifices pour contribuer au succès des troupes de Charles V. Ses habitants ne se bornèrent pas à avancer de l'argent au maréchal de Sancerre ; ils donnèrent « de grosses sommes » à Du Guesclin, à Olivier Blanchard et à d'autres capitaines ; au duc de Berri, qui assiégeait La Souterraine, ils envoyèrent « vivres, engins, charpentiers, massons, manouvriers et autres outils de guerre » (2).

(1) La pièce, communiquée par M. P. Marchegay à la Société arch. et hist. du Limousin, a été publiée dans le t. XXVI du *Bulletin* de cette Société, p. 158, 159.

(2) *Annales manuscrites*, p. 282, 283. Ces sacrifices étaient bien justifiés. La garnison de La Souterraine était une de celles qui poussait le plus loin ses courses et gênait le plus les habitants de Limoges. Nous avons trouvé mention de ses méfaits dans deux ou trois actes de 1371 et 1372. Ainsi, le 7 avril 1372, un boulanger du pont Saint-Martial, Guillaume Mathias, est prisonnier des Anglais de La Souterraine, — *Guillelmi Mathie, prisoniarii Anglicorum habitancium in villa de Subterranea et ibidem captivati per dictos Anglicos* — : sa femme, Pétronille, vend un immeuble pour payer sa rançon — *pro redemptione et liberacione corporis dicti mariti sui* (Arch. Haute-Vienne, D. 422).

Six jours après son entrée dans Limoges, le 2 mai, le maréchal de Sancerre avait obtenu la reddition d'Isle, où un capitaine du nom de Marot Audebert commandait une garnison anglaise. Il avait fallu payer à cet officier 2,000 francs d'or pour obtenir qu'il délogeât (1). La place fut remise aux officiers de l'évêque, à qui elle appartenait. Le 18, Saint-Léonard se « tourna » Français ; mais cette fois ce ne fut pas à prix d'argent (2). Les Anglais évacuèrent la ville avec leurs armes, leurs chevaux et leur butin. D'autres villes se rendirent et prêtèrent serment de fidélité au roi de France (3). A Limoges, toutefois, l'autorité du Prince Noir, duc d'Aquitaine, sous la suzeraineté de Charles V, fut officiellement reconnue jusqu'au mois de mars 1373, époque à laquelle le sénéchal Français, Gaucher de Passac, arriva dans cette ville, et se saisit de tous les droits qui, depuis Brétigny, avaient été cédés à l'Angleterre (4).

Vers cette date, un des derniers châteaux des environs de Limoges qui tenaient pour le roi d'Angleterre, Veyrac, fut repris par les Français ; son propriétaire, Gui de Veyrac, chevalier, qui avait livré le fort à l'ennemi et s'était ouvertement déclaré contre Charles V, fut fait prisonnier, emmené à Paris et « justicié pour ses démérites » (5). Les chemins, autour de la capitale du Limousin, étaient cependant bien peu sûrs encore à cette époque, puisque Jourdain Laurent, lieutenant du sénéchal, n'osait se hasarder à aller jusqu'à Saint-Junien pour y remplir une commission du roi et chargeait le juge de cette ville d'y procéder à sa place (6).

Le château de Ségur, dont le capitaine, « Naudon du Can », avait entamé des négociations avec l'évêque de Limoges, fut rendu à Aymeric Chapt de L'Age-au-Chapt dans le courant de 1374. Le

---

(1) *Die secunda maii, Marotus Audeberti reddidit locum de Insula, quem pro domino principe tenebat stabilitum ; tamen habuit duo millia francos auri.* (Registres de Simon Boutineau, notaire, dans les *Mélanges manuscrits* de Legros, t. I, p. 86, 87.)

(2) *Die xviii maii, villa de Nobiliaco se reddidit Gallica dicto domino marescallo gratis. (Ibid.)*

(3) *Plures ville fecerunt sibi juramentum. (Ibid.)*

(4) Registres de Bermondet, notaire. *(Ibid.)*

(5) Archives Nationales : Trésor des Chartes, Q 1, 1620. Lettres royales du 20 novembre 1373. La même année, Charles V délivra des lettres de grâce à plusieurs seigneurs qui avaient fait leur soumission, notamment le 30 avril 1373, à Aymeric de Rochechouart, seigneur de Mortemart. (Arch. Nat., JJ 104, n° 166.)

(6) Arch. Nat., Q 1, 1620.

prélat, pour obtenir la remise de cette forteresse, avança 1,500 francs d'or qui lui furent remboursés sur les fonds d'une « imposition mise nouvellement ou pays de Limosin pour la expedition d'icelui ». Les Etats de la province avaient voté ce nouveau subside, et le remboursement fut ordonnancé par les commissaires « en ceste partie députés » pour les trois ordres : l'évêque, « pour le clergié »; Jean, seigneur de Pierrebuffière et de Châteauneuf, « pour la noblesse », et Martial Bize, bourgeois du Château de Limoges, « pour les communes » (1).

Vers 1376, au rapport de nos *Annales manuscrites,* des garnisons se disant Anglaises tenaient encore en Limousin Chamberet, Châlucet, Grandmont, Les Cars et Courbefy (2). Les châteaux de Jumilhac, Le Breuil, Saint-Vitte et La Vauguyon avaient été repris, et Gaucher de Passac avait obtenu, moyennant finance, la reddition de Château-Chervix, dont le fort, avec les dépendances et les revenus de cette petite seigneurie, avait été remis à la veuve de Charles de Blois, aux termes d'une ordonnance de Charles V, du 16 mai 1375 (3).

En 1379, le chef de la bande qui occupait Châlucet se nommait Paya Negra. Ses hommes, du reste peu nombreux à ce qu'il semble, étaient de véritables voleurs de grands chemins. Pour se débarrasser de cet insupportable voisinage, Limoges et les villes et bourgs des environs offrirent spontanément au roi de France « un fouage d'un franc d'or — près de 50 fr. d'aujourd'hui — pour chaque feu, « le fort portant le faible, hormis les nobles, gens d'église et personnes mendiantes ». Enorme contribution pour ce temps-là et pour une population déjà appauvrie par de longues guerres. Paya Negra évacua Châlucet en 1380 (4); mais presque aussitôt un aventurier bien autrement hardi et redoutable, Perrot Foucaud, surnommé le Béarnais — il était originaire des environs d'Orthez (5) — s'en empara avec l'aide d'un second

---

(1) Arch. Haute-Vienne, fonds des Cars, liasse 7517 *bis.* L'ordonnance est du 4 janvier 1374-75.

(2) *Ibid.*, p. 283.

(3) Arch. des Basses-Pyrénées, E 716, et man. franc. 18757 de la Bibl. Nat., fol. 188.

(4) *Annales manuscrites*, p. 284.

(5) « Il (Perrot) fit ouvrir une huche ou il y avait plus de quarante mille francs, et tout venoit de pillage, que vous l'entendez, et non pas de ses rentes ni de ses revenus de Berne ; car en la ville la ou il fut ne, et ou il demeuroit quand il se partit de Berne, n'a que douze maisons, et en est le comte de Foix sire, et a nom La Ville Adam, et sied la ville à trois

capitaine non moins célèbre, Aymerigot Marcel (1), et s'y établit. Il devait s'y maintenir jusqu'en 1393. — « Fait si bel et bon voler en Auvergne et Limousin, que meilleur ne peut faire, » disait Aymerigot à ses compagnons (2). On le voyait assez.

Ce n'est pas qu'à ce beau métier on ne courût quelque risque. On rencontrait quelquefois par les chemins une troupe de gens d'armes du sénéchal, et avec ceux-là, on n'avait pas toujours le dessus ; ou bien les paysans, se trouvant en nombre, tombaient sur une petite escouade de routiers ou sur quelque compagnon isolé et il n'y avait pas, d'eux non plus, à attendre merci. Il arriva aussi plus d'une fois que les individus que pillaient ou que maltraitaient les brigands se firent eux-mêmes justice : témoin cet habitant de Saint-Lazare, qui avait assommé d'un coup de bâton, un routier de Châlucet en train de faire violence à sa femme, et avait jeté son corps dans un puits (3). Mais ces mésaventures étaient en somme l'exception. La terreur qu'ils inspiraient donnait une assez grande sécurité aux compagnons.

Ces gens-là pillaient et rançonnaient le pays, faisaient « guerre d'Anglais » pour parler comme Froissart ; mais la plupart étaient originaires du continent : il y avait dans leurs rangs, comme dans ceux des Brabançons du xii⁰ siècle, des Gascons, des Béarnais, des Limousins (4), des Périgourdins, et « toutes manières de gens qui vouloient mal faire » trouvaient un refuge dans les châteaux occupés par ces bandits (5).

Perrot était un des chefs les plus célèbres des compagnies qui ravageaient le pays depuis plus de vingt années. De La Rochelle aux extrémités de l'Auvergne, on respectait ses saufs-conduits. Il

lieues d'Orthez ». (*Chr. de Froissart*, liv. iii, ch. 99, édit. Buchon, t. II, p. 669). — 40,000 fr. d'or, à cette époque, représentaient deux millions d'aujourd'hui.

(1) « Et prit Aymerigot Marcel, le fort chastel de Caluset, séant en Auvergne, en l'evêché de Clermont (*sic*) (*Chr. de Froissart*, liv. ii, ch. 47, édit. Buchon, t. II, p. 58.) « ... En Caluset, à deux lieues de Limoges ». (*Ibid.*) « Comment primes nous Carlat, moi et le bour de Compane, et Caluset, moi et Perrot le Bernois ». Liv. iv, ch. 14, édit., Buchon, t. III, p. 62.

(2) *Ibid.*, t. III, p. 62.

(3) L'histoire est racontée avec une naïveté un peu crue à la pièce n⁰ 17 de l'appendice.

(4) Les archives de la ville de Montpellier mentionnent plusieurs fois, en 1365 et 1367 notamment, la bande « du Limousin ».

(5) *Ibid.*, liv. ii, ch. 47, *Buchon*, t. II, p. 58.

avait été dans le principe sous les ordres d'Aymerigot (1) : il
s'affranchit plus tard de cette dépendance, et devint le vrai roi
de la contrée (2), grâce à l'abandon dans lequel on laissait le
Limousin et le pays environnant. Perrot et sept ou huit autres
capitaines avaient formé entre eux une sorte d'association : on
les voyait, aussitôt que l'un deux était menacé, accourir tous à
son aide, et comme ils pouvaient réunir 5 à 600 lances (3), il n'y
avait pas, dans toute la région, de force capable de leur résister.
Le plus puissant de ces bandits était alors Geoffroi Tête Noire,
qui occupait le château de Ventadour et qui s'intitulait « duc de
Ventadour, comte de Limoges, sire et souverain de tous les
capitaines d'Auvergne, de Rouergue et de Limousin ».

A plusieurs reprises, on tenta de déloger ces brigands, mais sans
succès. Les habitants de la contrée, qui les redoutaient, consentaient, pour vivre à l'abri de leurs déprédations, à leur payer des
redevances en nature et de grosses sommes d'argent. Grâce à ces
tributs, les garnisons étaient nombreuses, bien pourvues, bien
armées, bien fortifiées. Il eût fallu un long siége pour s'emparer
de chaque place. On essaya de traiter avec les chefs et d'obtenir
à prix d'or leur éloignement. Mais les exigences des capitaines,
leurs accointances avec quelques seigneurs français mécontents,
les intrigues de l'Angleterre qui, ne pouvant entretenir des troupes sur le continent, réussissait du moins à augmenter les embarras de la France, faisaient traîner en longueur les négociations.

Beaucoup de documents témoignent de l'état vraiment pitoyable de toute la région du centre à cette époque. Aucun n'en
donne une plus exacte idée qu'un recueil de miracles, composé
après l'*ostension* des reliques de Saint-Martial, en 1388, par un
moine du grand monastère, et publié, il y a peu de mois, par
M. le chanoine Arbellot(4). L'auteur de ce curieux opuscule montre
la ville de Limoges comme assiégée par les garnisons des places
voisines, et les habitants presque affamés (5). Les gens de la

(1) « Si ctoient de sa route..... Perrot le Biernois » (*Ibid.*, p. 58).

(2) « Ces deux (Perrot et Aymerigot) etoient ainsi que souverains des
forts de par deça la Dordogne » (*Ibid.*, liv. III, ch. 90, t. II, p. 645)
« Perrot etoit le souverain en Auvergne et en Limousin de tous les autres ».
(*Ibid.*, p. 647.)

(3) *Ibid.*, p. 58.

(4) *Miracula S. Martialis anno 1388 patrata, ab auctore coœvo conscripta.* (*Ex Analectis Bollandianis*). — Bruxelles, Polleunis et Cie, 1882.

(5) *Lemovicensis villa gravi et pestifera inimicorum persecutione circumquaque vallata... In ipsa villa vini, bladi et aliorum victualium
carestia magna erat et timebatur major.* (*Miracula S. Martialis*, p. 6.)

campagne n'osaient plus apporter leurs denrées aux marchés ni mener leurs bestiaux aux foires. Les voyageurs, les vivandiers, les colporteurs, les négociants, les pèlerins ne se hasardaient guère sans un sauf-conduit, que les chefs des compagnies faisaient payer fort cher. Les habitants de Solignac eux-mêmes, voisins de Châlucet et en relations quotidiennes avec les compagnons, n'étaient pas plus ménagés que les autres s'ils oubliaient de se munir du précieux parchemin (1). Et ce que la tradition du pays rapporte des mauvais traitements infligés, par ces bandits, à leurs prisonniers, n'a rien d'exagéré. Tantôt les routiers attachent les malheureux derrière leurs montures ; tantôt ils les mettent à califourchon sur un de leurs chevaux, en ayant soin de leur garotter les mains derrière le dos de façon à les empêcher de s'en servir, et de leur lier les jambes sous le ventre du cheval (2), afin qu'ils ne soient pas désarçonnés. Quand la route est longue et que les compagnons ne la font pas d'une traite, on les voit enchaîner leurs captifs à une poutre, dans l'auberge où ils passent la nuit (3). Arrivés à leur repaire, ils mettent aux prisonniers des fers aux mains et aux pieds (4) et les jettent dans une basse fosse infecte, ou dans les soubassements d'une haute tour (5), où on les gardera jusqu'au paiement d'une grosse rançon : les pauvres diables demeurent parfois des années entières dans ces cachots (6).

Nous choisissons dans l'opuscule dont nous venons de parler deux passages, parmi plusieurs, se rapportant à Châlucet. — Le premier est le récit d'un miracle. Plusieurs habitants de La Rochelle, se rendant en pèlerinage à Limoges, à l'occasion des Ostensions, sont faits prisonniers par les « Anglais » de Châlucet et jetés dans un sombre cachot. On leur déclare qu'ils n'en sortiront qu'après la mise en liberté de quelques compagnons pris par le duc de Berri et détenus dans les prisons de Poitiers. Les malheureux se croient perdus ; car les routiers dont il s'agit

---

(1) *Gourmetus Gueyto, loci de Solempniaco, recedens a villa Lemovicensi, credens habere salvum conductum, et non habebat, obviavit Anglicis*, etc. (*Ibid.*, p. 12.)

(2) *Ligatus tibias subtus ventrem..... manibusque vinculatus retro dorsum.* (*Ibid.*, p. 20).

(3) *Ibid*, p. 22.

(4) *Terribiliter vinculatus*, p. 12. — *Vinculatus compedibus et duabus manicis ferreis* (p. 17).

(5) *In teterrima fovea dejectus* (*Ibid.*, p. 17), *in fœtidis carceribus* (p.18), *in profundo unius turris obscurissimæ* (p. 19).

(6) *Ibid.*, p. 30.

doivent avoir déjà subi la peine de leurs crimes. Dans ces tristes conjonctures, un des pèlerins songe à recourir à saint Martial. A l'instant où il achève sa prière, on vient chercher les captifs pour les mener devant le capitaine. Celui-ci leur parle avec douceur, leur fait ôter leurs fers et les met en liberté en leur recommandant de dire partout que les pèlerins peuvent venir en paix au tombeau de Saint-Martial et qu'ils n'ont rien à craindre de lui ni de ses hommes (1).

La seconde histoire ne manque pas de gaîté : trois braves gens, domestiques à Aixe, se mettent en tête de voler les voleurs et de prendre leur part du butin fait par les routiers. Ils parviennent, la nuit, au pied des murs de Châlucet, enlèvent dans le parc à bestiaux qui est auprès de la porte, cent vingt moutons, et les emmènent avec eux. Les « Anglais » s'aperçoivent du vol; quinze d'entre eux montent à cheval et se lancent à la poursuite des Aixois, qu'ils atteignent. Mais ceux-ci, se jetant à genoux, invoquent saint Martial, et les Anglais tournent bride, laissant les moutons entre les mains des heureux voleurs (2).

Il y avait déjà six ans que Perrot occupait Châlucet et il paraissait peu disposé à abandonner la forteresse. Le gîte était bon et sûr; de là, l'aventurier tenait tout le pays sous sa main. Il en sortait fréquemment, d'ailleurs, tantôt pour battre les routes autour de Limoges, tantôt pour entreprendre de véritables expéditions. En voici une, de belle hardiesse, qui est racontée par Froissart :

Un des lieutenant du Béarnais, Géronnet de Ladurant, avait été pris, avec vingt-deux de ses hommes, par messire Jean Bonnelance, un brave chevalier qui était au duc de Berri. Bon-

---

(1) *Anglici fortalicii Castri Luceti, cum plures peregrinos villœ Rupellœ... cepissent et suis tenebrosis carceribus mancipassent, etc..... Facta que oratione, capitaneus dicti fortalicii misit illico pro peregrinis, quos alloquens blando sermone, liberavit eos, exortans ut cunctis populis dicerent quod secure venirent peregre ad sanctum Martialem, promittens quod per eum et suos aliqua laesio non fieret eis.* (Ibid., p. 8 et 9.)

(2) *Tres famuli pedites et Gallici, loci de Axia, de praedis Anglicorum cupientes impinguari, cum de nocte pervenissent ad fortalicium Castri Luceti, de prope portam ipsius castri sex viginti arietes furati fuerunt. Cumque praedam hujusmodi secum ducerent, Anglici, hoc sentientes, furore succensi armaque sumentes et equos ascendentes numero quindecim, ipsos pillardos Gallicos effrenate fuerunt insecuti...Factaque oratione, Anglici mox retro abierunt et ipsos tres pilhardos Gallicos cum tota praeda recedere permiserunt.* (Ibid., p. 28.)

nelance emmena ses prisonniers à Montferrand et envoya de simples compagnons pour traiter de leur rançon. Ceux-ci se présentèrent devant Perrot. Nous laissons parler Froissart :

— « Vous êtes ci venus pour quérir argent et leur délivrance, n'est-ce pas? dit le capitaine.

— » Oui, répondirent-ils. On ne gagne pas toujours.

— » Je n'en sais, répartit Perrot, de gain ni de perte; mais de par moi n'auront-ils rien, car je ne les y fis pas aller; ils ont chevauché à leur aventure. Or, leur mandez ou dites, quand vous les verrez, qu'aventure les délivre. Pensez-vous que je veuille mettre mon argent en tel emploi? Par ma foi, beaux compagnons, nenni ! Toujours aurai-je des compagnons assez qui chevaucheront plus sagement que ceux-ci n'aient fait. Si ne delivrerai ni racheterai jà homme, s'il n'est pris en ma compagnie (1). »

Cette réponse prouve que les chefs de bande exigeaient de leurs hommes une discipline qu'on rencontrait rarement dans les armées régulières: elle n'était pas pour satisfaire Géronnet et ses camarades; mais elle ne les découragea pas. Le lieutenant chargea les porteurs du message de retourner auprès de Perrot.— « Qu'il » nous délivre d'ici, dit-il, et un mois après ma délivrance, je » le mettrai en tel parti d'armes, si à lui ne tient, qu'il gagnera, » avec ses compagnons, cent mille francs. »

Cent mille francs! C'était ce que la France et la Bretagne avaient payé pour la rançon de Du Guesclin. La perspective d'une si brillante *affaire* donna à réfléchir au capitaine de Châlucet. Il se décida à payer la somme qu'on lui demandait pour la liberté des vingt-trois soudarts, qui revinrent au château, où leurs compagnons fêtèrent à l'envi leur retour. Puis Perrot rappela à Géronnet sa promesse; celui-ci lui proposa tout simplement le pillage de la ville de Montferrand. L'entreprise parut au bandit mériter d'être tentée. Il rassembla tous les compagnons qu'il put réunir et partit avec six autres capitaines. Géronnet marchait en avant avec onze hommes bien déterminés, et comme lui, déguisés en marchands.

Les douze compagnons allèrent se loger dans une hôtellerie de Montferrand. La nuit venue, ils se postèrent sur les remparts et attendirent l'arrivée de la troupe. Quand Perrot et ses hommes atteignirent le pied des murailles, Géronnet leur proposa de les escalader. Perrot refusa tout net. Bien que les pourparlers entamés avec lui par le comte d'Armagnac et le dauphin d'Auvergne

---

(1) Froissart, livre III, c, 99, édit. Buchon, t. II, p. 669.

n'eussent pas encore abouti, certaines conventions préliminaires étaient intervenues et le capitaine avait pris l'engagement de n'*embler* ni *escheler* aucune ville, bourg ou château du roi de France. La conscience de Perrot ne lui permettait pas de violer d'une façon aussi flagrante des engagements solennels. Il déclara donc à Géronnet qu'il n'entrerait « que par la porte et non par ailleurs ». Le lieutenant fut obligé de respecter ce scrupule inattendu de son capitaine.

A ce moment, un tailleur qui demeurait non loin de là, ayant entendu du bruit, monta sur le rempart, et, apercevant les compagnons, se mit à crier pour donner l'alarme ; mais entouré aussitôt et menacé de mort, le pauvre homme promit de garder le silence. Sur l'ordre de Géronnet, il se rendit au corps de garde de la porte la plus voisine, réveilla le chef du poste, et lui conta qu'il était envoyé par le commandant de la place pour donner l'ordre de faire entrer dans Montferrand des marchands de Montpellier, qui, rompus de fatigue et trempés de pluie, attendaient l'ouverture des portes. L'officier, sans défiance, remit les clefs au tailleur qui ouvrit lui-même : ceux du dehors aidèrent à coups de hache à la besogne. La troupe entra ; on rencontra peu de résistance et le Béarnais se vit bientôt maître de Montferrand.

« Ainsi fust la ville de Montferrand en Auvergne prise, le jeudi,
» par nuit, devant le dimanche gras, treizième jour de febvrier,
» par Perrot le Bernois et ses complices. Et sitôt qu'ils virent qu'ils
» étaient seigneurs de la ville, ils se logèrent par les hôtels, tout
» à leur aise, sans bouter feu ni faire aucune autre violence ; car
» Perrot défendit, sur la tête à perdre, que nul ne violât femme
» ni pucelle, ni ne boutât feu, ne prensit pillage ni prisonnier,
» grand ni petit, dont il n'eût connaissance, et que nul, sur la
» peine dessus dite, ne grevât ni molestât église nulle ni hommes
» d'église, ni que rien n'y fût pris ni ôté ».

Le lendemain la place fut pillée avec méthode. Pendant cette opération, une troupe d'arbalétriers et de gens de pied, sortie de Clermont, se présenta devant Montferrand ; mais les routiers contraignirent ces trouble-fête à tourner les talons, et, le soir, après avoir chargé leurs chevaux de tous les objets précieux dont ils avaient dépouillé les habitants, ils reprirent le chemin de Douzac, le fort d'Olim Barbe, un des capitaines qui avaient eu part à l'expédition. Là se fit le partage du butin et des prisonniers. Puis chaque troupe rentra sans être inquiétée dans sa forteresse. Au pillage de Montferrand, « Messier de Giac, chancelier de France, perdit bien, en or, 30,000 francs (1) », — quelque quinze cent mille francs d'aujourd'hui.

« Les nouvelles, ajoute Froissart, furent tantôt trop bien sues, comment les Anglais, Gascons et pillards avaient pris et conquis la bonne ville de Montferrand en Auvergne. Tous ceux qui en ouïrent parler et à qui il en touchait s'en émerveillaient et s'en doutaient, et frémissaient les voisins pays : Auvergne, Bourbonnais, Forez, jusques en Berri. Quand les nouvelles en furent venues à Paris, le roi et ses oncles en furent tout courroucés : ce fut raison. »

Le dauphin d'Auvergne se plaignit à Perrot de ce qu'il avait, au cours des négociations, surpris et pillé une ville du roi. L'aventurier répondit « que les compagnons ne l'avaient point prise frauduleusement, emblée ni échelée », mais y étaient entrés par la porte, — « laquelle on ouvrit à l'encontre d'eux et de leur venue ». La phrase est charmante.

Froissart nous montre, deux ans plus tard, le bandit un peu plus respectueux des traités. Le vicomte de Meaux, qui assiége Aymerigot Marcel dans le fort de La Roche Vendais, dépêche un héraut à Olim Barbe et à Perrot pour connaître leurs dispositions. L'envoyé trouve ce dernier « à la barrière, avec grand foison de ses compagnons, s'ébattant à jeter la pierre ». Il s'acquitte de son message. — « Héraut, répond le capitaine, vous direz à vos maîtres que nous voulons aussi entièrement et loyalement tenir la trêve comme nous voulons qu'on nous la tienne ». Il fait dîner le messager et lui donne dix francs, cinq cents de notre monnaie, quand celui-ci prend congé (2).

Lors de l'expédition du comte d'Arondel, en 1388, Perrot, dans le but de faciliter sa descente en divisant les forces du duc de Berry, avait ravagé, à la tête de quatre cents lances et d'une compagnie d'aventuriers, les environs de la ville d'Argenton ; quelques jours plus tard il pillait Le Blanc ; puis il revint à Châlucet et continua à y vivre sans être inquiété. Plusieurs villes du pays durent, comme les villages, traiter avec lui ; les consuls de Bellac conclurent avec ce capitaine un accommodement aux termes duquel, moyennant le payement d'une somme d'argent, il s'engagea à respecter les bourgeois, la ville et son territoire.

(1) Cet exploit est rapporté d'une façon un peu différente dans la Vie de Charles VI, de Juvénal des Ursins, qui fait, de Geoffroi Tête Noire, le capitaine de Châlucet, « place bien forte, en Guienne, vers Limosin », et qui lui rapporte tout l'honneur de la prise de Montferrand (Buchon, choix de Chroniques et Mémoires, t. IV de la collection, p. 361).

(2) Chroniques de Froissart, liv. IV, ch. 14, édit. Buchon, t. III, p. 67.

Nous avons dit que les négociations entamées avec Perrot par le duc de Berri traînaient en longueur. L'aventurier avait demandé, pour livrer la forteresse, une somme énorme. Telle était l'importance qu'on attachait à l'évacuation de Châlucet, qu'on décida la levée d'un subside extraordinaire dans toute l'étendue de plusieurs provinces. Le clergé lui-même dut payer sa part de cette taxe : une bulle de Robert de Genève, qui occupa seize ans le siège pontifical d'Avignon sous le nom de Clément VII et prêta aux rois de France un précieux concours dans leur lutte contre les Anglais, autorisa, en 1391 (ou 1392?), l'imposition de cette taxe sur les biens ecclésiastiques, et nomma des commissaires chargés de présider à sa levée (1).

Le prix total fixé pour le rachat des châteaux occupés par les routiers dans la région du centre, était de deux cent cinquante mille francs, plus de douze millions d'aujourd'hui. Encore Geoffroi Tête Noire s'était-il refusé à prendre part aux négociations, et la reddition du fort de Ventadour n'était-elle pas comprise dans le marché. Châlucet était considéré par les Français comme le point qu'il importait le plus d'occuper. Le comte d'Armagnac répétait qu' « assez tôt aurait-il Aimerigot Marcel ; mais qu'il pût avoir Perrot le Béarnais » (2).

Ce dernier avait déjà amassé quelques économies. Il possédait dans son pays une belle habitation construite aux frais des gens du Limousin et de l'Auvergne, entourée de magnifiques jardins, et située auprès d'un bourg dont le biographe du duc Louis de

---

(1) *Dudum siquidem pro expedicione et liberacione castri de Chaluceto, Lemovicensis diocesis, tantum per Anglicos, regis et regni Francie publicos inimicos hostiliter occupati, certum subsidium super clero et personis ecclesiasticis, exemptis et non exemptis, certarum civitatum et diocesium indici mandavimus et imponi, certis super hoc executoribus deputatis prout in nostris ibidem confectis litteris plenius continetur.....* La phrase que nous reproduisons ici se lit dans une bulle datée d'Avignon, six des calendes de mai, an seizième du Pontificat de Clément VII, conservée aux Archives nationales, L 365, et dont nous avons publié le texte dans le t. 29 (2ᵉ livr.) du *Bulletin de la Société archéologique du Limousin*. Cette dernière bulle dispose que le clergé et les monastères du duché de Bourbon, du comté de Forez et des autres terres du duc de Bourbon, ne doivent pas être compris dans le rôle de la taxe en question. Quant aux lettres apostoliques antérieures que mentionne ici la bulle à laquelle nous empruntons cet extrait, nous n'avons pu en retrouver le texte.

(2) *Chr. de Froissart*, livre III, ch. 90, — t. II, p. 645 et 647.

Bourbon, Cabarret d'Orronville, nous fait connaître le nom barbare : Brassempoing (1). Ces dépenses ne l'empêchaient pas d'avoir plus de quarante mille francs dans sa « huche » à Châlucet (2).
— « Monseigneur, dit au duc le comte de Foix, son hôte d'Orthez, quand vous partirez d'ici, je vous conseille que vous alliez en Bourdelois, en la ville appellée Brassempoing... et en allant là, vous trouverez une forte maison qui est de Perrot le Bernois, laquelle a bien coûté à faire quinze mille francs de la finance qu'il conquit à Challusset ; et m'est avis que si la maison faisiez ardoir, que ce ne seroit pas mal ». Le prince suivit ce bon conseil ; il fit brûler le château et « degaster tous les jardins », et, ajoute le chroniqueur, « fut appauvri Perrot à cette heure de tout ce qu'avoit amassé, pillé et robé en son temps (3) ». Médiocre consolation pour les volés. Cela se passait du reste en 1388, et Perrot devait encore prendre aux Limousins, Berrichons, Périgourdins et Auvergnats, assez d'argent pour faire rebâtir son castel.

Après la mort du « duc de Ventadour », Geoffroi Tête Noire, survenue en 1390, ses neveux continuèrent ses brigandages ; mais ils laissèrent prendre par surprise leur forteresse et ils furent mis à mort. Il eût été plus difficile peut être d'enlever Châlucet. Heureusement Perrot, qui commençait à se sentir isolé — plusieurs places voisines occupées par des chefs de compagnies venaient de se rendre aux Français — était enfin disposé à déguerpir. Il semble même avoir accordé quelques concessions sur le prix qu'il avait fixé en premier lieu pour remettre la forteresse au duc de Berri. Plus de deux ans après la prise de Ventadour, le 4 janvier 1393, ayant touché la somme convenue — Limoges fournit pour sa part douze mille livres — le Bernois et sa compagnie sortirent de Châlucet. Ils y étaient restés douze ans et neuf mois (4). Les habitants des environs, trouvant leur compte aux dépenses de cette troupe de soudarts, qui sans doute vivaient bien, et dont ils étaient à la longue devenus les fournisseurs, avaient fini par entretenir avec eux d'excellents rapports : à ce point que les bourgeois de Solignac, après le départ de Perrot, durent solliciter de Philippe d'Artois, connétable de France, des

---

(1) Le duc de Bourbon va d'Orthez à Brassempoing, ensuite à Lectoure. Brassempoing est une localité des Landes, chef-lieu d'une commune de l'arrondissement de Saint-Sever.
(2) *Froissart*, liv. III, ch. 99.
(3) *Histoire de la vie de Louis de Bourbon*, (coll. Buchon, t. IV, p. 168).
(4) *Annales manuscrites*, p. 286, 287.

lettres de grâce qui leur furent octroyées. Nous avons trouvé, dans les recueils de Dom Estiennot, le texte de ces lettres, mentionnées seulement à l'inventaire des titres du chartrier de l'abbaye (1). Elles nous apprennent que Perrot avait enlevé Solignac à « Messire Amanyon de Mussidan et ses compaignons qui avoient prins et tenoient la dicte ville de Solempnac vii a cinq ans ou environ ». Dès 1389, les habitants d'Aixe, qui s'étaient aussi trouvés à la merci des garnisons de Châlucet et Courbefy et avaient entretenu avec elles des relations suivies, avaient sollicité et obtenu du roi semblable rémission (2).

Le *Livre des Faits du bon messire Jean le Maingre, dit Boucicaut* — il s'agit ici du second maréchal de France de ce nom (3) — rapporte, parmi les premiers faits d'armes de ce brave soldat, un combat singulier dans lequel il vainquit un « chevalier Anglois de Gascogne » du nom de Sicard de La Barde. Cette joute (les adversaires étaient à cheval et armés de lances) eut lieu, d'après le biographe, « devant le chasteau de Chaulucet » occupé par une garnison anglaise et situé non loin de l'Angoumois et du Poitou, qui avaient été le théâtre des précédents hauts faits de Boucicaut. Le duc de Bourbon avait nommé le jeune homme son lieutenant « ès frontières et au pays de delà » (4). Bien que le site de Châlucet se prête peu à une joute, il n'est pas impossible que la forteresse limousine ait été témoin du fait en question.

VII

CHALUCET SOUS LES D'ALBRET. — JEAN DE LAIGLE. — UNE PAGE DES HISTOIRES TRAGIQUES DE BANDELLO.

Le pays, délivré des incursions des compagnies, put enfin respirer ; mais sa tranquillité ne devait pas être de longue durée. La faiblesse et l'incertitude du gouvernement sous le règne de

---

(1) « Lettres de grace accordées par Philippe d'Arthois, connestable de France, aux habitans de Solignac, qui avoient fourni des vivres et donné d'autres assistances aux Anglois qui occuperent Chalusset pendant treize ans. — Du 16 septembre 1393 ». — (Archives Haute-Vienne : Inventaire des titres du chartrier de Solignac, *Miscellanea*, liasse 1re, n° 4). Nous donnons ces lettres à l'appendice, sous le n° 21.

(2) Appendice, pièce n° 20.

(3) Le maréchal de Boucicaut-le père avait été un des négociateurs du traité de Brétigny et était venu, en 1361, en Aquitaine, pour remettre à Chandos les places des provinces cédées à l'Angleterre.

(4) *Collection universelle des Mémoires relatifs à l'Histoire de France*, t. VI, p. 36, 40, 44.

Charles VI, livrèrent le royaume à tous les désordres. L'œuvre toute entière de deux grands hommes, Charles V et Du Guesclin, fut compromise. On vit reparaître les roûtiers qui avaient, durant quelques années, cessé leurs ravages et dont on avait pu se croire pour jamais débarrassé. Des provinces entières se trouvèrent à la merci d'une bande de pillards. Malgré l'énergie de Guillaume Le Bouteiller, qui s'était emparé de Ventadour en 1390 et qui remplissait encore, en 1407, les fonctions de sénéchal du Limousin (1), plusieurs places du haut et bas pays, Ayen, Courbefy et Châlucet notamment, furent réoccupées par des garnisons anglaises (2). Un peu plus tard, le sieur d'Orval, lieutenant du roi de France, se voyait obligé de faire crier à son de trompe « que toutes places et forteresses qui ne se pouvoient garder, fussent démolies et abattues » (3). Le trouble était partout. En ce temps-là, raconte un contemporain, « il y avoit tant de rôtiers, gens d'armes » et autres gens pour piller et destrosser les gens, qui n'estoient ozez » ne si hardis d'aller pour païs, qui ne fussent pillez et aulcunes » fois tués; car la pluspart de France et de Guienne estoit detenue » par les Anglois, et y avoit grands garnisons qui pilloient toute » maniere de gens, et l'on ne sçavoit de qui se garder ou des » Anglois ou des François »... « On ne savoit, dit un autre, pour » qui s'advouer, à qui se rendre » (4). Parmi les symptômes les plus significatifs des désastres de la fortune publique à cette époque, il faut noter l'avilissement du prix des immeubles. L'argent était devenu si rare et l'avenir si incertain que personne n'osait faire d'acquisition. Quatre ou cinq actes de vente, dont les dates se placent entre 1385 et 1425 et que nous avons eus entre les mains, constatent ce fait intéressant : à Limoges, on ne trouvait plus à vendre les maisons qu'à des prix dérisoires et souvent il ne se présentait pas d'acquéreur (5).

En 1404, l'évacuation de Courbefy, dont la garnison ruinait le pays, avait coûté douze semaines de siège et 14,000 écus —

---

(1) Archives de la Haute-Vienne, liasse 4524.
(2) *Annales manuscrites*, p. 289 et suiv.
(3) Arch. Hte-Vienne, *Reg. d'hommages de l'Evêché*, t. II, p. 33.
(4) Coll. Doat, t. 246, p. 47, 75, etc.
(5) Un acte de subhastation de 1388 est particulièrement explicite à cet égard : *Attentis guerris inimicorum domini nostri Regis que vigent de presenti in Lemovicino, domus predicte et nonnulle alie in villa Lemovicensi situate, sunt et fuerunt in maxima vilitate et modici valoris, et parvum de ipsis habetur, propter asperitatem magnam et pestilenciam dictarum guerrarum.* (Arch. Hte-Vienne, pièces non inventoriées du fonds de Saint-Martial).

300,000 fr. d'aujourd'hui, — outre les frais de l'expédition (1). Peu après, cette place, la plus forte du Limousin, était de nouveau occupée par une compagnie. Un capitaine, du nom d'Audet de la Rivière, la tenait en 1435. Les Etats provinciaux traitèrent avec lui et réussirent à faire déloger sa bande ; mais, trois ans plus tard, une nouvelle compagnie s'y établissait ; on s'en débarrassait par les mêmes moyens et elle était aussitôt remplacée par une autre troupe (2). Les ressources de la province s'épuisaient. La misère était extrême.

Châlucet, de rechef devenu un repaire de brigands, fut assiégé au commencement de l'année 1412. Le 21 mars, Jacques d'Ailly, maréchal d'Aquitaine, traversa Limoges avec des troupes pour se rendre sous les murs de la forteresse (3). Il est vraisemblable que, fort peu de temps après, elle tomba aux mains des Français, qui, depuis lors, y entretinrent constamment une garnison. Mais les Anglais faisaient des progrès en Bas-Limousin, et les bourgeois de Limoges prenaient, en 1413, des hommes d'armes à leur solde, pour guerroyer contre ceux qui s'étaient postés dans un château, près de Donzenac.

Le vieux fort des Jaunhac n'appartenait plus aux Sully. Depuis le 1er janvier 1401, il avait changé de maîtres, et, à la suite d'un mariage, il était passé aux mains des d'Albret. Marie de Sully, fille de Louis, arrière-petite-fille de Henri et héritière de cette illustre famille, était veuve de Gui VI de la Trémouille, garde de l'oriflamme de France (4). En épousant Charles I d'Albret, connétable, lequel mourut, en 1415, sur le champ de bataille d'Azincourt, elle lui porta des biens considérables, entr'autres les châteaux de Châlus, Courbefy et Châlucet. Les races féodales qui,

---

(1) « Les Anglois... avoient, entr'autres places, une nommée Corbefin, forte et comme imprenable. Et tous les ans levoient cinquante mille écus de patis... S'en alla le connestable mettre le siège devant Corbefin, à la requeste de ceux du pays et y tint le siège par douze semaines. Enfin, après plusieurs assauts et essayements d'avoir la place, ceux de dedans parlementerent et furent contents de s'en aller, saufs leur corps et leurs biens et 14,000 écus qu'ils eurent. (Juvénal des Ursins, *Histoire de Charles VI*, année 1404).

(2) A. Thomas, *Etats provinciaux du centre de la France*.

(3) *Ad locum de Chalucet, ubi erat obsidium* (ms. lat. 9195, copies de D. Col. ; *Actes de notaires*, Bermondet, p. 621). Avant d'entrer dans la ville, le maréchal avait dû prêter, dans l'église de Notre-Dame-des-Arènes, le serment de respecter les franchises de la commune.

(4) Elle avait été fiancée à Charles, fils du duc de Berri, mort très jeune.

depuis le xii⁰ siècle, avaient résidé dans la dernière de ces forteresses, n'existaient plus ou avaient quitté le lieu. Nous n'avons trouvé aucune pièce y mentionnant leur présence après 1372. Il semble aussi que, dès la même époque, le Bas-Château ne fût plus qu'une annexe du Haut-Châlucet : c'était, du reste, la conséquence nécessaire de la réunion des deux manoirs dans les mêmes mains.

La châtellenie n'avait pas eu depuis longtemps d'officiers; les nouveaux seigneurs instituèrent, pour rendre la justice, un préposé qui, comme le juge de l'évêque à Saint-Léonard, prit le nom de sénéchal. Cette charge paraît être très longtemps demeurée dans une famille de petite robe très connue à Limoges et à laquelle on doit vraisemblablement un des plus aimables poètes du xv⁰ siècle. Audoin d'Auvergne l'occupe dès 1425 ou 1428 (1). En 1469, vénérable et scientifique personne maître Martial d'Auvergne est juge de la cour et juridiction de Châlucet (2); en 1473, le même est dit sénéchal, pour Isabelle de La Tour, tutrice de Jean d'Albret, seigneur d'Orval, « de toute la terre qui a au- » trefois appartenu, en Limousin, à ceux de Maulmont. » (3). On trouve cet officier remplissant, vers 1485, la charge de juge civil du Château de Limoges pour les consuls. — Cette famille était de vieille souche limousine. Un titre de 1266 nomme Gérald d'Auvergne. En 1349, Pierre d'Auvergne porte le titre de clerc du roi (4). En 1504, Mathieu d'Auvergne meurt investi des fonctions de juge civil du Château de Limoges. Des hommes de loi du même nom existent aux deux derniers siècles. Un Dauvergne est actuellement commis-greffier du tribunal civil.

Jean de Bretagne, désigné par nos chroniques sous le nom de Jean de Laigle, frère d'Olivier, vicomte de Limoges, et lieutenant-général de ce dernier dans la vicomté, puis vicomte lui-même en

(1) *Audoinus de Alvernhia, senescallus Castri Luceti pro excellentissimo domino ejusdem loci, domino de Allebreto* (coll. GAIGNIÈRES, t. 186, p. 154).

(2) *Ad curiam jurisdictionis Castri Lucii... coram venerabili et scientifico viro magistro Martiale de Alvernhia, judice dicte curie* (ms. lat. 9195, p. 324).

(3) *Marcialis de Alvernhia...; senescallus tocius terre que condam fuit illorum de Malomonte in Lemovicinio, pro illustri et potenti domina Isabelle de Turre,... tutrice illustris et potentis domini Johannis de Lebreto, domini d'Orval, ejus filii.* (Arch. Hte-Vienne, liasse 3190).

(4) Arch. de l'Hôpital de Limoges et Arch. de la Hte-Vienne, 2989, 3511, 5789 et D 297.

LE HAUT CHÂLUCET

VUE PRISE DU MOULIN SUR LA BRIANCE

1432, fut un des plus actifs et des plus énergiques champions du parti français entre la Loire et la Garonne, durant les jours mauvais du début du règne de Charles VII. Il était, déclarent des contemporains, entendus un demi-siècle plus tard dans une enquête, « defense du païs... frontiere et barriere a tous les païs » de par deça » (1). Des témoignages, non entièrement impartiaux et désintéressés il est vrai, le montrent réunissant les gentilshommes de toute la région, faisant appel aux communes, donnant aux gens des campagnes des armes, des vêtements, des jacques de toile, aux pauvres écuyers des chevaux et un équipement, courant sus aux Anglais partout où ils tenaient, vendant, pour payer la solde de ses compagnons ou subvenir à leurs besoins, les pièces de vaisselle d'argent que les petits-fils de Charles de Blois avaient conservées comme derniers vestiges de leur ancienne opulence, « ne se laissant rien » pour mener à bonne fin son œuvre : inspirant enfin et dirigeant, dans le Limousin, le Périgord et l'Angoumois, ce grand mouvement patriotique qui devait bientôt se personnifier et se résumer dans l'héroïque bergère de Domrémy (2).

Charles VII donna, à plusieurs reprises, à Jean de Laigle, des témoignages de son attachement et de sa confiance. On trouve diverses commissions adressées par le roi à ce seigneur et le chargeant de tenir des garnisons dans cinq ou six places du Limousin et du Périgord ; l'une de ces lettres le nomme capitaine du château de Dôme (3).

La bourgeoisie des villes s'associait à ce mouvement. En 1416, les consuls du Château de Limoges envoyèrent, au siège d'Ayen, des soldats et de l'artillerie sous les ordres de Jean Dupont (4). Puis la commune fit remettre en état ses murailles ; on dut en

---

(1) Coll. Doat, t. 246, fol. 55, etc. — Les bourgeois de Limoges représentent toujours Jean de Laigle comme attaché au parti anglais : cela s'explique, non-seulement par leur animosité contre le lieutenant du vicomte, mais aussi par ce fait que, plus d'une fois, Jean de Laigle eut pour alliés des routiers qui avaient tenu le parti des Anglais : « *Ipse enim dominus de Acquila habebat plures Anglicos qui favebant sibi ut Gallici.* » (Chron. de Gérald Tarneau.)

(2) Coll. Doat, t. 246, f. 45, 61, 65, 85, etc.

(3) Arch. Basses-Pyrénées, E 723, etc.

(4) En 1416, Limoges est dit « chef et clef de tout le refuge contre les Anglois ». En 1382, des lettres royales accordées aux habitants de Saint-Léonard mentionnent, comme occupés par l'Anglais, Châlucet, les Cars, Courbefy et — à tort — le Château de Limoges. (*Ordonnances des Rois de France*, t. X, p. 358 et 444 ; XI, 84, et XII, 126).

reconstruire entièrement une partie. En 1417, Ahun et Montberon étaient occupés par les Anglais qui, en 1420, s'établirent en nombre au Châlard, près de Saint-Yrieix. Le sénéchal du Limousin organisa une expédition pour les en déloger : les bourgeois donnèrent cinq cents hommes, dix pièces de canon et des munitions (1). Et comme certaines garnisons du Périgord faisaient encore des courses jusqu'aux portes de la ville, ils prirent à leurs gages une troupe de cinquante lances, avec lesquelles Poton de Saintrailles nettoya tous les environs (2).

Vers 1420, une troupe de compagnons, qui avaient à leur tête un chef de bande renommé, le Petit Basque, s'empara de Châlucet. Nous n'avons aucun détail sur cet événement. Toutefois, il semble résulter de la chronique de Gérald Tarneau, notaire à Pierrebuffière (3), que la forteresse fut prise par la faute de Jacques Ferrand, un des principaux officiers du comte d'Albret. Le manque de vigilance de ce personnage faillit replonger tout le pays dans les misères des dernières années du xive siècle. Toutefois, on prit aussitôt d'énergiques mesures pour se débarrasser de cet incommode voisinage. Les habitants de Pierrebuffière et leur seigneur prêtèrent un concours dévoué aux gens du comte d'Albret : ils réussirent à surprendre, dans une de ses expéditions, le Petit Basque avec une partie de sa troupe et à les faire prisonniers. Ce qui restait de compagnons dans le château vint à composition, et Châlucet fut remis, encore une fois, à son légitime propriétaire. Il n'est pas impossible que ces événements se soient passés un peu avant la date que nous leur assignons, et que l'expédition dirigée, en 1412, par le maréchal d'Ailly, et dont nous avons parlé plus haut, eût précisément pour objet de reprendre le fort à la compagnie du Petit Basque.

En 1424, Guillaume d'Albret, seigneur d'Orval, lieutenant du roi en Limousin, se fit déléguer par le roi une somme qui avait été votée, à titre de subside, par les Etats de la province. Le seigneur d'Orval n'était pas aimé dans le pays ; il avait la main dure et le gouverneur de ses domaines particuliers, Bertrand Ferrand,

---

(1) *Annales manuscrites*, p. 291.
(2) *Ibid.*, p. 292.
(3) Manuscrit de la Bibliothèque communale de Limoges. Le texte de cette chronique, d'une lecture assez difficile, va être incessamment publié par M. Alf. Leroux, archiviste de la Hte-Vienne, dans un nouveau recueil de documents pour l'histoire limousine.

malmenait et détroussait sans vergogne le pauvre peuple (1). Sur plusieurs points, la taxe ne fut recouvrée qu'avec peine. Les habitants de Pierrebuffière, entr'autres, qui avaient été imposés à quatre-vingts livres, reçurent en armes le commissaire chargé de percevoir leur contribution et déclarèrent qu'ils refusaient de la payer. Guillaume d'Albret prit alors le parti de déléguer à son tour cette somme à un officier gascon du nom de Jean de *Lespero* ou de Saint-Paul, un des compagnons d'Etienne de Clermont, capitaine de Châlucet, qui avait peu auparavant succédé, peut être pas immédiatement toutefois, à un certain « de Lissa », longtemps pourvu de ces fonctions. La garnison de Châlucet fit des courses dans les environs de Pierrebuffière et enleva plusieurs habitants, qui furent emmenés prisonniers dans la forteresse. Un des hommes de Jean de Saint-Paul, nommé Pedegos, ayant eu son cheval tué dans une de ces rencontres, cet incident devint le point de départ de nouvelles hostilités et le prélude de violences qu'on essaya en vain d'arrêter en soumettant l'affaire à l'arbitrage d'un gentilhomme du pays, Guillaume de Salagnac, seigneur de Magnac, et de Hugues de La Barre, capitaine de Courbefy. La chronique de Tarneau, à laquelle nous empruntons tous ces détails, raconte plusieurs épisodes de cette lutte, entr'autres l'incendie du bourg de Saint-Priest-Ligoure et une tentative d'évasion de deux ou trois compagnons faits prisonniers par les habitants de Pierrebuffière, et qui marque bien l'énergie et l'audace de ces soudards. Louis de Pierrebuffière et son frère, le baron de Châteauneuf, avaient déclaré qu'ils n'interviendraient qu'après le paiement des 80 francs dus au seigneur d'Albret, et les bourgeois s'étaient décidés à s'exécuter. Les courses de la garnison de Châlucet ne cessèrent point pour cela : le cheval de Pedegos coûta cher aux pauvres gens. Jean de Laigle prit parti, à la sollicitation de leur seigneur, pour les habitants de Pierrebuffière. Ce patronage eut pour conséquence de mêler ces derniers à la lutte engagée, depuis longtemps déjà, entre le lieutenant du vicomte et les consuls du Château de Limoges. Les consuls s'allièrent avec Poton de Saintrailles, alors capitaine de Châlucet, et, quelque temps à la solde de la commune. Les hostilités s'envenimèrent, et le 31 janvier 1427, Poton surprit la ville de Pierrebuffière. Cette petite guerre portait à son comble le trouble qui régnait dans la province et compliquait singulièrement les difficultés qu'avaient fait naître les revendications de Jean de Bre-

---

(1) *Magnus latro, et depredator, et deppopulator agrorum.* (Chron. de Gérald Tarneau).

tagne réclamant les droits des vicomtes sur le Château de Limoges, revendications auxquelles le roi s'efforçait d'imposer silence. Charles VII se décida à intervenir. Poton, qui avait épousé une demoiselle de la maison limousine de Brachet, avait, sur ces entrefaites, traité avec le seigneur de Laigle (29 mars 1427). Au mois de juillet suivant, une trêve fut conclue entre les consuls du Château, d'une part, les seigneurs de Laigle, de Châteauneuf et de Pierrebuffière, de l'autre, (1) grâce à l'intervention des évêques de Poitiers et de Limoges et du sire de Mortemart, envoyés par Charles VII pour mettre fin à des désordres dont les ennemis pouvaient tirer profit. Vers la même époque, Poton, qui commandait alors la garnison du Château de Limoges, fit nommer, par le comte d'Albret, à la charge de capitaine de Châlucet, un jeune officier périgourdin, Tandonnet de Fumel. Nous ignorons s'il agit ainsi pour être agréable à Jean de Bretagne, avec lequel, on l'a vu, il s'était réconcilié et à qui Tandonnet était tout dévoué, ou pour calmer les inquiétudes et les ressentiments des gens de Pierrebuffière.

Tandonnet de Fumel appartenait à une famille noble et était seigneur de Monségur. Il passait pour fort brave. Châlucet l'eut pour capitaine depuis l'année 1427 jusqu'en 1443. Il était encore préposé à la garde de ce château lorsque Jean de Laigle, en récompense de ses services, lui donna en mariage sa propre sœur, Vauldrue de Bretagne, petite-fille de Charles de Blois et de Jeanne de Penthièvre. Les conventions sont datées de Ségur, le 16 novembre 1441. Il fut constitué à l'épousée une dot de deux mille royaux d'or, plus cent livres de rente (2). Jean, en homme avisé, qui voulait prendre racine dans le pays et s'y assurer des amis, maria plusieurs autres demoiselles de sa famille avec des gentilshommes du Limousin ou du Périgord. — On trouve Tandonnet délégué comme commissaire royal, de 1435 à 1441, pour faire mettre à exécution, dans le Bas-Limousin, les ordonnances relatives à l'arrière-ban, dont le service fut racheté par les Etats provinciaux (3).

(1) Nous avons publié le texte de ces conventions, d'après une copie de la collection Doat, dans le *Bulletin de la Société archéologique et historique du Limousin*, t. XXXI, p. 76. (Voir, pour le récit des événements dont nous donnons ci-dessus un rapide aperçu, la chronique de Tarneau, l'*Essai sur la Sénatorerie de Limoges*, de Duroux, p. 203 et suiv.; les *Annales manuscrites*, p. 300; Doat, t. 244, p. 236, et *Chartes et Chroniques Limousines*, publiées par notre confrère M. Alfred Leroux.

(2) Coll. Doat, t. 246, fol. 47.

(3) A. THOMAS, *Etats provinciaux du centre de la France*, passim.

Outre ses démêlés avec les bourgeois de Limoges, Jean de Laigle avait eu plusieurs différends assez graves avec le clergé. Une pièce des Archives des Basses-Pyrénées nous apprend qu'il encourut même l'excommunication pour avoir battu un clerc. Les autres seigneurs de la province avaient du reste presque tous, à ce moment, de gros procès avec les chapitres et les monastères. Depuis le commencement du siècle, les d'Albret, seigneurs de Châlucet, étaient en querelle avec les chanoines de Saint-Etienne au sujet de la juridiction de quelques localités de la paroisse de Boisseuil En 1414, Bérard et Amanieu d'Albret avaient pris plusieurs habitants de Bellegarde et de La Doulenarie, les avaient maltraités et contraints de s'avouer les hommes du seigneur de Châlucet (1). Vingt-un ans après, Tandonnet de Fumel obtint, par force, le même aveu des gens de Peireix. Des violences graves envers des dignitaires ecclésiastiques s'ajoutèrent à ces procédés peu scrupuleux. L'évêque Hugues de Magnac et un assez grand nombre de chanoines et de serviteurs de l'église cathédrale furent pris et rançonnés. Le successeur de Hugues de Magnac, Pierre de Montbrun, tomba, à son tour, entre les mains de la garnison de Châlucet et fut contraint, pour se racheter, de payer une grosse somme d'argent. Il l'acquitta à l'aide d'un subside levé sur le clergé de son diocèse ; mais on accusa le prélat d'avoir réclamé une taxe fort supérieure à sa rançon et d'avoir tiré de sa mésaventure un scandaleux bénéfice (2).

Malgré le renouvellement de la trêve conclue, sur les ordres formels du roi, entre le seigneur de Laigle, représentant et champion des prétentions des vicomtes, et les habitants du Château de Limoges, ces derniers avaient fort à souffrir du voisinage de la garnison entretenue à Châlucet par les d'Albret, mais toute à la dévotion de Jean de Bretagne. Cette garnison était, il faut le dire, fort mal composée. Les bourgeois n'avaient pas gagné grand' chose à l'expulsion des Anglais qui occupaient jadis la forteresse. Les hommes de Tandonnet, tout en commettant moins de déprédations que les aventuriers de Perrot le Béarnais, tenaient le pays en alerte et ne respectaient guères les propriétés des environs (3).

(1) Appendice, pièce n° 23.
(2) Arch. Hte-Vienne, *Registres du fonds de l'Evêché*, et coll. Doat, *passim*.
(3) Voir les aveux rappelés dans les lettres de rémission accordées à Jean Paris, Appendice, n° 20.

Aussi, lors du passage de Charles VII à Limoges, le 5 mars 1439, Martial de Bermondet, lieutenant général du roi et un des consuls de la ville, exposa-t-il au prince les doléances des habitants de la contrée au sujet des « voleries » des gens de de Châlucet (1). Charles VII promit sans doute d'y mettre ordre. On ne voit pas qu'il l'ait fait. Il est possible, néanmoins, qu'il soit intervenu auprès du seigneur d'Albret, car nous n'avons pas trouvé trace de nouvelles plaintes de la part des bourgeois. On remarquera d'ailleurs que la garnison du Château faisait à ces derniers plus de peur encore que de mal. Ce qu'ils craignaient par dessus tout, c'était Jean de Laigle et les prétentions des vicomtes. Or, l'occupation de la forteresse par une troupe dévouée à la maison de Bretagne était une menace pour les franchises du Château de Limoges. Si formels qu'eussent été les engagements de Charles V, si inébranlables que parussent les bonnes dispositions de Charles VII pour la commune, les bourgeois avaient appris, par expérience, qu'on n'est jamais sûr du lendemain. Ils savaient que leurs anciens seigneurs réclamaient tous les droits qu'avait reconnus à Marguerite de Bourgogne et à sa fille, au détriment du Consulat, la sentence rendue en 1276 par les Maulmont; ils n'ignoraient point que l'abandon de la vicomté consenti à Charles V par la veuve de Charles de Blois, le 9 juillet 1369, n'avait été qu'un pur semblant, et que, par une contre-lettre du même jour, le roi s'était obligé à la restituer à la duchesse (2); que, dans des lettres-patentes du 4 janvier 1381, Charles VI avait ratifié, de la façon la plus formelle, l'engagement pris par son père de rendre Limoges à la famille de Bretagne (3). Ils avaient entendu invoquer ces divers actes lors de la reprise, devant le Parlement, du grand procès de la vicomté. L'intervention du roi avait fait taire, pour un temps, les revendications des anciens maîtres de la ville (4); mais un jour viendrait, les habitants le sentaient bien, où, la tranquillité rétablie, les Anglais complètement chassés, la commune ne pèserait plus du même poids que ces grands seigneurs. Jean de Laigle ne

---

(1) *Magister Marcialis Bermundeti, locum tenens regius et consul dicte ville in ipso anno, multum bene et notabiliter coram rege proposuit et arengam fecit, exponens et dicens publice paupertates, miserias et aflictiones, raubationes Castri Luceti et alia que patiebatur omni die patria.* — DUPLÈS-AGIER, *Chron. de St-Martial*, p. 209.

(2) Arch. des Basses-Pyrénées, E 137. — Coll. Doat, t. 244, fol. 14 et 99.

(3) Bibliothèque nationale, manuscrit français, n° 18757, fol. 170.

(4) Collection Doat, vol. 244, fol. 201, 205, etc.

cessait, du reste, de réclamer de Charles VII l'exécution des très formels engagements pris par ses prédécesseurs vis à vis de la famille de Bretagne. Ses services méritaient une récompense, et, malgré l'affectation des bourgeois à suspecter le dévouement de leur adversaire à la cause française, ils ne pouvaient se dissimuler les grandes obligations que la couronne avait à ce vaillant soldat. De là leurs inquiétudes et leurs appréhensions ; de là leur plus gros grief contre Châlucet, resté pour eux ce qu'il était au temps de Marguerite de Bourgogne : le fort d'où les guettait sans cesse l'ennemi.

Les bourgeois de Limoges n'étaient pas les seuls à redouter la garnison du château ; ceux de Solignac et des environs, contraints par le capitaine de Châlucet à de lourdes et fréquentes corvées, souffraient depuis longtemps de cet incommode voisinage. Ils n'avaient pas eu dédommagement, comme au temps des routiers, les profits qu'ils savaient tirer des folles dépenses de la garnison. L'abbé de Solignac porta ses doléances au roi. Celui-ci, par lettres du 8 octobre 1434, déclara que ni son très cher et aimé cousin le sire d'Albret, comte de Dreux, ni le capitaine de ce dernier à Châlucet, ni un autre quelconque de ses officiers, n'avaient le droit d'obliger les hommes de Ménièras, Mas le Fou, Fougeras, Bos Teisson, La Farge, Le Puy-Mathieu (1) et autres villages et hameaux à « faire guet, garde ou manœuvre audit chastel, et ailleurs que ès ville et forteresse dudict Sollompnhac (2) ».

Mais c'était surtout le chapitre qui jetait les hauts cris. A en croire les bons chanoines, qui s'étaient réfugiés dans la ville du Château de Limoges depuis le sac de la Cité par le Prince Noir, ils n'osaient plus aller à la cathédrale pour y dire les offices, de crainte d'être enlevés par la garnison de Châlucet (3). Il y a peut-être un peu d'exagération dans leurs suppliques ; il est certain, toutefois, que le pays n'était pas sûr.

Au mois de mai 1442, Charles VII vint de nouveau à Limoges et il entendit, pour la seconde fois, des plaintes s'élever de toutes parts au sujet des exactions des gens de Châlucet. Le roi, s'il faut en croire un document que nous avons entre les mains, invita Charles d'Albret, qui se trouvait présent, à y porter remède, sinon il

---

(1) Villages des communes de Solignac et du Vigen.
(2) Arch. de la Hte-Vienne, fonds de Solignac, liasses non numérotées et 4725.
(3) Appendice, pièce n° 23.

y pourvoirait lui-même (1). Le seigneur de Châlucet promit de faire cesser les violences qu'on reprochait à ses gens. Au mois de juillet 1443, il remplaça Tandonnet de Fumel par deux gentilshommes du pays, Jean de Brie et Gouffier de Laron ; mais la garnison de la forteresse n'en continua pas moins à fouler les environs et à percevoir les revenus des chanoines. Ceux-ci adressèrent au sire d'Albret, alors à Châlucet, une supplique dont nous avons trouvé le brouillon aux Archives de la Haute-Vienne (2). Les envoyés du chapitre chargés de présenter au sire de Châlucet les doléances du corps, furent bien accueillis dans la forteresse; mais peu après, Charles d'Albret partit, et ses capitaines continuèrent à forcer les hommes de l'église de Limoges à faire le guet sur leurs remparts et à leur payer les redevances dues à Saint-Etienne, enlevant le bétail et le mobilier de ceux qui opposaient la moindre résistance. Impossible d'obtenir du juge de Châlucet des expéditions en règle de ses jugements pour en interjeter appel. Les chanoines se décidèrent à demander une sauvegarde spéciale au roi et à solliciter la permission de se pourvoir, « actendu la grande puissance » de leur adversaire, devant le Parlement, où ils pourraient plaider « plus seurement et sans paour » (3).

Les chanoines et leurs vassaux n'eurent pas la paix pour cela. On voit, huit ans plus tard, la garnison du château continuer ses exactions et ses violences. Un pauvre paysan, Pierre Crozilh, de Boisseuil, est attaqué dans sa maison, frappé et grièvement blessé; non contents de l'avoir ainsi traité, les soldats de Gouffier de Laron lui attachent les bras avec une corde et le traînent à Châlucet en le chargeant de coups. Ils emportent ses poules et reviennent plusieurs fois, au cours des semaines suivantes, pour enlever le pauvre mobilier de sa maison (4). On ne le met en liberté que sous caution et après lui avoir extorqué tout ce qu'on a pu lui prendre. Ces faits se reproduisaient de temps en temps

(1) Appendice, pièce n° 23.
(2) *Ibid.*, pièce n° 22.
(3) *Ibid.*, n° 23.
(4) *Penot et Lansament, una cum manguone suo, venerunt ad domum dicti Petri Crozilh de Boyssolhio, ubi tunc erat, cum ensibus et aliis armis secum portantibus* (sic) *valde acutis... et enormiter verberaverunt et vulneraverunt dictum Petrum Crozilh usque ad magnam effusionem sanguinis inclusive..., et mala malis accumulando, ligaverunt brachia dicti Crozilh cum una corda, et sic ligatum dictus manguo trahebat per cordam... Et Lansamant ibat retro... et verberabat... et illo modo duxerunt sic ligatum de loco de Boysolhio usque ad Castrum Lucetum, etc.*

et les tribunaux n'avaient pas la force nécessaire pour les réprimer. On ne saurait être surpris de voir, au xv° siècle, le pouvoir public ainsi désarmé, alors que deux cents ans plus tard, les *Grands-Jours* nous révèlent l'impuissance des sièges royaux en face de certains coupables.

Les officiers du roi étaient, à ce moment même, tenus à beaucoup de ménagements vis à vis d'un seigneur d'aussi grande importance que le sieur d'Albret. Les gens d'armes que celui-ci entretenait à Châlucet étaient, du reste, employés au besoin à divers services publics ; on les chargeait même de débarrasser le pays des malfaiteurs et des batteurs d'estrade (1). C'est ainsi qu'en 1435, sur l'aide de 5,000 livres votée par les Etats provinciaux, on avait alloué une gratification de 50 livres au capitaine de Châlucet, — c'était alors Tandonnet de Fumel — « pour despense par luy » faicte pour avoir envoyé ses gens poursuivre le bastard de » Leaue et autres estradeurs qui rouboyent et pilloyent le pays » et pour luy ayder a entretenir ses gens ». On avait, à la même époque, promis 200 livres au capitaine de Courbefy pour « garder une saison ses gens de piller et appatisser » la contrée. On en était là... Courbefy, du reste, fut, peu après, vendu et évacué par le fameux Jean de Xantoux, et, en 1438, le sénéchal du Limousin tenait une garnison dans la terrible forteresse (2).

Anglais et pillards, c'était tout un : il s'en fallait, on le voit, que ces gens là fussent chassés du pays. Au mois de février 1441, les Etats du Bas-Limousin, assemblés à Ussel, votaient au roi une aide de 6,000 livres « tant pour l'entretenement des frontieres de Normandie que pour plusieurs aultres besoignes et affaires les touchant de beaucoup plus près » (3). Le 14 octobre 1442, Charles VII donnait la seigneurie de Moyllières à Pierre de Beaufort, vicomte de Turenne, en récompense de ses services et en particulier du recouvrement d'un certain nombre de places du Périgord et des provinces environnantes occupées par les Anglais, — « et encores est, ajoutent les lettres royales, pour » recouvrer autres que encores y detiennent ». Le roi renouvelait, à cette occasion, l'ordre, déjà donné en 1439 au vicomte, d'attaquer ces forteresses (4). Une nouvelle somme de 11,672 livres était imposée sur le pays, par les Etats du Haut-Limousin,

---

(1) A. Thomas, *Etats provinciaux du Centre de la France*, t. II, p. 69.
(2) *Ibid.*, t. II, p. 66, 67, 75, etc.
(3) Arch. nationales, K 67, n° 2.
(4) *Ibid.*, K 67, n° 17 et K 65, n° 3.

réunis à Limoges le 27 mai 1443, et donnée à Charles VII
« pour le faict et conduite de *sa* guerre et de certaine armée qu'il
« avoit fait mestre sus oudit pays », ainsi que « pour le recouvre-
« ment d'aulcunes places Anglesches qui tenoient d'ancienneté soit
« en pays de Quercy et de Pierregort et audict (1) ». En 1446, 1447,
1448, le maréchal de Culent parcourt en tous sens le Limousin
avec ses forces.

Gouffier de Larout était encore capitaine de Châlucet le 1er
octobre 1452. Il acheta, à cette date, de Jean de Bretagne, moyennant douze cents livres, qui ne provenaient vraisemblablement
pas de son patrimoine, le château et la châtellenie de Château-
Chervix. Peu d'années après, la famille de Bretagne voulut profiter de la faculté de rachat qui avait été réservée à son profit dans
le contrat de vente. Gouffier s'y refusa et réclama la délivrance
du fort et de sa justice dont il avait jusqu'ici touché seulement les
revenus. Pour l'amener à s'exécuter, il ne fallut pas moins qu'une
ordonnance de Charles VII, datée du 7 mai 1455 (2).

En 1487, Châlucet avait pour capitaine un hobereau du pays,
Jean des Pousses, dont le nom se trouve mentionné au testament
de son frère, daté de La Triquerie, paroisse de Saint-Maurice-les-
Brousses, le 9 août de la dite année (3).

Dans son intéressant Mémoire sur *la Vicomté de Limoges*,
M. Cl. Simon fournit peu de renseignements sur Châlucet. Au
xve siècle, la forteresse était en fort mauvais état. La seigneurie
s'étendait sur onze paroisses : on ne comptait que six ou sept fiefs
en dépendant : Eyjeaux, alors possédé par un Jaunhac ; Jourgniac,
aux mains d'un membre de la même famille, à ce qu'il semble ;
Le Buisson et La Rochette, paroisse de Boisseuil, tenus par un
David de Vanteaux ; Saint-Hilaire-Bonneval, par un Faulcon ;
Saint-Jean, paroisse de Saint-Jean-Ligoure, par un de Corgnac ;
enfin Les Pousses, par une famille qui portait le nom de ce petit
manoir (4). Ajoutons qu'en 1437 les décimes du bourg de Châlucet et des mas qui en dépendaient étaient accensés pour 107 se-

---

(1) Archives Nationales, K 67, n° 23.

(2) *Golfero de Larunte, domicello, cappitaneo Castri de Castro Luceto*
(Arch. des Basses-Pyrénées, E 714 et E 716. Nous lisons *Golfier de Larunt*
au manuscrit français 18757 de la Bibliothèque Nationale, fol. 189 verso, et
à plusieurs documents des archives de la Haute-Vienne.

(3) *Nobilem virum Johannem de Possis, capitaneum Castri Luceti*
(Bibl. Nationale, man. lat. 9195 p. 628 à 633.

(4) Cl. Simon. *La Vicomté de Limoges*, p. 112, 113, 114.

tiers de blé : 35 de froment et 72 de seigle, à Etienne Mondau, de Châlucet, par l'abbaye de Solignac (1).

L'histoire de Châlucet, pendant la seconde moitié du xv° siècle et la première du xvi°, ne paraît offrir aucun événement digne d'intérêt. En 1551, le nom de ce château est mentionné par un compilateur à l'occasion d'un forfait horrible dont un des auteurs principaux fut un prêtre de Châlucet, du nom de Bernardiéras, ou Bernardeiras. Le P. Bonaventure de Saint-Amable, dans son grand ouvrage sur Saint-Martial (2), et M. Marvaud, dans son *Histoire de la Vicomté de Limoges* (3), font allusion à ce crime ; mais c'est à tort qu'on désigne un seigneur de Châlucet comme en ayant été l'instigateur. Le dominicain Mathieu Bandello, qui fut évêque d'Agen et ambassadeur de François Iᵉʳ en Turquie, nous a laissé dans ses *Histoires tragiques*, le lamentable récit de cette affaire, dont aucun autre document contemporain n'a, croyons nous, parlé avec autant de détails. Nous nous bornerons à résumer les pages qu'il y a consacrées (4).

Un sieur de Saint-Jean-Ligoure, impliqué dans un procès de fausse monnaie, ayant vu son beau-père emprisonné au « Châtelet » d'Angoulême, et redoutant les révélations de sa propre femme et de ses enfants, s'ouvrit de ses inquiétudes à un prêtre « autant detestable comme sa vie fist depuis aparoir ». Celui-ci ne trouva pas de meilleur remède à proposer au malheureux, que le massacre de tous les siens. — Ne vaut-il pas mieux, lui dit-il, que « vostre femme, enfans et chambrières meurent inno- » cens, que si, vous accusans, ils ont l'ame souillée de trahison ? » — Le seigneur perdit la tête, écouta les conseils de ce scélérat et acquiesça à l'exécution de son abominable dessein. Le prêtre et un domestique affidé pénétrèrent un soir dans le château de ce gentilhomme, tuèrent ses enfants sous les yeux de leur mère, firent ensuite subir à celle-ci le même sort, puis massacrèrent tout ce qui se trouvait dans la maison. Avant de quitter le théâtre du crime, ils allumèrent un incendie qui brûla une partie du manoir.

(1) Arch. Haute-Vienne, fonds de Solignac, 6344.
(2) *Histoire de Saint-Martial*, 3° partie : *Annales*, p. 775.
(3) Tome II, p. 161 et 162.
(4) *Histoires Tragiques*, t. VI, p. 371 et suiv. (Loiselet, Rouen, 1604) : Acte cruel du sieur de Saint-Jean-Ligoure, gentilhomme Limosin, faisant occir (sic) sa femme et toute sa famille et bruslant son chasteau, transporté de desespoir et de furie, et quelle fust sa fin.

Mais un petit domestique avait échappé à cette tuerie. L'incendie n'atteignit pas la cachette où il s'était réfugié. Une voix put donc accuser les assassins dont le crime avait été dénoncé par les blessures des victimes ; car l'incendie n'avait pas entièrement consumé leurs corps. On arrêta Bernardiéras et son complice, « et furent ces galans mis sur la roue, » comme « les registres du greffe de Limoges en donnent assurance, ou ces meurtriers furent despechez. »

Le sieur de Saint-Jean-Ligoure, qui, durant l'affreuse tragédie, s'était tenu sur un côteau voisin, et avait, d'un œil hagard, vu les flammes dévorer son château, réussit à se dérober aux poursuites et se réfugia en Suisse. Le roi demanda son extradition. Les magistrats de Berne, où il résidait, envoyèrent à Limoges un homme « sage et de bonne conscience » pour procéder à une enquête. Les faits qu'attesta le rapport de ce personnage causèrent une telle horreur aux Bernois que, ne voulant pas livrer leur hôte au roi de France, ils crurent néanmoins devoir punir un aussi odieux forfait. On fit le procès du sieur de Saint-Jean ; il fut condamné à mort et subit le dernier supplice.

Il est possible que plusieurs détails de cette histoire soient de pure imagination ; mais le fond est réel. Bandello l'atteste expressément (1). Il dit s'être trouvé à Limoges le jour de l'exécution de Bernardiéras ; il ajoute qu'il a vu lui-même l'envoyé des magistrats de Berne. Le P. Bonaventure raconte les faits d'une façon un peu différente. Notons que, d'après lui, le crime aurait été commis le 6 décembre 1551 et qu'il place au 31 mars 1552 l'exécution de Bernardiéras. Celui-ci prétendit n'avoir participé à ce carnage que sur les menaces du seigneur : il fut, dit l'historien de Saint-Martial, conduit au supplice sur un tombereau, et promené par les principales rues de la ville. Il était en chemise, tête nue, nu-pieds, et, à côté de lui, on voyait, dans la charrette, un mannequin à l'image de son complice. Le misérable fut « tenaillé par les carrefours », puis « coupé vif à quatre quartiers ». Enfin on trancha la tête au cadavre ainsi qu'au mannequin, et on les jeta ensemble sur un bûcher (2).

(1) Bandello raconte ailleurs, accommodée à sa façon, la légende de la Tour-du-Lion, au château de Rochechouart, sous ce titre : *D'une dame, laquelle, faucement accusée d'adultère, fust mise et exposée en pasture aux lions, et comme elle fust deslivrée, et comme son innocence congneue, l'accusateur porta et sentit la peine preparée pour la dame*. Histoires Tragiques, t. I, p. 189 (Lyon : Rollet, 1578).

(2) *Hist. de Saint-Martial*, 3ᵉ partie, p. 775.

L'abbé Nadaud mentionne l'exécution de Bernardièras, sous la date de 1554 (1). C'est par une erreur évidente que d'autres écrivains ont reporté ces faits au siècle suivant (2). Il n'y a aucune raison de placer à Château-Chervix la scène de ce drame, et surtout d'attribuer à un seigneur d'Albret le crime que Bandello impute, avec beaucoup plus de vraisemblance, au seigneur de Saint-Jean.

En 1497, la seigneurie de Châlucet porte le titre de baronnie (3), qui lui appartient du reste, aux termes des lettres de Philippe V transférant, au mois d'octobre 1317, le château et la châtellenie à Henri de Sully. A la fin du xve siècle, cette baronnie a pour titulaire Jean d'Albret, comte de Nevers et de Réthel, baron de Donzy, seigneur d'Orval; Courbefy et Châlus sont restés au même maître (4). A la suite d'un long procès de famille, le Parlement de Bordeaux, par un arrêt du 16 novembre 1514, reconnut Alain d'Albret seul et légitime propriétaire des « châteaux et terres de Maumont, Chasluz Chabrol, Chaslucet, » Courbaffin et Sollompgnac, » à la charge, toutefois, de verser au seigneur d'Orval une somme de 5,944 livres, 4 s. 1 d., monnaie tournoise. Ce paiement fut effectué le seize novembre de la même année, à Châlus, entre les mains de Martial Douhet, marchand de Limoges (5). Alain d'Albret avait épousé Françoise de Bretagne. Leur fils fut roi de Navarre. Ainsi furent réunies dans les mêmes mains la vicomté de Limoges et la seigneurie de Châlucet.

Sous Jean d'Albret avait commencé l'émiettement des seigneuries jadis données à Henri de Sully par Philippe V. Le roi de Navarre vendit plusieurs dépendances des châteaux de Châlucet et de Courbefy. Beaucoup de droits seigneuriaux ressortissant à la châtellenie de Château-Chervix furent vendus à la même époque et acquis par Christophe de Bony, sieur de La Vergne (6).

---

(1) *Notes sur les Bréviaires*, reproduite dans le *Limousin Historique*, t. 1, p. 83.
(2) GONDINET : *Mémoires sur les antiquités des divers âges de l'arrondissement de Saint-Yrieix*, Bulletin de la Société archéologique et historique du Limousin, t. VII, p. 157.
(3) « Le chatel et baronnie de Chalusset » (ms lat. 9197 de la Bibl. nationale).
(4) En 1491 et 1497 notamment *(Ibid.)*.
(5) Archives des Basses-Pyrénées, B. 1780 et E 714.
(6) Archives des Basses-Pyrénées, E 810.

Martial Douhet, entre les mains de qui le trésorier d'Alain d'Albret avait payé ou plutôt consigné la somme due à Jean d'Orval aux termes de l'arrêt du Parlement, paraît avoir entretenu des relations d'affaires très suivies avec ces seigneurs. Il est probable qu'il était leur banquier. Ce qui paraît l'établir, c'est qu'on voit, le 17 octobre 1527, Henri d'Albret, roi de Navarre, vendre à Martial Douhet, au prix de 8,400 livres (1) « la terre, place » et seigneurie de Chaslucet, au païs et senneschaucée de Limo- » sin, avec la justice, cens, rentes, revenu, hommes, subjects et » tous aultres droits et devoirs » sous réserve de l'hommage et du ressort d'appel (2). Quatorze mois après, le 5 décembre 1528, Martial Douhet rétrocède, moyennant le remboursement de la somme versée au roi de Navarre, la seigneurie de Châlucet, dont il n'avait, cela va sans dire, jamais été mis en possession. La dette payée, le gage se trouvait libéré, voilà tout.

VIII

LA BARONNIE DE CHALUCET. — REVENUS ET CHARGES. — LE CHATEAU, OCCUPÉ PAR LES PROTESTANTS, EST ASSIÉGÉ PAR LES BOURGEOIS DE LIMOGES ET DÉMANTELÉ.

Plusieurs notes ou mémoires de la première moitié du xvie siècle, ayant trait à la seigneurie de Châlucet et à ses revenus, nous donnent, de cette baronnie, un tableau assez complet. Elle ne s'étendait pas sur moins de onze paroisses : Le Vigen, Saint-Maurice-les-Brousses, Boisseuil, Saint-Hilaire-Bonneval, Eyjeaux, Château-Chervix, Saint-Jean-Ligoure, Saint-Priest-Ligoure, Feytiat, Jourgnac et Solignac, et sur une longueur de quatre lieues, mais ne renfermait qu'un seul bourg : Saint-Maurice ; il en dépendait une belle forêt, située près de Château-Chervix, et d'environ trois lieues de tour, avec « bestes noires et rousses dedans ». Les bois étaient de haute futaie. Le *Bos-Vieil* et la garenne de Châlucet, de beaucoup moins d'importance, et un pré, dit La Prade, sont également mentionnés dans plusieurs mémoimoires (3). A la date du mois de mars 1535, les redevances ordi-

(1) Soit : 39,800 francs de notre monnaie, qui en vaudraient 140,000 aujourd'hui.
(2) Archives des Basses-Pyrénées, E 714.
(3) Archives des Basses-Pyrénées, B 1780 et E 714. (Copies de M. Aug. Bosvieux, aux Arch. de la Haute-Vienne.)

naires, outre 61 livres 10 sous 11 deniers d'argent, se composaient de 168 setiers et demi de froment, 251 setiers et demi de seigle, 90 setiers d'avoine, 6 chapons et 78 gélines. Il faut y ajouter les « revenus muables : » la prévôté, dont le produit était évalué à 12 livres ; le greffe, 12 livres ; le pré, 15 livres ; l'herbage et glandée pour le Bos-Vieil, 100 sous tournois ; pour la Garenne, 60 sols ; la forêt de Chervix, 60 livres (elle en avait donné 200) ; les guets et charrois, 40 livres ; les lods et ventes, 25 ; les amendes, 15 (1).

Si l'on tient compte des indications qui accompagnent ce relevé, on voit que le revenu total de la seigneurie de Châlucet ne dépassait pas à cette époque 580 à 590 livres qui vaudraient de 4,500 à 4,800 francs de nos jours.

Les habitants des terres relevant de Châlucet avaient donné à Henri d'Albret quatre cents livres pour l'aider à payer sa rançon, après Pavie (2).

Les charges ordinaires n'étaient pas considérables : le capitaine de Châlucet prenait les guets et charrois, soit 40 livres ; c'était la plus grosse part. Le juge touchait cent sous tournois ; le procureur quarante ; le receveur jouissait sans doute de remises proportionnelles (3).

Les trois seigneuries de Châlus, Courbefy et Châlucet avaient été affermées, depuis 1514, de 2,100 à 2,500 livres par an. Celle de Châlucet ne figurait dans cette somme que pour une fort modeste part, puisqu'on la voit, pendant le cours de ces fermes, réaccensée à des sous-fermiers pour le prix de 393 livres 6 sols 8 deniers. Il n'en dépendait du reste, à cette époque, qu'un petit nombre de fiefs nobles, et trois gentilshommes du pays seulement devaient encore hommage au seigneur de Châlucet : « le sieur de Jornhac à cause » de son repaire de Longequeue, le sieur de La Bastide à cause » de la tour appelée Peyzac, et le sieur de Las Tours, à cause » de Las Pousses, de Fousimbert, La Tricarie et l'Eyrauldie (4) ». Eyjeaux et d'autres fiefs avaient sans doute été vendus.

En 1538, on trouve la cour et juridiction de Châlucet pourvue d'un juge qui ne réside pas ; d'un lieutenant du juge qui est Me Laurent du Pin, notaire à Limoges ; d'un procureur, Jean Léonard, qui habite Aixe ; d'un substitut du procureur, et d'un

(1) *Etat de la situation des trois seïgneuries de Châlus, Courbefy, Châlucet*, mars 1535. (Arch. des Basses-Pyrénées, B 1780.)
(2) *Ibid.*
(3) *Ibid.*
(4) *Ibid.* — Longequeue (commune de St-Jean-Ligoure) ; La Triquerie (commune de St-Maurice) ; Fousimbert, Leyraud et Les Pousses (même commune) ; Peyzac, serait-il Pazat (commune de Solignac) ?

greffier. Jean d'Hautefort, dit Verneuil, capitaine du château, lequel semble à peu près abandonné à cette époque, habite « Cusset » (peut-être Cussac) (1). Peu d'années après, en 1555, le substitut du procureur des juridictions de Châlucet et Solignac (le roi de Navarre était coseigneur de Solignac) sollicite de celui-ci la survivance du procureur en titre ou la permission d'avoir lui-même un substitut, moyennant quoi il s'oblige à poursuivre à ses frais toutes causes criminelles où il y aura amende seulement (2). Un document de la collection Moreau (3), à la Bibliothèque nationale, nous apprend qu'entre 1556 et 1559, la totalité des revenus de Châlucet et de Solignac étaient accensés à Jacques Guyonnaud, dit Lebre, de Saint-Priest-Ligoure, moyennant 625 livres tournoises par an pour le principal, a la charge par le fermier de faire tous les frais de justice.

La reine de Navarre paraît s'être réservé Châlucet; nous ne voyons pas cette seigneurie mentionnée dans l'acte par lequel, en 1566, Charles de Peyrusse de Cars, évêque de Poitiers, acheta à Jeanne d'Albret une partie de ses terres en Limousin. Les fiefs et tènements qui dépendaient de Châlus et de Courbefy, furent d'ailleurs rétrocédés en 1584 à Henri de Navarre, le futur roi de France, par le même prélat, devenu évêque de Langres (4).

L'histoire du château de Châlucet paraissait terminée. La vieille forteresse, à peu près abandonnée, tombait en ruines, et après avoir été longtemps, pour toute la contrée, un objet de terreur, n'excitait plus que la curiosité, lorsque les guerres de religion vinrent lui rendre une importance qu'elle semblait avoir pour jamais perdue. En 1574, Jacques de Maulmont, seigneur de St-Vitte (5), s'y jeta avec une poignée de gens armés et s'y fortifia si bien qu'il y put demeurer trois années en paix, inquiétant le voisinage et courant le pays. Nos *Annales manuscrites* nous le montrent détroussant les passants (6) et le P. Bonaventure de de Saint-Amable traite ce seigneur et ses hommes de gens « sans foi ni loi, » de « pillards » et de « voleurs (7) ». Nous n'avons aucune raison de révoquer en doute les exploits de cette compa-

(1) Archives Basses-Pyrénées, E 714.
(2) *Ibid.*
(3) Tome 335, p. 136 (d'après une pièce du Trésor des Chartes).
(4) Arch. Basses-Pyrénées, B 1843 et B 1888 (copies Bosvieux).
(5) On disait autrefois *Saint-Vic* ou *Saint-Victe*.
(6) p. 357.
(7) *Histoire de Saint-Martial*, t. III, Annales, p. 795.

gnie; mais nous devons faire remarquer que les consuls de Limoges ne se décidèrent, d'après le P. Bonaventure lui-même, à faire marcher des troupes contre Châlucet, qu'à la nouvelle « d'assemblées et monopoles » tenus dans ces parages par les Huguenots. A ce moment, au surplus, les bourgeois avaient assez à faire de garder leur ville et ne devaient guère se soucier d'entreprendre une expédition au dehors.

Le gouverneur du Limousin, Gilbert de Lévy, comte de Ventadour, dont la fidélité à Henri III était douteuse, voulut, sur ces entrefaites, mettre garnison dans les principales villes de la province, pour les défendre, prétendait-il, contre les attaques des ennemis du roi. Les consuls de Limoges lui déclarèrent qu'ils étaient prêts à le recevoir, lui et ses gentilhommes, avec les honneurs dus à son rang; mais que pas un de ses soldats n'entrerait dans leurs murs : les bourgeois avaient toujours su se garder eux-mêmes, et leurs priviléges les exemptaient de tout logement de gens de guerre. Le gouverneur, considérant cette réponse et le déploiement de forces qui l'avait accompagnée comme une rebellion contre le roi, voulut attaquer la ville. Un combat s'engagea; Ventadour fut repoussé après avoir perdu cent quarante de ses gens, au dire de nos *Annales* (1).

Il avait été plus heureux à Saint-Léonard, où il plaça quatre compagnies; celles-ci, composées de calvinistes, s'il faut en croire le P. Bonaventure de Saint-Amable, désarmèrent les habitants et formèrent le projet de mettre le feu à l'église collégiale pendant la nuit de Noël 1575 — singulière façon, on en conviendra, de garder une ville —; mais les bourgeois de St-Léonard réussirent à empêcher l'exécution de ce complot, et comme ils étaient las des vexations des soldats, ils résolurent de s'en débarrasser. Ils demandèrent des secours à leur voisins de Limoges, firent secrètement acheter des munitions; puis, un jour qu'une partie de la garnison était sortie de la ville, quelques hommes de cœur, sous la conduite d'un chanoine du nom de Gay, se saisirent des portes, appelèrent leurs concitoyens aux armes et firent prisonniers le baron de Saint-Angel, commandant de la place, et ceux de ses hommes qui étaient demeurés avec lui : on les laissa partir et ils rejoignirent leurs compagnons, qui, battus aux Allois par Pierre de La Roche, dit Vouzelle, capitaine de la milice de Limoges, s'étaient réfugiés les uns à Châlus, les autres à Sainte-Anne près Eymoutiers. Vouzelle les en débusqua avec l'aide des habitants du pays (2).

(1) *Annales manuscrites*, p. 358.
(2) *Ibid.*, p. 359.

La publication de la paix (paix *de Monsieur*, 20 avril 1576), n'avait pas mis fin à l'occupation de Châlucet par Jacques de Maulmont, qui prétendait être seigneur de ce château, à titre de descendant des héritiers du fameux Gérald de Maulmont, le fidèle conseiller de la vicomtesse Marguerite, et qui ne cessa ni ses courses ni ses voleries. Les habitants de Saint-Léonard étaient surtout l'objet de ses persécutions. Il poursuivait contre eux une véritable guerre, marquée par de fréquentes rencontres et où les deux partis montraient un acharnement singulier (1) ; acharnement qui s'explique par l'adjonction, à la garnison de Châlucet, d'une partie des réformés chassés de Saint-Léonard.

Le roi commanda de « courir sus » à ces perturbateurs de la paix publique (2). On savait du reste qu'il se tenait à Châlucet des assemblées de réformés et le pays en était fort ému. Le capitaine Vouzelle fut chargé, non pas tout d'abord, à ce qu'il semble, de diriger une expédition en vue de s'emparer de la forteresse, mais de battre la campagne à la tête de deux cents hommes pour empêcher les allées et venues des huguenots, effrayer la garnison de Châlucet et la contraindre à se tenir derrière ses murailles.

A Boisseuil, un soir, les gens de Vouzelle rencontrèrent un gentilhomme huguenot, le seigneur de Beaupré, qui se rendait à Châlucet, lieu de rendez-vous assigné aux réformés de la contrée, peut-être en vue de la reprise prochaine des hostilités. Assailli à l'improviste, Beaupré n'eut que le temps de se jeter, avec quelques compagnons, dans l'église du bourg. Il se posta dans les combles et y passa la nuit. A la pointe du jour, voyant qu'un détachement de soldats appelé de Limoges venait renforcer la troupe qui entourait l'église, il prit une résolution désespérée, et faisant ouvrir tout à coup la porte de l'église, il se précipita, l'épée à la main, sur les miliciens bourgeois ; ceux-ci, surpris, firent peu de résistance. Beaupré put se dégager et rentrer dans Châlucet, emmenant avec lui un prisonnier, le capitaine Gallichier (3), qui appartenait à une famille bien connue de la ville.

(1) « Ceux de Saint-Léonard estoient toujours aux prises contre ceux de Chalucet, et se tuoient comme des bestes. » (*Hist. de Saint-Martial*, t. III, p. 795).
(2) *Annales manuscrites,* p. 357.
(3) *Hist. de Saint-Martial*, t. III, p. 795 à 799.

Cet incident n'était pas de nature à encourager les bourgeois de Limoges. Toutefois comme on apprit, sur ces entrefaites, que le vicomte de Pompadour s'était saisi, dans son propre château, de la personne de Jacques de Maulmont, une expédition décisive contre Châlucet fut résolue. Vouzelle en eut la direction. A la milice placée sous ses ordres devaient se joindre des contingents fournis par la ville de Saint-Léonard, Solignac et Eymoutiers (1). Le 14 octobre 1577, « les troupes de Limoges, tant à pied
» qu'à cheval, partirent, enseignes déployées et d'abord gagnè-
» rent les maisons voisines du fort, et se mirent en état de planter
» le siège, quoique ceux du château fissent grand feu et jetassent de
» grosses pierres sur les assiégeans ». Les habitants de Solignac gardaient les avenues de la forteresse ; le sieur de Fraisseix, avec « une compagnie de gens de pied et des communes du pays » entoura Châlucet d'un cordon de troupes. Pendant ce temps, Vouzelle parcourait les environs à la tête de ses deux cents chevaux, « visi-
» tant souvent le corps de garde, où quelques-uns du parti contraire
« les venoient reconnoître, mais ne les osoient attaquer ». Sommée de se rendre, la garnison refusa, comptant être promptement délivrée ; puis elle se décida à parlementer, et s'engagea à rendre la forteresse au bout de deux jours, si dans l'intervalle elle n'était secourue. De part et d'autre on donna des ôtages. Le 19 octobre (2), date fixée pour la remise du château, celui-ci fut évacué. Il en sortit plus de soixante soldats, sans parler des familles de réformés qui devaient s'y être réfugiées. La garnison était commandée par le capitaine Plaix et le sergent Latour. Elle fut conduite à deux lieues de Châlucet par les troupes de Limoges, et là, renvoyée vie et bagues sauves. Puis la forteresse fut démantelée et rendue inhabitable (3).

Cette expédition de six jours coûta fort cher aux habitants de Limoges, qui levèrent une taxe spéciale pour en payer les frais. Sur le registre du Consulat, à la suite des noms des magistrats en charge pendant l'année 1577, on lit cette mention, d'une écriture postérieure à celle du reste de la page :

---

(1) Cette expédition rappelle celle organisée par l'évêque Aymeric de Serre, en 1269, avec le concours des communes.

(2) « Le samedi, dix-neuf avril », dit le P. Bonaventure de Saint-Amable.

(3) Les *Annales manuscrites* nous apprennent peu de chose sur la prise de Châlucet. C'est surtout au P. Bonaventure de Saint-Amable que nous devons les détails rapportés ci-dessus.

« Memoire que les consuls de la presante année ont cothisée et
» levé l'argent de Chalucet.
» *Requiescant in pace !* » (1).

Il ne paraît pas que le roi de Navarre ait fait aux consuls
aucun reproche de la façon dont ils avaient assiégé et achevé de
détruire un de ses châteaux. Les ordres de Henri III couvraient
les bourgeois. Au surplus la forteresse était, nous l'avons
dit, depuis longtemps abandonnée. Des bois dépendant de Châlucet
avaient déjà été vendus en 1566 et 1567; on avait, à la même
époque, accensé plusieurs fonds. Le président de La Vallade céda
en 1583 et 1584, pour le compte du roi, à M. de Fayac (2) la fon-
dalité des trois villages d'Aren, Mars et Rilhac ; à M. de Bonneval
la rente foncière et les autres devoirs du village de Beylie; à
M. d'Estivaulx tous les droits de la famille d'Albret sur le village
de Las Lebreys, enfin à Pierre Trenchant, marchand de Solignac,
le greffe de toute la châtellenie (3). Quelques usurpations avaient
été commises au préjudice du seigneur. Les habitants de Bosmie
s'appropriaient le regain de La Prade ; M. Decordes contraignait
les familles de huit villages à faire moudre à son moulin du Bas-
Ligoure, alors que, de tout temps, elles avaient été tenues de venir
au moulin du roi de Navarre, au Bas-Châlucet. Le greffe fut
vendu 333 écus 1/3 ; à cause de cette vente et de l'aliénation de
divers fonds, Jean de Lachenaut, fermier de Châlucet, obtint
en 1584 une réduction de trente écus par an sur son fermage (4).

IX

Destruction définitive de la forteresse. — La seigneurie de Chalucet passe dans la famille de Verthamont

La Ligue compta un grand nombre d'adhérents dans la province. Ses partisans purent néanmoins être contenus par les sei-

(1) Registre consulaire B, fol. 433 recto. — Les consuls élus le 7 décembre
1576 étaient Audoin Maledent, Michel Verthamon, receveur-particulier,
Guillaume Verthamon, receveur-général, Pierre de La Roche, dit Vouzelle,
Grégoire Baud, Jean de Lapine, conseiller, Jean Lavandier, Joseph Blanchard, Gabriel Albiac, Jacques David, Aymeric Guybert, avocat pour le
roi au siége sénéchal, et Jean Disnematin dit « le Dourat ».
(2) Il faut probablement lire « Jayat ».
(3) Arch. Basses-Pyrénées, E 714.
(4) *Annales manuscrites*, p. 359.

gneurs et les villes dévoués au roi. Malgré leur ardent attachement à la religion catholique et leur haine des Huguenots, les bourgeois du Château de Limoges demeurèrent fidèles à la cause royale. Leur bon sens les mit en garde contre les prédications exaltées et leur fit deviner plutôt qu'apercevoir clairement les conséquences des divisions où quelques meneurs cherchaient à les entraîner. Ils gardèrent leur ville à Henri III, et, après l'assassinat de ce prince, à leur vicomte, le roi de Navarre, son successeur légitime. L'entreprise dirigée par l'évêque Henri de La Marthonie, le 15 octobre 1589, pour mettre Limoges aux mains des Ligueurs, échoua, grâce à la ferme attitude des chefs de la commune, qui prêtèrent un concours énergique à l'intendant de Vic et aux magistrats du Présidial. La révolte de Paris et le crime de Jacques Clément avaient indigné les bourgeois, mais n'avaient pu les troubler. Plusieurs engagements eurent lieu autour de l'église de Saint-Michel-des-Lions et sur la place des Bancs. Deux consuls furent blessés, dont l'un, Etienne Pinchaud, à mort. Un capitaine de la milice, Joseph Mosnier, succomba aussi à ses blessures. Mais les Ligueurs furent bloqués dans l'église de Saint-Michel et plusieurs des chefs du mouvement furent exécutés le 17. Parmi eux figurait malheureusement le brave Vouzelle, qui s'était laissé entraîner dans le complot. Les gentilshommes qui s'étaient retranchés dans la Cité, durent capituler (1) quatre jours plus tard. Le trouble était grand dans toute la province. Saint-Yrieix venait d'être surpris par les Ligueurs, qui avaient poussé une pointe hardie jusqu'aux portes de Limoges. Peu de temps auparavant, les huguenots avaient failli s'emparer de Saint-Germain et de Saint-Junien. Le gouverneur reprit diverses positions importantes : Eymoutiers, Masseret, Saint-Paul, Ladignac; mais il fut, au retour de cette expédition, assailli par le chef de la Ligue dans le pays, le comte de Pompadour, qui mit en fuite ses gens, et leur enleva du canon. Saint-Yrieix, abandonné par les Ligueurs, se vit de nouveau assiégé par eux ; Bellac, attaqué à son tour, ne dut son salut qu'à l'énergie du consul Genebrias et à l'approche du prince de Conti (2).

Les consuls de Limoges, qui craignaient une surprise et qui avaient fait abattre une partie des murs de la Cité pour empêcher les Ligueurs de s'y loger, furent informés, le 1er janvier

(1) *Annales manuscrites*, p. 364 et suivantes.
(2) *Ibid.*, p. 364, 370, 371, 372. V. notre notice sur *la Ligue à Limoges*, appendice au vol. III des Registres consulaires de Limoges en cours de publication.

1593, qu'à plusieurs reprises, pendant le mois de décembre, des hommes à pied et des cavaliers avaient été vus aux environs de Châlucet ; ils semblaient reconnaître la place et étudier ses abords. On y envoya immédiatement, accompagnés d'une bonne escorte, un maître charpentier et un maître maçon de la ville, avec mission d'examiner les ruines et de faire leur rapport au retour : ceux-ci déclarèrent qu' « il y avoit encores quatre tours et le dongeon et » la plus part des murailles qui estoient bonnes, et que, dans peu » de jours, veu la situation du lieu, s'y pourroient loger a cou- » vert plusieurs ennemys, apres avoir faict quelque peu de » reparations ».

Le 3 janvier, le capitaine Lauvige, habitant de Solignac, examina à son tour, à la demande des consuls, les restes du château. Il confirma les renseignements donnés la veille et assura que vingt ou trente ouvriers feraient, en sept ou huit jours, de Châlucet « une des plus fortes places de toute la province, et » que peu de gens pourraient garder ».

Une assemblée générale des bourgeois du Château de Limoges fut convoquée pour le lendemain. Les consuls exposèrent la gravité de la situation, les mauvais desseins des ennemis du roi, la menace perpétuelle de Châlucet. La démolition de la vieille forteresse fut résolue à l'unanimité, en présence du lieutenant particulier Lamy et des autres officiers royaux. On s'occupa sans perdre un instant des moyens d'exécution et les paroisses voisines reçurent l'ordre de fournir des ouvriers pour aider les Limogeauds.

Le 5, quatre-vingts à cent soldats de la milice bourgeoise, commandés par un capitaine, arrivaient à Châlucet ; ils étaient accompagnés des archers du vice-sénéchal et d'un certain nombre de volontaires. Mathieu du Mas et François de Rancon, les mêmes qui, deux jours auparavant, avaient été chargés par les consuls de constater l'état des ruines, les suivaient avec leurs ouvriers, auxquels se réunirent un grand nombre d'habitants des paroisses dont le concours avait été réclamé. Ils s'étaient munis de tous les outils nécessaires. On se mit au travail, et au bout de quatre jours, on avait fait de Châlucet la ruine que nous voyons aujourd'hui (1). — En 1660, d'après Collin, les habitants de Limoges achevèrent de rendre inhabitable Courbefy, qui servait encore, à cette époque, de repaire à des bandits.

La seigneurie de Châlucet semble avoir été aliénée peu de temps avant la réunion de la vicomté de Limoges à la Couronne.

(1) *Registres consulaires de Limoges*, vol. III, p. 34 et 35.

L'abbé **Nadaud** mentionne un acte de l'année 1600, dans lequel il est parlé de « Madame, sœur unique du roi, seigneur de Châlucet (1) ». Ce dernier titre paraît s'appliquer au roi et non à sa sœur ; mais il n'y aurait rien d'étonnant à ce que la vieille forteresse, avec sa châtellenie et les droits en dépendant, eût été donnée, en même temps que la vicomté de Limoges, à Catherine de Bourbon, sœur de Henri IV, mariée en 1599 à Henri, duc de Lorraine et de Bar, et morte sans postérité, le 13 février 1604. Peut-être même cette vicomté, dont l'érection en marquisat par Charles IX paraît avoir été bientôt oubliée (2), fut-elle, entre 1590 et 1600, érigée en comté pour cette princesse, car deux ou trois titres des Archives de la Haute-Vienne donnent à la duchesse de Bar le titre de « duchesse d'Albret et comtesse de Limoges (3) ». Il faut vraisemblablement placer à une date comprise entre le 13 février 1604 et l'an 1610, la vente de Châlucet.

Depuis près de trois siècles, le monastère n'exerçait plus aucun droit réel sur la forteresse de Châlucet et ses dépendances. L'abbé de Solignac, qui avait bonne mémoire, s'intitulait encore seigneur de Châlucet en 1692. Mais ce titre ne tirait pas à conséquence ; car dès longtemps l'abbaye ne possédait plus que des redevances insignifiantes sur la pointe de rocher où Bernard de Jaunhac et Arnaud Bernard avaient, en 1132, donné asile à l'évêque Eustorge.

Une des plus illustres familles de robe de la région, les Verthamont, que nous croyons sortie de la même souche qu'une famille du même nom de la Boucherie de Limoges, très connue aux xve et xvie siècles (4), acquit la seigneurie de Châlucet, nous

(1) Nadaud, p. 38 du t. VI, désigné sous le titre inexact de *Table alphabétique de Mémoires*.

(2) Nous ne connaissons qu'un seul document où Antoine de Bourbon prenne le titre de marquis de Limoges. Il est consigné au vol. II, p. 240, des *Registres consulaires de Limoges*, et porte la date du 25 juin 1582. On remarquera que, lors de la constitution de l'apanage du comte d'Artois, en 1774, il est parlé du « comté et vicomté » de Limoges.

(3) A un titre du 5 juillet 1601 entre autres (liasse 8548). Notons qu'un acte relatif aux marchands d'Aixe et de Solignac, conservé aux archives de l'hôpital et daté du 16 février 1601 donne seulement le titre de vicomtesse à la sœur du roi. Une mention de 1602 (répertoire des titres de l'hôpital de Limoges, 1764), la qualifie de vicomtesse du Limousin.

(4) Ce fait pourrait expliquer le silence complet gardé sur les origines de cette famille et sur son histoire avant le xvie siècle, par le *Nobiliaire de Guyenne et Gascogne*, et après celui-ci par le *Nobiliaire de la généralité de Limoges*. — On trouve Jean de *Vertamo*, témoin à un acte en 1318 (Arch. de la Haute-Vienne, liasse 8088).

ignorons dans quelles circonstances et de quelle façon. Peut être le premier qui l'obtint fut-il Jean-Baptiste, général des Finances en Guyenne, « député » par Henri IV, après son accession au trône, « pour la vérification et restauration de l'ancien domaine de Na-
» varre et la réception des hommages à lui dus », ou bien Guillaume, président en l'Élection de Limoges (1). Dans plusieurs actes dont les dates sont comprises entre 1650 et 1660, entr'autres dans le procès verbal d'une élection d'officiers de la milice bourgeoise, Guillaume Verthamont, conseiller du roi, trésorier général de France en la généralité de Limoges, receveur des décimes, est qualifié de seigneur de Châlucet (2). Cette seigneurie passa ensuite, d'après le *Nobiliaire*, à François Michel de Verthamont, seigneur de la Ville-aux-Clercs, conseiller au Parlement de Paris, lequel la vendit, en 1683, à son frère Guillaume, trésorier de France à Limoges : celui-ci prend, à plusieurs actes, le titre de baron de Châlucet. Après lui, son fils Martial, son petit fils, Martial-François, et le fils aîné de ce dernier, Jean-Baptiste-Maurice-Martial, tous conseillers ou présidents au Parlement de Bordeaux, portèrent le même titre (3). Le dernier mourut sans enfants en 1809 : avec lui s'est éteint le titre de baron de Châlucet. — De nos jours on a vu les propriétaires des ruines accoler quelquefois à leur nom celui du château.

Au XVIIe siècle, on trouve peu de renseignements sur la seigneurie de Châlucet et son importance. Toutefois, un document assez curieux, que possède la Bibliothèque de Limoges, fournit quelques indications sur la « paroisse » de Châlucet de 1680 a 1686 ; imposée pour les tailles, à la première de ces dates, à 368 livres ; en 1684, à 430 ; en 1686, à 380, elle produisait du vin, du froment et du seigle ; on y comptait de neuf à dix bœufs et quelques vaches (4).

Avec la Révolution, l'histoire des châteaux est terminée. Depuis la fin du siècle dernier, on n'entend plus parler de Châlucet, et ce

(1) NADAUD, *Nobiliaire de la généralité de Limoges,* publié par M. l'abbé A. Lecler, t. IV, p. 635.
(2) *Registres consulaires* (Archives communales de Limoges).
(3) *Nobiliaire,* t. IV, p. 638 à 642. Les derniers barons de Châlucet affermaient, de la famille Blondeau de Combas, les dîmes de Meuzac. On trouve aux Archives de la Haute-Vienne (Titres de Familles et Seigneuries diverses) une lettre adressée au sujet de ces dîmes, par « Maurice-Martial de Verthamon de Châlucet » au directoire du district de Limoges, en mars 1792.
(4) *Estat des paroisses de l'élection de Limoges,* manuscrit.

nom, mêlé autrefois à tous les événements dont la province a été le théâtre, ne se trouve plus mentionné que dans les livres d'archéologie. Les ruines du vieux château s'élèvent, tristes, solitaires, oubliées, sur la colline où il n'existe plus aujourd'hui une seule habitation. Les paysans des environs prennent, dans cette inépuisable carrière, des matériaux pour construire leurs granges, leurs maisons, leurs murs de clôture : pacifiquement, peu à peu, ils achèvent l'œuvre de la guerre et du temps. Ainsi disparaîtront les restes de la vieille forteresse. Le cri des oiseaux de proie qui ont leur retraite dans les tours, trouble seul, par instants, le silence qui règne dans le vieux manoir abandonné. De temps en temps un passant, artiste, poète ou penseur, vient interroger ces imposants débris, leur demander les secrets des âges héroïques et y respirer un moment le parfum des temps passés. Mais chaque jour ces murs perdent quelque chose de leur charme pittoresque, de leur âpre majesté.

Depuis une trentaine d'années, les dégradations sont plus profondes et plus sensibles. Beaucoup de murs qui avaient tenu bon commencent à fléchir. Les eaux ont entièrement pénétré la maçonnerie; leur action lente et prolongée a achevé de délayer le mortier et de disjoindre les pierres. Emus de l'état où se trouvaient ces belles ruines, des indices faisant prévoir leur prochaine et irrémédiable destruction, et aussi d'un bruit d'après lequel des ouvriers avaient fait tomber une muraille du château pour se procurer des matériaux nécessaires à l'édification d'une grange, quelques membres du Conseil général de la Haute-Vienne avaient, en 1859, appelé l'attention de l'assemblée départementale sur le grand intérêt archéologique et historique qui s'attache à la conservation des restes de la vieille forteresse. Le Conseil goûta les observations qui lui furent soumises à cet égard et émit le vœu suivant :

« Le Conseil général, informé que des dégradations continuelles se commettent aux ruines de Châlusset, verrait avec plaisir qu'il fût employé des moyens pour en assurer la conservation, dans l'intérêt des souvenirs historiques qui s'y rattachent. Il prie M. le Préfet d'entrer en pourparler avec le propriétaire de ce vieux monument, et de s'entendre avec lui pour assurer au département la conservation de ces nobles débris (1) ».

Le Préfet se conforma au désir du Conseil et proposa à M. le docteur Thézillat, propriétaire des ruines, de les céder au dépar-

---

(1) *Procès-verbaux des séances du Conseil général.* Année 1859, p. 242.

tement ; mais M. Thézillat déclara « qu'il ne consentirait pour aucun prix à s'en dessaisir ». Le Préfet informa le Conseil que ses démarches n'avaient abouti à aucun résultat. — « Je pense tou-
» tefois, ajoutait cet administrateur en rendant compte à l'assem-
» blée départementale de cette tentative infructueuse (1), que le
» propriétaire, dans l'intérêt de l'art et des souvenirs qui se
» rattachent à une époque disparue, ne voudra pas, — il me l'a
» fait espérer d'ailleurs,— que ces débris soient totalement dispersés
» et qu'il prendra des mesures pour en assurer, dans la limite du
» possible, la conservation et la durée ».

Le Conseil remercia le Préfet, en manifestant le regret que sa démarche n'eût pas abouti (2).

En 1841, les ruines de Châlucet furent, sur les indications de M. Boullée, alors architecte de la Préfecture, inscrites sur la liste des édifices dont on demandait au Ministère le classement au nombre des monuments historiques : elles étaient, avec le château de Rochechouart, les seuls spécimens d'architecture civile qu'on eût fait figurer à ce relevé. La Société archéologique et historique du Limousin, à son tour, dans les propositions qu'elle a été appelée à fournir pour le même objet en 1874, les a comprises en première ligne dans le catalogue des restes dignes à tous égards de fixer l'attention et d'appeler la sollicitude du Gouvernement (3). Nous sommes forcé d'avouer que nous ignorons tout-à-fait si, à l'heure actuelle, Châlucet est, ou non, classé parmi les monuments historiques auxquels sont réservées les libéralités du budget de l'État. Aucune mesure n'a été prise pour arrêter les dégradations du temps et celles qu'y ajoutent chaque jour les hommes. Il faut, sans nul doute, abandonner toute idée de restauration de ces intéressants débris (4); mais il serait possible, croyons-nous de retarder leur complète destruction. Nous n'en demandons pas davantage pour notre part et nous souhaitons que ce vœu modeste soit entendu.

---

(1) *Rapport du Préfet*. Session du Conseil de 1860, p. 173.
(2) *Procès-verbaux des séances du Conseil général*. Année 1860, p. 233.
(3) Rapport présenté par M. L. Guibert au nom de la Commission des Monuments Historiques (*Bull. de la Société archéologique*, t. XXII, p. 165).
(4) Nous devons dire, toutefois, qu'un projet de restauration a été étudié il y a peu d'années par M. Bonnet, ingénieur des Ponts et Chaussées.

APPENDICE

I

Extraits du Cartulaire du prieuré d'Aureil (1) *se rapportant à divers membres de la famille de Jaunhac et aux alliances de cette famille* (2) (xi° et xii° siècles).

... Domnus Bernardus de Joviniaco et fratres ejus dederunt Deo et Sancto Johanni (3), pro animabus suis et pro anima patris sui Petri, quicquid habebant in Vilola (4), in manu fratris Gaucherii (5), prioris (fol. 2 v°).

Petrus Bernardus donavit Deo et Sancto Johanni, pro remedio anime sue et patris sui, totum alodium quod habebat apud villam que dicitur *Li Treis* (6), aut habere vel ratiocinari poterat, in manu Domni Gaucherii prioris, audientibus cunctis fratribus, in capitulo (fol. 5 v°).

---

(1) Aureil est aujourd'hui un petit bourg à 14 kilomètres Est Sud-Est de Limoges, et le chef-lieu d'une commune du canton Sud. On y voit une assez belle église, qui dépendait de l'ancien prieuré.
(2) Il va sans dire que nous donnons seulement les principaux passages du cartulaire se rapportant à cette famille. Les Jaunhac sont nommés en vingt autres endroits. M. G. de Senneville prépare en ce moment la publication de ce précieux document, dont nous avons, il y a quatre ans, donné un certain nombre d'extraits.
(3) Saint Jean l'Evangéliste était le principal patron de l'église d'Aureil.
(4) Virolle, commune d'Aureil.
(5) Saint Gaucher, né à Meulan, fut le fondateur et le premier prieur d'Aureil. Il s'y établit vers l'an 1070 (*al.* 1082), et mourut en 1140.
(6) Peut-être Le Treix, commune de Tarnac, canton de Bugeat (Corrèze).

... Domina Almodis, uxor Icterii Bernardi, dedit et concessit Deo et Sancto Johanni pro anima sua, hanc eandem partem silve, et pro anima matris sue Umberge. Hoc donum concessit Icterius Bernardus et filii sui Geraldus, Gauscelinus, Bernardus. Testes sunt Bernardus de Jovennac, Geraldus de Sancto Hilario (1) (fol. 7 v°).

...Fulcherius, clericus de Sancto Genesio (2), quando perrexit in Jerusalem, donavit Deo et sancto Johanni de Aurel talem consuetudinem qualis pertinebat ad parrofialem ecclesiam de Ejau (3), in totam terram que est circa monasterium, scilicet in tribus mansis, in hominibus et in feminis, in vivis et in mortuis; quam donationem Bernardus, miles, frater ejus, concessit, audientibus Geraldo Umberto, canonico, et Stephano del Bosc, et Stephano de La Ribera, et Stephano, ipsius ecclesie presbitero, qui hoc donum concessit in capitulo Santi Johannis, audiente conventu fratrum. Hoc donum concesserunt Petrus et Bernardus de Joviniac, et Bernardus, et Aimericus Bernardi, et Arnaldus Bernardi de Jovinnac (sic) (fol. 10 r°).

Ecclesiam de Burnac (4) donaverunt Deo et sancto Johanni, pro animabus suis et patrum ac parentum suorum, Bernardus de Jaunac et fratres ejus Aimericus Bernardus et Arnaldus Bernardus; similiter Petrus de Jaunac et Bernardus Bucarst atque Aimericus, canonicus, fratres, quicquid habebant in feudo presbiterali. In manu domni Galcherii, prioris ejusdem loci, apud Petram Buferiam (5), in domo Sancte Crucis (6), fuit factum hoc donum; Aimericus vero et Arnaldus fecerunt hoc donum in turre sua. Hoc factum est anno incarnationis Domini millesimo c[entesi]mo primo (fol. 13 v°).

(1) Famille de riches chevaliers dont on trouve quelques mentions dans nos chroniques et nos cartulaires. Une dame de cette famille, Lucie de Saint-Hilaire, fit rebâtir l'hôpital de St-Martial, à Limoges, dans les premières années du xiii° siècle (Chron. de Bernard Itier).
(2) Saint-Genest, commune du canton de Pierrebuffière, arrondissement de Limoges.
(3) Eyjeaux, commune du même canton de Pierrebuffière.
(4) Burgnac, commune du canton d'Aixe, arrondissement de Limoges (Haute-Vienne). Le prieuré-cure de Burgnac a pu avoir des dépendances dans le diocèse de Périgueux; mais nous ne croyons pas qu'il ait jamais relevé lui-même de ce diocèse, comme le pense M. Leroux (*Inventaire des arch. de la Haute-Vienne*, C 327).
(5) Pierrebuffière, aujourd'hui chef-lieu de canton de l'arrondissement de Limoges, était un des centres féodaux les plus importants de la province au moyen âge. Ses seigneurs, connus dès le x° siècle, ont porté le titre de *Premiers Barons du Limousin*. Une dizaine de familles nobles, dont les membres portaient le nom de chevaliers de Pierrebuffière : les Jaunhac, les Ponroi, les Tranchelion, les Champmesme, les de Monts étaient vassaux du seigneur de Pierrebuffière et tenaient de lui divers fiefs, soit dans le château ou la petite ville qui s'était formée sous ses murs, soit dans les environs.
(6) Le prieuré de Sainte-Croix de Pierrebuffière avait été donné, en 1063, à Solignac, par le seigneur de Pierrebuffière, les de Jaunhac et les de Monts.

Tempore quo Lodoïcus, rex Francie, cum exercitu Jerosolimam perrexit (1), Bernardus de Jauniaco et frater ejus Geraldus, cum illo pergere cupientes, in capitulo Aureliensi venerunt et partem suam de decima d'Esjau, que paterna consuetudine illis contingebat, miserunt in vadimonio (2) fratribus ejusdem loci per CCC^{tos} solidos, tali tamen condicione, quod si unus illorum in via moreretur (sic), pro anima ipsius fratres Aurelienses in eadem dimidium modium siliginis haberent; alter vero CCC^{tos} solidos redderet. Quod si ambo morerentur, pro animabus suis et parentum suorum Deo et sancto Johanni et fratribus ejusdem loci predictam decimam libere et absolute dederunt et concesserunt. Hoc donum Petrus Bernardi et Willelmus, nepotes eorum, concesserunt; factum est autem in manu fratris sui Guidonis, qui tempore illo prior erat monasterii, presente et audiente omni fratrum conventu (fol. 20 v°) (3).

Presentibus et futuris sit notum quod domina quedam, filia Gaucelini de Roeira (4), uxor Petri de Jaunaic (sic) de Sancto Vito (5), Falcha dicta, ad mortem suam dedit Deo et Sancto Johanni XII denarios reddendos in festo Sancti Aredii, in parrochia Sancti Justi (6), a la Buisseira (7), de suo maritali (8); sepulta namque fuit in Aurelio, concedente filio suo Petro de Jaonaco (fol. 41 v°).

Notum habeant tam presentes quam futuri quod quedam domina que vocata fuit Aiba, soror Ademari, abbatis Sancti Marcialis (9), uxor Stephani de Jaonac, que nata fuit de vicariis de Laurieira (10), dedit Deo et Sancto Johanni, pro anima sua et parentum suorum, de suo maritali, mansum qui vocatur Montuan (?) in manu domni Gaucherii, prioris, audiente et con-

---

(1) En 1147.
(2) Les exemples de ces engagements de droits et de terres aux églises par des Croisés, au moment de leur départ pour les Lieux-Saints, sont très fréquents.
(3) Gui de Jaunhac ne figure pas aux catalogues des prieurs d'Aureil publiés jusqu'ici. Ne serait-ce pas le « Germain, prieur jusque vers 1150 » du catalogue de l'abbé Roy de Pierrefitte?
(4) On a vu que plusieurs alliances unissaient les Jaunhac aux Royère.
(5) Saint-Vitte (autrefois Saint-Vicq ou Saint-Victe), aujourd'hui commune du canton de Saint-Germain-les-Belles, arrondissement de Saint-Yrieix (Haute-Vienne).
(6) Saint-Just, commune du canton sud de Limoges.
(7) Nous ne connaissons pas de localité de ce nom dans la commune de Saint-Just et il est peu vraisemblable qu'il s'agisse ici de La Bussière, commune de Saint-Léonard.
(8) Provenant de sa dot, ou peut-être d'un don à elle fait par son mari, d'une de ces libéralités jure osculi, comme nous en constatons d'assez fréquentes à cette époque.
(9) Adémar a été abbé de Saint-Martial de Limoges de 1063 ou 1064 à 1114.
(10) Laurière, aujourd'hui chef-lieu de canton de l'arrondissement de Limoges, paraît avoir jadis appartenu aux comtes de La Marche. Les évêques de Limoges y eurent aussi des droits Les vigiers de Laurière sont nommés dans deux ou trois chartes. On sait qu'on appelait de ce nom, dans nos pays, des officiers à qui le seigneur inféodait la justice et certains droits accessoires.

cedente hoc marito suo. Testes sunt Petrus Gaucelini, Petrus Brunus (1), Aimericus deu Mont, canonici ; Huguo deu Mont ; Fulcherius La Brosa (2); Bochardus, milites (fol. 42 r°).

Mansum qui vocatur Tort (3) donavit Stephanus de Joviniaco, amicus noster, et filius ejus Aimericus, Deo et Sancto Johanni, pro anima patris sui Aimerici et fratrum suorum : in quo manso habebat ipse Stephanus censum et *espleit* et unum receptum (4); quem mansum donare concessit Aimarus vicecomes (5), de quo movebat (fol. 53 r°)....

Domina Mateldis, filia Stephani de Joviniaco, dedit Deo et Sancto Johanni, concedente fratre suo, Bernardo Trencaleon (6), molendinos qui sunt apud ecclesiam de Ligora (7), sub ipsa villa, quos dedit ei pater suus, pro anima sua et pro anima patris sui et matris sue, in manu fratris Gaucherii. Audierunt hoc donum Aimericus major de Ponroi (8), et Stephanus et Guilelmus, canonici, et alii plures, concedente marito suo, Guidone Gaucelino. Hoc donum concessit postea domnus Ademarus vicecomes, de quo movebat, Deo et Sancto Johanni, in manu fratris Gaucherii, audiente Bernardo de Joviniaco, in porticu Sancti Marcialis, ubi sunt tabule nummulariorum (9) (fol. 55 v°).

Volumus notum esse presentibus et futuris hominibus quod, in eodem anno quo domnus Bernardus de Joviniac mortuus est, domna Agnes, uxor ejus, donavit Deo et Sancto Johanni de Aurelio quinque sextarios

---

(1) La famille Brun ou de Brun avait des fiefs dans diverses parties de la contrée, notamment à Aixe, à Saint-Léonard et aux environs de Châlus. Un de ses membres, Aymeric Brun, construisit le château de Montbrun en 1177 ou 78.

(2) Nous trouvons, déjà ici, nommés auprès des Jaunhac, les de Monts et les La Brosse, que nous retrouverons au xiiie siècle, au nombre des chevaliers de Châlucet.

(3) Tort, localité que nous n'avons pu identifier, mais qui est située près de Villac, canton de Terrasson, arrondissement de Sarlat (Dordogne).

(4) Le cens est l'impôt seigneurial foncier proprement dit, qui se paie d'ordinaire annuellement. L'exploit (d'où le verbe *exploiter* dans un sens demeuré usuel) est la taille ou impôt seigneurial dû par les personnes. *Receptum* a, le plus souvent, le sens de droit de gîte.

(5) Il s'agit ici d'un vicomte de Limoges : vraisemblablement Adémar III ou Adémar IV.

(6) Les Tranchelion — *Trencaleuz, Trenchalès, Trenchaleo* — vieille famille noble de Pierrebuffière.

(7) Saint-Jean-Ligoure, canton de Pierrebuffière.

(8) On trouve, dans les documents des xiie et xiiie siècles, de nombreuses mentions des chevaliers de Ponroi — *de Ponte-Rubeo*. Ils sont souvent appelés : *Chevaliers de Pierrebuffière*.

(9) Les tables des changeurs, à Limoges, étaient, dès l'époque la plus reculée, placées au devant de l'entrée de la basilique de Saint-Martial. Il en est fait mention dans la *Vie de Saint Geoffroi du Chalard*, publiée par Auguste Bosvieux, d'après deux versions manuscrites copiées par D. Col (man. lat. 9194, p. 459 et 509). La rue des Taules, qui conduisait de la Porte Poulaillère à l'église de l'apôtre d'Aquitaine, a pris de là son nom et conserve de nos jours encore ce souvenir.

frumenti perpetuo possidendes (*sic*) apud castrum de La Porcharia (1), pro anima sua et pro anima patris et matris sue et pro amore Sancte Agnetis virginis, ut in die festivitatis ejus fratres habeant semper in die refectionem. Testes sunt et auditores Aimericus de Montet, et Aimericus, capellanus, Bernardus de la Porcharia, Geraldus du Brob (Brol?) (2), Bernardus Esporners, Geraldus Magreforts, Guido de Sautorn (3), Arnaldus de Livers (4) (fol. 59 r°).

(1) La Porcherie, ancien archiprêtré, aujourd'hui commune du canton de Saint-Germain, arrondissement de Saint-Yrieix (Haute-Vienne), possédait un château habité jadis par une des vieilles races féodales de la contrée. Ce château fut pris et démoli en 1216, rebâti peu après.

(2) Sans doute pour *de Brolio* : le Breuil, commune d'Eyjeaux, canton de Pierrebuffière.

(3) Sautour, commune de Linards, canton de Châteauneuf-la-Forêt, arrondissement de Limoges.

(4) Peut-être faut-il lire Liners, et s'agit-il ici de Linards. Un hameau du nom de Liviers existe près de Jumilhac-le-Grand (Dordogne), presque sur la limite de la Haute-Vienne.

II

Deux lettres de Pierre, archevêque de Bourges, à Gérald du Cher, évêque de Limoges, au sujet des violences commises par V. de Jaunhac à l'égard des religieux de Solignac, et du rétablissement de la paix entre ce seigneur et le monastère (entre 1142 et 1147).

1. — P[etrus], Dei gracia Bituricensis ecclesie archiepiscopus (1), venerabili fratri G[eraldo], Lemovicensi episcopo (2), salutem. — Quot labores et expensas pro ecclesia de Aenno (3) G., Sollempniacensis abbas (4), sustinuit, Fraternitati tue non extat incognitum. Tandem vero ad nos rediens, queritur quod et ipsa ecclesia sibi violenter ablata sit, atque multe et graves injurie sibi et monachis suis a parrochianis vestris illata sint, de quibus, sicut asserit, necdum per vos plenam potuit adipisci justiciam. Tirannus (5) etenim quidam de vestro episcopatu, V. de Jaunac, quemdam monachum suum ausu sacrilego cepit et crudeliter vulneravit et impietati sue addens impietatem, vulnera ejus curari non permisit, donec quantum potuit pecunie ab eo extorsit, hominesque suos incarceravit et ad redemptionem coegit. Que omnia, Frater Episcope, et si personam tuam fraterna karitate diligamus, absque tamen gravi (?) vindicta (?) preterire non possumus. Nos, quod litteras tuas ante abbatis adventum receperamus, in quibus continebatur quod [eos? qui?] ecclesiam abstulerant, et eos qui monachum ceperant, excommunicacionis vinculo innodaveras,…….. sic a tanta crudelitate resipiscunt, juxta sacre scripture testimonium, ferro rosecanda sunt….. informata non ….. mandamus Fraternitati vestre quatenus tam illos qui monachum ceperunt et incarceraverunt et homines abbatis ceperunt et ad redempcionem coegerunt, et illos qui ecclesiam de Aenno per nos sibi adjudicatam et per vos restitutam et

---

(1) Pierre I de La Châtre, archevêque de Bourges de 1141 à 1171.

(2) Gérald II du Cher, évêque de Limoges, de 1137 à 1177.

(3) Ayen, chef-lieu d'un ancien duché, aujourd'hui chef-lieu de canton de l'arrondissement de Brive (Corrèze).

(4) Ce G désigne sans doute Gérald IV, abbé de Solignac de 1130 à 1157 ou 58 et qui, d'après le *Gallia*, recouvra définitivement en 1147 l'église d'Ayen qui avait été l'objet de longs litiges entre lui et l'évêque Gérald du Cher. Il ne semble pas ici que le débat fût précisément entre l'évêque et l'abbé de Solignac. Gérald IV paraît avoir eu pour adversaire le Chapitre de Saint-Yrieix.

(5) *Tirannus* est ici employé dans le sens de seigneur. On trouve quelques exemples de la même acception dans nos chroniques antérieures au XIII° siècle.

LE HAUT CHÂLUCET
LA GRANDE GALERIE DU SUD-OUEST

concessam et scripto firmatam, violenter abstulerunt et eorum fautores in maleficio sicut jam excommunicastis, in conventibus vestris publice excommunicatos denunciatis et excommunicatos tamdiu habeatis et haberi faciatis, donec abbati ablata restituant et de sacrilegio satisfaciant. Clericos vero qui invasioni predicte ecclesie interfuerunt vel quorum consilio et auxilio facta est, ecclesiasticis privetis beneficiis (1). De supradictis vero et aliis talem ei justiciam faciatis ut pro defectu justicie ad nos redire iterum non [co]gatur. In terra vero illorum qui monachum ceperunt vel captum detinent et in locis ad que pervenerint, divina prohibeatis officia celebrari, donec, ut prediximus, resipiscant, et de tanto sacrilegio et querimoniis suis satisfaciant. Data Bituricis.

(Arch. Haute-Vienne, fonds de Solignac, liasse 9172).

2. — P. (Dei gracia Bituricensis ecclesie archiepiscopus, venerabili G.) Lemovicensi episcopo, salutem. Venerabilis frater G., Sollempniacensis abbas, significavit nobis quod V. de Jaunac, [qui] versus eum guerram gerebat, posuit se in manu vestra pro compositione pacis (?). Rogamus igitur Dilectionem vestram quatinus studiose operam detis ut inter eos pax componatur ad utilitatem Sollempniacensis ecclesie et honorem abbatis. Preterea decanum A. (2) conmoneatis ut, quod super (?) est de dampno ei (?) et hominibus suis illato, sine....... one et minutione restituat. Illud etiam deprecamur ut donum quod eidem (?) abbati de ecclesia S. Cipriani (3) in presencia nostra fecistis, re et opere comp...

(Ibidem.)

---

(1) Le rouleau qui nous a fourni cette lettre, est couvert d'écriture des deux côtés et renferme plusieurs autres lettres de l'archevêque de Bourges, de l'évêque de Limoges, de celui de Périgueux, se référant à la même affaire et à l'excommunication d'un prêtre du nom de Bernard, en lutte avec Gérald, abbé de Solignac.

(2) Il s'agit ici du doyen du Chapitre de Saint-Yrieix, plusieurs fois mentionné au cours des lettres de l'archevêque de Bourges relatives à cette affaire.

(3) Aujourd'hui commune du canton d'Ayen.

III

Lettre de Pierre, archevêque de Bourges, à Gérald du Cher, évêque de Limoges, ordonnant à ce prélat d'interdire la chapelle du château de Châlucet (entre 1142 et 1147) (1).

P[etru]s, Dei gracia Bituricensis ecclesie archiepiscopus, venerabili fratri G[eraldo], Lemovicensi episcopo, salutem. Audivimus mala plurima contigisse abbatie Sollemniaci occasione cujusdam capelle (2) que est in castro de Chaslut. Proinde mandamus Fraternitati vestre quatenus capellam illam sub interdicto teneatis et divina celebrari non permittatis, nisi ad petitionem et voluntatem Sollemniacensis abbatis et nostram concessionem.

(Arch. Haute-Vienne, Solignac, n° 9172).

---

(1) Nous avons quelques raisons de croire que cette lettre est antérieure à la bulle du mois de septembre 1147, mentionnant la chapelle de *Caslusceth* au nombre des églises qui relèvent de Solignac. (ESTIENNOT : *Recueil de documents concernant l'abbaye de Solignac*, conservé aux Archives de la Haute-Vienne, p. 146).

(2) Cette chapelle ne saurait être que celle du château construit, en 1132, pour servir d'asile Eustorge. On a vu qu'elle est mentionnée dans une bulle d'Eugène III, du mois de septembre 1147.

IV

Lettres d'un évêque de Limoges relatives à un don fait à la celle Grandmontaine du Châtenet, par Hugues de Jaunhac, seigneur de Châlucet (7 avril 1211).

Guido (1), Dei gracia Lemovicensis episcopus, universis has presentes visuris [salutem]. Notum sit omnibus presentibus et futuris quod Hugo de Jauniac, dominus de Castro Luceto, in nostra presentia constitutus, affectans divinum consorcium et celesti beatitudine perfrui, et ut particeps efficiatur omnium bonorum celestium et omnium benefactorum tocius ordinis Grandimontis (2), dedit, concessit perpetuis temporibus et quittavit Deo et domui Grandimontis, et specialiter domui de Chastanet (3), predicti ordinis Grandimontensis, octo sextarios frumenti ad mensuram Petrabufferic annuatim levandos super omnibus bonis et rebus suis pacifficce et quiete. Deditque insuper preffatus H[ugo] totum jus quod habebat vel poterat habere in bosco fratrum predictorum et in nemore de Bosevielh (4), quod jungit fossato antiquo dicte domus, a parte inferiori dicti nemoris, et itineri per quod itur a dicta domo versus Buxolhium (5), a parte sinistra ipsius itineris, et ascendit a superiori usque ad aliud iter per quod itur a manso de Polenac (6) apud

---

(1) Cette pièce renferme une grosse erreur, qui doit être attribuée à la faute d'un copiste. En 1211, ce n'était pas un prélat du nom de Gui qui occupait le siége de Limoges ; ce diocèse avait pour évêque Jean de Veyrac. Or, la date de ces lettres paraît exacte, puisque nous retrouvons dans le fonds de Grandmont (liasse 4826) l'original d'un titre confirmatif de la libéralité faite par Hugues de Jaunhac, et que cette confirmation émanant de ses fils, Aymeric Bernard et P. de Jaunhac, coseigneurs de Châlucet, remonte à l'année 1213. Il faut donc supposer que le nom de l'évêque était, à l'original de la donation, désigné par une initiale, et que le copiste aura pris un J pour un G.

(2) L'ordre de Grandmont avait été fondé par saint Étienne de Thiers, mort en 1125. Celui-ci s'était établi à Muret, près Ambazac, vers 1076. Ses disciples allèrent demeurer à peu de distance, à Grandmont en Marche. Grandmont appartient aujourd'hui à la commune de Saint-Sylvestre, canton de Laurière, arrondissement de Limoges. Il ne subsiste du monastère que d'informes débris.

(3) Le Châtenet, près Feytiat, canton sud de Limoges. Il reste quelques bâtiments de ce prieuré où l'abbé F. de Neufville avait, en 1576, installé des religieuses de l'ordre, malgré la défense formelle des statuts.

(4) Le Bosvieux, commune de Boisseuil.

(5) Boisseuil, bourg entre Limoges et Pierrebuffière, aujourd'hui chef-lieu d'une commune dépendant du canton de Pierrebuffière.

(6) Poulénas, commune d'Eyjeaux, canton de Pierrebuffière.

Lemovicas. Deditque insuper preffatus H[ugo] totum et quicquid habere poterat, tam in aliis nemoribus dictorum fratrum quam in suis. Et H[ugo] de premissis, sicut supra dictum est, donatis et quietatis, devestivit se et suos heredes coram nobis, et fratrem Johannem, presbyterum, ordinis predicti Grandimontis, de premissis investivit, ut correctorem (1) dicte domus, et promisit preffatus H[ugo] pro se et suis, juramento super premissis facto, quod contra donacionem premissorum per se vel per alium seu alios aliqualiter non veniret in futurum, et quod premissa donata dicte domui et fratribus contra omnes in jure tueretur, deffenderet et guar[ent]iret. Et ne super hiis premissis debatum vel questio in futurum possint oriri, licteras presentes in testimonium premissorum, ad peticionem ambarum partium dedimus et concessimus, sigilli nostri munimine roboratas. Actum anno Domini millesimo ducentesimo xi°, die Jovis post Pascha.

(Archives de la Hte-Vienne, fonds de Grandmont. Terrier du Châtenet).

---

(1) Jusqu'à la réforme ou plutôt à la réorganisation de l'ordre, en 1317, les supérieurs des celles Grandmontaines portèrent le titre de *Correcteur*. Le seul supérieur de la maison de Grandmont, qui était général de tout l'ordre, était qualifié de *Prieur*.

IV bis

Confirmation par Aymeric Bernard et Pierre de Jaunhac, seigneurs de Châlucet, fils de feu Hugues, de la donation ci-dessus (1213).

Aimiricus Bernardi et P[etrus] de Jaunac, domini de Chaslucet, omnibus presentes litteras inspecturis salutem in Domino. Noveritis quod, cum bone memorie dominus Hugo de Jaunac, pater noster quondam, pro salute sua et suorum omnium dedisset et concessisset Priori Grandimontis (1) et fratribus de Chastaneto, ejusdem ordinis, octo sextarios frumenti ad mensuram Petrabufferie, annuatim reddendos pacifice et quiete, nos postmodum, de voluntate et consensu corumdem Prioris et fratrum, eos fratribus assignavimus in manso de la Croza superiori (2), singulis annis perpetuo sine reclamatione nostra vel heredum nostrorum pacifice possidendos. Deposuimus insuper et quitavimus predictis fratribus quidquid querimonie et querele, tam in bosco eorum quam in nostris dicebamus habere ; et ut hoc ratum sit et firmum permaneat, sigillum nostrum presenti carte apposuimus, in confirmationem et testimonium hujus rei, et, ad majorem providentiam et cautelam, sigillo domini Prioris Grandimontis eam fecimus communiri. Actum anno M° CC° XIII°, presentibus dicto domino A[demaro] (3), Priore Grandimontis, in cujus manu factum fuit ; G[eraldo?] deu Troil et Johanne de Chastaneto, sacerdotibus, et Lamberto, converso, fratribus Grandimontensibus ; Bernardo de Rocira ; Hel[ia] de Chasluz, militibus, et Narhona, burgensi.

(Arch. de la Haute-Vienne, fonds de Grandmont, liasse 4826).

(1) On a vu que le supérieur du monastère de Grandmont, général de l'ordre, ne porta, jusqu'à la réforme de 1317, que le titre de Prieur.
(2) Peut-être Crouzeix (commune de Feytiat) ou La Crouzette (commune de Solignac).
(3) Adémar de Friac, neuvième prieur général (1198-1215).

V

Fondation par Pierre Bernard, seigneur de Châlucet, d'un anniversaire à Solignac pour Hugues de Jaunhac, son père (mars 123 ').

Omnibus has litteras inspecturis, P. Bernardi, dominus de Chaslucio, salutem in vero salutari (*sic*). Ad noticiam omnium enucleare cupio quod ego, constitutus in presencia Ugonis, abbatis Sollempniacensis (1), dedi et concessi monasterio Sollempniacensi, ad anniversarium domini patris mei, Hugonis de Jounhac, faciendi annuatim, bordariam de La Jussaria (2), sitam juxta pontem Varniam (?), quiete et paciffice possidendam. Et in eadem bordaria nullum jus retinui; nec baylivas (3) aliquis potest de jure aliquo interrogare in eadem bordaria. Conventus vero dicti monasterii debet habere pro eadem bordaria decem solidos eadem die quo (?) fiet anniversarium patris mei superius nominati. Hoc actum fuit anno Domini M° CC° XXX° secundo, mense marcii (4), presentibus, videntibus et audientibus G. Rodier, cellerario Sollempniacensi, et Aymerico La Brossa milite (5), et Guillelmo Las Gorsolas, serviente meo, et multis aliis. Et in testimonium hujus rei, meas presentes litteras eidem monasterio dedi, mei sigilli (6) munimine consignatas.

(Arch. Haute-Vienne, fonds de Solignac, pièces non inventoriées. *Vidimus*).

(1) On trouve mention de Hugues II, abbé de Solignac, en 1233 et 1236. Son *rouleau* mortuaire, conservé aux archives de la Haute-Vienne, a été publié par M. C. Rivain, archiviste.
(2) Il n'est guère admissible qu'il s'agisse de la Joussanie, ou Jaussonie, entre Saint-Jean-Ligoure et Nexon.
(3) Il semble qu'il faut entendre ici le mot *baylivas* dans son acception la plus large et qu'il signifie : droits inféodés de toute nature, ou, si l'on veut : redevances féodales quelconques. Les bailes, dans nos pays, sont les derniers, les plus humbles des officiers féodaux. Beaucoup de ces bailes, qui sont à la fois des collecteurs et des chefs de hameaux, semblent n'être à l'origine que de simples paysans.
(4) Selon que la pièce a été donnée avant ou après le 25 mars, elle se rapporte à l'année 1233 ou à 1232.
(5) Des personnages de ce nom figurent parmi les chevaliers de Châlucet.
(6) Le sceau manque.

VI

Ratification, par P. Bernard de Châlucet, d'une vente faite à l'abbaye des Allois (1236).

Ego, P. Bernardi de Caslucio, omnibus has litteras videntibus salutem. Noverint universi quod J. de Gimillac, in presencia nostra constitutus, dedit et concessit Deo et Beate Marie de Alodiis (1) et monialibus ejusdem loci, pro se et pro suis, II sextarios siliginis ad mensuram Lemovicensem et unam eminam et XII denarios de acaptamento (2), quos habebat renduales in Campo Troscu et in nemore de Riucorbs (3). Et devestiens se in manu nostra, investivit J. presbiterum, loco abbatisse. Unde predicta abbatissa dedit ei C solidos Lemovicensis monete. Hoc autem concesserunt fratres mei, videlicet B[ernardus] et W[illelmus]. In cujus rei testimonium presentem paginam sigillo meo consignavi (4). Actum publice, anno Domini M° CC° XXX° VI°.

(Arch. de la Haute-Vienne, fonds de l'abbaye des Allois, liasse 5984, original).

---

(1) Ancienne abbaye de filles située sur le territoire de la commune actuelle de La Geneytouse, canton de Saint-Léonard, arrondissement de Limoges (Haute-Vienne).
(2) Le droit d'accapt était une redevance qui se payait à chaque mutation de seigneur ou de vassal. — L'hémine était la moitié du setier.
(3) Nous n'avons pu savoir à quelles localités se rapportent ces deux noms.
(4) Le sceau manque.

VII

Lettres de Hugues, abbé de Solignac, relatives à une cession faite par Aimeric de Jaunhac, avec le consentement de son neveu, P. Bernard de Châlucet, à l'abbaye des Allois (7 octobre 1237).

Ugo (1), Dei gracia, abbas Sollemniaci, omnibus has litteras inspecturis, salutem in perpetuum. Noverint universi, tam presentes quam futuri, quod Aimericus de Jauniac, miles, in presencia nostra constitutus, dedit Deo et Sancte Marie, totique conventui de Alodiis, V. cartas (2) siliginis ad mensuram Lemoviensem *(sic)*, cum accaptamento, quas habebat renduales in nemore de Riucorps et in terra de Campo Troseu, cum voluntate et concessione P. Bernardi, nepotis sui, de Caslucio. Quem cciam redditum idem Aimericus debet garentire abbatisse totique conventui et defendere pro posse suo ab omni vivente per annum et per unum diem (3), et de cetero per omne tempus de jure. De quo cciam idem Aimericus habuit quinquaginta solidos; et se devestiens, investivit J. deu Teil, presbiterum, loco abbatisse et conventus. In cujus rei auctoritatem, presentem paginam sigillo nostro (4) fecit consignari. Datum apud Sollemniacum, nonis octobris M° CC° XXX° VII°.

(Arch. Haute-Vienne, fonds de Solignac, liasse 3351).

---

(1) Hugues II, abbé de Solignac en 1233, 1236 et 1240.
(2) La quarte valait le quart du setier, soit 12 litres 8, mesure de Limoges et 10 l. 67, mesure de Pierrebuffière.
(3) Ce laps de temps d'un an et un jour est souvent stipulé dans les contrats.
(4) Le sceau manque.

VII bis

Abandon à l'abbaye des Allois, par Gérald de Châlucet, damoiseau, de tous ses droits sur le Mas-Adémar et la borderie de Vergnenègre (4 mai 1249).

Universis presentes litteras inspecturis, magister Helias (1), officialis curie Lemovicensis, salutem in Domino. Noveritis quod Geraldus de Castro Lucii, domisellus, in nostra presencia personaliter constitutus, dedit, concessit et quittavit perpetuo, pro se et omnibus suis, in helemosinam, abbacie et venerabili abbatisse et conventui domus monialium de Alodiis, omne jus quodcumque habebat vel habere vel requirere usque ad diem hodiernam poterat in manso Ademari (2) et in bordaria de Vernhanegra (3), et in pertinentiis mansi et bordarie predictorum. Et devestivit se coram nobis de jure eodem, et investivit, ad opus abbacie et abbatisse et conventus predictorum, Bernardum de Manso, presbiterum dicte domus, coram nobis, et promisit, prestito juramento, se contra donacionem hujusmodi de cetero per se vel per alios aliquatenus non venturum, et quod ab omni homine, quantum erit de jure, omnia dicta donata defendet et garentiet pro posse suo abbacie et abbatisse et conventui predictis. Si vero premissa non garentiret et defenderet, vel non posset defendere et garentire, ipse promisit, sub eodem juramento, se assignaturum in loco competenti, ad arbitrium venerabilis prioris de Aurelio (4), sex solidos Lemovicensis monete renduales abbacie et abbatisse et conventui supradictis ad submonicionem abbatisse predicte ; et recognovit quod pater ipsius omne jus quodcumque habebat in premissis, dederat et concesserat perpetuo alias abbacie et abbatisse et conventui memoratis. Et nos, super hiis, ad instanciam ipsius domiselli et dicti presbiteri, qui dictam donacionem ad opus abbacie et abbatisse et conventus predictorum coram nobis recepit, nostras presentes litteras dedimus et concessimus testimoniales, sine juris prejudicio alieni. Datum quarto nonas maii, anno Domini M° CC° XL.° nono.

(Arch. Haute-Vienne, les Allois, n° 5003).

(1) Nous possédons beaucoup d'actes et de lettres émanant de l'official Elie Coral.
(2) Peut-être l'Adémarie ou l'Aymarie : — Leymarie, près Saint-Jean-Ligoure.
(3) Vergnenègne, hameau de la commune de La Geneytouse, canton de Saint-Léonard.
(4) Le monastère d'Aureil n'était distant de l'abbaye des Allois que de 2 à 3 kilomètres.

VIII

Hommage rendu à l'abbé et au monastère de Solignac par Pierre Bernard, seigneur du Haut-Châlucet, et Hugues de Jaunhac, son neveu, en présence de l'évêque Aymeric de Malemort et du sénéchal du roi de France (26 octobre 1260).

Aymericus, Dei gracia Lemovicensis episcopus (1), et Radulphus de Trapas, serviens illustrissimi Regis Francorum, ex parte ipsius Regis in Lemovicensi, Petragoricensi et Caturcensi diœcesibus senescallus (2), omnibus presentes litteras inspecturis salutem in Domino. Insinuacione præsencium ad singulorum notitiam volumus pervenire quod nobilis vir Petrus Bernardi, dominus de Castro Lucii, in nostra presencia personaliter constitutus, recognovit in jure, coram nobis, gratis et spontanea voluntate, quod ipse et Hugo de Jaunhac, nepos suus, domicellus, tenebant et predecessores sui tenuerunt semper castrum, seu repayre *(sic)* de Castro Lucii superius, cum omnibus pertinenciis suis ; et cciam mansos de la Vila (3), et de la Bosonia (4), et de Podio (5). et de Las Maiios (6), et de Ligora (7), et de la Pera (8), et de Montilio (9), et de la Fauria (10), sitos in parrochia de Vicano, et quicquid habebant, vel habere poterant aliquo modo in parrochia antedicta, excepto manso de Vilars (11) ; et cciam amplius decimam de manso

---

(1) Aymeric de Serre de Malemort, évêque de Limoges, de 1245 à 1272.

(2) Raoul de Trappes aurait à plusieurs reprises rempli les fonctions de sénéchal du roi de France dans le diocèse de Limoges. Il est nommé ici, au 26 octobre 1260, en cette qualité. Le même office est rempli, vers le milieu de l'année 1263 par Pierre *Servientis*. La pièce ci-après établit que Raoul de Trappes est de nouveau, à la date du 24 juin 1266, sénéchal des trois diocèses rendus à l'Angleterre par Saint-Louis.

(3) La Villette ou les Villettes, commune de Saint-Jean-Ligoure, canton de Pierrebuffière.

(4) La Bosonie, au sud des ruines de Châlucet, même commune de Saint-Jean-Ligoure.

(5) Le Mas-du-Puy, commune du Vigen.

(6) Les Maisons, près des ruines et à proximité de La Bosonie, comm. de St-Jean-Ligoure.

(7) Ligoure, commune du Vigen, possédait un petit château, aujourd'hui restauré et où M. Le Play, l'illustre économiste, a passé une partie des dernières années de sa vie.

(8) Très probablement Péreix, aujourd'hui commune de Boisseuil.

(9) Il existe deux villages de ce nom ; le grand et le petit Monteil, dans la commune de Saint-Priest-Ligoure. Mais il est peu probable que ce soit de l'un d'eux qu'il s'agisse ici.

(10) On trouve plusieurs localités de ce nom autour de Châlucet.

(11) S'agit-il de Villard, aujourd'hui commune de Janaillac ? C'est peu probable.

superiori de Lobeac (1), in feodum a religiosis viris abbate et conventu et monasterio Sollempniacensibus; et quod premissa universa et singula sunt et movent de feodo et dominio eorumdem; et quod ipse nobilis fecerat homagium litgium Petro, pro tempore abbati dicti loci et predecessori ipsius (2), et quod predecessores sui fecerant similiter homagium litgium predecessoribus ipsius abbatis... pro universis et singulis supradictis. — Adhuc dictus Hugo de Jounhac, domisellus, in eadem presencia constitutus, recognovit gratis et spontanea voluntate, in jure, coram nobis, premissa universa et singula... prout dictus patruus suus recognoverat coram nobis, sicut superius est expressum... Dictus nobilis et dictus domisellus nepos suus, coram nobis, prestito ad sancta Dei evangelia cor poraliter juramento, [confessi sunt?] quod premissa ab aliquo alio domino non tenebant nec habebant; et quod premissa universa et singula alicui non vendiderant nec obligaverant aliquo genere obligacionis; nec dominum recognoverant de premissis, nisi abbatem, conventum et monasterium antedictos (sic), et promiserunt, sub virtute prestiti juramenti et amissione feodi antedicti ita quod in continenti (?) rediret dictum feodum in jus et proprietatem dictorum conventus et monasterii et abbatis, pro se et successoribus suis, quod alium dominum super premissis seu in premissis universis et singulis non advocabunt nec recognoscent; nec premissa universa et singula vendent seu distrahent, vel obligabunt aliquo genere alienacionis, obligacionis, alicui, in prejudicium predictorum abbatis pro tempore et conventus, nec sine voluntate et licencia eorumdem petitis ab ipso abbate, qui pro tempore fuerit, et conventu dicti loci, petitis et obtentis. Preterea recognoverunt iidem nobilis et nepos suus in jure, coram nobis, quod quicquid ipsi habebant vel habere poterant aliquo modo in parrochia de La Porcharia, habebant et tenebant in feodum, excepto fortalitio. Et quod habent infra aquas ab ipsis conventu et monasterio et abbate, videlicet mansos de Campo Espinassos (3), et de Bosco (4), et de la Marronha (5), et duos mansos de Crestenos (?), et tres mansos de la Valelha (6) cum omnibus pertinenciis suis, et omnes alios mansos cum bordariis, et quicquid aliud habent vel habere possunt in tota parrochia de la Porcharia supradicta, et quod premissa universa et singula sunt et movent de feodo et dominio

---

(1) Loubet, commune de Saint-Hilaire-Bonneval. Il est souvent parlé du chemin qui va de la Croix-de-Lobéac ou Loubet à Châlucet.
(2) L'abbé Hugues II, prédécesseur de Pierre, mourut vers 1240.
(3) Probablement Expinassou ou Espinasseau *(Cassini)*, commune de La Porcherie, canton de Saint-Germain-les-Belles, arrondissement de Saint-Yrieix (Haute-Vienne).
(4) S'agit-il du Maubos, entre La Porcherie et Cirat, ou de Boix, commune de Meuzac, même canton de Saint-Germain.
(5) La Maronnie, commune de La Porcherie.
(6) Les Vareilles, commune de La Porcherie.

corumdem conventus, monasterii et abbatis; et quod, pro premissis, ipse nobilis fecit homagium litgium dicto abbati et predecessori suo, et predecessores sui similiter fecerant homagium litgium ipsius abbatis predecessoribus, ut credebat.— Et sciendum quod, in presencia nostra personaliter constituti, Petrus de Suyssac, prepositus Solempniacensis, et Clemens de Veteri Villa, cellerarius, et Geraldus de Montibus, monachi dicti loci, procuratores et sindici dictorum abbatis et conventus, promiserunt, pro dictis abbate et conventu, prestito in eorum animas et dictorum abbatis et conventus corporaliter juramento et sub amissione feodi, dictis patruo et nepoti et heredibus eorumdem, quod de cetero alium dominum vel aliud dominium non advocabunt super premissis omnibus, nec de novo infeodabunt nec recipient homagium ab alio quam ab heredibus dicti loci de Castro Lucii vel tenentibus dictum locum, nisi de voluntate ipsorum et heredum suorum petita pariter et obtenta ; nec dominium istud transferent in aliam personam aliquo genere alienacionis, donacionis, permutacionis, vendicionis vel alio quoquo modo. Et dicti abbas et conventus debent eisdem nobili et domisello premissa defendere ab omni homine, quantum erit de jure, ac eciam garentire. Et ad premissa observanda, si necesse fuerit, voluit et petiit utraque pars a nobis, Lemovicensi episcopo, per censuram ecclesiasticam se compelli. In quorum omnium testimonium et munimen, ad peticionem et instanciam utriusque partis, sigilla nostra presentibus duximus apponenda, una cum sigillis dictorum abbatis et conventus, et dicti nobilis, qui pro se et dicto suo nepote duxit sigillum suum presentibus apponendum. — Datum septimo kalendas novembris anno Domini millesimo ducentesimo sexagesimo.

(Archives de la Haute-Vienne, fds de Solignac, liasse 6037). Cette pièce n'a conservé que des fragments de deux sceaux : celui de l'abbaye et celui, semble-t-il, de Raoul de Trappes.

VIII bis

Lettres de sauvegarde royale en faveur de l'abbaye de Solignac, données par Pierre Servientis, sénéchal du roi de France dans le diocèse de Limoges après la restitution de ce diocèse à l'Angleterre. (Vidimus du 24 juin 1266). Parlement de la Pentecôte 1263.

Universis presentes litteras inspecturis, Radulphus de Trapis, senescallus domini Ludovici, illustris Regis Francie in Lemovicensi, Caturcensi, Petragoricensi diocesibus deputatus (1), salutem ac pacem. Noveritis sequentes litteras Petri Servientis, senescalli quondam Domini Ludovici, Regis Francie, in Lemovicensi diocesi deputati (2), non viciatas, non rasas, non abolitas, non cancellatas, vero sigillo ipsius Petri Servientis sigillatas, non in aliqua parte sui corruptas, nos vidisse et diligenter inspexisse in hec verba : — « Universis presentes litteras inspecturis, Petrus Servientis, senescallus Domini Ludovici, illustris Regis Francie, in Lemovicensi diocesi deputatus, salutem et pacem. Noveritis quod cum Dominus noster Ludovicus, Dei gracia Rex Francie, partem terre (3) diocesis Lemovicensis regi Anglie reddidisset, visis et inspectis diligenter privilegiis monasterii Sollempniacensis, per que dictum monasterium sub protectione ejusdem Domini regis Francie esse constabat, nobis viva voce precepit, religioso viro Archambaudo (4), venerabili abbate dicti monasterii, instante, quod dictum monasterium cum omnibus membris suis ab omnibus violenciis, injuriis, maleficiis, contra quoscumque injuriatores et malefactores, et specialiter contra gentes ejusdem regis Anglie defendamus. Datum Parisius, in parlamento Pentecostes, anno Domini m° cc̄ lx^{mo} tercio. » — In cujus rei testimonium presenti transcripto sigillum nostrum duximus apponendum. Datum octavo kalendas julii, anno Domini millesimo ducentesimo sexagesimo sexto.

(Arch. de la Haute-Vienne, fonds de Solignac, n° 8587 du classement provisoire)

(1) Raoul de Trappes est qualifié de sénéchal du roi de France dans ces trois diocèses par plusieurs documents de nos archives. On a vu ce personnage figurer, avec la même qualité, à un acte d'hommage du 26 octobre 1260 (pièces n° 8).

(2) Pierre *Servientis* avait précédé Raoul de Trappes dans les fonctions de sénéchal en 1253, 1263 et 1264. Les bourgeois de Limoges se plaignirent du concours qu'il avait prêté au vicomte Gui VI, au cours de la guerre de la vicomté.

(3) On voit que la restitution, par saint Louis, du diocèse de Limoges à Henri III n'avait pas été aussi complète qu'on l'imagine généralement.

(4) Archambaud II, qu'on ne trouve pas mentionnée comme abbé avant 1263.

VIII ter

Vente à l'abbaye des Allois par Pierre Bernard, chevalier, seigneur de Châlucet, et par Hugues de Jaunhac, damoiseau, son neveu, du bois et de la terre du Devès (22 mai 1264).

Universis presentes litteras inspecturis, magister G., officialis curie Lemovicensis, eternam in Domino salutem. — Noverit universitas vestra quod, in nostra personaliter presencia constitutis nobili viro Petro Bernardi, milite, Domino de Castro Lucii, et Hugone de Jaunhac, domisello, nepote suo, ex parte una, et venerabili et religiosa domina Halaide (1), abbatissa de Alodiis, pro se et conventu suo et domo de Alodiis, ex altera; dicti miles et domisellus, gratis et spontanea voluntate, vendiderunt et concesserunt in perpetuum pro se et omnibus heredibus et successoribus suis, dictis abbatisse et conventui et domui de Alodiis et successoribus eorumdem, precio centum et decem librarum monete Lemovicensis, de quibus confessi fuerunt se habuisse gratum suum plenarie a dicta abbatissa in pecunia numerata, renunciantes expresse ac ex certa sciencia excepcioni non numerate pecunie, non habite, non recepte, et spei future numeracionis, ac excepcionibus doli, fori, loci et in factum (?) actioni et sine causa, et beneficio coherenti rei et persone, et omni excepcioni, actioni et deffensioni reali et personali, et omni usui, consuetudini et statuto et beneficio minoris precii, et restitucionis in integrum, et omni auxilio et beneficio juris canonici et civilis, que premissa in parte vel in toto sibi et suis possent competere, et dictis abbatisse, conventui ac domui de Alodiis n . . . . . (2) et juridicenti generalem renunciacionem non debere valere de jure, nemus suum totum et terram cum omnibus appendiciis, juribus et pertinenciis dicti nemoris, quod vocatur *Lo Deoes* (3), et nemus quod fuit Bernardi de Aurelio; ita quod sibi et heredibus suis nullum jus retinuerunt in premissis omnibus venditis et pertinenciis premissorum absis et vestitis; que pre-

---

(1) Le *Gallia Christiana* ne mentionne qu'une abbesse du nom d'Alaïde, qu'il place en 1231. Cette date est-elle inexacte, et faut-il reculer l'abbatiat d'Alaïde après celui d'Almodie (1236) et celui de Foulque (vers 1240)? Ou bien doit on admettre que le monastére des Allois a eu, dans le cours du XIII siècle, deux abbesses de ce nom?

(2) Une tache rend le mot suivant illisible.

(3) Il résulte des indications de cet acte et aussi de celles de la pièce n° IX *bis* ci-après, qu'il n'est pas question ici du Deveix, commune de Saint-Priest-Ligoure, canton de Nexon, ni de Duveix, commune de Linards. Serait-ce *le Débat*, commune d'Aureil ?

missa vendita sita sunt in parrochia de Esgallo, inter mansum Gualteri (1) et mansum de Cluzello (2) et mansum de Aqua sparsa (3), ita quod dictum jus et quicquid possessionis et proprietatis habere possunt (?) in premissis omnibus venditis transtulerunt irrevocabiliter in abbatissam, conventum, et domum de Alodiis; que omnia premissa vendita, sunt de feodo et dominio dicti nobilis prout ipse et dictus nepos suus asseruerunt. De quibus premissis omnibus venditis devestiverunt se coram nobis in jure dicti miles et domisellus, et investiverunt de eisdem dictam abbatissam nomine et ad opus ipsius et conventus et domus de Alodiis, promittentes quod contra dictam vendicionem et contenta in litteris istis in parte vel in toto per se vel per alios de cetero non venirent, tacite vel expresse; et quod premissa omnia vendita defenderent et garentirent abbatisse, conventui et domui de Alodiis ab omnibus hominibus, prout de jure esset, specialiter et expresse ab Aymerico de Axia (4), milite, et suis, et ab omni domino et dominio, preposito, prepositatu, bailivo, bailiagio, serviente, serviencia, forestario, forestagio, et ab omni deverio, obligacione, gatgeria et enjecto. Promiserunt eciam dicti miles et domisellus quod abbatissam, conventum et domum de Alodiis ponerent in corporalem, vacuam, liberam et pacificam possessionem de premissis. Hec vero predicta singula et universa promiserunt dicti venditores, per stipulacionem sollempnem, se observaturos inviolabiliter et contra non venturos, prestitis ad sancta Dei evangelia corporaliter juramentis. Nos vero dictos venditores, ad instanciam dicte abbatisse, instantis pro se et conventu et domo de Alodiis, ad observandum premissa formaliter condempnamus. In cujus rei testimonium, sine juris prejudicio alieni, presentibus litteris sigillum Lemovicensis curie duximus apponendum, una cum sigillo dicti nobilis. Nos vero, P. Bernardi, miles, dominus de Castro Lucii, presentibus litteris, una cum sigillo curie Lemovicensis, pro nobis et dicto nepote nostro, sigillum nostrum duximus apponendum (5); quo sigillo ego, Hugo de Jaunhac, domisellus, contentus sum in hac parte. Datum et actum undecimo kalendas junii, anno Domini millesimo ducentesimo sexagesimo quarto.

(Arch. de la Haute-Vienne, Allois, 5633).

(1) Le Mas-Gautier, commune d'Eyjeaux, canton de Pierrebuffière. Il y a un autre Mas-Gantier près Feytiat, canton sud de Limoges.
(2) Le Cluzeau, commune d'Aureil.
(3) Il y a deux localités du nom d'Aigueperse à proximité d'Eyjeaux : l'une dans la commune de Saint-Paul d'Eyjeaux, l'autre dans celle de Saint-Bonnet-la-Rivière.
(4) Les Aymeric d'Aixe étaient seigneurs en partie de la ville d'Aixe, près Limoges, et on peut se demander s'ils n'étaient pas la souche d'où aient sorti les Brun. Seuls de toutes les familles féodales de la contrée, ils jouissaient du privilège d'être enterrés dans le chapitre même de Solignac, auprès des abbés.
(5) Ce sceau est appendu à la pièce. Nous en avons publié plus haut le dessin. C'est l'unique exemplaire que nous connaissions du sceau d'un seigneur de Châlucet, avant les Sully.

IX

Testament de Gui de Périgord, damoiseau du Bas-Châlucet,
(25 octobre 1264).

In nomine Patris et Filii et Spiritus sancti, Amen. Ego, Guido de Peiriguos, domisellus, bene compos mentis mee, licet eger corpore, in hunc modum facio seu ordino testamentum meum : — Volo et precipio quod de bonis meis clamores mei et debita mea emendentur et persolvantur. Et facio et constituo ac dimitto unicam filiam meam heredem in omnibus bonis meis, et, si contigerit dictam filiam meam mori sine heredibus exstantibus, ab ipsa legitime procreatis, substituo heredem unicam sororem meam in bonis meis. Et eligo sepulturam meam apud Sollempniacum, cum parentibus meis, sive inter parentes meos. Et volo et precipio quod furnumentum (1) meum et exequie mee honorifice fiant de bonis meis, prout furnumentum et exequie alicujus militis, domini de Castro Lucii, fieri consueverunt. Et lego, do et concedo in puram et perpetuam helemosinam et pro salute anime mee, Deo et monasterio Sollempniacensi et abbati ejusdem loci, viginti solidos Lemovicensis monete renduales. Et lego presbiteris et clericis Sollempniacensibus quinque solidos ejusdem monete renduales. Item lego helemosine Pascali que solet fieri apud Sollempniacum, in die Pasche Domini, annuatim (2), duos sextarios siliginis ad mensuram censualem renduales. Item lego ecclesie de Vicano quinque solidos ejusdem monete renduales. Item lego predicte ecclesie de Vicano quatuor solidos et quatuor denarios renduales, ita quod in dicta ecclesia, qualibet die dominica cujuslibet anni, in perpetuum fiant commemoraciones pro salute anime mee et pro salute parentum meorum, eum vulgariter dicte commemoraciones appellentur *oblias* (3). Item lego capelle Castri Lucii superioris tres solidos renduales et alie capelle Castri Lucii inferioris alios tres solidos renduales. Et monasterio Beate Marie de Regula (4) lego sex denarios renduales. — Item si contingeret quod dicta filia mea premoreretur *(sic)*, sine heredibus

---

(1) *Furnumentum* est, à proprement parler, l'appareil des obsèques.

(2) Cette mesure, qui est la mesure *cessaressa* des documents en langue romane, est souvent mentionnée aux XII° et XIII° siècles.

(3) Ce sens donné au mot *oblia*, ne se trouve pas dans Ducange. Cependant, le mot *oblia* ou *oblie* se rencontre dans un assez grand nombre de pièces avec le sens de services commémoratifs ou de rentes obituaires destinées à acquitter ces services. Ce nom leur était venu, selon toute probabilité, des distributions qui devaient être faites ce jour-là aux religieux de la maison.

(4) Notre-Dame-de-La-Règle, très ancien monastère de femmes dans la Cité de Limoges. La tradition faisait remonter son origine au temps de saint Martial. On a la preuve de son existence sous le règne de Louis-le-Débonnaire.

exstantibus ab ipsa legitime procreatis, et eciam si contingeret quod dicta soror mea premoreretur sine heredibus exstantibus ab ipsa legitime procreatis, volo et precipio quod ea que ego legavi dictis ecclesiis et personis ecclesiasticis duplicentur, ita quod dicte ecclesie et persone ecclesiastice premissa legata duplicitus habeant. Item volo et precipio quod, predicta condicione existente, videlicet si contingat dictas filiam et sororem meas premori sine heredibus exstantibus, dictum monasterium Sollempniacense habeat et teneat in perpetuum, tanquam suum, mansum dictum de Savinhac (1), cum omnibus pertinenciis et juribus dicti mansi; qui mansus situs est in parrochia de Melhac et movet de feodo et dominio venerabilis abbatis et monasterii Sollempniacensium. Et si contingat quod dictum monasterium habeat dictum mansum, volo et precipio quod legatum quod feci dicto monasterio non remaneat, ita quod dictum monasterium illud legatum non habeat, sed tantummodo dictum mansum cum pertinenciis et juribus dicti mansi que habeo in presencium [data?] ibidem. Item si contingat dictas filiam et sororem meas premori sine heredibus exstantibus, volo et precipio quod porcionarii mei, videlicet illi qui commorantur in Castro Lucii inferiori, non vicecomes Lemovicensis nec ipsius heredes, habeant, sed tantummodo dicti porcionarii in dicto Castro Lucii commorantes, habeant domum meam sitam ibidem, cum pertinenciis dicte domus et dominium quodcumque habeo vel habere possum in dicto Castro Lucii inferiori. Et, si contingat quod ad dictos *(sic)* porcionarios meos in dicto Castro Lucii inferiori commorantes deveniant, premissa que ipsis legavi sub predicta condicione, volo et precipio quod, pro salute anime mee, dicti porcionarii faciant in perpetuum, in ecclesia sive capella Castri Lucii inferioris, qualibet die dominica cujuslibet anni, commemoraciones que vulgariter appelantur oblias. Item lego uxori mee dicte **La Comtor** (2), nomine osclii (3), trescentos solidos Lemovicensis monete renduales, ita quod ipsa habeat eosdem quamdiu vixerit ; et volo, post mortem dicte uxoris mee, quod dicti trescenti solidi revertantur ad heredes meos : ita tamen quod si contingat dictas filiam et sororem meas premori sine heredibus exstantibus, ut superius est expressum, volo et precipio quod dicta uxor mea habeat trescentos solidos renduales in perpetuum. Item lego centum solidos semel solvendos ad hoc faciendum, videlicet quod

---

(1) Savignac, commune de Meilhac, canton de Nexon, arrondissement de Saint-Yrieix (Haute-Vienne).

(2) Ce titre a été porté, du Xe au XIIIe siècle, par de très puissantes familles féodales, et en particulier par celle de Laron. Le contors était placé, dit-on, immédiatement au-dessous du vicomte dans la hiérarchie féodale.

(3) Pour *osculi*. La donation qu'on désignait sous le nom de droit d'oscle, et qu'on trouve, dans nos contrées, mentionnée au Xe siècle (DELOCHE : *Cartulaire de Beaulieu*).

dividantur sive distribuantur in ecclesiis sive parrochiis quibus ecclesiis sive parrochiis intuli dampna aliqua. Item, cum ego assumpserim signum Crucis (1), lego dicto Davinau, qui loco mei assumat dictam crucem et transfretare non dubitet, sex libras Turonensis monete, et amplius quamdam rabam (2) et omnes armaturas meas, exceptis armaturis de ferro. Et si non contingat dictum Davinau transfretrare *(sic)*, volo et precipio quod alius assumat signum crucis, cui lego premissa, prout superius sunt expressa. Item volo et precipio quod clamores mei emendentur et debita mea persolvantur, prout superius est expressum, ante omnia supradicta, et eciam quod ea que legavi ecclesiis predictis et personis ecclesiasticis penitus persolvantur sive reddantur. Item facio et constituo helemosinarios (3) meos seu exequtores testamenti presentis dominos Golferium Las Tors (4) et Engaleumum Chabrol (5), canonicum Sancti Aredii, et magistrum P. Chagat, capellanum meum, canonicum Lemovicensem, et Petrum Bernardi, militem, dominum Castri Lucii superioris, avunculum meum. Et si contingat quod dicti quatuor helemosinarii dictum testamentum meum nolunt exequi, volo quod unus, vel tres, vel duo ex ipsis helemosinariis dictum testamentum meum exequantur, et rogo, modis omnibus quibus possum, dominum meum, abbatem Sollempniacensem, quod ipse donet consilium dictis helemosinariis. Et volo quod dicti helemosinarii juxta consilium suum universa et singula premissa faciant et disponant, et ad premissa omnia et singula facienda et exequenda, et ad me excundum a suis interdicto et excommunicacione quibus sum innodatus (6), obligo equitaturas meas et omnia alia bona mea mobilia et immobilia. Hec vero premissa acta fuerunt coram nobis, Officiali Lemovicensi, et coram nobis, Archambaudo (7), miseracione divina humili abbati Sollempniacensi ; et

(1) Comme j'ai pris la croix (pour aller en Terre-Sainte).

(2) *Hauban*, sans doute.

(3) Nous avons dit ailleurs quels pouvoirs étaient attribués à Limoges, et vraisemblablement dans les environs, aux exécuteurs testamentaires (*la Famille Limousine d'autrefois, d'après les testaments et la coutume*. — Limoges, Ducourtieux et Lablanc, 1883). On voit qu'ici ces pouvoirs sont diminués par l'adjonction aux exécuteurs de l'abbé de Solignac.

(4) S'agit-il ici du Gouffier de Lastours que le *Nobiliaire de la Généralité de Limoges*, t. III, p. 47, fait mourir en « 1254 ou 1351 » ?

(5) Ce nom avait été porté par les anciens seigneurs de Châlus. Peut-être les Chabrol avaient-ils la même origine que les Bernard de Jaunhac et les Bernard de Bré. Le Cartulaire de Vigeois mentionne un *Cabrols*, fils d'Itier Bernard et d'Almodis (Bibl. nat., ms latin 2048, nouvelles acquisitions, fol. 13).

(6) Le testateur se trouvait-il sous le coup de l'excommunication parce qu'il avait différé, sans motif légitime, au-delà du terme fixé, son départ pour la Croisade, ou à cause des méfaits dont il s'accuse plus haut, des « dommages causés à plusieurs églises ou paroisses ? »

(7) Archambaud, abbé de Solignac en 1203 et 1231. L'abbé Nadaud a trouvé mentionné, dans les manuscrits de l'Évêché, un Archambaud, abbé de Solignac en 1275 ou 76. Est-ce le même ?

ad preces et instanciam dicti Guidonis, nos, Officialis, sigillum Lemovicensis curie (1), et nos, predictus abbas, sigillum nostrum presentibus litteris duximus apponenda in testimonium premissorum. Datum vii° kalendas novembris, anno Domini millesimo ducentesimo sexagesimo quarto.

(Arch. Haute-Vienne, fonds de Solignac, liasse 6568).

(1) Le sceau de la cour ecclésiastique, de l'officialité.

IX bis

Abandon, à l'abbaye des Allois, par Pierre Bernard, seigneur de Châlucet, de toute revendication éventuelle, en vertu du droit de retour sur le Devès (19 janvier 1266, vieux style : 1267).

Universis presentes litteras inspecturis, Petrus Bernardi, miles, dominus de Chaslusseto, salutem in Domino. Noverint universi quod nos, attendentes beneficia et servicia nobis impensa a venerabilibus abbatissa et conventu domus monialium de Alodiis, damus et concedimus et quittamus eidem domui, pro nobis et heredibus nostris in perpetuum, quidquid juris habemus vel habere seu requirere possumus racione torni (1) vel alias quoquo modo, in nemore dicto deu Deves et in omnibus pertinenciis ejusdem nemoris, que omnia sita sunt prope dictam domum de Alodiis; et promittimus, prestito corporaliter juramento, quod contra premissa non veniemus tacite vel expresse. In cujus rei testimonium damus et concedimus dictis abbatisse et conventui nostras presentes litteras, sigillo nostro proprio (2) consignatas. Datum quarto decimo kalendas februarii, anno Domini millesimo ducentesimo sexagesimo sexto.

(Arch. de la Haute-Vienne, fonds des Allois, liasse 6952).

(1) Droit de réversion au seigneur dans plusieurs cas déterminés. Ce droit de retour a été travesti plusieurs fois, dans les copies faites en Angleterre sous la direction de Bréquigny, en « droit du corbeau », *jure Corvi*.
(2) Le sceau manque.

X

Donation, devant l'official de Limoges, par Jourdain de Montcocu, à Gérald de Maulmont, de ses droits sur la quatrième partie du Haut-Châlucet et sur divers fonds (25 mai 1279).

Universis presentes litteras inspecturis, Officialis curie Lemovicensis salutem in Domino. Noveritis quod in nostra presencia personaliter constitutis Dominis Jordano de Monte Cuculli, milite, ex una parte, et dilecto in Christo Helia La Rocha, clerico, procuratore venerabilis et discreti viri magistri G[eraldi] de Malomonte, canonici Lugdunensis, domini Regis Francie clerici, quoad subsequentia recipienda nomine et ad opus ipsius magistri G[eraldi], ex altera. — Dictus miles non coactus, non seductus, nec ab aliquo circumventus, set mera et spontanea voluntate sua, dedit donacione pura et simplici, irrevocabili, inter vivos, pro se suisque heredibus et successoribus, et in perpetuum concessit et quitavit predicto magistro G[eraldo], ejus heredibus successoribus, et totum feodum et totum jus quod idem miles habebat, vel habere poterat, quoquo modo, in quarta parte castri de Chaslucio superioris, pro qua quarta parte dominus Petrus Bernardi, miles, jam deffunctus, olim dominus dicti castri de Chaslucio (1), prout idem Jordanus dicebat, eidem ad hommagium tenebatur. Item dedit dictus Jordanus, donacione pura et simplici, irrevocabili, inter vivos et in perpetuum, pro se et omnibus suis heredibus et successoribus concessit et quitavit, predicto magistro G[eraldo] et suis heredibus et successoribus, omnia jura et deveria universa et singula que habebat, vel habere poterat, in toto castro predicto seu villa ejusdem, et in barriis et pertinenciis castri et ville predictorum, nec non et omnes domos, hereditates, deveria, jura, et quicquid aliud habebat vel habere poterat, vel sibi et heredibus suis competebat vel competere poterat, in castro, barriis et pertinentiis eorumdem, et amplius quicquid habebat vel habere poterat in mansis, hominibus seu villa de Chaslucio predictis, et in hominibus et teneuris de la Bozonia, de las Mayios et de Liguora (2), et in pertinentiis omnium predictorum ; item et amplius quicquid homines de Liguora tenebant ad ipso in manso de [la

---

(1) Nous avons dit que Pierre Bernard fut le dernier seigneur de Châlucet de la famille des Jaunhac. Il y a lieu de s'étonner qu'il ne soit pas fait mention des droits de Jourdain de Montcocu dans l'acte d'hommage de 1269 (pièces n° 8 ci-dessus). On pourrait en inférer que Jourdain tenait ces droits de Hugues de Jaunhac, dont il était peut-être le gendre.

(2) Ces trois mas sont mentionnés à l'hommage, rendu en 1260, par Pierre Bernard et Hugues de Jaunhac à l'abbaye de Solignac.

l'era(1), cum] omnibus (?) terris cultis et incultis, pratis, pascuis, nemoribus, aquis, riperiis, et aliis ejusdem... (2) pertinentiis universis; et amplius omnia illa bona que dicti homines de Liguora vel alii quicumque eidem debebant racione dicti mansi de la Pera, vel sibi tenebantur. Et hec omnia premissa, universa et singula, prout superius sunt contenta, promisit pro se et suis heredibus et successoribus predicto procuratori solempniter pro dicto magistro G[eraldo] stipulanti, se tenere in perpetuum et inviolabiliter observare, et contra non venire per se nec per alium, tacite vel expresse, et eciam dare et concedere eidem magistro G[eraldo], ad requestam ipsius vel suorum, litteras confirmationis, sigillatas sigillo venerabilis abbatis Sollempniacensis, domini feudalis omnium premissorum, necnon et quascumque alias litteras confirmatorias cujuscumque sigillo sigillatas que (sic) eidem magistro placuerit, et sibi viderit esse utiles et necessarias, sub meliori forma qua dictari poterunt atque scribi, ad expensas ipsius magistri G[eraldi], formam et substantiam tantum presentis littere continentes, prestito ab eodem Jordano super hiis ad sancta Dei Evangelia corporaliter juramento. Et pro premissis omnibus universis et singulis attendendis, complendis et inviolabiliter observandis, obligavit idem Jordanus eidem magistro G[eraldo] et suis in perpetuum, se et heredes et successores suos, et omnia bona sua mobilia quecumque et ubicumque sint, et quocumque nomine censeantur. Et devestiens se coram nobis in jure, pro se et omnibus heredibus et successoribus suis, de omnibus premissis universis et singulis predictum, procuratorem presentem et recipientem nomine et ad opus predicti magistri G[eraldi] et suorum de eisdem perpetuo investivit, quicquid juris, proprietatis et possessionis in premissis habebat vel habere poterat, aliquo jure seu aliqua racione, in prefatum magistrum G[eraldum] et suos irrevocabiliter transferendo. Et ad omnium premissorum et singulorum observantiam, voluit et peciit prenominatus Jordanus se et heredes et successores suos per nos et per quemcumque alium judicem ecclesiasticum seu secularem, si necesse fuerit, se compelli. Et nos ipsum volentem et consencientem, petente dicto procuratore, quoad hoc sentantialiter condempnamus. In quorum omnium premissorum testimonium, ad preces et instantiam partium predictarum, sigillum Lemovicensis curie presentibus litteris duximus apponendum. — Constat de interlinea: abbatis. — Datum viii kalendas junii, anno Domini millesimo ducentesimo septuagesimo nono. Faber scripsit (3).

(Arch. de la Haute-Vienne, fonds de Solignac, liasse 3703 : — original).

(1) Le mas de Peiroix est également désigné à l'hommage du 26 octobre 1260.
(2) La pièce est percée.
(3) Le nom du notaire, rédacteur de l'acte, qu'on trouve au bas de tous les contrats aux XIVᵉ et XVᵉ siècles, est assez rarement indiqué aux actes limousins antérieurement au règne de Philippe-le-Bel. Le *Faber* signataire de ce parchemin serait-il le *Petrus Fabri*, chancelier de l'of...cialité de Limoges, à qui est due une importante réforme dans la supputation des années?

XI

Extraits d'un rouleau d'hommages de l'abbaye de Solignac, commencé vers 1280, avec des additions de la première moitié du XIVe siècle.

... Homagium litgium venerabilis viri magistri Geraldi de Malomonte, pro castro et villa de Castro Lucii superioris (*sic*), cum suis pertinenciis et pro mansis de La Vila, de la Bozonia, de Podio, de las Mayios, de la Ligora (1) et de Girardese (2), et pro omnibus que habet in parrochia de Vicano; — et pro omnibus que habuit a P. de Frachet, excepto Castro Lucii inferioris (*sic*), et pro omnibus que habuit ab Aymerico de Jaunhac, domicello, videlicet manso et riperia de Bona (3), debet homagium, que site sunt in parrochia Sancti Ylarii Bone Vallis (4), et eciam que habuit ab eodem. Item pro medietate mansi de Colhac (5) superioris, et pro medietate mansi *aus Donetz* (6) inferioris, siti in parrochia Sancti Mauricii de Brete... (7).

Homagium litgium Aymerici de Jaunhac, domicelli, pro hiis omnibus que habet in parrochia de Vicano et apud Sollempniacum, et pro hiis que habet, vel P. de Frachet, [in] mansis de las Olieiras (8), sitis in parrochia de Esgallo; et pro mansis de la Gauteria (9), de Valle (10), de la Neycho-

---

(1) Ces quatre mas sont mentionnés à l'hommage de 1260 (pièce n° 8) et à la donation qui précède.
(2) Aujourd'hui Le Gilardeix, commune de Boisseuil.
(3) Bonne, commune de Saint-Hilaire-Bonneval.
(4) Saint-Hilaire-Bonneval, commune du canton de Pierrebuffière (Haute-Vienne).
(5) Peut-être Couyer ou chez Couyer, commune du Vigen. Plus probablement Cuillat ou Guillat, de Saint-Maurice-les-Brousses.
(6) Il n'est pas impossible qu'il s'agisse ici de Tourdonnet.
(7) Saint-Maurice de Bré ou de Bretet, aujourd'hui Saint-Maurice-les-Brousses.
(8) Les Aulières, commune d'Eyjeaux.
(9) Est-ce La Gauterie, commune de Saint-Priest-Ligoure ?
(10) Peut-être Lavaud, de Saint-Priest-Ligoure, ou Lavaud-Cossas, de St Paul-d'Eyjeaux.

nia (1) et deu Vinhal (2), et pro tencuris *aus Constans* (3), que omnia sita sunt in parrochia Sancti Hylarii Bone Vallis; et pro omnibus illis que habet in dicta parrochia, et pro mansis de Valeta (4) et de Vinhals, et de Bosco, et bordaria de Leschalier, sitis in parrochia de Buxolio, et pro mansis de Noalhas (5), de Baulo (6), de la Tieira (7) et pro omnibus que percipit in mansis de las Olieiras (8), et pro manso deu Cluzeu (9), de Podio Irat (10) et de Laga (11) et de la Barrieira (12) et pertinenciis eorum; que omnia sita in parrochia de Esgallo; et pro omnibus que habet in dicta parrochia et in mansis de Micuols (13), et pro mansis de Virola (14) et pro manso sive bordaria de Dompuho (15), sito in parrochia Sancti Pauli; et pro duabus partibus mansi de Valle (16), et pro quadam terra in qua habet v s[extario]s f[rumenti]? renduales, que sunt in parrochia Sancti Projecti de Ligora. Et sciendum quod non percipit in mansis de las Olieiras nisi tantum quadraginta solidos renduales, nec in manso de Podio Irat nec pertinenciis eorumdem; et debet habere ab eisdem homnibus seu mansis annuatim xL solidos renduales et non plus. Preterea est sciendum quod non debet percipere nec levare ab ipsis homīnibus, quando erit novus miles, nisi xL solidos tantum semel, et non in aliis sirvenciis sive *estobers* seu expletis (17), videlicet si contingebat predictum domicellum transfretare, seu maritare filiam suam, vel redimi a captivitate — quod absit! — nec in aliis deveriis. Isti mansi sunt nostri (18).

... Item Hugo de Jaunhac, filius domini Aymerici de Jaunhac, pro pre-

---

(1) Nous n'avons pu identifier cette localité.
(2) *Id.*
(3) *Id.*
(4) La Valette, commune de Boisseuil. Nous n'avons pu identifier les localités suivantes. Toutefois le mas *de Bosco* pourrait désigner le hameau actuel de Bosvieux.
(5) Les Nouailles, commune d'Eyjeaux.
(6) Bosloup, ou Beauloux, même commune.
(7) Lathière, hameau de la commune d'Eyjeaux.
(8) Les Aulières, commune d'Eyjeaux.
(9) Le Cluzeau, commune d'Aureil; moins probablement Le Cluzeau, de St-Hilaire Bonneval.
(10) Peut être Peyrat, de Saint-Hilaire-Bonneval.
(11) Peut-être l'Age, de Saint-Hilaire-Bonneval. Il existe toutefois dans toutes les communes environnantes plusieurs lieux de ce nom.
(12) Peut-être chez Barrière, hameau de Boisseuil.
(13) Micaud, ou Chez Micaud, commune de Saint-Hilaire-Bonneval.
(14) Virolle, commune de Saint-Paul-d'Eyjeaux.
(15) Les localités du nom du Dognon ne sont pas rares dans la Haute-Vienne; mais nous n'en connaissons pas à proximité de Saint-Paul.
(16) Lavaud, commune de Saint-Priest-Ligoure.
(17) Il s'agit ici de ce qu'on appelait la taille aux 4 cas. On voit qu'Aymeric de Jaunhac ne pouvait réclamer que dans un seul de ces cas, lors de sa réception à la chevalerie, la redevance dont il s'agit aux hommes des mas dénommés à son hommage, et que le montant de la taille était fixé à 40 sols.
(18) Ces mas sont à nous. — C'est le moine rédacteur de l'hommage qui a ajouté ici cette note constatant que le monastère de Solignac était seigneur-foncier de ces mas.

— 153 —

missis fecit homagium litgium, et nichilominus fecit homagium de mansis de Grataloba (1) et de Colomberio (2), in parrochia Sancti Justi, et de omnibus hominibus que habet in burgo Sancti Justi, cum promissione facta quod, si dicti mansi de Colomberio et de Grataloba movebant ab alio domino, quod [non] intendit facere, nec nos nolumus facere nec recipere homatgium dictorum duorum mansorum in prejudicium domini de quo debet teneri, si de alio domino debent teneri. Actum in capitulo de Sollempniaco, die dominica ante Penthecostem, anno Domini M° CCC° X°.

... Homagium litgium P. de Monte, militis, pro dominio et jurisdictione quam vel quod habet in castro de Chaslucet inferiore et pro domo sua quam ibi habet et pro vineis suis sitis in mansis de Moyssac (3), et pro manso de Lastrada (4), sito in parrochia de Vicano, pro quibus debet II sextarios frumenti vigeriales (5) de censu et XII denarios d'âchapt. Et recognovit quod ipse vidit et audivit et presens fuit, quando (?) dominus Guido de Peyrigos, miles, fecit homagium litgium pro hoc quod habebat in dicto castro abbati qui tunc erat. — Et Bozo de Montibus, domicellus, filius dicti Petri, fecit hommagium litgium dompno Archambaldo, abbati Sollempniacensi, et rotulum hoc recognovit. Et (6) hoc eodem modo Bozo de Montibus, domicellus *dou Bocs* (?), fecit hommagium litgium domino Petro, abbati Sollempniacensi.

Homagium litgium domini Guillermi Jordani, militis de Castro Lucii, pro domo sua castri Sollempniacensis et pro omnibus que habet apud Sollempniacum et circa, in vineis, terris, censibus et redditibus bladi et denariorum, denariis, acceptamentis et quibuscumque aliis, et pro mansis de la Jarrossa (7) et de la Lambrascha (8), sitis in parrochia de Buxolio, cum omnibus pertinentiis eorumdem.

Die (9) dominica ante festum Assumptionis Beate Marie, anno Domini M° CCC° XX quinto, presente in capitulo Sollempniaci domino abbate et conventu dicti loci, in presencia dilecti in Christo Audoeni Rayraudi, presbiteri, P. de Perigues, domicello, et Guillermo Jordani, domicello, testibus, Guillermus Jordani junior, filius quondam dicti militis, de premissis,

---

(1) Grateloube, village de la commune de Saint-Just, canton sud de Limoges. Cet article est d'une écriture postérieure à celle du texte primitif du rouleau.
(2) Le Petit Colombier, commune de Saint-Just. Le Grand Colombier, même commune, était alors et est encore désigné souvent sous le nom de *Las Queyrias*.
(3) Moissac ou Moissaguet, commune de Feytiat, canton sud de Limoges.
(4) Lestrade, commune de Bosmie, canton d'Aixe.
(5) La mesure *vigeriale*, est surtout mentionnée dans les hommages et contrats de Limoges, Saint-Léonard et des localités situées sur le cours de la Briance.
(6) Cette dernière phrase est d'une écriture postérieure. Le *Bocz* désigne-t-il ici Lage du Bois ?
(7) Peut-être Les Jarousses, près Saint-Martin-le-Vieux.
(8) Localité inconnue.
(9) Paragraphe d'une écriture postérieure à celle des précédents.

amoto primo panno (1), flectis genibus et manibus complosis, dicto domino abbati fecit homagium litgium cum juramento fidelitatis... Item, die jovis Cene, (anno Domini M° CCC° tricesimo septimo), fecit modo consimili homagium domino Petro abbati personaliter...

Homagium litgium Guidonis de Peyrigos, domicelli de Castro Lucii, pro mansis de Savinhac (2) et deu Blatz (3), sitis in parrochia de Meilhac et pro manso de Noalhas, sito in parrochia de Annexonio (4), cum pertinenciis corumdem, et pro manso de Viridario (5), cum omnibus pertinenciis suis, sitis in parrochia Sancti Johannis de Ligora ; et tenet in refeodum, censum, redditum, dominium et accaptamentum quecunque Guido de Roeria et filii quondam B. de Roeria, domicelli, nepotes ipsius Guidonis... Et debebat facere homagium idem Guido de Peyrigos pro medietate Castri Lucii inferioris et pertinenciis ejusdem ; sed pater suus, dominus Guido de Peyrigos, et patruus suus, fecerunt homagium indebite pro dicto castro vicecomiti Lemovicensi, et ipse fecit homagium domino magistro G[eraldo] de Malo Monte pro dicta medietate dicti castri indebite, quod castrum idem dominus magister Geraldus habuit a domina Margarita, vicecomitissa Lemovicensi, et domina Maria, ejus filia ; sed ipse promisit Archambaldo, abbati Sollempniacensi, quod, si posset facere bono modo, ad jus et proprietatem monasterii Sollempniacensis, procuraret quod rediret, a quo inferius castrum movebat, sicuti et superius. — Et dictus magister G[eraldus] (6) tenet indebite aliam medietatem castri a vicecomite Lemovicensi, et promisit quod teneret, si posset, ab abbate Sollempniacensi, sicut tenet castrum superius.

Homagium litgium domini Jordani de Monte Cuculli, milite, pro hiis omnibus que habet in Castro Lucii superiore, cum omnibus pertinenciis, ubicunque sint, et pro hiis omnibus que habet in parrochia de Vicano, et pro hoc quod dominus Petrus Bernardi tenebat quondam ab ipso in dicto castro et circa, pro quibus dominus Petrus Bernardi fecit homagium eidem domino Jordano ; modo autem tenet totum dominus Geraldus de Malomonte. Et idem dominus Jordanus debet dare v solidos dicto *au marechalc* (7) dompni Abbatis, quum faciet homagium ; et magister

---

(1) Son premier vêtement. Le suzerain dispensait le vassal de cette formalité et de plusieurs autres, quand le vassal était de haute condition. Parfois le vêtement que le vassal dépouillait pour la prestation de l'hommage devenait la propriété d'un des officiers du seigneur, ou devait être racheté pour un prix déterminé.

(2) Le mas de Savignac, commune de Meilhac, a déjà été mentionné (pièce n° 9).

(3) Les Blads, village de la commune de Meilhac.

(4) Nexon, chef-lieu de canton de l'arrondissement de Saint-Yrieix. Il y a plusieurs localités du nom de Nouaille et Nouaillas, à proximité de Nexon.

(5) Nous ne connaissons pas de localité de ce nom dans les environs de Saint Jean.

(6) Le sens semble indiquer *Guido* ; mais la qualification de *magister* ne peut guère s'appliquer qu'à Gérald de Maulmont.

(7) Ces droits perçus par certains officiers du seigneur lors de l'hommage du vassal, se rencontrent assez fréquemment en Limousin. Souvent c'est le vêtement ôté par le vassal pour prêter le serment de ligeance, et remis au chambrier du seigneur, qui doit rester à ce domestique. Les registres d'hommages des évêques de Limoges fournissent plusieurs mentions de ce fait.

Geraldus de Malomonte, capam seu dalmaziam (1). Et debet amplius facere homagium idem dominus Jordanus pro hiis omnibus que habet in parrochia Sancti Mauricii de Brete (2) et in vico (3). Et eodem modo fecit homagium dompno patri (?) P. B. abbati, dominus Jordanus de Monte Cuculli, filius dicti domini Jordani, et etiam eodem modo fecit idem dominus Jordanus de Monte Cuculli, miles, homagium dicto Archambaudo de Sancto Amancio, abbate Sollempniacensi.

... Dominus Jordanus de Monte Cuculli et dominus *(sic)* Agnes de Maravalle (4) tenent a nobis, abbate Sollempniacensi, in feodum, mansum de Brete (5), et medietatem mansi de Decimaria (6), et mansum de Fossaria (7), qui mansi siti sunt in parrochia de Brete; et pro istis omnibus sunt homines nostri.....

(Archives de la Haute-Vienne, fragments divers dans les liasses 6691, 6927, 9195, fonds de Solignac).

(1) Voici un exemple de l'usage que nous signalons à la note précédente.
(2) Saint-Maurice-les-Brousses s'appelait autrefois Saint-Maurice de Bret ou de Bretet.
(3) Il ne s'agit pas ici du bourg de Vicq, mais du bourg de Saint-Maurice. *Vicus* désigne le chef-lieu de la paroisse. On trouve plus souvent le mot *villa* employé dans ce sens.
(4) Marval, canton de Saint-Mathieu, arrondissement de Rochechouart (Haute-Vienne).
(5) Bretet ou Bretet-le-Vieux, commune de Saint-Maurice-les-Brousses.
(6) La Dixinerie, même commune.
(7) La Fosserie, commune de Saint-Maurice-les-Brousses.

— 156 —

XII

Attestation du commissaire du prévôt royal relative au paiement, par Hugues de La Tour, fermier des revenus de Châlucet, des sommes dues en 1317 tant pour les gages du châtelain et des hommes d'armes entretenus par le roi à Châlucet, que pour les dépenses faites en vue de fortifier les châteaux du dit lieu (19 avril 1317).

Nos, Gaufridus de Mauritania, miles, dominus de Rossilhone, commissarius datus per nobilem virum Pontium de Mauritania, vicecomitem de Aunayo, domini Francie Regis militem ac custodem senescalliæ Xanctonensis, comitatum Pictavensis et Engolismensis ac terræ Lemovicini pro dicto Domino nostro Rege (1), notum facimus universis quod Hugo de Turre, domicellus, solvit et tradidit, de mandato nostro, pro vadiis seu gaigiis servientium et castellani qui morati fuerunt in castro Chasluceti a die dominica qua cantatur *Lætare Jerusalem*, usque ad diem dominicam post octavas Paschæ (2), anno infrascripto, tresdecim libras, tresdecim solidos et quatuor denarios; et pro aliis necessariis ad munitionem castrorum dicti loci (3), sexdecim libras et quatuor solidos, tres denarios cum obolo : unde damus in mandatis, per has presentes litteras, receptoribus pro dicto domino Rege in Lemovicinio constitutis, ut de summa dicte pecunie in qua dictus Hugo ratione assensæ censuum et reddituum dictorum castrorum tenetur prædicto domino Regi, dicti denarii in sortem solutionis et pagiam predicto Hugoni deducantur. In cujus rei testimonium sigillum nostrum duximus apponendum. Datum die martis post quindenam Paschæ, ante Chaslucetum, anno Domini M CCC XVII.

(Bibl. nationale, Armoires de Baluze, *Arm.* I, t. 17, fol. 128) (4).

(1) Cet officier était préposé, semble-t-il, à l'administration de l'apanage constitué à Philippe-le-Long et réuni à la couronne par l'élévation de ce prince au trône.
(2) Du 13 mars au 17 avril.
(3) Il y a lieu de remarquer ces mots. Ils attestent qu'à ce moment les deux châteaux existaient encore.
(4) A la fin de cette pièce, on trouve d'autres lettres, de teneur analogue, du mardi après la quinzaine de la Pentecôte, 7 juin de la même année.

XIII

Donation, par le roi Philippe V, en son conseil, à Henri de Sully, boutillier de France, des châteaux de Châlus haut et bas, Châlucet haut et bas, Courbefy et Bré (octobre 1317).

Philipus, Dei gracia Francorum et Navarre Rex. Et si dextera munificencie nostre fideles subditos nostros regia liberalitate, quadam generali regularitate, prosequitur, illis tamen graciose porrigit quadam specialitate libencius quos ad obsequia grata continuo necessarios et utiles claris semper experienciis et indiciis experitur : per hoc cum quod (sic) merentibus elargimur convenienter premia, ad obsequia fidelia ceteros mutamus, sicque regni nostri sentimus evidenter accomoda, dum in nostris serviciis ipsos merita retribucione, studiis et laboribus assiduis pervigiles comprobamus. Ea propter, actendentes fidem puram, devotionem et grata servicia que dilectus et fidelis miles noster Henricus, dominus Soliaci, buticularius Francie, nobis ac nostris predecessoribus et regni nostri culmini, non sine magnis expensis, constamentis, periculis et laboribus exhibuit hactenus et adhuc exhibet incessanter, dudum eidem et suis heredibus, seu causam habituris ab ipsis, dederimus mille libratas (1) terre ad touronenses *(sic)*, quas eidem assignari fecimus et mandavimus assideri in villa, castro et castellania de Lunello (2), in senescallia Bellicadri (3), nec non duo millia librarum ejusdem monete, rendualium, ad vitam dumtaxat ipsius, quarum mille eidem assignavimus in castro, castellania et villa de Lunello predictis, et alias mille in certis aliis locis in Avernia *(sic)*, sicut per licteras tunc inde confectas, quas cancellatas retinuimus, plenius nobis constat (4); postmodum vero, considerantes quod castrum predictum de Lunello, solutum et liberum supradictis redditibus, expediebat nos in usus habere proprios, et ex multis

---

(1) Mille livres tournois en terres. Mille livres tournois représentaient 20,263 fr. 82 c. d'aujourd'hui au pouvoir de 120,030 fr.

(2) Lunel, chef-lieu de canton de l'arrondissement de Montpellier (Hérault).

(3) Beaucaire, chef-lieu de canton de l'arrondissement de Nîmes (Gard), célèbre par ses foires, qui avaient autrefois une importance considérable.

(4) C'est donc en échange d'un capital d'environ 20,264 francs (121,000 d'aujourd'hui) et d'un revenu viager de 40,528 fr. (243,000) pouvant représenter un capital de 4,860,000 fr., en tout près de 5,000,000 fr. d'aujourd'hui, que Philippe V donne à Henri de Sully les terres et châteaux désignés à cette pièce.

causis necessariis et utilibus predicta donata in nostris manibus retinere, cumdem Henricum requiri fecimus ut castrum ipsum et villam redditusque predictos nobis cedderet et dimitteret, competentem recompensacionem sibi pro eisdem offerantes *(sic)*, sicut et ipsam facere justum erat; qui quidem Henricus gratis et animo prompto nostris beneplacitis acquiescens, premissa omnia in manu nostra possuit, eisdem renunciavit liberaliter ac etiam sponte cessit; actendantes *(sic)* igitur et infra nostri claustra pectoris revolventes quod in premissis nec non multiplicatis laboribus, vigiliis et utilibus serviciis, prefatti *(sic)* Henrici erga nos et negocia regni nostri viget continue fides pura, crescit sincera devocio, quodque pro premissis ad recompensacionem uberioremque graciam eidem faciendum de racione tenemur, in predictorum olim datorum recompensacionem, et si plus infra scripta quam olim data valerent (?), in eorum ob causas predictas augmentum, cum nostro Magno Consilio deliberacione super hoc habita, ex certa sciencia, damus, recompensamus, tradimus et assignamus eidem Henrico [pro se et?] heredibus et successoribus suis, et causam habituris ab eo recipiendi *(sic)* perpetuo castra..... de Chaslucio-Chabrol superius et inferius, de Chasluceto inferius et superius, de Curvifinio et de Breno, cum omnibus (?)...castellaniis, honoribus, districtibus, feodis, retrofeodis, mero, mixto imperio et juridictione... proprietate, dominio... redditibus, censibus, prestacionibus et questis, talhiis, homini [is seu hominibus] (1)... terris, pratis, forestis, nemoribus, molendinis, piscariis, aquis, stagnis, edif[ficiis]..... et cum eorum juribus.... statu integro, et aliis pertinenciis universis, nichil prorsus [retinendo]... nisi superioritatem cum ressorto duntaxat, omnia universa et singula..... [vo]lumus et habere possi [denda] dictum Henricum] et successores suos pleno jure et perpetuo transferen[tes]... [recompensaci] one et donacione in perpetuum valituris : quem Henricum in omnium et...
....
in premissis forsitan appareret, et onus ante concessionem presentem...... obligantes nos eidem Henrico de et pro eviccione universali et parti[culari omnium prem]issorum, predicta.................................... heredibus suis, successoribus et causam habituris ab eis, bona............ promictimus.......................... sui a nobis et successoribus nostris tenebunt in baronia et ad [homagium]..... quod dumtaxat prestare tenebantur, tam pro eisdem quam pro aliis que .... superioritate in premissis retenta, extra manum nostram nunquam ponere promictimus, sed penes nos et coronam regiam perpetuo remanebunt : ipsum etiam Henricum ad fidem............ nullo sibi prejudicio super bina homagii prestacione pro istis et aliis generando. Ceterum ne fortitudinem *(sic)* et statum ediffi-

---

(1) Les mots entre crochets ont été ajoutés par M. Auguste Bosvieux.

ciorum valoremque locorum predictorum et pertinenciarum [quis] ......
forsitan ignorare nos credat, et ob hoc donacionem hujusmodi, tanquam
non ex certa nostra sciencia procedentem, subrepticiam reputet aut etiam
excessivam, cunctos scire volumus nos .... statu, edificiis,
fortaliciis eorumdem. Unde consideratis prefati Henrici meritis, ex causis
predictis et aliis justis et multiplicibus que nos movent, quas ex causa presentibus licteris non .... prediclam donacionem et nostram presentem
recompensacionem censentes justam et validam, ne nobis aut successoribus
nostris, aut cuiquam alii contra eam nullo tempore venire liceat, cum nostri
Magni Consilii deliberacione, de regie potestatis plenitudine, ipsam ex certa
sciencia perpetuo valere decernimus et tenere. Quod ut firmum et stabile
permaneat in futurum, presentes licteras sigilli nostri fecimus impressione
muniri. Datum Parisius, anno Domini millesimo trecentesimo decimo septimo, mense octobris (1).

Per dominum Regem, presentibus domino comite L. de Oycen (?), domino
de Borbonio, comite Sabaudie, Laudunensi et Mimatensi episcopis, domino
Ryvelli et pluribus aliis de Majori Consilio.

(Archives des Basses-Pyrénées, E 713. Copie dans les papiers d'Auguste
Bosvieux, aux Archives de la Haute-Vienne).

(1) On sait que, d'ordinaire, les arrêts du conseil et souvent les édits et règlements émanant de la royauté ne portaient pas l'indication du jour où ils étaient rendus et n'étaient datés que de l'année et du mois.

XIV

Lettres relatives à la même donation, en français (décembre 1317).

Ph. par la grace de Dieu, Roys de France et de Navarre, savoir faisons à touz presens et avenir que (1), comme nous avons donne a nostre chier et feal chavalier Henri, seigneur de Scully, boutelier de France, pour les bons et profitaubles services qu'il a faiz a nos predecesseurs et a nous, non senz granz mises, travaus et despens, ou temps passe, et fait chascun jour diligemment et loiaument, mil livres de terre ou rente pour li et pour ses hoirs et successeurs, et por ceus qui de li ou de eus auront cause ; lesqueles nous li avons fait asseoir en la ville et chastellanie de Lunel, en la seneschaucie de Beaucaire, et li avons ansi donne, a sa vie tant seulement, deus mile livres de rente, desqueles les mil li ont este assises es dites villes et chastellenie, et les autres mil en autres certains lieus, et certaines choses en Auvergne, si comme toutes ces choses estoient plus a plain contenues en nos autres lettres sus ce faites ; lesqueles nous avons retenues chancelees (2) par devers nous. Et pour ce que les dictes choses et lieus bailliez en assiete audit sire de Scully, si comme dessus est dit, nous estoient bien seanz et mout necessaires, il, a nostre requeste, les nous a du tout lessiet. Nous, en recompensacion des dites choses, en sus ce bon avis, avec tout notre Grant Consal, et resgardant en ce notre tres grant et evidant profit, avons baillie et donne, baillons et donnons des orendroit (3) a perpetuite audit sire de Scully, pour li et pour ses hoirs, ses successeurs et pour ceus qui de li ou de eus aront cause, tout ce que nous avons ou devons et poons avoir es chasteaus et chastelenies de Challuz Chabrol, de Challucet, de Courbefin et de Brees et es appartenances et appendances d'iceus, soit en terres, vignes, prez, fourez, caues, pescheries, estans, justices, juridictions, fiez, hommages, ou en autres choses, et toutes autres redevances, revenues, queles que elles soient et en quelque chose,

---
(1) On remarquera que le préambule des lettres précédentes est ici supprimé.
(2) Annulées. Le mot *cancellare* avait le sens de biffer, effacer la minute de l'acte sur les registres.
(3) Dorénavant, à l'avenir.

Trois chapiteaux du Haut-Châlucet.

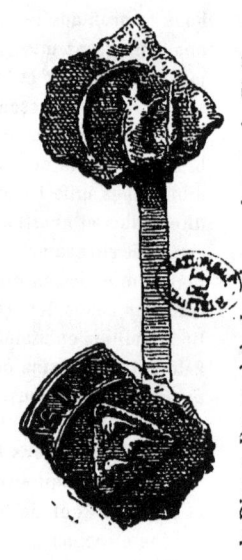

Sceau de Pierre Bernard de Jaunhac, seigneur de Châlucet, 1264.

sanz riens retenir par devers nous, ne par devers nos successeurs, en saisine ne en propricte, fors la souvrainete, le ressort et l'ommage (1), tant seulement. Et outre ladite recompensacion, nous avons donne et donnons audit sire de Seuli, pour le bon et loial service qu'il a fait a nos predecesseurs et a nous ou temps passe et fait chascun jour diligemment et profitablement, et pour les granz despans et mises qu'il a fait en notre service et de nos predecesseurs, et pour la cause de nous et de notre service, et fait chascun jour, si comme nous le savons bien de certain et veons clerement, pour li, ses hoirs et ses successeurs et pour ceus qui de li ou d'eus auront cause, les edefices et chastiaus dessus diz avent, l'outre ou plus que les dites choses que nous li avons baillie et donne dessus en recompensacion valent ou poient valoir mendroit (2) ou valoir pourroient ou temps avenir, outre ce que les choses que nous li avons avant donnees et baillies valent ou valoient, lesqueles nous avons retenues par devers nous, si comme dessus est dit. Et pour ce que en aucun temps l'en ne peust dire que nous eussions este deceupt en la donation ou bail et ou transport desdites choses, tant pour cause de ladite recompensacion, come de notre presente donation, nous volons que l'on sache que nous savons bien de certain que lesdiz chastiaus sont mout fors, moult beaus et moult bien edefiez et le edefices de granz couz ; mes considerez les bons, loials et profitables services que notre dit chevalier a fait a nous et a nos predecesseurs et mout d'autres causes qui a ce nous meuvent et doivent mouvoir, pour quoy nous soumes trop plus tenuz a lui que lesdiz edefices et le seurplus des choses que nous li baillons et donnons ne pourroit monter, lesqueles causes nous taisons a present pour certaines et bonnes raisons, et pour ce volons nous que il ait de pur don les edefices et seurplus devanz diz. Lesqueles choses dessus dites toutes ensamble et chascune par soi, nous li baillons a tenir de nous et de nos successeurs en baronnie a une seule foi et a un seul hommage, avec tout ce qu'il tenoit de nous, et promectons a garantir les choses dessus dites contre touz audit seigneur de Seuli et ses hoirs et ses successeurs et a touz ceus qui de li ou d'eus auront cause en jugement et dehors jugement, a noz propres couz et despens, et promectons ancores que l'ommage desdites choses, chastiaus et chastellenies, nous ne nos successeurs ne mettrons jamais a nul temps, en tout ou en partie, hors de la coronne de France ; ainz y demourront a touz jours, mais tout entierement sanz departir ; et pour plus parfaitement acomplir les choses dessus dites, nous prenons des maintenant la possession des choses dessus dites, lesqueles le sires de Sueili nous laise et

(1) On voit qu'il n'est ici tenu aucun compte des droits de l'abbaye de Solignac.
(2) Ce mot, que nous ne trouvons ni dans le dictionnaire de Trévoux, ni dans le glossaire français qui accompagne l'ouvrage de Du Cange, paraît signifier : à présent, actuellement.

sanz *(sic)* devest des ores en avant et aussi prent des maintenant de fait la possession des choses dessus dites, a li baillees et donnees, si comme dessus est dit, laquele nous li baillons et donnons en la manere dessus dite sanz riens retenir devers nous en saisine ne en propriete, et l'en avons receu en notre foy et en notre hommage, lequel nous avons receu de li et nous sommes desvestuz et desvestons des orendroit des choses dessus dites, que nous li avons donnees et bailliees, si comme dessus est dit. Et apres toutes les choses dessus dites, ainsi faites pour ce que ou temps a venir les choses dessus dites ne puissent estre dites ne contenir en elles autre effet que de contract de donation ou permuation fait entre personnes privees, a plus grant fermete (?) d'icelles, a grant cognoissance de cause et par information faite seur ce, raportee et diligemment veue par nous et par notre Conseil, en toutes les choses dessus dites, et chascune d'elles, de certaine science et de notre plain povoir royal, metons notre auctorite royal et notre decre, et volons qu'eles soyent perpetuelement tenues et gardees sanz venir encontre, comme de chose jugiee en la court de France. En tesmoing de ce, nous avons fait mettre notre seel en ces presentes lettres, sauf en autres choses notre droit et en tout le droit d'autruy. Ce fut fait a Paris, l'an de grace mil CCC et dis et sept, ou mois decembre (*on pourrait lire* octombre).

(Arch. nationales, Trésor des Chartes, JJ 53, n° 363) (1).

(1) L'art. 262 du même registre est relatif à une autre donation en faveur de Henri de Sully.

XV

Sentence du sénéchal de la Marche et du Limousin au sujet de la seigneurie de Châlucet (20 juin 1326).

In Dei nomine, amen. Noverint universi hoc presens publicum instrumentum inspecturi, quod, anno Domini M° CCC° vicesimo sexto, die veneris ante festum natalis beati Johannis Baptiste, videlicet die XX mensis junii, regnante illustrisimo principe domino Karolo, Dei gracia Francorum et Navarre rege, in mei subscripti, publici notarii et testium infrascriptorum presentia, in Civitate Lemovicensi (1), in domo dicta de Benavent (2), ibidem existente nobili viro Hugone Peulvercelli, domicello, senescallo Marchie et Lemovicensi (3), discretus vir magister Robertus de Doue, procurator regius Lemovicensis, et Guillelmus Hugonis, clericus, procurator, ut asseruit, nobilis et potentis viri domini de Soliaco et procurator nomine ejusdem, dixerunt et asseruerunt quod dictus dominus de Soliaco tenebat castrum inferius et superius et castellaniam de Chaslueeto in fidem et homagium ligium, cum alia terra que fuit illorum de Malo Monte, a dicto domino Rege, et quod dictus dominus Rex tenebatur sibi ex certa causa et justis racionibus eidem domino premissa garentire, et quod dictus dominus de Soliaco, castrum et terra predicta erant in speciali gardia dicti domini Regis, et quod dicti procuratores intellexerunt quod idem dominus senescallus dederat, pretextu cujusdam rescripti regii, quoddam mandatum religioso viro abbati de Sollempniaco, directum Guillelmo Prepareti (4) et Colino Prepositi, regiis servientibus, continens, ut dice-

---

(1) La Cité épiscopale de Limoges était distincte de la ville du Château; elle avait alors pour coseigneurs le roi de France et l'évêque : ce pariage avait été institué en 1307.

(2) On appelait ainsi une maison située dans la Cité de Limoges, et appartenant à l'abbaye de Bénévent; cette maison parait avoir été un des principaux édifices de la vieille ville, car on la trouve mentionnée dans divers titres et on la voit ici servir de prétoire au sénéchal.

(3) Jusqu'en 1276 ou 77, le sénéchal du Limousin est dit « sénéchal du roi de France, dans les diocèses de Limoges, Périgueux et Cahors ». Il porte ensuite le titre de sénéchal du Poitou et du Limousin. Itier ou Irénée du Puy-Aymar (1321-1325) et Hugues *l'uleerelli*, prennent celui de sénéchaux de la Marche et du Limousin.

En septembre 1306, on trouve mention d'un sénéchal du roi d'Angleterre dans les trois diocèses rendus par Louis IX à Henri III : *Arnaldus de Caoa penna, miles, senescallus Petragoricensis, Caturcensis et Lemovicensis pro domino rege Anglie*, est nommé à la liasse E 190 des Archives des Basses-Pyrénées. — Jean de Lalinde, souvent nommé dans les documents des Archives royales anglaises, avait rempli cet office en 1260.

(4) Ce sergent royal est mentionné dans un grand nombre de pièces de l'époque, appelé Paperet, tantôt Preparet.

batur, inter cetera, quod castrum superius de Chaluceto movebat et immediate tenebatur ab ipso abbate et ejus conventu ad fidem et homagium cum sacramento fidelitatis, et quod non impedirentur quominus ad dictum castrum accederent et uterentur jure suo, et quod premissa prejudicaverant dictis domino Regi et domino de Soliaco, qui alias advoaverat (sic) premissa tenere in fidem et homagium a dicto domino Rege ; cumque parati erant sufficienter informare de predictis dictum dominum senescallum, et pr..... ptare fidem facere de eisdem per litteras et testes, et aliter legitime et quod nichilominus dictum mandatum importabat cause cognitionem. Quare petebant et pecierunt instanter, requirentes dictum dominum senescallum ut dictum mandatum revocaret et eis prefigeret certam diem ad docendum (1) de premissis. Qui quidem dominus senescallus negocium hujusmodi in suspenso posuit, in statu et puncto quibus erat hodie, usque ad terciam diem post festum beate Marie Magdalene (2), qua assignavit coram se, Lemovicis, dictis procuratoribus ad faciendum fidem, et predictis, ad cavendum si fuerit necesse et ad providendum ? ulterius ut fuerit racionis. Et dedit nichilominus in mandatis dicto Guillelmo Prepareti, regio servienti, ne ulterius procederet ant procedi diceret super contentis in dicto mandato ; et quod inhiberet dicto abbati ne interim aliquid faceret aut innovaret nec alterius procederet au procedi diceret super contentis in dicto mandato ; et quod nichilominus ipsum abbatem adjornaret Lemovicis ad dictam diem coram dicto domino senescallo, visuro et audituro oppositiones supradictas dictorum procuratorum, et aliter processurus cum eisdem super premissis ut racio suaderit. Fuit tunc protestatus dictus procurator dicti domini de Soliaco quod propter premissa non intendebat appellationibus suis, quas se interposuisse dicebat, racione dicti mandati, ad dictum dominum Regem ab eodem domino senescallo et contra dominum abbatem renunciare quinimo eis insistebat. Acta fuerunt hec ut supra, presentibus testibus Perroto Vigerii et Petro Girart, valletis dicti domini senescalli, ad premissa vocatis et rogatis.

Et ego, Bernardus de Veteri Villa (3), clericus Lemovicensis dyocesis, dicti domini Regis auctoritate notarius, etc.

(Archives de la Haute-Vienne, fonds de Solignac, liasse 7854 : original).

(1) On ne peut pas lire *dicendum*. Il s'agit au surplus de l'information et non de la sentence.
(2) La fête de sainte Madelaine tombant le 22 juillet, on voit que la cause est remise au 25.
(3) Vielleville, canton de Bourganeuf (Creuse).

XVI

Fragments du testament d'Elie de Frachet, damoiseau de Châlucet
(10 ou 17 septembre 1330)

In nomine Patris, et Filii, et Spiritus Sancti, Amen. Ego, Helias de Frachet, domicellus de Castro Luceto ..... corpus meum terre humandum in cimiterio de Sollempniaco, in busto (1) parentum meorum, ubi meam eligo sepulturam. Item volo et precipio quod, de rebus meis, furnumentum meum expenseque funeris mei ac sepulture fiant apud Castrum Lucetum et Sollempniacum honorifice, secundum statum et condicionem persone mee. Et volo quod, antequam sepeliatur, corpus meum deferatur ad ecclesiam Sancti Thome de Castro Luceto, et quod ibidem... dicatur vigilia pro deffuncto, ad quam vigiliam offerantur sex solidi, et quod in crastinum dicatur seu celebretur ibidem missa pro anima mea et parentum meorum. Item volo et precipio quod, quum corpus meum deferetur de Castro Luceto apud Sollempniacum, quod ibidem celebretur missa pro deffuncto... Item lego... septem denarios cuilibet presbitero celebranti missam in die dicti septimi mei in cappellis de Castro Luceto et ecclesia de Vicano et in monasterio et ecclesia Sollempniacensi semel. Item lego duas denariatas panis preconizatas (2) per Castrum Lucetum cuilibet pauperi presenti et vigilanti corpus meum in nocte, et, cuilibet pauperi presenti (?) sepulture mee, alias duas deneriatas panis. Item lego presbitero servienti Deo in dicta capella Sancti Thome quatuor denarios pro commemoracione anime mee, percipiendos in dicta capella qualibet die dominica per unum annum post mortem facienda. Item lego capelle Sancti Blasii et capelle Sancti Thome de Castro Luceto, cuilibet unum sextarium frumenti rendualem ad mensuram cessaressam (3), quos assigno ..... in vinea Johannis Gantolh, fabri de Castro Luceto, sita in vinoblio de Castro Luceto, dicta (?) vulgariter *au Prat Reynau* (4). Item

---

(1) Dans le tombeau. Le mot *vas* est souvent employé, du XIVᵉ au XVIIᵉ siècle avec le même sens que *bustum*.

(2) Il est fait mention dans beaucoup de testaments d'aumônes « criées », c'est-à-dire annoncées à son de trompe ou de clochette, par un crieur ou héraut, dans l'étendue d'une paroisse ou d'une localité.

(3) Nous avons déjà rencontré, dans une pièce précédente, la *mensura censualis*. Nous ne savons pas si elle est la même que la mesure *vigeriale*.

(4) Peut-être le Reynou, près du Vigen.

lego confratrie Beate Marie dicte ecclesie Sancti Thome, que fit anno quolibet apud Castrum Lucetum quatuor sextarios frumenti renduales.. Item lego pro Deo et salute anime mee, helcemosine que datur annuatim in die Omnium Fidelium Deffunctorum apud Castrum Lucetum (1), una eminam frumenti...... Item lego dicto Alavalensia, de Castro Luceto, pro serviciis mihi ab eodem impensis, decem solidos semel ; item lego Bernardo Moyssyac de Castro Luceto, jupam meam sive *dobblet* et alium *dobblet* dicte Alamasela de Castro Luceto, ancille mee. — Item lego Hugoni de Montibus, domicello et ejus porcionariis (2) et fratribus, unam balistam (3)... Item lego Margarite, filie quondam Agnetis, sororie deffuncte, de Castro Luceto, domum meam de Castro Luceto cum omnibus pertinencis suis, que quondam fuit Bernardi de Fonte de Castro Luceto, sitam inter viam per quam itur et regreditur de capella Sancti Blasii ad capellam Sancti Thome ex parte una, et alteram domum meam ex altera, et inter portam novam et dictam (4) La Torencha ex alia, et solare quod vendidi dicto Johanni Gantolh, fabro, ex alia parte ; pro qua domo confrontata debentur annuatim presbiteris et clericis de Castro Luceto quatuor denarios (*sic*) monete currentis renduales et octo (?) denarios renduales nobili Petro de Peyriguos, militi...... Item et amplius dicte Margarite lectum, scilicet unam culcitram, unum pulvinar de pluma, duo paria linteaminum de nostris (?) et duas flassatas pictas (5), item et amplius duas pelves ereas nostras, sive conchas, et precipio quod alia utensilia, jocalia, dolia, tine, arche, machs (*sic*) (6), armature et alia mobilia mea vendantur et dentur pauperibus dictorum locorum. Item lego cappelle Sancti Thome unam casulam sive infulam ..... de serico sive de sendac, coopertum (7) et novam. Item lego ad opus cereorum qui accenduntur ad elevacionem corporis Christi in dictis capellis Sanctorum Blasii et Thome, cuilibet tres denarios renduales....... Datum die lune....... Exaltationem Sancte Crucis, anno Domini m° ccc° tricesimo.

(Arch. Haute-Vienne, fonds de Solignac, liasses non inventoriées).

(1) Ces aumônes publiques, distribuées une fois par an à la porte des villes et des châteaux, avaient été établies, au témoignage du prieur de Vigeois, peu après la première Croisade. *Per ecclesias quoque, castella vel oppida, semel in anno publice pauperibus... dari eleemosynam mos inolevit* (ap. LABBE, t. II, p. 297).
(2) Il résulte de ce passage que Hugues de Monts et d'autres membres des familles des anciens possesseurs du château bas, l'habitaient encore à cette époque et y avaient conservé certains droits.
(3) Les balistes étaient des engins employés pour l'attaque et la défense des places, et servant à lancer des pierres, des pièces de bois et toutes sortes de projectiles. Il y en avait de très compliquées et d'autres d'une construction absolument rudimentaire.
(4) Il faut probablement comprendre « et la maison de la nommée *Torencha* » ou peut-être « et la porte dite *Torencha*. »
(5) Courtepointes?
(6) La mée est le coffre où on enferme la farine et où l'on pétrit.
(7) Garni ou plutôt recouvert.

XVII

Lettres en faveur de l'abbaye de Solignac, données par Jean, fils ainé du roi de France et son lieutenant général (1ᵉʳ août 1346).

Jehan, ainsne fils et lieutenant du roy de France, duc de Normandie, de Guienne, de Poitou, d'Anjou et du Maine, — Au senechal de Lymosin et de Poitou ou a son Lieutenant, salut. Noz amez les religieux, Abbe et convent de Sonlongnac, de l'ordre de Saint-Benoît, nous ont signifié en complainte que come ils soient fondez de fondation royal et exemps de touz servitutes et subjections pour ce, neantmoins aucuns nobles et barons du pays se veulent efforcier et efforcent de faire tailles, guet et manobres et autres servitutes sur les homes subgez desdiz religieux, de leur abbaie, et des membres d'icelle, qui est en leur grant grief, prejudice et domage et amenuisement des drois de leur dite eglise, en euls empeschant en leur possession et saisine qu'il en ont eu par si lonc temps qu'il n'est memoire du contraire, dont il nous desplaist se il est ainsi. Pourquoi nous, qui ne voulons les droiz de l'eglise estre empeschiez indeuement, mais yceuls voulons estre tenuz et gardez, vous mandons que les diz Religieux vous maintenez et gardez en leurs justes possessions, saisines esquelles il sont et ont esté d'ancienneté, et ne souffrez leurs homes estre contrainz a faire aucune servitute par lesdiz nobles et barons; mais s'aucuns en estoient faiz, si les ramenez ou faites ramener au premier estat, en contraignant a ce lesdiz nobles et barons et aultres, si comme il sera a faire de raison ce faites, en tele maniere que les diz religieux n'ayent cause de retourner en por ce plaintifs par devers nostre dit seigneur ou nous. — Mandons a touz les justiciers ou officiers du royaume de France que a vous en ce fais obeissent et entendent diligament. Donne en noz tentes devant Aiguihlon (1), le premier jour d'aoust l'an mil CCC quarante six, souz le sel de nostre secret (2).

(Arch. Haute-Vienne, fonds de Solignac, art. 4209).

(1) On lirait plutôt Anguihlon.
(2) On appelait *secret*, du mot latin *secretum*, le contre-sceau ou le sceau personnel

XVIII

Extraits du rôle des assises tenu's par le prévôt de l'abbé de Solignac; condamnations prononcées contre les personnes qui ont acheté aux Anglais une part de leur butin (1ᵉʳ octobre 1370).

Assisia de Sollempniaco fuit tenta die martis post festum Beati Michaelis, anno Domini Mº CCCº septuagesimo. — ..... Emendam debet Johannes de Canat pro eo quia, post inhibitum sibi factum per gentes dominorum de Sollempniaco, emit ab Anglicis quamdam azinam que erat de Petro de Bosco, de Castro Luceti, et postea vendidit Guillermo Fabri — *taxatum viginti solidis.* — Emendam debet Johannes de Canat pro eo quia, post sazinam positam ad instanciam dicti Nigri de Petrabufferia in quodam rocino pilli mourelli, quem rocinum dictus Niger dixit se... emisse per Anglicos, et dictum rocinum transtulit dicto Johanni de Canat sine licentia curie — *alibi taxatum viginti solidis.* — Emendam debet Johannes Vinaudi pro eo quia, post inhibitum sibi factum, emit ab Anglicis quamdam polinam et pluria alia pignora... Geraldus Laplou, quod emit ab Anglicis unum tripodem qui erat Johannis Lasala;.... Johannes Martini.... quod emit ab Anglicis unum muletum quod erat Johannis de Prato, de Petrabufferia...; Gerardus Poydenot... pro eo quia emit ab Anglicis tres eminas frumenti que erant Guillermi Gaffari, de Capella (1), et unam patellam et duas copertas et unum abscho... et duos saccos? et unum pannum lini...; P. Bendou, quia indebite cepit unum gladium qui erat Helie de Guilhat... Galterius Brigolh, quia emit ab Anglicis duas equas et unum caputium panni burelli; — Johannes de Viridario, quia emit ab Anglicis duos saccos... Petrus Nabot, quia... emit ab Anglicis unum polinum et unum concho (2);...

(Arch. Haute-Vienne, fonds de Solignac, liasse 3440, original.

(1) La Chapelle, commune de Solignac.
(2) Chaudron ou bassin de cuivre.

XIX

Lettres de grâce et rémission pour Pierre Polet, autrefois habitant de Saint-Lazare près Limoges (juin 1389).

Charles etc. savoir faisons a tous presens et avenir, nous avoir esté humblement exposé de la partie des amis charnelz de Pierre Polet, povre laboureur de bras du pays de Limosin, que, pour le temps que noz ennemis ont tenu le chastel de Chalucet, ledit suppliant estoit demourant en un vilaige appellé Saint Ladre (1) pres de la Cité de Limoges ; et estoit lors mariez a une jeune femme de l'aage de quinze ans ou environ ; et pour iceluy temps, un Anglois ou autre, de la garnison dudit chastel de Chalucet, vint tout seul, a cheval, en l'ostel dudit suppliant, et quant il fu descendu oudit ostel, il trouva icellui suppliant et sa dicte femme qui se chauffoyent a leur feu ; et lors icelluy Anglois dist audit suppliant tels paroles ou semblables en substance : — « Villain, il me fault avoir ta femme ». — Lequel lui respondi : « Monsieur, ne la me vueilliez pas tolir. » Et adonc ledit Anglois print sa dicte femme devant son dit mary et coucha aveques elle et la congnut charnelement contre son gré et en la presence de son dit mary, lequel fu de ce moult nicz. Et pour ce print un baston et fery ledit Anglois par la teste, lui estant sur sa dite femme, telement que tost apres mort s'en ensuy en sa personne. Et ce fait, ledit suppliant et sa dite femme porterent de nuyt ledit Anglois en un puis ; et apres deslia son cheval et le laissa aler ne scet quelle part. Pour occasion duquel fait ledit suppliant et sa dite femme se sont partis du païs, et sont venus demourer en la terre des religieux de Laigny-sur-Marne (2), en un vilaige nommé Montcurain (3), ont ilz ont demouré environ l'espace de cinq ans, pendant lequel temps la femme d'icelui suppliant est alee de vie a trespassement ; et la s'est ledit suppliant governé simplement, vivant de son labour, jusques ad ce que, pour souspecon de ce que la justice

---

(1) C'est Saint-Lazare, que traversait alors, comme aujourd'hui, la route qui menait à Châlucet, *in itinere Castri Luceti*.
(2) Lagny, chef-lieu de canton, arrondissement de Meaux (Seine-et-Marne).
(3) Montevrain, canton de Lagny.

desdiz religieux de Laigny lui a imposé qu'il avoit geté des pierres aux fenestres de Maciot le Maire, et tué deux de ses canes; par quoy il a esté mis es prisons d'iceulx religieux, es queles il a confessé l'omicide dessus dit; pour occasion duquel il est en voie de fenir miserablement ses jours, si comme il nous a fait exposer, se sur ce ne lui est impartie nostre grace, requerant humblement icelle. Pour ce est il que nous, ces choses considerees, et que le dit Maciot ne fait aucune poursuite contre lui, ne autre aussi pour les causes dessus dites, exceptee la justice dudit Laigny tant seulement, voulans pour ce lui estre piteables et misericors, a ycellui exposant, ou cas dessus dit, avons quitté, remis et pardonné, quittons, remettons et pardonnons, etc.— Donné a Paris, ou mois de juing, l'an de grace mil CCC IIIJ^{xx} IX et de nostre regne le Xme.

Par le Roy a la relation du Conseil

FRERON.

(Arch. Nationales, Trésor des Chartes, JJ 138, n° 262.

XX

Lettres royales de rémission aux habitants d'Aixe sur Vienne, pour l'aide qu'ils ont donnée à la garnison de Châlucet (septembre 1389).

Charles, etc. Savoir faisons a tous presens et avenir, de la partie des manans et habitans en notre ville et chastel de Ayxe (1), en Limosin, a nous avoir este humblement expose que, comme notre dite ville et chastel soient assiz es frontiere de noz ennemis et environnez des chasteaulx de Chalucet, de Corbasin et de plusieurs autres chasteaulx et forteresses seans a trois, quatre, cinq et vi lieues d'iceulx ; lesquels chateaulx et forteresses ont tenu et occupe, tiennent et occupent noz diz ennemiz et malveillans, et qui continuellement ont fait et font guerre aux diz exposans, chascun jour conru nostre dite ville et le païs d'environ, ars et destruit plusieurs maisons, granches et autres edifices, prins, raenconne et mis a mort plusieurs desdiz habitants et du païs d'environ, leur bestail et autres leurs biens et chevances, dont ilz se devoient vivre et governer, eulx, leurs femmes et enfanz, prinz et emportez, dont ilz sont tellement gastez, destruiz et mis a povrete que par neccessite a convenu les aucuns d'iceulx exposans partir du païs par pourete et estre alez demourer hors de notre royaume, et les autres, par oppressions et inquietacions que plus ne povoient souffrir ne endurer eulx estre raenconnez et apattiz a nosdiz ennemis puis VI ou VII ans a de plusieurs grans raencons dont ilz sont tellement apovriz et diminuez de leurs povres chevances que a grant peine ont ilz de quoy vivre ; pour lesquelles raencons et appatiz paier a noz diz ennemiz, les diz exposans ont (2)............. frequente et marchande avec eulx et leur ont vendu, livre et administre blef, pain, vin, poissons et autres vivres pour pis eschevir et que autrement ne povoient durer ne leurs dites raencons et apatiz paier. Pour occasion desquelles choses dessus dites, combien que les diz

---

(1) Chef-lieu du canton de l'arrondissement de Limoges : le château d'Aixe appartenait au vicomte de Limoges et à plusieurs coseigneurs, et relevait en partie de l'abbaye de Solignac.

(2) Deux mots de lecture douteuse,

exposans en tous autres cas aient tousjours este et soient nos bons loyaulx subgez et vraiz obeissans, neantmoins aucuns de noz mareschaulx et de noz autres officiers se sont efforcez et efforcent de contraindre les diz exposans, iceulx molester et oppresser en corps et en biens, dont ilz sont en voye d'estre du tout deffais et destruiz, se par nous ne leur est .... et impartit notre grace et misericorde, humblement requerant icelle. Pour ce est il que nous, eue consideracion a leur dite requeste, voulans en ceste partie misericorde preferer a rigueur de justice, iceux diz supplians, manans et habitans en notre dite ville et chastel d'Ayxe et a ceulx qui pour ledit temps y estoient demourans, habitans et a chascun d'eulx, tout le fait dessus dit ou dit cas avec toute peine, amende, et offense corporele, criminele et civile, en quoy ilz et chascun d'eulx sont et peuent estre encouruz et encheuz envers nous et justice, a cause et pour occasion des faiz dessus diz, nonobstant que autrement que en general ne soient en ces presentes specifiez ne declairez, ne les noms des diz supplians cy denommez, avons quitte, remis et pardonne, quittons, remectons et pardonnons par ces presentes, de notre grace especiale et autorite royal, et les restituons a leur bonne fame, renommee, au pais et a leurs biens non confisquez. Et imposons silence perpetuel a notre procureur et a tous autres. Si donnons en mandement au senechal de Lymosin et a tous noz autres justiciers ou aultres (?) lieux tenens presens et avenir et a chacun d'eulx, si comme a lui appartiendra, que les diz exposans et chascun d'eulx facent, sueffrent et laissent joir et user paisiblement de notre presente grace et remission, senz pour ce les contraindre ne molester en corps ne en biens ; et se leurs corps ou leurs biens ou l'un d'eulx etoient pour ce prinz ou empesches, qu'ilz leur mettent ou facent mectre tantost et senz delay a plaine delivrance. Et que ce soit chose ferme et establie a tousjours. Nous avons fait mectre notre seel a ces presentes, sauf en autres choses notre droit et l'autruy (1) en toutes. Donne a Paris, ou moisde septembre, lan de grace mil CCC IIII^{xx} et IX et de notre regne le Xme.

Par le Roy a la relacion du conseil, ouquel estoient vous, les Evesques de Langres, de Noyon et autres.

L. Benoit.

(Trésor des Chartes, JJ 138, n° 54).

---

(1) Le droit d'autrui. — Cette formule diffère singulièrement du « bon plaisir », si souvent allégué par les ignorants.

XXI

*Lettres de Philippe d'Artois, connétable de France, accordant grâce et rémission aux habitants de Solignac pour les mêmes faits (*16 septembre 1393*).*

Philippe d'Artois, comte d'Eu et connestable de France, — Scavoir faisons a tous presens et a venir, de la partie des bourgeois, manans et habitans de la ville et parroice de Solempnac, ou pays de Lymosin, que, comme nous avons este humblement expose que comme ils soint a demie lieue prez du chastel de Chalucet, lequel a este detenu et occupe par les ennemis du royaume de France, bien par l'espace de treze ans ou environ, et encores est,(1) et qu'il soit ainsy que, pour les grands dommages et vexations que les dits ennemis faisoient au commencement des guerres aux dits supplianz, en corps et en biens et en plusieurs autres manieres, et aussy que pourceque Perrot le Biernoys, capitaine dudit Chalucet, les osta des mains de messire Amanyon de Mussidan et de ses compaignons (2), qui avoint prins et tenoient la dite ville de Solempnac vii *(sic)* a cinq ans ou environ, — il leur ait este force et convenu, pour cause des choses dessus dictes, de servir les Anglois de la dicte garnison de Chalucet et euls adjoindre avec euls et marchander publiquement et leur porter vendre vivres, comme blez, vins, fromens, avoines et aultres denrees et vivres, et avec ce aucuns desdits habitans, gens de mestier, ont converse avec les dits Anglois, et ouvre de leurs mestiers pour passer leur temps affin qu'ils les laissassent vivre et demourer en leurs pauvres habitations, ou autrement ils les eussent tuez et boute le feu en leurs dites habitations ; et il soit ainsi que les dits pauvres habitans se doubtent qu pour cette cause en temps avenir on les reproche des faiz et cas dessus dits. Et nous ont fait humblement supplier etc. Et nous, meuz de pitié, considerans le fait dessus dit et la qualité d'iceluy, voulans grace et misericorde être prefferee a rigueur, etc.

Donne a Poitiers, le xvi° jour de septembre, l'an de grace mil trois cent quattre vingt et treze.
Par Monsieur le connetable,
DE LONGUEIL.

(Bibl. nat. ms. n° 12764, p. 239).

(1) On voit, par ce passage, que la compagnie de Perrot évacua Chalucet dans les derniers mois de 1493.

(2) Nous n'avons aucune indication sur l'évènement qui est mentionné ici, et qui ne nous est connue que par cette pièce. Le rôle d'Amanieu de Mussidan, malgré les recherches de plusieurs érudits, de M. E. Labroue, professeur au Lycée de Bordeaux, entr'autres, est peu connu encore. Les Archives municipales de Bergerac parlent avec détails des incursions de ce personnage et de ses déprédations, de 1379 à 1382. Amanieu était fils de Bérard d'Albret, seigneur de Verteuil et de Veyres (Gironde), et frère de Marguerite d'Albret, mariée à Raimond de M ntaut, seigneur de Mussidan.

XXII

Minute d'une supplique adressée par le Doyen et le Chapitre de Limoges à Charles d'Albret, seigneur de Châlucet, au sujet des usurpations commises par ses officiers (juin ou juillet 1443).

A tres hault et puissent prince et redoubte seigneur de Lebret, comte de Dreux et de Gaure.

Supplient humblement vos orateurs *(sic)* (1) les Doyen et Chappittre de l'eglise de Limoges, qui est de fondation royal et une des sollempnes eglises de la duche de Guienne, que, comme a cause de la dicte eglise ilz aient plusieurs cens, rentes, seigneuriez, terres et villaiges, et entre les autres, les lieux et reppayres de Bellegarde et de La Deulenarie (2), assis en la paroisse de Bossueilh, desquels ils aient joui et usé, par tel temps que n'est memoire de contraire jusques ad ce, feu Berart de Lebret, lors vostre cappitaine a Chaslucet, prist par force les hommes des dicts lieux et les aprisonna et par force leur fit recognoistre tenir les dits lieux de vous, et despuis, vos dits officiers aient tenu et occupé, tiennent et occupent les dits lieux ; et pour y remedier, d'aucuns d'eux furent (?) esté (?) devers Monseigneur vostre pere, que Dieu absoille! qui, informe de leur droit, leur ayt promist randre et restituer les dits lieux apres son retour de France, ou il morust. Et aussi vous auserent encor faite exposer ceste chose et offert de monstrer leur droit et de par vous aye este permis leur fere droit et raison. Et depuis peu de temps en ca, noble homme Tandonnet de Fumel, cappitaine de Chaslucet, leur aye prins et de fait reunis en vostre justice de Chaslucet leur lieu de Perveilh (3) et les habitans d'iceluy ; contre lequel ne veulent venir en justice ordinaire, doubtans voie de fait et de encourir votre indignacion, ne exposer au Roy, leur souverain seigneur, les choses dessus dites, sans premierement les vous fere assavoir, qui aimes saincte

---

(1) Supplians, du latin *orare*, prier.
(2) Bellegarde et La Dournelarie, hameaux de la commune de Boisseuil, canton de Pierre-buffière.
(3) Peireix, commune de Boisseuil.

eglise et ne voules riens de l'autruy et estes de la noble flour de lis. Ce considere, il vous plaise de leur laisser et fere randre leurs dits lieux, et souffrir qu'ilz puissent joyr et user d'iceulx, ou leur donner congie et licence de pourssuivre et demander leur droit par justice en la court royalle de Limoges ou en la court de Parlement, et de deffendre a voz cappitaines de Chaslucet et autres voz gens et cappitaines et officiers, que par voye de fait contre la dite eglise et choses dessus dictes, ne vueillent venir ne troubler les droitz de la dite eglise et autrement leur pourveoir de remede. Et vous feres bien et aumosne, et ilz prieront Dieu pour vous et votre haulte et noble lignee (1).

(Arch. Haute-Vienne, Chap. de Saint-Etienne, 3025).

(1) Cette pièce est d'une lecture assez difficile, à cause des nombreuses ratures et surcharges qu'elle présente. Il est donc fort possible que quelques mots aient été mal lus. C'est un simple projet de lettre ; il paraît, par la pièce qui suit, que cette supplique fut remise au comte d'Albret.

XXIII

Mémoire pour les mêmes contre le sire d'Albret et ses officiers de Châlucet, que le Chapitre demande à asssigner devant le Parlement. Procès verbal d'un sergent royal constatant les déprédations commises par les gens du seigneur d'Albret (août 1443).

Memoire pour Messeigneurs Doyen et Chappitre de l'esglise de Lymoges

Contre monseigneur de Lebret et ses cappitaine, lieutenant de juge et officiers du chastel de Chaslucet.

Premierement, est vray que l'eglise cathedrale de Lymoges est notable eglise et principale des eglises du diocese de Lymoges, de fondacion royalle, doée de beaux et notaibles privileges tant apostoliques que royaulx ; et en especial est en la sauvegarde du Roy nostre seigneur, avec tous ses suppos, et leurs meubles et imeubles, et a plusieurs sergens, gardiens et conservateurs de leur dite sauvegarde et privilege ;

Item, ladite eglise cathedrale de Lymoges, tant a cause de ladite fondacion royalle que aussi par ampliacion de la fondation, de plusieurs autres seigneurs, a plusieurs revenus, cens et rentes tant en villaiges que en chasteaux et chastellenies, et en plusieurs d'iceulx ou la plus grande part, a justice haulte, moyenne et basse, mere et mixte, impere, en especialement au bourg et parroisse de Bosseul, prest ledit lieu et chasteau de Chaslucet.

Item, ladite eglise desdits bourgz et parroisse de Boisscul est en bonne possession et saisine, et a esté par tant de temps que n'est memoire du contraire, en especial des lieux de Bellegarde (1), de La Doulenarie (2), dedans lesqueulx ung nomme Berard de Lebret et Amanieu de Lebret, (3) en l'an mil IIII^c et quatorse, prisrent Estienne des Molnars du Galoys, tenencier dudit lieu de Belle Garde et le misrent en prison, et a finance de argent

---

(1) Bellegarde, près La Chalussie, commune de Boisseuil.
(2) La Dournelarie, même commune.
(3) S'agit-il ici d'Amanieu de Mussidan, nommé à la pièce 21 ?

— 177 —

et de ble, et que pis est, luy firent recognoistre ledit lieu de Belle Garde pour atenir dudit lieu et chasteau de Chaslucet. Et pareillement prisrent et mirent en prison Perard de Baroilhs, tenencier dudit lieu de La Doulenarie et le luy firent pareillement recognoistre atenir dudit lieu et chasteau de Chaslucet, en despoillant ladite eglise, Doyen et chappitre de leur possession que avoient tenu par l'espace de cent ans et plus, et par tant de temps que n'est memoire du contraire.

Item, a ce tiltre, par la force et violence desus dite, ledit chasteau de Chaslucet a tenu et occupe lesdits lieux de La Bellegarde et de la Doulenarie, dont lesdits Doyen et chappitre ont fait plusieurs impetracions que n'ont ause meetre a execqucion, comme yssi desoubz sera dit et remonstre.

Item, Tandonet de Fumel, estant cappitaine du dit chasteau de Chaslucet, sans cause et raison, mes de sa plaine volente et oultraige, prist et ousta, en l'an mil IIIIe XXXV, a ung nomme Cheyrous une piece de terre nomme *du Le*, estant en ladite paroisse de Boisseul, lequel Cherroys la tenoit de nosdits seigneur Doyen et chanoynes de Lymoges par tant de temps que n'estoit memoire du contraire; et l'applica audit chasteau de Chaslucet par force et violence.

Item, en icellui mesme an mil IIIIe et XXXV, ledit Tandonet, estant capitaine de Chaslucet, prist les hommes et habitans du villaige de Percilh (1) et les mistz en prison, et par force et violence les fist confesser d'estre de la justice dudit lieu de Chaslucet et les compella illec a fere le guet, nonobstant que ledit lieu de Perculh et hommes soyent de la justice et justiciables de ladite eglise de Lymoges, et de ce ladite eglise de Lymoges estoit en bonne et juste possession et saisine jusques a la dite prise par force et violence faite par ledit Tandonet.

Item, pour venir a la matiere, est vray que la dite eglise de Lymoges est situee en la Cite (2), que par les Anglois a este destruite et inhabitaible, ouverte et en plain champ, et est de necessere audit Doyen et chappitre et aux suppos d'icelle de demorer au Chasteau de Lymoges et d'illecques venir au descouvert a l'eglise pour fere illecques le divin service, ainsi que estoit acoustume de fere tous les jours, et en la mercy dudit Chaslucet.

Item, est a presupposer que, despuis l'an mil IIIIe et dix, audit lieu de Chaslucet, a eu plusieurs cappitaines qui ont use de voye de fait et tenu

---

(1) Péreix, commune de Boisseuil.
(2) La Cité, qui avait le Roi et l'évêque pour coseigneurs, depuis le traité de Pontoise (1307), avait été prise en 1370, en partie brûlée et totalement démantelée. La plupart de ses habitants l'avaient abandonnée. Depuis lors l'évêque demeurait dans son château d'Isle, les chanoines s'étaient réfugiés dans la ville du Château et avaient dit quelque temps l'office à Saint-Pierre. Un peu plus tard, ils retournèrent chaque jour à Saint-Étienne pour y célébrer le service religieux; mais ils continuèrent assez longtemps à habiter le Château.

12

grande compagnie de gens de guerre et vescu comme yticulx, et que pis est, plusieurs foiz ont fait guerre audit chasteau et ville de Lymoges et a ladite eglise et aus suppos d'icelle.

Item, ont prins par force et violence, comme dit est, lesdits lieux et justice de Pereilh ; mes ce n'est pas merveilles, car ils ont prins, en venant, a l'esglise fere le divin service et prieres (?), les suppos d'icelle eglise c'est assavoir l'evesque Hugon de Manhat (1), messire Jehan Gueret (?), chanoine de Lymoges, messire Pierre de Viex (2), maistre Mattieu de Julien, messire Jehan de Peyzat, chanoines de Lymoges, et, de nouvel, messire Pierre de Montbrun (3), a present evesque, et messire Jehan de Roziers, chanoine de ladite eglise, et plusieurs autres chappelains, vicaires, serviteurs et hommes de ladite eglise, et les menoyent prisonniers audit lieu de Chaslucet, et la les mectoyent a finances a grosses sommes de deniers, selon leur puissance, et tant quant ilz en pouvoient avoir, comme anglois, et tiellement que despuis nul ne ause sonner mot.

Item, lesdits cappitaines dudit lieu de Chaslucet tous les ans leur ont prins leurs bles de leurs prebendes et distributions des lieux de Boyxeul, Saint-Paul (4), et de Sainct-Priech (5) et d'ailleurs, sans ce que ladite eglise ni nul d'eulx se ausat plaindre par doubte de la mort et des choses dessusdites, tant les bles de dismes appartenans au doyen et chapitre qu'aux pauvres de l'ospital Saint-Geral (6).

Item, est vray que le Roy messire, au moys de may, l'an mil IIII^c quarante et deux, vint a Lymoges (7) et demora illecques par tout le dit moys, et oy les complaintes du païs, les maulx, dommaiges que faisoit ledit chasteau et une partie des chosses desusdites ; et pour ce commanda a mondit seigneur de Lebret, illecques present, qu'il y mist remede, ou autrement il y pourvoiroit. Lequel Monseigneur de Lebret le promist a fere, et d'estre obeissant a luy et a justice.

Item, aussi est vray que, an ce moys derrier de juillet mil IIII^c XLIII, mondit sieur de Lebret a mis hors dudit chasteau de Chaslucet ledit Tan-

---

(1) C'est, croyons-nous, la seule mention qu'on ait de ce fait. Hugues de Magnac occupa le siège de Limoges de 1403 ou 4 à 1412.

(2) Peut-être de Videix, de Video. Hugues de Video est curé de Saint-Pierre de Limoges en janvier 1402 ; il l'est encore en 1411. (Arch. Haute-Vienne, liasses 3883, 4471, 5360, 6267, 8113.

(3) Evêque de Limoges de 1427 à 1456.

(4) St-Paul-d'Eyjeaux, canton de Pierrebuffière, arrondissement de Limoges (Hte-Vienne).

(5) Saint-Priest-Ligoure, canton de Nexon, arrondissement de Saint-Yrieix (Haute-Vienne).

(6) Hôpital fondé vers le milieu du XIIe siècle, sous les murs du Château de Limoges, par l'évêque Gérald du Cher.

(7) Charles VII arriva à Limoges le 1er mai, M. A. Leroux, archiviste de la Haute-Vienne, a récemment réédité dans la Bibliothèque de l'Ecole des Chartes, t. 46, année 1885, le récit des deux séjours faits à Limoges en mars 1439 et mai 1442 par ce prince, d'après le registre de la Chambrerie de l'abbaye de Saint-Martial, récit publié déjà plusieurs fois, mais d'une façon incorrecte.

donnet de Fumel et ses gens, et y a mis, pour soy et pour la garde d'iccelluy, Jehan de Brie et Gauffier de Lerunte (1), qui sont du pays de Lymosin et ses familliers et serviteurs ; et ledit seigneur de Lebret s'en ala et delaissa audit Jehan de Brie et de Lerunte ledit chasteau.

Item, incontinant et apres que mondit sieur de Lebret s'en fust ale, ledit Gaulffier de Lerunte, se pourtant cappitaine dudit chasteau de Chaslucet, de fait et sans raison a fait prendre tout le bestial dudit lieu de Pereulh par ses sergens et ses compaignons de Chaslucet ; contre laquelle capcion lesdits hommes par devent ung sergent royal se sont applegez (2) selon la coustume et stile de la Court royalle de Lymoges.

Item, est vray que ledit sergent et gardien de la sauvegarde de ladite eglise ala a Chaslucet devers ledit Gaulfier, cappitaine, et mes dits sieurs envoyerent avecques ledit sergent ung d'eulx, c'est assavoir mestre Jehan Rogier, chanoine de ladite eglise de Lymoges, qui parlerent audit Gauffier et fist ledit sergent son exploit comme plus a plan peut apparoir par sa relacion ; la coppie de laquelle se bailhe yssi par maniere de memoire (3).

Item, aussi ledit Gauftier a fait venir les tenenciers desdits lieux de Belle Garde, de La Deulenarie et de Pereilh a Chaslucet, fere le guet, en continuant tousjours icelle possession dampnee, et les fait respondre comme dessus, au grant dommaige, prejudice de l'eglise comme dit est.

Item, est vray que, quant le juge dudit lieu de Chaslucet fay aucuns exploix sur lesdits hommes de Belle Garde et de la Deulenarie et de Pereulh, et l'en se appelle de luy et l'en luy demande apostres (4), en la dacion des appostres, il revocque tout ce qu'il a fait en disant qu'il ne le cuide pas avoir fait et affin que l'en ne puisse avoir relevement de son appel ; mes ce non obstant, ledit capppitaine et ses compaignons de guerre *vi et violencia* exceqtent et prennent lesdits hommes comme dit est et s'en font a croire.

Item, quant aucun des receveur, baile et procureur de ladite eglise et lesdits seigneurs d'icelle se complaignent des tors, violences et villenies et occupacions et detencion de leur temporel, ilz sont et ont este et de present sont menasses par les cappitaines et compaignons dudit chasteau, en regniant Dieu et ses vertus, que lesdits suppotz, en venant a l'eglise, seront prins et [sera] gaste leurs cours (5), et si sont riches, menes (?) prisonniers

---

(1) On a lu *de Lermite*. Nous croyons, toutefois, qu'il faut lire *Lerunte* et que le personnage en question appartenait à l'illustre famille de Laron.
(2) Ont déposé une plainte, se sont pourvus.
(3) Voir à la suite du mémoire.
(4) On appelait *apôtres* « les lettres dimissoires données à un appellant par les juges, adressées au juge d'appel, par lesquelles il *(sic)* le certifioit de l'appel interjeté et lui en renvoyoit la connoissance » (*Dictionnaire* de Trévoux).
(5) On les empêchera d'exercer leur juridiction. — Nous ne croyons pas que *cours* soit mis ici pour *corps*.

audit chasteau de Chaslucet, et mis a rancon et finances, comme d'autres foys ils ont fait, ou courront et pilleront toute leur terre, tellement qu'ilz n'ausent sonner mot.

Item, quant mondit seigneur de Lebret a este ce derrier moy de juillet a Lymoges et a Chaslucet, le chappitre de Lymoges a envoye devers luy des plus notaibles d'eulx avecque d'autres notaibles gens de la ville de Lymoges pour luy remontrer l'occupacion et detencion des lieux dessusdits et la spoliacion d'iceulx, et que la dite esglise est despoillee, en le suppliant qu'il luy pleust, de sa benigne grace, leur restituer leurs dits lieux et fere cesser toutes menasses et voyes de fait, et tiellement qu'ilz puissent venir seurement a leur dite eglise fere le divin office et prier Dieu pour luy et pour sa noble lignee, ou, si ce ne vouloit fere, de prendre juge comme que, parties ouyes, eussent a fere droit sommerement et de plain (1).

Item, est vray que mondit seigneur de Lebret les ouy volontiers et les excota *(sic)*, et leur promist de fere responce ; et, sans faire icelle, il s'en est ale, delaisse ledit Gauffier de Lerunta, cappitaine dudit lieu et chasteau de Chaslucet, qui, ampres sen aller, a pris le bestial des dits hommes et fait l'esploit que dessus est dit, au grant griefz, prejudice et dommaige de ladite eglise et suppos d'icelle.

Et pour ce, actendu les chosses dessus dites, en especial l'eglise qui est en plain champ, et pres de Chaslucet de deux lieues, les voyes de fait, prinses, rancons, emprisonnemens tant de evesques que de chanoynes que d'autres, et du temps de ces presents guerres, ou toutes pilleries et vengances ouvertes, estions es volentes des cappitaines et de gens de guerre, qui donne bien paour et faisoit paour *(sic)* a toute maniere de gens, et estoit bien paour que conbe bien au plus constant homme de ce royaume, que, durant icelles paours et voyes de fait, temps de prescription n'y devret (?) pas acourre (2) ne avoir lieu, et est de necessite d'avoir ung mandement de cas de complainte relevant (?) du (?) las de temps dessusdit, ou tiel mandement que la dite eglise soit restituee en sa premiere possession et que, par icelluy mandement, le Roy les mecte d'abundant en son especial sauvegarde, en deffendant audit seigneur de Lebret et a ses officiers toute voye de fait, ou autrement de les pourvoir selon la matiere subjecte . . . . et que l'opposicion et cognoissance de cause veigne en Parlement, ou l'en plaidera plus seurement et sans paour, actendu la grande puissance de mondit seigneur de Lebret (3).

---

(1) Voir la pièce qui précède.
(2) Avoir cours.
(3) Le seigneur d'Albret avait, en effet, à cette époque, plusieurs commissions importantes du Roi de France.

Coppie de la relacion dont est faicte mencion dessus.

Saichent tous que le second jour du moys d'aoust IIIIe quarante et troys, comparurent par devant moy, Jehan Chabrier du Compeyt (1), sergent royal en la seneschaucee de Lymosin, Jehan Mouret et Aymery de Pereulh, Aymery Teret, Jehanot Excleuson et Liennart de Las Salas, hommes de Messeigneurs doyen et chappitre de l'eglise de Lymoges, lesquieulx me disrent que Bernart de La Bolonie, et Gartempe, et un autre nommé Pierre Lantene *alias* Doust, de Chaslucet, les avoyent excequtez et gaiges, cest assavoir : ledit Jehan Mouret, de deux vaches de poil vermeilh et d'ung corset de drap blanc, et ledit Aymery de Pereulh, d'une jument de poil bay et d'une gibe (2), et ledit Merigot Teret d'une jument noire, d'une robe de femme de drap blanc et d'une congnie, et ledit Janot Exclouson de dix chap de chabres et de chabreaux (3) et d'une robe blanche de femme ; et ledit Liennart de Las Salas d'une [robe] d'estran. Et pour ce lesdits hommes, en la meilleure forme et maniere qu'il pouvoyent et devoyent a l'encontre desdites exccqucions et gaigeries, se applegeoient illec par devant moy. Et pour soubstenir leur applegement, donnerent en caucion l'ung l'autre et me requisdrent que je les receusse a leur applegement, disans que ainssi fere le debvoys ; lesquieulx hommes dessus nommes je receuz a leur applegement, et pour leur fere fere recreance desdits gaiges ainsi prins et emprins, me transpourtay de la ville de Lymoges audit lieu de Chaslucet, en la compaignie de discrete personne Jehan Rogier, chanoine de ladite eglise de Lymoges, procureur desdits messeigneurs Doyen et Chappitre de ladite eglise ; auquiel lieu de Chaslucet, trouvay noble homme Gaulfier de Lerunte, escuyer, auquel ledit Jehan Rogier dit comment lesdits hommes avoient este gaiges et excequtes et comment ilz estoyent hommes desdits Doyen et Chapitre, et s'estoyent appleges contre lesdites gaigeries et prinse desdits biens, et le requist qu'il me laissast user de justice et de fere mon exploit ; lequel de Lerunte moy dist et respondy qu'il estoit bien content que je feisse mon exploit par justice, mes qu'il renioit Dieu que lesdits hommes payeroient et feroient le guet a Chaslucet, ou il les feroit pendre. Et lors je, sergent dessusdit, je me transpourtay aux domiciles desdits Pierre Doust *alias* Lantene et dudit Gartempe, lesquieulx aprehenday en personne, et au domicile dudit Bernard de Boloine, en la personne de sa femme, ausquieulx je feiz commandement de par le Roy messire, que feissent ausdits hommes recreacion reale desdits biens et chosses ainsi prinses ausdits hommes

---

(1) Le Compeix, auj. village de la commune de Saint-Pierre-le-Bost, canton et arrondissement de Boussac (Creuse).
(2) Instrument qui sert à remuer la terre.
(3) Dix têtes de chèvres ou chevreaux.

applegies ; lesquieulx Pierre Daoust et Gartempe moy respondirent que rien n'en feroyent. Et par ce, je, sergent dessus dit, les adjournay, c'est assavoir lesdits Pierre Daoust et Gartempe a leurs personnes et ledit Bolonie a la personne de sadite femme, aux audiences royalles qui se tiendront a Lymoges, ampres la feste Saint Pierre prochain venant, pour proceder sur ledit appleigement avec lesdists hommes applegcs, et fere en oultre ainsi que raison donra. Et pour ce que lesdits sergents ne vouloient fere ladite recreance (1), ledit Jehan Rogier, chanoine, comme procureur desdits Doyen et Chapitre, me requist que je, sergent royal dessusdit et gardien de la sauvegarde de ladite eglise, les adjournasse sur sauvegarde enfreinte ausdites audiences royalles, laquelle chosse, pour doubte de ma personne, ne osay fere. Et (2) .... a tous ceulx a qui appartient ou peut appartenir par ceste ... presente relacion seellee de mon scel, duquiel je use en mon office dessusdit. Faist l'an et jour dessusdits.

(Archives de la Haute-Vienne, fonds du Chapitre, liasse 3025).

---

(1) Jouissance effective du bénéfice ou toutes procédures ayant pour objet de la procurer, de l'assurer ou de la restituer.
(2) Cinq ou six mots effacés, sur le pli du papier.

XXIV

Lettres de grâce et rémission à Jean Paris, homme d'armes de la compagnie de Tandonnet de Fumel, capitaine de Châlucet (septembre 1447).

Charles, etc., savoir faisons ... Nous avoir receu humble supplication de Jehan Paris, homme de guerre, natif du pays de Beauvoisiz, que, des son jeune aage qu'il n'avoit que dix-huit ans ou environ, il se mist en la compaignie de Tandonnet de Fumel, lequel se tenoit avec notre ame et feal premier escuier d'escuirie et grant escuier de corps, Poton de Santrailles, lors ayant charge de gens d'armes de par nous, en la compaignie duquel le dit suppliant nous a servy bien et loyamment ou fait de noz guerres a l'encontre de noz anciens ennemis les Anglois et autres tenans nostre party contraire, en la bataille de Vernueil (1), et devant le siege d'Orleans (2), et ailleurs, sans avoir tenu autre party que le nostre. Depuis lequel temps notre dit escuier envoia ledit Tandonnet au chasteau de Chalusset, en notre pays de Lymousin, dont notre dit escuier estoit capitaine, et s'en ala le dit suppliant avecques luy, et illec demoura de douze a treize ans ou environ. Lequel suppliant, estant lors en garnison au dit lieu de Chalusset, a couru, seul et acompaigne, par le dit pays de Limosin et ailleurs, en plusieurs et divers lieux de notre royaume, et souventes foiz prins et raenconne gens de notre party, tant gens d'eglise que autres indiferemment, aussi prins vivres de moutons, pourceaulx et autre aumaille (3), telz qu'il povoit trouver, batu et navre ceulx qui l'empeschoient ou contredisoient, prins bœufz arables, chevaulx, jeumens, et autres bestes chevalines, et raenconnez a argent, dont il avoit son butin, et fait plusieurs autres maulx durant qu'il estoit en la dite garnison, desquelz il n'est recors; pour occasion desquelz cas, il doubte que aucuns sur lesquelz ont este faiz les dits maulx, voyes de fait et autres exces dessus ditz voulsissent es temps avenir fere poursuite par

---
(1) Combat livré en 1424 aux Anglais et perdu par les troupes françaises et écossaises de Charles VII.
(2) On sait que Poton de Xaintrailles s'était jeté des premiers dans Orléans.
(3) Ce mot s'entend de toute nature de bétail, plus particulièrement des bêtes à cornes.

justice a l'encontre de lui, et par ce moyen qu'on lui voulsist donner aucun destourbier ou empeschement en sa personne, ou autrement le molester, et rigoureusement proceder a l'encontre de lui ou le pugnir corporelement, se noz grace et misericorde ne lui estoient sur ce imparties, humblement requerant que, actendu les dits services par lui a nous faiz ou fait de nos dictes guerres a l'encontre de nos diz ennemis comme dit est, et le bon vouloir qu'il a de faire, quant le cas s'i ofrera, et que ce qu'il a fait a este la plus part par le commandement du dit Tandonnet et aultres, soubz qui il estoit, et aussi que despuis il s'est retrait oudit pays et s'est bien et honnestement gouverne et a esperance de faire esdiz temps avenir, nous plaise lui impartir icelles. Pourquoy nous, ces choses considerees... A celui suppliant avons aboly, remis, quicté, etc., pourveu toutes voyes qu'il n'ait commis ravissement de femmes, meurdre, violemens et boutemens de feux etc. Donne a Bourges ou mois de septembre, l'an de grace mil IIII^c XLVII, et de notre regne le XXVe. Ainssi signe par le Roy et son conseil, Rolant. *Visa contentor.* P. LE PICART.

(Trésor des Chartes, JJ 178 n° 231).

XXV

La seigneurie de Châlucet : mémoire s.-d. (de la première moitié du XVIe siècle).

En la seigneurie dud. Chalucet, n'y a paroisse entiere ne bourg qu'ung qu'on appelle Saint-Maurice, et touteffoyz s'estand environ quatre lieux, en diverses paroisses.

Ladite seigneurie est affermee.

Il y a deux forestz : l'une appellee Cherviz, de grande estandue ; l'autre appellee la garenne dudit Chalucet.

Il y a cappitanye, et est le cappitayne le bastard d'Auteffort (1), qui se tient a Cusset (2), quatre ou cinq lieux dud. Chalucet. Lad. cappitanye vault en guetz environ trente livres.

Chenault, advocat a Bordeaulx, est juge dudit Chalucet, et ne se tient sur les lieux. Il a faict son lieutenant son pere, qui se tient a Limoges, et ledit pere a faict, en son absence, ung autre filz qu'il a son lieutenant, qui se tient à Poytiers.

Le procureur, nomme Me Jehan Leonard, du lieu d'Aisse, qui ne se tient sur les lieux, et son substitut, François Roullans (3), demourant a Limoges et ne se tient sur les lieux.

Il seroit bien requis annecxer ladite seigneurie de Chalucet avec le corps de la viconte, et la cappitanie dudit Chalucet, qui vault environ quarente livres, la bailler a quelqu'un qui fust fort, qui se tiendroit en la ville de Limoges, afin que la justice dudit lieu fust myeulx exercee, aussi que la craincte des habitans en seroit plus grande, et en seroient plus obeissans.

(Arch. des Basses-Pyrénées, E 714).

---

(1) Une pièce datée du 3 avril 1538, mentionne Jean d'Aultefort *alias* Verneil, capitaine de Châlucet (Arch. Basses-Pyrénées, E 714).
(2) Cussac, canton d'Oradour-sur-Vayres, arrondissement de Rochechouart (Haute-Vienne).
(3) Roulhac, nom d'une famille très connue de Limoges.

XXVI

Lièvre de la seigneurie de Châlucet (1688 et années suivantes).

Un registre couvert en parchemin et déposé aux Archives de la Haute-Vienne (Titres de famille, liasse 5530) commence par ces mots :

« C'est la lièvre du revenu de la seigneurie de Chaslucet que j'ay livrée à M. Duboys, mon fermier, pour l'année 1688 ».

Ce registre indique que des rentes foncières et directes étaient dues au seigneur de Châlucet dans les localités suivantes :

Paroisse du Vigen. — Villages et tènements de Pazat, Mas-du-Jard, Châtenet et Le Buisson, Narbonneys, Le Puy-Tort, La Grange ; village du Haut-Ligoure et tènement de Vignias ; villages du Bas-Ligoure, de La Rouffarie et ses appartenances, La Bousonie ; garennes du château et appartenances de La Grange ; tènements de Las Alimandias, Claud La Ville et terre de La Fayolle (La Bousonie), Puy Las Vignas, La Vignie de l'Hermite au pont de Chaslucet ; maison et jardin ou masures dans la cour du moulin de Laisenne ; divers jardin à Chaslucet ; maison du pont de Chaslucet qui a appartenu à François Exsarteau, avec jardin ; moulin du Bas-Ligoure.

Paroisse de Boisseuil. — Villages et tènements du Chastoin et de Las Escuras, du Giraldeix, Lavaud, La Crose et La Bade, Bellegarde, Lage Grauli, Bosvieux, tènement de La Dournelarie, village de La Chaslucie, moulin du Giraldeix.

Paroisse de Saint-Hilaire-Bonneval. — Village de La Planche (tènement des Chardonneix), de Rabré, de Chenoux ; tènements de Loubéat, de La Joussonnie, de Lescharprie ; villages et tènements du Grand et du Petit-Bonnet (pour le Mas de Lavaud, La Gouterie, La Moulinarie, les Gastaux, La Rochebandie et La Faucherie).

Paroisse d'Eyjeaux. — Villages des Salles, de Poulénas, d'Eyjeaux (pour le tènement du Boucheron).

Paroisse de Jourgnac. — Village du Marzat ou de Marsat, près Béchadie et du Puy-de-Bancys.

Paroisse de Saint-Jean-Ligoure. — Village de La Bernardie, La Lauterie, tènements de Las Gabias, de Las Peirieras et de Las Renardieras.

Paroisse de Chantaux (Château-Chervix). — Villages de Brugèras ou Briégèras, de La Jugie, de Las Chambaudias, de Marneuf ou Masneuf (pour le tènement de Veissièras), de Lavaud Bousquet (pour le tènement de Las Déliadas), de Las Planchas, le Mas La Ribière, las Ternias de La Forest, *al.* L'Auge Plane, le « Mallier » de Chervix, le tènement de La Badie, près Chervix, la maison de Malissen de Saint-Priest dans le bourg de Chervix, le village de La Belle, le village du Colombier « pour le boys appelé de Chaluscet dans les despances (dépendances) du Colombier » (1).

Les hommes de la plupart de ces villages ou tènements étaient, d'après cette lièvre, « guetables, charroiables et banables ». On a vu que, dès le xiiie siècle, ceux de plusieurs des localités ci-dessus nommées n'étaient pas « taillables ».

(1) On remarquera que cette lièvre ne mentionne aucune des anciennes possessions des Bernard de Jaunhac autour de La Porcherie.

XXVII

Lettres de procureur postulant en la juridiction et baronnie de Châlucet (11 février 1782).

Nous, Martial François de Verthamon d'Ambloy, chevalier, seigneur d'Ambloy, marquis de Tercis, comte de Castillon, vicomte de Biscarrosse, baron de Chalucet, de La Caunau et d'Andernos, chatelin (*sic*) des Gous, Briaigne et La Carcodrie, seigneur de la prévoté de Born, Parentis, Saint-Paul et Saincte-Eulalie, et des fiefs de Nouailla, La Salargue, Fournès, Cadaujac, et autres lieux, Conseiller du Roi en ses conseils, Président au Parlement de Bordeaux, — etant bien informé des bonne vie et mœurs, religion catholique, appostolique et romaine, capacité, experience, au fait de la pratique, de la personne de Martial Pradeau, notaire roïal de la ville de Soulignac, a ces causes, nous lui avons donné et octroyé, donnons et octroyons par ces presentes, l'office de procureur postulant en notre baronnie et jurisdiction de Chalucet, pour par lui en jouir, et l'exercer autant de tems qu'il nous plairra, aux honneurs, prerrogatives, profits et émoluments attribués au dit office, tout et ainsi qu'en ont joui et jouissent, ou doivent jouir, les pourvus de pareils offices, à la charge par le dit Pradeau de s'acquiter de son devoir en honneur et concience, et de prêter son ministère au pauvre comme au riche. Mandons à nos officiers de la dite baronnie de Chalucet de le recevoir et installer dans le dit office, et à tous nos justiciables de le reconnoitre en la dite qualité. Donné à Bordeaux, en notre hôtel, sous le sceau de nos armes et le seing de notre secrétaire, le onsième fevrier mille sept cent quatre vingt deux. VERTHAMON D'AMBLOY. Par Monseigneur le Président : CHAIGNY LAMOTHE. (Sceau de cire rouge plaqué). Enregistré au gref (*sic*) de la juridiction et baronnie de Chalucet, pariage de Soligniat, le saize fevrier mille sept cents quatre vingt deux. DONNET, gr.

(Communiqué par M. A. Du Boucheron, à Limoges.)

XXVIII

Extraits de l'acte de vente de la terre de Châlucet par Maurice-Edmond de Verthamon à Jean-François de Thézillat (27 mai 1836).

....

Les domaines cédés font partie de la terre de Châlusset qui appartenait au vendeur comme l'ayant recueillie avec d'autres immeubles dans la succession de M. François-Marie, comte de Verthamon, son oncle, maréchal-de-camp, chevalier de l'ordre royal et militaire de Saint Louis, domicilié et décédé à Saint-Germain-en-Laye, duquel il est légataire universel, aux termes d'un testament olographe en date des 2 octobre 1828.

....

M. de Verthamon a été envoyé en possession des biens de cette succession par ordonnance rendue le 24 août 1830.

M. le comte de Verthamon, qui n'avait pas laissé d'héritiers à réserve légale, ainsi que le constatait l'acte de notoriété dressé le 18 août 1830, possédait lui-même la propriété de Châlusset à la suite de ses auteurs depuis plus de trente ans.

Le domaine de Châlusset, qui faisait partie du comté d'Albret-Limousin, appartenant au roi de Navarre, fut adjugé le *13 août 1641,* à M. François de Verthamon, un des ancêtres de M. François-Marie, comte de Verthamon, maréchal-de-camp, représenté aujourd'hui par son neveu, Maurice-Edmond, par MM. les commissaires-députés du roi de Navarre, pour la vente et revente des domaines que ce prince possédait dans le ressort du Parlement de Bordeaux, ainsi qu'il est énoncé dans un acte de vente et une quittance passés à Paris, devant Lemoyne, notaire, les *2 septembre 1652 et 13 mai 1666.*

La loi du 14 ventôse an VII, ayant déterminé les formalités à remplir pour la confirmation définitive, en faveur des acquéreurs, du droit de propriété sur les domaines engagés, il fut procédé, en conformité de cette loi et par suite d'une décision du ministre des finances, en date du 6 novembre 1812, à l'estimation du domaine de Châlusset engagé par les commissaires-députés du roi de Navarre, et, après homologation de cette estimation, par arrêté de M. le Préfet de la Haute-Vienne, en date du 20 septembre 1813, M. François-Marie, comte de Verthamon, versa à la caisse de la direction des Domaines, le 30 novembre 1813, ainsi qu'en fait foi la quittance dressée le dit jour, la somme capitale de quatre mille trois cent quatre-vingt-dix francs, formant le quart du montant de l'estimation de la dite portion du domaine de Châlusset, en conformité de la loi précitée.

Ainsi se trouve légalement établie la propriété de cette terre sur la tête de mon dit sieur François-Marie, comte de Verthamon.

....
....

(Communiqué par le propriétaire actuel, M. C. de Thézillat.)

XXIX

Seigneurs de Châlucet.

1132   ARNAUD BERNARD et BERNARD DE JAUNHAC construisent le château.

Vers 1147   V. DE JAUNHAC : HUGUES qui suit, ou peut-être GUILLAUME, qui est frère de Pierre Bernard, neveu de Bernard de Jaunhac et de Gérald, et probablement fils d'Arnaud Bernard (Pièce I de l'appendice, 6° extrait).

Avant 1153   HUGUES DE JAUNHAC et PIERRE BERNARD.

1199 et 1211   HUGUES DE JAUNHAC, nommé en 1199, seigneur de Châlucet en avril 1211, mort entre 1211 et 1213.

1213   AIMERIC BERNARD et PIERRE DE JAUNHAC, fils de Hugues, co-seigneurs de Châlucet en 1213 — et peut-être HUGUES, leur frère, qui vit en 1218 et meurt entre 1218 et mars 1233.

1233   PIERRE BERNARD, fils de Hugues, nommé en 1218, est dit seigneur de Châlucet en mars 1233, frère de Bernard et de Guillaume (1236), neveu d'Aimeric (1237). C'est presque sûrement le même que Pierre Bernard, seigneur du Haut Châlucet, ci-après.

NOTA. — Les seigneurs nommés ci-dessus sont qualifiés simplement « seigneurs de Châlucet ». Nous ne connaissons aucune mention spéciale de seigneurs du Haut ou du Bas-Château avant les suivants :

SEIGNEURS DU HAUT CHALUCET

Avant 1240-1272. — PIERRE BERNARD, frère de Bernard et de Guillaume, seigneur du Haut Châlucet, prête hommage, à ce titre, à l'abbé de Solignac Pierre (1236-1240) et à ses successeurs. Il meurt entre 1267 et le 25 mai 1279.

1258 ?-12... — HUGUES DE JAUNHAC, fils de Bernard ou de Guillaume, coseigneur du Haut Châlucet, prête hommage à l'abbé. Tous deux prêtent hommage à l'abbaye le 26 octobre 1260.

SEIGNEURS DU BAS CHALUCET

Vers 1260. — GUI DE PÉRIGORD, seigneur pour moitié du Bas Château, et son frère ou son beau-frère, soit Pierre Bernard, soit Pierre de Frachet ou P. de Monts, font hommage au vicomte de Limoges pour le Bas Château. A la même époque, PIERRE DE FRACHET et PIERRE DE MONTS en sont coseigneurs.

1264. — GUI DE PÉRIGORD, fils de Gui et neveu de Pierre Bernard, seigneur pour moitié du Bas Châlucet, teste, le 25 octobre 1264, et avoue l'abbé de Solignac pour seigneur. Il n'a, à

12....-1279. — JOURDAIN DE MONTCOCU prétend tenir directement de l'abbé de Solignac la quatrième partie du Haut Château. L'avait-il eue de Hugues de Jaunhac ci-dessus?

1272-1298 ou 99. — GÉRALD DE MAULMONT, archidiacre de Limoges, chanoine de Lyon, clerc du roi de France, achète le château Haut de Châlucet de ses propriétaires en 1272, et Jourdain de Montcocu lui fait abandon de ses droits. Le fils de ce dernier, Jourdain, prête cependant hommage, pour ces mêmes droits, aux abbés Bertrand (vers 1318) et Archambaud de Saint-Amant (1320-1334).

1273....— GUI DE PÉRIGORD, damoiseau, peut-être le même que le précédent, fait hommage, peu après, à Gérald de Maulmont.

1275-1298 ou 99. — GÉRALD DE MAULMONT reçoit en don, en 1275 (al. 1274), de la vicomtesse Marguerite et de sa fille Marie, héritière de la vicomté de Limoges, la moitié du Bas Châlucet. Il achète les droits de P. de Frachet, peut-être aussi ceux des de Monts et des Périgord. (Toutefois, la moitié donnée par la vicomtesse pourrait être précisément celle possédée jadis par les Périgord et dévolue au vicomte par suite de l'extinction de cette famille ou du moins d'une de ses branches.) Boson de Monts, fils de Pierre, fait hommage à l'abbé Archambaud pour le Bas Châlucet, et, en 1330, Elie de Frachet, Hugues de Monts et les frères de ce dernier possèdent encore des droits au Bas Châlucet.

cette date, ni frère ni enfant mâle.

GÉRALD DE MAULMONT, ci-dessus.

1299-1306 ou 7   GUILLAUME et PIERRE DE MAULMONT, frères, fils d'Adémar, neveux et héritiers de Gérald de Maulmont.

1306 ou 7-1314   PHILIPPE IV, roi de France, qui achète, en 1306 ou 7, le Haut et le Bas Châlucet aux héritiers de Gérald de Maulmont.

1314-1316   LOUIS X, roi de France.

1316-1317   PHILIPPE V, roi de France, donne, en octobre 1317, le Haut et le Bas Châlucet à Henri de Sully.

1317-1334 (?)   HENRI (IV) DE SULLY, bouteiller de France.

1334 (?)-1343   JEAN (II) DE SULLY.

1343-1381 (?)   LOUIS (I) DE SULLY, fils du précédent.

1381-14...   MARIE, fille unique de Louis et d'Isabeau de Craon, héritière de Sully, mariée à Charles d'Albret, connétable de France, le 1ᵉʳ janvier 1401.

14...-1421	Charles (II) et Guillaume d'Albret, frères.
1421-1429	Guillaume d'Albret, seigneur d'Orval et de Châlucet, à la suite d'un partage; lieutenant du roi de France en Limousin.
1429 (?)-1455 (?)	Charles (II) d'Albret, comte de Dreux.
1455-1463	Arnaud-Amanieu d'Albret, seigneur d'Orval, lieutenant du roi de France en Roussillon.
1463-1514 (?)	Jean d'Albret, comte de Nevers et de Rethel, seigneur d'Orval, fils du précédent et d'Isabelle de La Tour, qui est sa tutrice en 1473.
1514-1522	Alain d'Albret, reconnu seul propriétaire de Châlucet par arrêt du Parlement de Bordeaux du 16 novembre 1514.
1522-1555	Henri d'Albret, roi de Navarre.
1555-1572	Jeanne d'Albret, reine de Navarre, mariée à Antoine de Bourbon.
1572-159...	Henri d'Albret, roi de Navarre, devenu, en 1589, Henri IV, roi de France.
(?) 159...-1604	? Catherine de Bourbon, sœur de Henri IV, duchesse d'Albret et comtesse de Limoges, mariée à Henri, duc de Lorraine et de Bar.
1604 (?)-1641	Domaine de Navarre.
1641-164...	François de Verthamont (1), achète le château de Châlucet aux commissaires du Domaine, le 13 août 1641.
164... à 166...	Guillaume de Verthamont, conseiller du roi, trésorier en la généralité de Limoges, receveur des décimes.
166...-1683	François-Michel de Verthamont, seigneur de la Ville-aux-Clercs, conseiller au Parlement de Paris, vend Châlucet au suivant en 1683.
1683-1686	Guillaume de Verthamont, trésorier en la Généralité de Limoges, « baron de Châlucet ».
1686-170...	Martial de Verthamont, conseiller au Parlement de Bordeaux, fils du précédent.
170...-1750	Jacques-Martial de Verthamont, conseiller au Parlement de Bordeaux, fils du précédent.
1750 vers 1770	Martial-François de Verthamont, président au Parlement de Bordeaux, marquis de Tercis, baron de Châlucet et de Noalhat, fils du précédent.
Vers 1770-1809	Jean-Baptiste-Maurice de Verthamont, président au Parlement, marquis de Tercis, baron de Châlucet, etc.

(1) La date de la vente par le Domaine à la famille de Verthamont nous est fournie par l'acte que nous avons publié sous le n° 28 ci-dessus.

XXX

Description des ruines de Châlucet

PAR M. Félix de Verneilh

« Le château de Châlusset, fondé sur des terrains qui relevaient de l'abbaye de Solignac, est situé au confluent de la Briance et de la Ligoure. Ces deux petites rivières, avant de se confondre, coulent presque parallèlement pendant quelques centaines de mètres, et l'étroit coteau qui les sépare, très élevé d'abord, s'abaisse par degrés et se termine sans aucun escarpement. Aussi paraît-il qu'on avait renoncé à défendre le passage des deux rivières et même à fortifier le pont jeté sur la Ligoure. C'est à une certaine distance du confluent, là où les pentes commencent à devenir rapides, que l'on trouve des vestiges certains de fortifications. Ils consistent en une enceinte carrée, isolée en avant et en arrière par un fossé, au milieu de laquelle s'élevait un donjon parfaitement conservé. On l'appelle, d'après une tradition quelconque, la tour de la Jeannette. Indépendamment de quelques meurtrières, il offre une seule ouverture cintrée, ayant nécessairement servi de porte, et élevée néanmoins de quatre ou cinq mètres au-dessus du sol actuel. Il a cela de bizarre qu'un contrefort très large et peu saillant garnit le milieu, non les angles, de chacune de ses quatre faces. Il est certainement de style roman, et l'on n'observe même dans ses dépendances aucune ouverture qui rappelle le style ogival par sa forme ou par ses moulures.

» Le chemin suivi par les charrettes et les chevaux traversait ou longeait seulement ces premières constructions. Après les avoir dépassées, on parcourt un intervalle d'au moins cent mètres avant de trouver aucun nouvel obstacle et même aucune muraille qui les reliât au corps de la forteresse. Alors on rencontre le vaste ensemble de fortifications dont nous donnons le plan à l'échelle de 0^{m}001 pour mètre (1). Dans les instructions des comités sur l'architecture militaire, on a pu voir déjà un plan de

---

(1) Ce plan a été plusieurs fois reproduit. Voir ci-après, *Bibliographie*, n°⁵ 43, 44; 46.

ce même château et un plan très différent ; mais il ne faudrait pas en conclure que ce château est un protée insaisissable, dont les dessins ne mériteront jamais aucune confiance. Sans avoir, dans toutes ses parties, l'exactitude qu'on aurait pu lui donner avec plus de temps et de soin, notre œuvre n'en est pas moins un plan fait sur les lieux et mesuré, auquel on fera bien de s'en tenir en attendant mieux. Au contraire, M. Mérimée a nécessairement fait le sien de mémoire et ne s'est même occupé de décrire Châlusset que lorsque ses souvenirs commençaient à s'effacer singulièrement. Nous croyons pouvoir l'affirmer sans manquer au respect que nous professons pour le savant inspecteur-général des monuments historiques.

» Il n'est pas besoin d'entrer dans les détails de la description de Châlusset : le plan gravé dit assez la belle conservation et la vaste étendue de ce château ainsi que sa curieuse distribution. Partout où les murs sont entièrement rasés, partout où leur base se perd sous les décombres, nous les avons pourtant suivis et retrouvés et il reste peu de chose de la première enceinte. L'entrée s'est cependant conservée ; elle n'avait point de pont-levis, quoiqu'elle soit précédée d'une espèce de fossé ; elle n'avait pas davantage de herse. C'était un simple portail en ogive. Du reste, de ce côté, on paraît s'être plutôt précautionné contre une surprise que contre une attaque régulière. On remarquera la terrasse en demi-cercle qui couvre la porte principale du château ; c'étaient encore deux barrières qu'il fallait forcer en prêtant le flanc aux archers postés sous les nombreuses meurtrières de la façade.

» A cette porte principale, haute ogive percée dans une tour carrée, on constate enfin l'emploi de la herse ; et même, comme quelques assaillants auraient pu tenter de la briser en s'abritant sous la voussure du portail, on a ménagé au sommet de l'ogive un trou carré servant de machicoulis. Une dernière ressource était enfin ménagée aux défenseurs du château. La cour oblongue dans laquelle on débouchait, après avoir surmonté tant de difficultés, n'avait pas de communication directe avec les salles qui la bordent des deux côtés, et l'ennemi s'y trouvait retenu plus ou moins longtemps sous une grêle de projectiles.

» Au surplus le donjon, dans le dernier état du château, ne conservait nullement son rôle primitif, mais était devenu une simple tour d'observation. Enveloppé presque de toutes parts par des constructions ogivales, il est de style roman comme la tour de la Jeannette dont il reproduit les singuliers contreforts. Sa porte, en plein-cintre, est pratiquée sur un de ses petits côtés et à une grande hauteur. A l'opposé, et dans la direction où les attaques paraissaient le plus à craindre, quand il était isolé, il présente, au lieu d'un contrefort plat, un éperon analogue aux avant-becs d'un pont. A l'intérieur, un mur de refend le divise en deux parties inégales. L'une contenait un escalier en pierre à deux courses; l'autre, les logements du châtelain et de ses soldats. Des planchers divisaient les étages, mais des voûtes en berceau couronnaient tout le donjon et soutenaient sa plate-forme à quarante mètres d'élévation.

» Le véritable donjon de ce château, c'était le château lui-même. Sur tout ce vaste développement, les courtines, presque aussi hautes que les murs et couronnées comme eux de machicoulis et de créneaux, n'ont jamais moins de 20 mètres de hauteur. Tout assaut, toute escalade était impossible avec de semblables remparts. Il est à noter que, dans la façade, les créneaux ne forment pas, selon l'usage, le manteau des machicoulis. Ceux-ci sont suspendus en encorbellement bien au-dessous du sommet des murailles. Aux deux extrémités du trapèze, qui s'est d'ailleurs modelé sur la colline dont il occupe le sommet, les murs sont assez exhaussés pour masquer les pignons et les toits des bâtiments inférieurs, de sorte qu'ils en gardent l'empreinte et comme la coupe à leur revers. Cela est particulièrement vrai pour ce grand corps-de-logis que l'on était parvenu à rendre assez régulier malgré la difficulté du terrain, et qui n'a pas moins de 70 mètres de long sur une largeur de 13^{m}50. On voit donc que le toit était fort aigu et semblable de tout point au grand comble d'une cathédrale. On voit très bien de même que les étages supérieurs n'étaient point voûtés, si ce n'est au-dessus de la salle la plus reculée. Mais il n'y avait point de piliers intermédiaires pour soutenir la voûte qui était d'une réelle élégance et d'une certaine hardiesse, car elle avait environ 15 mètres sous clef et plus de 10 de portée. Comme l'escarpement du flanc de la colline, non moins que l'élévation des murs, éloignait tout danger de ce côté, de grandes fenêtres à roses et à meneaux éclairaient latéralement cette pièce. Elle était pavée en carreaux émaillés dont on retrouve quelques débris. Là, devait être sans doute la salle d'honneur. La chapelle était placée ailleurs et de même au premier étage, au dessus du passage voûté, conduisant au préau, qu'elle a obstrué de ses décombres. Un des angles du donjon a conservé les arrachements de sa voûte et même quelques restes des peintures religieuses qui la décoraient.

» La façade postérieure du château est fortifiée de trois tours, l'une carrée, les autres rondes, et n'est percée que de meurtrières. Au lieu de deux mètres d'épaisseur, elle en a trois; et l'on en a profité pour ménager, dans toute la longueur de la muraille, une étroite galerie qui établissait une prompte communication entre les tours et recevait, en outre, un certain nombre d'arbalétriers. Les six meurtrières en croix qui s'y voient encore pouvaient battre les approches du fossé pardessus la première enceinte, car la galerie est située dans la région moyenne de la façade, fort au-dessus de l'atteinte du bélier. Elle est indiquée sur le plan par des hachures.

» Ces précautions extraordinaires montrent bien que l'ingénieur jugeait ce côté le plus faible ; et, en effet, l'ennemi y pouvait aborder de plain-pied les murs du château, tandis qu'à l'opposé il aurait difficilement fait mouvoir ses machines de guerre sur le terrain accidenté qui s'étend jusqu'à la tour de la Jeannette. Cependant l'on avait renoncé à créer des ouvrages avancés, et l'on s'était contenté de flanquer de tours la première enceinte et de la faire précéder d'un large et profond fossé, creusé dans le roc, qui coupe le plateau d'une pente à l'autre.

» On n'oubliera pas de remarquer l'originale façon dont sont disposés deux des escaliers à vis du château. Ils se trouvent, non dans les tours, non dans des tourelles accolées, mais au point précis où les tours se soudent aux murs, de manière à desservir directement toutes les pièces et toutes les galeries.

» Où étaient placés les caves, les magasins, et enfin les écuries nécessaires dans une grande forteresse féodale? Probablement sur cette cour formée le long du plus grand côté du trapèze par l'enceinte extérieure. Une large porte, très inférieure au rez-de-chaussée, s'y ouvrait dans une tour carrée, et, en outre, il pouvait exister quelques bâtiments de dépendances adossés au rempart. Une tradition assez accréditée dans le pays, veut qu'il ait existé un souterrain partant du château pour aboutir au-delà de la Briance ; et il suffit d'avoir lu Froissard pour se convaincre que cela n'a rien d'absolument improbable. Dans les écrits du célèbre chroniqueur, tantôt c'est un château que l'on assiège encore trois jours après que la garnison s'est évadée jusqu'au dernier homme, tantôt ce sont des assiégeants qui pénètrent, par une voie souterraine, jusqu'au cœur de la place. Peut-être donc les fondateurs de Châlusset avaient-ils songé, en effet, à se donner un *tunnel* débouchant au loin dans la campagne. Quoique le château repose presque partout sur le roc, il n'était point impossible de rencontrer un banc de tuf qui se serait prêté le mieux du monde à un travail de ce genre. En tout cas, s'il y a eu un tel souterrain à Châlucet, on n'en connaît nullement l'entrée.

La date de la première fondation de Châlusset n'est pas douteuse. La chronique des évêques de Limoges, écrite au XII° siècle par Bernard de Guido (1), la donne clairement en ces termes :

« Eustorgius cum Arnaldo Beraldi ac Bernardo Janiliaco Castrum *Luceti*
» prope Lemovicum ædificavit, ubi morabantur, non audentes habitare Le-

---

(1) Bernard Guidonis a écrit au XIV° siècle. — L'indication est empruntée à Geoffroi de Vigeois, qui vivait plus de cent ans auparavant.

» movico, timore comitis Pictavensis, Aquitaniæ ducis. » (Bib. mss. lib. P. Labbæi, t. 2, p. 370.)

» C'est donc avant le milieu du xii° siècle que l'évêque Eustorge bâtit Châlusset; car ces démêlés avec le duc d'Aquitaine se placent vers cette époque. Deux chevaliers, Arnaud de Bérald et Bernard Jœniliac, s'étaient associés à lui dans son entreprise et peut-être faudrait-il expliquer par ce fait curieux pourquoi il existait à Châlusset un grand et un petit château qui se protégeaient mutuellement, mais qui restaient indépendants l'un de l'autre. La tour de la Jeannette aurait été primitivement le donjon de l'un des compagnons d'Eustorge.

» Dans le grand château, il ne reste aussi que le donjon de cette première fondation. Quoique les constructions actuelles soient généralement en moellons de schiste fortement cimentés, et que, là où l'on a employé la pierre de taille, comme pour les nervures des voûtes, les fenêtres, les cages d'escaliers, et quelques parties des façades, on ne se soit servi que de granit, il reste cependant assez de détails caractéristiques pour pouvoir affirmer que Châlusset a été complètement rebâti et fort agrandi dans la première moitié du xiii° siècle. Les crochets des chapiteaux et des consoles, les doubles tores des nervures, les jambages de plusieurs cheminées, enfin le dessin des fenêtres se rapportent nettement au mauvais style ogival qui était alors en usage dans la province. A cette époque, d'ailleurs, le château était devenu la propriété des vicomtes de Limoges, qui semblent avoir voulu en faire leur résidence principale ou du moins le siège principal de leur puissance. Mais bientôt l'héritière de Limoges porta tous les fiefs de la vicomté dans la maison de Bretagne (1), et le château de Châlusset, dont nul village et nulle maison même n'étaient encore venus altérer la solitude ou diminuer la tristesse infinie, fut dès lors à peu près abandonné. Pendant tout le xiv° et le xv° siècles, on le voit tantôt au pouvoir des Anglais, tantôt occupé par quelque bande de routiers, mais toujours pris facilement, parce que sa garnison n'était jamais proportionnée à son immense étendue. On s'étonne même de ce qu'il tient si peu de place dans l'histoire. Ce n'en est pas moins un monument du plus grand intérêt, et, certes, le plus curieux de la province. Dans la France entière, on aurait peine à citer un type aussi complet, aussi bien conservé, et à la fois aussi ancien de l'architecture militaire du moyen-âge. »

(*Congrès archéologique de France : Séances générales tenues à Sens, à Tours, à Angoulême et à Limoges, par la Société française, pour la conservation des monuments historiques*). Paris, Derache, 1848, p. 415.

(1) Il y a ici quelques erreurs historiques qu'il est superflu de relever. Nous renvoyons nos lecteurs au chapitre III du présent ouvrage.

XXXI

Bibliographie de Châlucet

§ 1. — OUVRAGES SPÉCIAUX

1. François Levasseur : *Le Château de Châlusset ou l'Excommunication*, chronique du xie siècle (1). — Limoges, Bargeas, imprimeur, place Royale, 1840 ; 2 vol. in-12, titre gravé avec frontispice.
2. L'abbé Arbellot : *Château de Châlusset, description et documents historiques*, suivis de quelques notes sur l'église de Solignac. — Limoges, Ardillier fils, 1851 ; in-8° (vue et plan d'après M. F. de Verneilh, n° 43 ci-après).
3. Anonyme : *Le Sire de Châlusset, complainte sur l'air du tra la la*, s. l. n. d.; autographie Garjanne, in-4° de 8 pages avec couverture et dessins humoristiques. (Attribué à M. le comte de Coëtlogon, alors préfet de la Haute-Vienne).
4. Louis Guibert : *Le Château de Châlucet*, notice historique et descriptive, avec un plan (lith. par Payenneville). — Limoges, Sourilas-Ardillier, 1863 ; in-12. — Nouvelle édition : Limoges, Sourilas-Ardillier, 1871 ; in-12.
5. Armand de Solignac (Armand de La Porte) : *Les Maîtres de Châlusset, les Chevaliers du Temple*. — Limoges, Barbou frères, s. d., gr. in-8°.
6. Emile Poumeau : *Les Tours de Châlusset*, pièce historique en 4 actes et 5 tableaux, en vers, représentée pour la première fois sur le Théâtre de Limoges le 30 mai 1885.
7. Louis Guibert : *Les Tours de Châlucet*, notice complétée à l'aide d'un grand nombre de nouveaux documents. — Limoges, v° Ducourtieux, 1886 ; in-8° avec cinq dessins de M. J. de Verneilh et un plan général.

§ 2. — NOTICES ET ARTICLES CONSACRÉS A CHALUCET DANS DES OUVRAGES GÉNÉRAUX, DES JOURNAUX, DES PUBLICATIONS DIVERSES

8. *Description des monuments des différents âges observés dans le département de la Haute-Vienne*, avec un précis des Annales de ce pays,

---

(1) Il n'est pas inutile de rappeler que la fondation de Châlucet remonte seulement à 1132.

par C.-N. ALLOU, ingénieur au corps royal des mines. — Limoges, F. Chapoulaud, imprimeur-libraire, place des Bancs, 1821; in-4°. Pages 289 à 294 : *Tours de Châlusset*.

9. *Revue Limogienne*, publiée à Limoges, imprimerie Bargeas; Bonnet, gérant. N° spécimen du 21 octobre 1834 : *Une visite aux ruines de Châlucet*, article signé B.

10. *Album historique du Limousin*, dessins et illustrations par J.-B. TRIPON, texte par Louis AYMA. — Limoges, lithographie Tripon, s. d. (vers 1835); in-8°. P. 112 : *Tours de Châlusset*. La vue n° 37 à la fin.

11. *Gazette du Haut et Bas Limousin, de la Marche et du Bas Périgord*. — Limoges, Laurent, directeur-gérant. N° du vendredi 9 octobre 1835, feuilleton : *Notice sur Châlusset* (avec une pièce de vers), signée Z.

12. *Id.*, n° du vendredi 27 novembre 1835, feuilleton : *Châlusset, histoire d'hier*. Signé : CYRANO (de Bergerac).

13. La *Gazette du Haut et Bas Limousin, de la Marche, de l'Angoumois*, du 24 avril 1836, a donné comme supplément une lithographie signée Alfred Fr. (n° 39 ci-après). Cette vue accompagnait un article ou une notice publiée dans la feuille en question, et que nous n'avons pu retrouver.

14. *Historique monumental de l'ancienne province du Limousin*, par J.-B. TRIPON. — Limoges, Martial Darde, 1837; in-4°. P. 141 à 145 : *Tours de Châlusset* (reproduction de la notice de M. Allou).— L'album qui accompagne cette publication et qui est intitulé : *Ancienne province du Limousin, publication des monuments anciens, mis en regard des monuments modernes qui les ont remplacés*, par J.-B. TRIPON, 1836, renferme une *Vue de Châlusset* (V. n° 38 ci-après).

15. *Notes d'un Voyage en Auvergne et en Limousin*, par P. MÉRIMÉE. — Paris, 1838, in-8°, p. 113 : *Châlusset*.

16. *Gazette du Centre*, publiée à Limoges, imprimerie Darde, Alf. de La Guéronnière, rédacteur en chef : Première année, n° 31 — 18 août 1838 — commencement de la publication du feuilleton : *Le Château de Châlusset, chronique du XII° siècle (sic)*, par Francis LEVASSEUR (V. le n° 1 ci-dessus). Ce feuilleton ne paraît pas avoir été continué.

17. *Guide pittoresque du voyageur en France*. — Paris, Firmin Didot, s. d. ; in-8°. 57° livraison : Route de Paris à Toulouse, département de la Haute-Vienne, p. 5 : Boisseuil (notice sur Châlucet), avec une vue dessinée par ALLOU (n° 40 ci-après).

18. *Le Cabinet de l'amateur et de l'antiquaire*. — Paris, 3° vol., 1844-1845; in-8°. Architecture militaire au moyen âge par P. Mérimée et Albert Lenoir, p. 534, quelques lignes seulement, avec plans et coupe (V. n° 42 ci-après).

19. *Congrès archéologique. Séances générales tenues à Sens, à Tours, à*

Angoulême et à Limoges, en 1847, par la Société française pour la conservation des monuments historiques. — Paris, Derache, 1848. — Rapport de M. F. de Verneilh sur les monuments visités dans l'excursion archéologique du 23 septembre ; p. 415, *Châlusset;* aux pages 416 et 418, *Vue et plan de Châlusset,* par M. Jules DE VERNEILH (n° 43).

20. *Bulletin de la Société archéologique et historique du Limousin.* — Limoges, Chapoulaud frères ; in-8°. T. I, 1846, p. 130 : *Anciennetés limousines : Châlus, Châlusset; mort de Richard Cœur-de-Lion,* par M. GRELLET-DUMAZEAU.

21. *Le Chroniqueur du Périgord et du Limousin.* — Périgueux, Boucharie, 7° année, 1854; in-fol. Pag. 203 à 209 et 236 à 239 : Reproduction du mémoire de M. Grellet-Dumazeau (n° 20).

22. *Dictionnaire géographique, statistique et historique de la Haute-Vienne,* par Emile GRIGNARD ; 5 vol. in-4°, plus deux volumes de supplément : *Dictionnaire des communes* et *Renseignements,* manuscrits, à la Bibliothèque des archives départementales de la Haute-Vienne. T. I, p. 554 à 557 : *Châlusset* (avec un plan d'ensemble). — Achevé vers 1855.

23. *Revue archéologique et historique de la Haute-Vienne, Guide du voyageur en Limousin,* par l'abbé ARBELLOT, chanoine honoraire. — Limoges, Ducourtieux et Cie, éditeurs, 1856; in-12. P. 103 et 104 : *Châlusset.*

24. *Le Vingt-Décembre,* courrier de Limoges, journal quotidien, Limoges, Chatras : *Lettres sur le Limousin*; la première, datée de juin 1856, au n° du 28 février 1857. La publication a duré jusqu'en 1859. Il est question de Châlucet dans plusieurs de ces lettres. (L'auteur était M. Flour de Saint-Genis, directeur de l'enregistrement, à Limoges).

25. *L'Essor,* revue littéraire, scientifique, artistique des départements du Centre (hebdomadaire). Limoges, imprimerie Sourilas-Ardillier. — Première année, n° 6, 16 juillet 1859 : *Châlusset,* par Louis G...

26. *Limoges et le Congrès scientifique en 1859,* par M. A. DE LONGUEMAR (Extrait du journal *la Vienne*). — Poitiers, Dupré, 1859; in-18. P. 100 à 110 : *Solignac et Châlusset,* avec des vers de M. VILLEMSENS.

27. *Rimes franches,* par Louis GUIBERT. — Paris, Librairie centrale, 1864; in-12. P. 52 à 64 : *Pèlerinage.*

28. *Abécédaire ou Rudiments d'Archéologie,* par M. A. DE CAUMONT, correspondant de l'Institut, fondateur des Congrès scientifiques, etc.— Architecture civile et militaire; 3e édition, Caen, F. Le Blanc-Hardel, 1870, in-8°, p. 535 à 539 : *Château de Châlusset (Hte-Vienne);* à la p. 536, le Plan ; à la p. 538, la Vue dessinés par M. J. de Verneilh (n° 43 ci-après).

29. *Notes de Voyage,* poésies, par Louis GUIBERT. — Paris, E. Lachaud, 1872; in-12. P. 48 : *Le Château de Châlucet.*

30. *La Vicomté de Limoges, Géographie et Statistique féodales*, par M. G. Clément-Simon, correspondant du Ministère de l'Instruction publique. — Paris, Champion, 1873; in-8°. P. 142 et suiv., chap. vii : *La Châtellenie de Châlusset* (1).

31. *Géographie de la Haute-Vienne*, par Adolphe Joanne. — Paris, Hachette, 1877; in-18. P. 39 : *Boisseuil* (art. sur Châlucet), avec une *Vue du château à la p. 11* (V. n° 48).

32. *Limoges et ses Environs, Guide du voyageur*, par M. Paul Ducourtieux. — Limoges, V° H. Ducourtieux, 1884; in-12. P. 94 à 95 : *Solignac et Châlucet*.

§ 3. — Plans, dessins et vues

33. 18° s. *Châlusset*. carton aquarelle. (Cabinet de M. Roméo Chapoulaud, à Limoges). — Inédit.

34. Collection des dessins de M. Allou destinés à accompagner la *Description des monuments de la Haute-Vienne* (n° 8 ci-dessus); planche représentant une *Vue des ruines de Châlusset, prise du bas de la montagne*, et trois *Chapiteaux et Pilastres de Châlusset* (Bibliothèque de la Société archéologique et historique du Limousin, à Limoges). — Inédit.

35. *Vues pittoresques du Limousin et monuments anciens dessinés d'après nature*, par M. Albert aîné. — Limoges, chez l'auteur, 1823 et suiv.; in-4° : *Vue du château-fort de Châlusset*, — *castrum Lucilii*, — gravure s. d. signée : Albert — de Saulx.

36. *Château-fort de Châlusset*, autre vue; dessin d'Albert, gravure de Mantouc.

37. *Album historique du Limousin*, dessins et illustrations par J.-B. Tripon; texte par Louis Ayma. — Limoges, lithographie Tripon, s. d. (vers 1835); in-8°. — Petite vue : *Tours de Châlusset*, à la fin de l'ouvrage.

38. *Ancienne province du Limousin. Publication des monuments anciens, mis en regard des monuments modernes qui les ont remplacés*, par J.-B. Tripon. — Limoges, 1836; in-4°. Lithographie sur feuille double : *Vue des Tours de Châlusset, prise du bord de la Briance* (V. le n° 14 ci-dessus).

---

(1) Il n'est pas absolument exact de dire que le château de Châlucet fit partie de la Vicomté de Limoges. On a vu qu'il avait appartenu aux d'Albret de longues années avant que la vicomté passât à leur famille. Châlucet était une possession Limousine de la famille d'Albret au même titre que la vicomté, ne relevant aucunement de celle-ci, à laquelle depuis la fin du treizième siècle, tout au moins depuis 1307, ne la rattachait plus aucun lien féodal.

39. *Châlusset*, supplément à la *Gazette du Haut et Bas Limousin, de la Marche et de l'Angoumois*, du 24 avril 1836; lithographie signée Alfred Fr. — Cette vue accompagnait sans doute un article publié par ce journal.
40. *Le Guide pittoresque du voyageur en France*. — Paris, Firmin Didot, s. d. (vers 1840); in-8°. 57° livraison : *Châlusset*, vue dessinée par Allou, gravée par Schrœder.
41. *Instructions du comité des travaux historiques : architecture militaire*. — Plan de Châlusset.
42. *Le Cabinet de l'amateur et de l'antiquaire*. — Paris, 3° vol., 1844-45 (V. n° 18 ci-dessus), p. 534 : *Plan du donjon* de Châlucet; p. 546, plan du château et coupe suivant ce plan.
43. *Congrès archéologique. Séances générales tenues, en 1847, à Sens, Limoges*, etc. — Paris, Derache, 1848; in-8°. P. 415 : *Châlusset*; à la page 416 : *Vue du château de Châlusset*, par M. Jules de Verneilh; à la page 418 : Plan du Château Haut, par le même.
44. *Abécédaire d'Archéologie...* par M. A. de Caumont. — 3° édit., Caen, Leblanc-Hardel, 1870 (n° 28 ci-dessus) : Reproduction de la *vue* et du *plan* ci-dessus (n° 43) aux pages 536 et 538, sous les titres : *Plan du château de Châlusset et de la seconde enceinte* et *Vue de l'entrée du château de Châlusset et d'une partie de la première enceinte*.
45. *Dictionnaire géographique, etc., de la Haute-Vienne*, par Emile Grignard (n° 22 ci-dessus). T. I, p. 555 : *Ruines du château-fort de Châlusset*, plan (échelle de 0^{m}01 pour 25 mètres).
46. *Château de Châlusset. Description et documents historiques*, suivis de quelques notes sur l'église de Solignac, par M. l'abbé Arbellot, 1851, in-8° (n° 2 ci-dessus) : Reproductions lithographiées du plan et du dessin de M. J. de Verneilh (n° 43 ci-dessus).
47. *Le Château de Châlucet*, etc., par Louis Guibert (V. n° 4 ci-dessus); plan général dressé par l'auteur, lithographié par Payenneville.
48. *Géographie de la Haute-Vienne*, par A. Joanne. — Paris, Hachette, 1877. P. 11 : *Château de Châlucet*, planche sur bois, signée : Thorion.
49. *Les Tours de Châlucet*, notice, par M. Louis Guibert (V. ci-dessus n° 7). Dessins de M. Jules de Verneilh : 1° *Châlucet* (vue générale); 2° *Le Château Haut de Châlucet*, vu du moulin de la Briance; 3° *Le haut Château de Châlucet*, côté sud-est, vue prise du nord-est; 4° *Galerie sud-ouest au haut Châlucet;* 5° *Trois chapiteaux de Châlucet; sceau et contre-sceau de Pierre Bernard, seigneur de Châlucet*, 22 mai 1264; 6° Plan général, dressé par M. L. Guibert.

NOTA

Nous devons à la bienveillante obligeance et au talent si connu et si apprécié de M. Jules de Verneilh les excellents dessins qui accompagnent cette notice. Ce sont les mêmes que ceux portés ci-dessus sous le n° 49. Ils ont été faits d'après des croquis remontant à quelques années et vérifiés à l'aide de vues photographiques obligeamment prises par notre ami et confrère M. Camille Marbouty.

Notre plan est fait à peu près à la même échelle que celui de M. Grignard, 0ᵐ,01 c. pour 25 m. Toutefois nous avons été obligé, pour présenter d'une façon suffisamment distincte tout l'ensemble de la colline, de raccourcir assez sensiblement la distance qui sépare les derniers ouvrages du Bas Châlucet des premières défenses extérieures du Haut Château.

ERRATA

P. 4, lignes 6 et 7. — On retrouve la Briance. *Lire* : On trouve la Ligoure.

P. 6, lignes 20-21. — Nous ne retrouvons pas de traces bien précises d'une première enceinte. *Ajouter* : Le grand mur qui contourne au nord et au nord-ouest les premières constructions, nous paraît avoir constitué l'enceinte des constructions extérieures du village, et non du Château proprement dit.

P. 9, ligne 18. — 200 mètres. *Lire* : 20 mètres.

P. 10, ligne 26. — A l'intérieur. *Lire* : A l'extérieur.

P. 22, note 4, ligne 2. — *Prossessionibus*. Lire : *Possessionibus*.

P. 28, ligne 6. — Sièle. *Lire* : Siècle.

P. 35, ligne 29. — Devint. *Lire* : Devient.

P. 39, ligne 8. — Héritier. *Lire* : Héritiers.

P. 48, ligne 2. — Maumont. *Lire* : Maulmont; — ligne 11 : Vers 1260. *Lire* : 1263.

P. 56, ligne 2. — *Lire* : Pierre de Monts est chevalier de Châlucet en 1259.

P. 79, ligne 16. — Sous ses ordres. *Lire* : Avec lui.

P. 103, ligne 29. — Cathédrele. *Lire* : Cathédrale.

P. 116, ligne 1. — Cothisée. *Lire* : Cothisé.

P. 118, dernière ligne. — Semble avoir été aliénée peu de temps avant la réunion de la vicomté de Limoges à la couronne. *Lire* : ne fut aliénée que longtemps après la réunion, etc.

P. 119, lignes 14-15. — Il faut vraisemblablement placer à une date comprise entre le 13 février 1604 et l'an 1610 la vente de Châlucet. *Lire* : En 1641 seulement, les commissaires chargés de la vente de l'ancien domaine de Navarre vendirent Châlucet; — dernière ligne : supprimer le *Vous*.

P. 120. — *Supprimer les six premières lignes, jusqu'à* : l'Election de Limoges. *Lire* : Elle fut vendue, nous ignorons pour quel prix, à François de Verthamont, le 13 août 1641.

P. 122, ligne 30. — Croyons-nous de retarder. *Lire* : Croyons-nous, de retarder.

P. 142, ligne 12. — Renunciantes. *Lire* : Renunciantes.

P. 145, ligne 23. — Deveniant, promissa. *Lire* : Deveniant promissa.

P. 150, ligne 22. — Et singulis predictum, pro curatorem. *Lire* : Et singulis predictum procuratorem.

P. 153, ligne 13. — *àchapt*. *Lire* : achapt.

P. 163, note 4. — Ce sergent royal est mentionné dans un grand nombre de pièces de l'époque, appelé Paparet, etc. *Lire* : Ce sergent royal, mentionné dans un grand nombre de pièces de l'époque, est appelé tantôt Paparet, etc.

P. 164, ligne 20. — Procederet au procedi diceret. *Lire* : Aut procedi diceret; — ligne 28 : Renunciare quinimo. *Lire* : Renunciare, quinimo.

P. 166, ligne 2. — Apud Castrum Lucetum quatuor sextarios. — *Lire* : Apud Castrum Lucetum, quatuor sextarios; — ligne 4 : Una eminam. *Lire* : Unam eminam.

P. 171, ligne 13. — Priuz. *Lire* : Prinz.

P. 173, note 2, ligne 2. — Connuc. *Lire* : Connu.

P. 189, ligne 19. — MM. les commissaires du roi de Navarre, pour la vente, etc. *Lire* : MM. les commissaires du roi de Navarre pour la vente.

TABLE

DES

NOMS DE LIEUX ET DE PERSONNES

A

A. de Jaunhac, 34.
Aalmodis, v. Almodis.
Abadie (l'), auj. commune de Château-Chervix (Hte-V.), 187.
Acquila, Aquila (de), v. Jean de Laigle.
Adémar, abbé de St-Martial de Limoges, 27, 28, 125.
Adémar III, vicomte de Limoges, 20, 21, 126.
— V, vicomte de Limoges, 25, 26, 44, 126.
— VI, vicomte de Limoges, 31.
— frère du vicomte de Limoges Gui V, 32.
— de Friac, prieur général de Grandmont, 133.
— Lespinat, 66.
— de Maulmont, 48, 49, 64, 67, 192.
— Vigier, 37.
Adémarie (l'), v. Desmarie.
Aenno (de), v. Ayen.
Age (l'), commune de St-Hilaire-Bonneval (Hte-V.), 152.

Age-Grauli (l'), tènement, paroisse de Boisseuil (Hte-V.), 186.
Agen, auj. chef-lieu du département de Lot-et-Garonne, 107.
— (Evêques de), 107.
Agénois, province de France, 67.
Agnes Chabossa, 18.
— *de Domibus*, 37.
Agnès (sainte), 127.
— femme de Guillaume IV, vicomte de Thiers, 67.
— femme de Bernard de Jaunhac, 26, 42, 126.
— belle-sœur de Gui de Périgord, 166.
Agnès de Frachet, 55.
— de Marval, femme de Jourdain de Montcocu, 155.
— de Royère, 59.
Ahelis de Royère, 59.
Ahun, auj. chef-lieu de canton, arrondiss. de Guéret (Creuse), 28.
Aiba, 27, 125.
Aigueperse, commune de St-Paul-d'Eyjeaux (Haute-Vienne), 143.

Aigueperse, commune de St-Bonnet-la-Rivière (Hte-Vienne), 143.
Aiguillon, auj. commune, canton de Port-Ste-Marie (Lot-et-Garonne), 71, 167.
Ailly, v. Jacques d'.
Aimeric, famille noble d'Aixe, 29, 143.
— vicomte de Rochechouart, 82.
— fils de Gérald de Jaunhac, 24.
— fils d'Etienne de Jaunhac, 126.
— frère de Bernard Bucarst, chanoine, 124.
— chapelain, 127.
— Bernard, 23, 25, 26, 33, 39, 124, 131.
— Bernard, qual. seigneur de Châlucet, 11, 38, 131, 132, 191.
— de la Brosse ou de La Brousse, 60, 134.
— Brun ou de Brun, 126.
— Chaptoude l'Age au Chapt, al. Lajonchapt, évêque de Limoges, 79, 82.
— de Cossac ou de Coussac, 21.
— Frichon, 68.
— Guybert, avocat du Roi, consul de Limoges, 116.
— de Jaunhac, 23, 24, 25, 34, 40, 41, 42, 125, 136, 151, 152.
— du Mas, 66.
— de Montet, 127.
— de Monts, 56.
— de Monts, chanoine, 126.
— de Péreix ou de Peruciih, 181.
— de Ponroi l'aîné, 126.
— de Serre ou de La Serre de Malemort, évêque de Limoges, 138.
— Teret, 181.

Aimericus, Aymericus, Aymiricus, v. Aimeric.
Aimerigot Marcel, 84, 85, 90.
Aisse, v. Aixe.
Aixe, auj. chef-lieu de canton, arr. de Limoges (Hte-V.), 20, 24, 27, 29, 33, 47, 49, 73, 74, 79, 87, 93, 111, 119, 126, 143, 171, 172, 185.
— Château (de), 64, 67, 171, 172.
Aixois, 87.
Alaïde, abbesse des Allois, 142.
— héritière du Breuil, 27.
— La Brosso, 60.
— Vigier, 60.
Alain d'Albret, roi de Navarre, seigneur de Châlucet, 109, 110, 193.
— de Beaumont, 77.
Alaïs, v. Alaïde.
Alamascla, nom de personne, 166.
Alavalensia — , 166.
ALBERT aîné, 202.
Albiac, v. Gabriel.
Albret, (famille d'), 48, 72, 93, 94, 95, 98, 100, 101, 104, 109, 116, 177, 178, 180, 193. — Voir Amanieu, Arnaud, Bérard, Bernard, Charles, Guillaume, Henri, Jean, Marguerite, etc.
— (comté de), 188.
Aldegaire, v. Hildegaire.
Aldegarius, v. Hildegarius.
Aliénor, duchesse d'Aquitaine, 32.
Alimandias (Las), tènement de la paroisse du Vigen (Hte-V.), 186.
Allebreto (de), v. Albret.
Allodiis (de), v. Allois.
Allois (les), auj. commune de La Geneytouse (Hte-V.), 28, 113.
— abbaye de filles, 28, 39, 40, 50, 51, 54, 55, 60, 135, 136, 142, 143, 148.
— (abbesses des), 137, 143.

Allou (C. N.), 6, 200, 202, 203.
Almodie, abbesse des Allois, 142.
Almodie, femme d'Aimeric de
    Jaunhac, 23, 24, 25.
— femme d'Itier Bernard,
    124, 146.
— de Monts, 56.
— Petitaud, 69.
Almodis, v. Almodie.
Alroi, mas près d'Hautefage (Corrèze), 26.
Altafagia, v. Hautefage.
Alucenes, localité près le Vigen (Haute-Vienne), 22.
Alvernia, Alvernhia, Arvernia, v. Auvergne.
Amanieu d'Albret, 101, 176, v. Arnaud.
— ou Amanyon de Mussidan, 93, 173, 176.
Ambazac, auj. chef-lieu de canton, arrondissement de Limoges (Haute-Vienne), 24, 27, 131.
Amblard, famille, v. Pierre.
— abbé de St-Martial de Limoges, 25.
Ambloy, peut-être celui du canton de Saint-Amand (Loir-et-Cher), 188.
— (seigneurs d'), 188.
Anaclet, antipape, 20.
Andernos, auj. canton d'Audange (Gironde), 188.
— (seigneurs d'), 188.
Angoulême, ville, auj. chef-lieu de la Charente, 107, 198.
Angoumois, province de France, 77, 93, 97.
— (sénéchaux d'), 156.
Anjou, province de France, 76.
— ducs de, 76.
Annexonium, v. Nexon.
Antoine de Bourbon, roi de Navarre, 119.
Aqua sparsa, v. Aigueperse.
Aquitaine, province, 26, 32, 74, 81.
Arbellot (l'abbé), 18, 85, 199, 201, 203.

Archambaud II (ou III), abbé de Solignac, 59, 141, 153, 154, 155.
— III (ou IV), abbé de Solignac, 59, 192.
Aredius, v. Yrieix, Saint-Yrieix.
Aren, localité inconnue, 116.
Arènes (Notre-Dame des), v. Notre-Dame.
Argenton, auj. chef-lieu de canton, arrond. de Châteauroux (Indre), 90.
Armagnac (comte de), 188.
Armand de Bonneval, 24.
Armorique, portion de la Gaule, 14.
Arnaldus, v. Arnaud.
Arnaud Amanieu d'Albret, seigneur de Châlucet, 193.
— Bernard, 20, 23, 25, 26, 27, 29, 119, 124.
— Bernard, fondateur de Châlucet, 20, 22, 26, 191, 197, 198.
— de Bonneval, 24.
— *de Cavapenna*, sénéchal Anglais du Limousin, 163.
— de Liners ou Livers, 127.
Arnoul d'Audrehen ou d'Audenhem, maréchal de France, 72, 73.
Arondel, (comte d'), 90.
Arthur de Bretagne, vicomte de Limoges, 31, 48, 63.
Artige (l'), prieuré d'hommes, près Saint-Léonard (Hte-Vienne), 16.
Artois, prov. de France, 70, 73, 93, v. Philippe d'Artois.
Auberchicourt, v. Eustache de Bertincourt.
Audebert, v. Marot.
Audet de La Rivière. p. 95.
Audoin d'Auvergne, 96.
— Maledent, 116.
— Reyraud, prêtre, 153.
Audrehem, Audenhem, v. Arnoul d'.

Auge-Plane (l'), auj. commune du Vigen (Hte-Vienne), 187.
Aulières (Les), auj. commune d'Eyjeaux (Hte-Vienne), 151, 152.
Aunay, v. Ponce, Philippe d'.
Aureil, auj. commune du canton sud de Limoges (Hte-Vienne), 5, 24, 55, 123.
— prieuré d'hommes, 5, 15, 16, 18, 22, 25, 26, 55, 67, 123, 125, 126.
— (prieurs d'), 137.
Aurel, v. Aureil.
Aurelium, v. Aureil.
Auvergnats, 92.
Auvergne, province de France, 64, 82, 84, 85, 90, 91, 157, 160.
— (dauphins d'), 88, 90.
— famille, v. Audoin, Martial, Mathieu, Pierre.
Avignon, ville, chef-lieu du département de Vaucluse, 91.
Axia, v. Aixe.
Ayen, auj. chef-lieu de canton, arrondissement de Brive (Corrèze), 30, 74, 128.
Ayma (L.), 200, 202.
Azincourt, auj. commune du Parcq, arrondissement de St-Pol (Pas-de-Calais), 95.

B

B., fils de Bernard de Jaunhac, 33.
B., frère de P. Bernard de Châlucet, 135.
B. de Bosco, 37.
B. Peraus, 37.
B. de Royère, 33, 44, 59, 154.
Bade (La), aujourd'hui commune de Boisseuil (Hte-Vienne), 186.
Badie (La), v. l'Abadie.
Bajuli, Baile, v. Gérald.
Baluze (E.), 61, 63, 65.
Bancs (place des), à Limoges, 117.
Bandello (M.), 93, 107, 108.
Bar (duc de), 193.

Barde, v. Sicard de La.
Barrière (Chez), commune de Boisseuil (Haute-Vienne), 152.
Basque (Le Petit), 98.
Basses-Pyrénées, v. Pyrénées.
Baud, famille, v. Grégoire.
Béarn, province de France, 83.
Béarnais, 84.
Beaucaire, auj. chef-lieu de canton, arrondiss. de Nimes (Gard), 157, 160.
— (sénéchaussée de), 157, 160.
Beauchamp, v. Jean de.
Beaufort, v. Pierre.
Beaulieu, v. Simon de.
Beauloup ou Bosloup, commune d'Eyjeaux (Haute-Vienne), 152.
Beaupré-Saint-Germain-Beaupré, Creuse, (seigneur de), 114.
Beauvais ou Beauvoir, quartier du Château de Limoges, 59.
Beauvaisis, prov. de France, 181.
Béchadie, commune de Jourgnac (Haute-Vienne), 181.
Belle (La), ou plutôt Bayle, auj. commune de Château-Chervix (Haute-Vienne), 187.
Bellac, auj. chef-lieu d'arrondissement de la Hte-Vienne, 73, 117.
Bellegarde, commune de Boisseuil (Haute-Vienne), 101, 174, 176, 177, 178, 186.
Belliquadri, v. Beaucaire.
Bello-Videre (de), v. Beauvais.
Benayes, auj. commune du canton de Lubersac (Corrèze), 27, 51.
Bénévent, abbaye, auj. chef-lieu de canton de la Creuse, 163.
— (maison de, dans la Cité de Limoges), 163.
Bérard d'Albret, capitaine de Châlucet, 101, 173, 175, 176.
Bergerac, chef-lieu d'arrondissement (Dordogne), 173.
Bermondet, notaire, 80, 82, 94.

— 211 —

Bernard, familles, v. ci-après Bernard d'Aixe, Bernard de Bré, Bernard de Jaunhac.
— de Jaunhac, famille, 13, 20, 28, 37, 38, 43, 57, 146, 191, v. Aimeric, Arnaud, Constantin, Gérald, Guillaume, Hugues, Itier, Pierre.
— fils de Gérald de Jaunhac, 24.
— fils d'Itier Bernard, 124.
— d'Aixe, famille, 23.
— d'Aureil, 50, 142.
— de Bré, famille, 23, 26, 27, 146.
— de Jaunhac, 20, 24, 25, 26, 27, 29, 33, 41, 51, 60, 119, 124, 125, 126.
— fils de Pierre, 24, 123, 124.
— seigneur de Chálucet, 20, 22, 26, 191, 197, 198.
— de Bolonie, ou de Boloine, 181.
— Bucarst, 124.
— Esporners, 127.
BERNARD Gui ou GUIDONIS, v. Gui.
Bernard Itier, v. Itier.
— de Lafont, 166.
— La Melle, 66.
— du Mas, 137.
— de Monts, 56.
— de La Porcherie, 127.
— de Royère, 23, 27, 32, 59, 133.
— de Saint-Genest, 124.
— Taillefer, fils d'Armand de Bonneval, 24.
— Tranchelion, 126.
— de Vieilleville, clerc, 164.
Bernardie (La), commune de Saint-Jean-Ligoure (Hte-Vienne), 186.
Bernardiéras ou Bernardeiras, prêtre, 107, 108, 109.
Bernardus, Bernardi, v. Bernard.
Berne, *pour* Béarn, v. Béarn.
Berne, ville de Suisse, 108.

Bernois *pour* Béarnais, v. Perrot.
Bernois, habitant de Berne, 108.
Berri, province de France, 76, 77, 81, 86, 87, 90, 91, 92.
— (ducs de), 90, 95.
Berrichons, 92.
Bertincourt, v. Eustache de.
Bertrand, abbé de Solignac, 192.
— Ferrand, 99.
— du Guesclin, connétable de France, 74, 77, 78, 81, 94.
Beylie, auj. commune de Vicq (Haute-Vienne), 116.
Biscarosse, auj. commune du canton de Parentis (Landes), 188.
— (vicomtes de), 188.
Bituricæ, v. Bourges.
Blanc (Le), auj. chef-lieu d'arrondissement de l'Indre, 67, 90.
Blads (Les), commune de Meilhac (Haute-Vienne), 154.
Blanchard, v. Olivier, Joseph.
Blanose, v. Pierre de.
Blanzou, rivière de la Hte-V., 17.
Blois, v. Charles de.
Blondeau de Combas, famille, 120.
Bochard, chevalier, 126.
Bois (Le), peut-être L'Age-du-Bois ou Bois-Vieux, près Boisseuil (Haute-Vienne), 42.
Boisseuil, auj. commune du canton de Pierrebuffière (Hte-V.), 4, 27, 61, 101, 104, 106, 110, 114, 131, 174, 177, 178, 186.
Boix, commune de Meuzac (Hte-Vienne), 139.
Bolonie ou Boloine, 181.
Bonne, commune de St-Hilaire-Bonneval (Hte-Vienne), 151.
Bonnet (Le Grand), commune de St-Hilaire-Bonneval (Hte-Vienne), 186.
— (Le Petit), commune de St-Hilaire-Bonneval (Hte-Vienne), 186.
Bony, v. Christophe de.

BONAVENTURE DE SAINT-AMABLE (le P.), 61, 107, 108, 112, 113, 115.
Bonneval, famille, 65, 116, v. Jean.
BONNET, ingénieur, 122.
Borbonio (de), v. Bourbon.
Bordeaux, chef-lieu du département de la Gironde, 173, 185, 188, 189.
— Parlement de, 120, 188, 189, 193.
Bordes (Les). Peut-être Les Bordes d'Issoudun (Indre), 67.
Born, localité près Parentis (Landes), 188.
— (prévôt de), 188.
Bornar, v. Bernard.
Bosco (de), Bosc v. Bois, Maubosc, etc.
Bosmie, auj. commune du canton d'Aixe (Hte-Vienne), 116.
Boson de Bourdeilles, 49.
— de Monts, 153.
— de Royère, 59.
Bosonie (La), commune de St-Jean-Ligoure (Hte-Vienne), 42, 138, 149, 151, 186.
Bossueilh, v. Boisseuil.
Bost-Viger (le), commune de St-Paul-d'Eyjeaux, 60.
Bost-las-Monjas, prieuré de filles, près Aureil (Hte-V.), 66, 67.
Bos-Tesson, Bos-Texon, auj. commune du Vigen (Hte-V.), 103.
Bosvieux, Bosviel (Le), commune de Boisseuil (Hte-Vienne), 110, 111, 131, 152, 186.
BOSVIEUX (A), 67, 110, 126.
Boucherie, quartier du château de Limoges, 119.
Boucheron (le), commune d'Eyjeaux (Hte-V.), 186.
Boucicaut (le maréchal de), 74, 93.
BOULLÉE, architecte, 122.
Bour de Compane (le), 84.
Bourbon, famille, v. Antonie, Catherine, Henri, Marguerite.

Bourbon (ducs de), 76, 91, 92, 93, 159.
— (duché de), 91.
Bourbonnais, province de France, 90.
Bourdeilles, château, auj. commune de —(Dordogne), 64.
— famille, (v. Boson de).
Bourges, ville, chef-lieu du départ. du Cher, 14, 185.
— (archevêques de), 30, 63, 128, 129.
BOUTARIC, 67.
Bouteiller, v. Guillaume (Le).
Boutineau ou Botineau, v. Simon.
Boyssolhium, v. Boisseuil.
Bozo, Boso, v. Boson.
Brabançons, 84.
Brachet, famille, 100.
Braigne, peut-être Briagne, commune de Corme-Ecluse (Charente-Inférieure), 181.
— (seigneur de), 181.
Brantôme, auj. chef-lieu de canton (Dordogne), 73.
Brassempoing, auj. commune de l'arrondis. de St-Sever (Landes), 92.
Bré, château, auj. commune de Coussac-Bonneval (Hte-V.), 23, 26, 64, 65, 66, 158.
— famille, v. Bernard, Othon.
Brenum, v. Bré.
BRÉQUIGNY, 148.
Bretagne, (famille de), 102, 103, 198, v. Charles, Jean, Vauldruc.
Brétigny, auj. commune de Sours (Eure-et-Loire) (Traité de), 74, 82, 93.
Breuil (le), château, commune d'Eyjeaux (Hte-V.), 27, 83, 127.
— famille, 27, 65, 127.
Briance, rivière du départ. de la Hte-Vienne, 1, 4, 9, 14, 21, 61, 153, 193, 198.

Bric, v. Jean de.
Brol, v. Breuil.
Brosse, ou Brousse (de la), famille, 27, 30, 37, 60, 126. V. Aimeric, Foucher, Hugues, Pierre.
Brosso, La Brosso, v. Brosse.
Brugeras, ou Briegeras, 186.
Brun, ou Le Brun, v. Pierre.
Brunet, 66.
Bruni, Brunus, v. Brun.
Buisseira (la), lieu dit près St-Just (Hte-V.), 125.
Buisson (le), commune de Boisseuil (Hte-V.), 106.
— commune du Vigen (Hte-V.), 186.
Burdelia, v. Bourdeilles.
Burgnac, auj. commune du canton d'Aixe, (Hte-V.), 124.
Buxolium, v. Boisseuil.

C

Cabarret d'Orronville, 92.
Cabazacum, v. Cébazat.
Cabrols, fils d'Itier Bernard, 19, 25, 146.
Cadaujac, auj. commune du canton de La Brède (Gironde). Seigneurs de, 186.
Cahors, chef-lieu du départ. du Lot, 50.
— (diocèse de), 138.
— (sénéchaux de), v. Querci.
Calucium, 63, v. Châlucet.
Caluset, 84, v. Châlucet.
— un des trois Châlus ou des 4 ou 5 Châlucet du départ. du Puy-de-Dôme, 84.
Campo-Troseu (de), 135, 136.
Campi Espinassi, v. Expinassou.
Can, v. Naudon du.
Capella (de), v. Chapelle (de la).
Capitaine, chemin du, 4, 15.
Capreolus, v. *Lucius Capreolus*.
Carcodrie (la), localité de la Gironde ou des Landes, 188.

Carcodrie (la) (seigneurs de), 188.
Carlat, canton de Vic-sur Cère (Cantal), 85.
Cars (les), auj. commune du canton de Châlus (Htc-V.), 83.
— château, 97.
Caslhutum, 39.
Caslucium, 14, 37, 39, 41, 42, 135, v. Châlucet et Châlus.
Casluceth, 22.
Castanetum, v. Châtenet (le).
Castellucium, Castel-Lucii, 14, v. Châlucet.
Castellucium, 16, v. Châtelus.
Castrum Guidonis, v. Châtel-Guyon.
Castrum Lemovicense, v. Limoges (château de).
Castrum Luceti, Castrum Lucetum, 3, 14, 39, 61, 64, 69, 107, 131, 165, 205, v. Châlucet.
Castrum Lucii, Castrum Lucium, Castrolucium, 3, 14, 37, 41, 43, 54, 56, 58, 60, 137, 153, 154, v. Châlucet.
Castrum Lucii as Chabrolz, 63, v. Châlus.
Catherine de Bourbon, 119, 193.
Caumont (A. de), 201, 203.
Caunau ou Canau, v. La Caunau.
Cavapenna (de), v. *Arnaldus*.
Cébazat, auj. commune du canton de Clermont-Ferrand (Puy-de-Dôme), 61, 65.
Chabort, v. Guillaume.
Chabot, famille, v. Agnès, Itier, Sébrand.
Chabrier, v. Jean.
Chabrol, *Chabrolz, Cabrols*, 18, 25, 63, v. Bernard, Engaleumus.
Chabros, *Chabroas* (mas aux, mas de), près Saint-Priest-Ligoure (Haute-Vienne), 18, 59.
Chalard (Le), ancien prieuré, auj. commune du canton de Saint-Yrieix (Haute-Vienne), 98, 126.
Chalasset, Chaslasset, 21, v. Châlucet.

Challucct, 160, v. Châlucet.
Challuz-Chabrol, ou Chevrol, 160.
Châlucet, auj. com^no de Boisseuil (Hte-Vienne), bourg ou village, 5, 21, 52, 65, 106, 204.
— (bois de), près Château-Chervix, 187.
— capitainerie, 65, 111, 185.
— (Confrérie de Notre-Dame de), 36, 166
— (Cour, juridiction, châtellenie, greffe de), 65, 96, 111, 116, 185, 188.
— (St-Blaise de), 35, 36, 165, 166.
— (St-Thomas de), 35, 36, 165, 166.
— (vignoble de), 165.
Châlucet-Bas, 5, 33, 36, 38, 44, 47, 52, 55, 56, 58, 144, 145, 146, 151, 153, 154, 156, 158, 163, 166, 191, 192, 195, 204.
— (chapelle de), 35, 144, 165.
— (château de), 5, 6, 19, 21, 36, 45, 47, 57, 58, 62, 64, 68, 96.
— (moulin de), 116.
— Porte-Neuve (dite La Torencha?), 6, 166.
— tour ou donjon de (la Jeannette), 6, 7, 10, 194, 195, 198.
Châlucet-Haut, 29, 38, 45, 50, 60, 65, 96, 138, 149, 151, 154, 156, 158, 163, 164, 191, 192, 196, 204.
— (autel de St-Jean-Baptiste de), 36.

Chalucet-Haut, (chapelle et paroisse de), 12, 35, 36, 119, 130, 144, 165, 166.
— (château de), 27, 36, 42, 45, 51, 62, 64, 190.
— enceinte, murs, 7, 8
— galerie, 8, 9.
— sculptures, chapiteaux, 11.
— tours et donjon, 8, 10, 196, 198.
Chalucetum, 164, v. Châlucet.
Chalucie ou Chalussie (La), auj. commune de Boisseuil (Haute-Vienne), 26, 176, 186.
Chalucium-Chabrol, 64, v. Châlus.
Châlus, Châlus-Chabrol, auj. chef-lieu de canton, arrondissement de St-Yrieix (Hte-V.), 49, 63, 113, 126.
— (château de), 48, 63, 64, 67, 109, 157, 160.
— (Bas), 65, 66, 158.
— (Haut), 65, 66, 158.
— (famille de), v. Itier de, etc.
Châlussel, 3, 5, 21, 183, 189, 194, 195, 198, v. Châlucet.
— auj. commune de Jumilhac-le-Grand (Dordogne), 15.
Chalussetum, 62, v. Châlucet.
Chambaudie (La), lieu dit près Château-Chervix (Hte-V.), 186.
Chamberet, auj. commune du canton de Treignac (Corrèze), 83.
Chambon, v. Jean.
Champ-Espinasse v. Expinassou.
Champmesme, famille, 124.
Chandos, v. Jean.
Chanteaux ou Chantaux, v. Château-Chervix.
Chapelle (La), commune du Vigen (Hte-Vienne), 168.
Chapelle-Taillefer (La), auj. commune du canton de Guéret (Creuse), 76.

Chapt ou *Chatti*, v. Aimeric Chapt.
Chardonnets (Les), commune de Saint-Hilaire-Bonneval (Haute-Vienne), 186.
Charente, département, 20.
Charles IV, roi de France, 68, 163.
— V, — 5, 74, 76, 78, 80, 81, 82, 83, 94, 102.
— VI, roi de France, 90, 94, 169, 171.
— VII, roi de France, 97, 98, 100, 102, 103, 105, 106, 178.
— IX, roi de France, 119.
— I d'Albret, 95.
— II d'Albret, seigneur de Châlucet, 193.
— d'Albret, 103, 104, 174, 176.
— de Blois, vicomte de Limoges, 77, 83, 97, 100, 102.
— de Pérusse des Cars, évêque de Poitiers, 112.
Chaslhucetum, 59, v. Châlucet.
Chaslucet, Chasluscet, 20, 40, 47, 109, 153, v. Châlucet.
Chaslucetum, 3, 14, 36, 46, 56, 58, 62, 64, 156, 158, 163 v. Châlucet.
Chaslucia, 149, v. Chalucie ou Chalussie (La).
Chaslucium-Chabrol, 158, v. *Châlus*.
Chaslussetum, 148, v. *Châlucet*.
Chaslut, Chaslutz, 15, 22, 34, 99, 130, v. *Châlus* et *Châlucet*.
Chaslux, Chasluz, 46, 59, 61, 109, 133, v. *Châlus* et *Châlucet*.
Chastanet, v. Le Châtenet.
Chastel, Château-Chervix? ou le château de Solignac? 21.
Chastelud, Chasteluz. — Châtelus-le-Marcheix (Creuse), 16.
— famille, v. Elie, Foulques, etc.
Chastoin, lieu dit près Boisseuil (Hte-V.), 186.

Chastrum-Lucii. — Châtelus-le-Marcheix, 16.
Château-Chervix, auj. commune du canton de St-Germain-les-Belles, (Hte-V.), 4, 17, 21, 37, 74, 83, 106, 107, 110, 111, 187.
Châteauneuf-la-Forêt, auj. chef-lieu de canton arr. de Limoges (Hte-V.), 83.
— famille, 83.
Chateauneuf, auj. commune du canton de Manzat (Puy-de-Dôme), 64, 65.
Châtel-Guyon, auj. commune du canton de Riom (Puy-de-Dôme), 64, 65.
Châtelus-le-Marcheix, auj. commune du canton de Bénévent (Creuse), 15, 16.
— Malvaleix, auj. chef-lieu de canton, arrond. de Boussac (Creuse), 15.
Châtenet (le), prieuré Grandmontain, auj. commune de Feytiat (Hte-V.), 39, 41, 59, 131, 133.
— près le Vigen (Hte-V.), 186.
Chauchet, localité près le Vigen (Hte-V.), 22.
Chaulucet, v. Châlucet, 93.
Chef-Boutonne, auj. chef-lieu de canton, arr. de Melle (Deux-Sèvres), 65.
Chenault, juge de Châlucet, 185.
Chenoux, localité près St-Hilaire-Bonneval (Hte-V.), 186.
Chervix, forêt, 185.
— 111, v. Château-Chervix.
Christophe de Bony, seigneur de la Vergne, 109.
Claud-la-Ville, tènement de la paroisse du Vigen (Hte-V.), 186.
Clément VII, pape, 91.
— de Vieilleville, célérier de Solignac, 140.

Clermont, ville, auj. chef-lieu du départ. du Puy-de-Dôme, 85, 89.
— (évêché de), 85.
— (le maréchal de), 73.
Cluzeau, auj. commune d'Aureil (Hte-V.), 143, 152.
Coder, a Coder, v. Coudier.
COETLOGON (comte Em. de), préfet de la Hte-Vienne, 199.
COL (Dom), 2, 126.
Colhac, v. Cuillat.
Colin Prévot, sergent royal, 68, 69, 163.
COLLIN, 118.
COLOMB (Dom), 2.
Colombier (le grand), village, auj. commune de St-Just (Hte-V.), 158.
— près Château-Chervix, peut-être la localité de ce nom, auj. commune de Meuzac (H.-V.), 187.
Columberium, v. Colombier.
Combes (les), quartier du château de Limoges, 28.
Comborn, château, auj. commune d'Orgnac, canton de Vigeois (Corrèze), 70, 73.
Compane, v. le Bour de.
Compeix (le), auj. commune de St-Pierre-le-Bost (Creuse), 40.
Comtor, Comtors, 145.
Condat, auj. commune du canton de Limoges sud (Hte-V.), 27.
Confolens, auj. chef-lieu d'arrond. (Charente), 20.
Constans (borderie ou tènement aus), près St-Hilaire-Bonneval (Hte-V.), 152.
Constantin Bernard, fils de Guillaume, 27.
Coral, v. Elie.
Corgnac, famille, 106.
Corveffin, v. Courbefy.
Cossac, v. Aimeric de.

Coudier, le Coudier, trois localités au moins de ce nom dans les communes d'Ambazac et de St-Sylvestre (Hte-V.), 24.
Courbaffin, Courbefin, v. Courbefy.
Courbefy, château, auj. commune de St-Nicolas (Hte-V.), 48, 63, 64, 65, 66, 75, 83, 94, 95, 97, 105, 109, 118, 158, 160, 171.
Couyer, auj. commune du Vigen (Hte-V.), 151.
Cresten, localité près la Porcherie (Hte-V.), 42.
Crestenos (mas de), v. Cresten.
Crochat ou Crouchat, château, banlieue de Limoges, 4.
Crose, v. Jean de.
Croza, Crouzeix, commune de Feytiat, ou la Crouzette, commune de Solignac, 133.
Croze, localité près Boisseuil, 186.
Crozilh, v. Pierre.
Cuillat ou Guillat, auj. commune de Saint-Maurice les Brousses (Hte-V.), 151.
Culant, v. Guichard de, ci-dessous.
— (maréchal de), 106.
Curbaran, 31.
Curoifinium, v. Courbefy.
Cussac, auj. commune du canton d'Oradour-sur-Vayres (Hte-V.), 112, 185.
Cusset, auj. chef-lieu d'arrond., Allier, 112, 185.

D

Dagobert I, roi de France, 2.
David, famille, 116, v. Jacques.
— de Vanteaux, 106.
Davinau, 146.
Débat (le), auj. commune d'Aureil (Hte-V.), 142, 148.
Decimaria, v. Dixmerie (la).
Decordes, famille, 116.
Deliadas (las), localité, près Château-Chervix (Hte-V.).
DELISLE (Léopold), 76.
DELOCHE (Maximin), 14, 15, 145.

Denise de Leymarie, 63.
Déols, auj. commune du canton de Châteauroux, Indre, 114.
— abbaye, 114.
Desmarie (la), ou mieux l'Adémarie, près St-Jean-Ligoure (Hte-Vienne). — Peut-être Las Deymarias, commune de St-Martin-le-Vieux, 51.
Deveix (le), auj. commune de St-Priest-Ligoure (Hte-V.), 142, 148.
Deves (*lo*), 142, 148, v. Deveix (le) ou Debat (le).
Dixmerie (la), auj. commune de St-Maurice-les-Brousses, 155.
DOAT, 97, 100, 102.
Dognon (le), nom d'une ancienne seigneurie et de plusieurs localités de la Hte-Vienne, notamment du chef-lieu de cette seigneurie, près le Châtenet, 152.
Dôme, ou mieux Domme, château et ville, auj. chef-lieu de canton, arrond. de Sarlat (Dordogne), 97.
Dompnho (*mansus de*), près St-Paul-d'Eyjeaux (Hte-V.), 152.
Domremy, auj. commune du canton de Coussey (Vosges), 97.
Donetz (mas *aus*), près St-Maurice-les-Brousses (Hte-V.), 151.
Dorat (le), abbaye et ville de la Basse-Marche, auj. chef-lieu de canton, arrond. de Bellac (Hte-V.), 20, 75.
Dordogne, rivière, 85.
— département français, 15, 73, 97.
Douc ou Douhet, v. Robert.
Douet ou Douhet, v. Martial.
Doulenarie, Dournelarie, al. Teulenarie (la), auj. commune de Boisseuil (Hte-V.), 101, 174, 176, 177, 178, 186.
Doust, v. Pierre Lantene.
Douzac, 89.
Drapier, v. Martin.

Dreux, ville de France, chef-lieu d'arrondiss. (Eure-et-Loire), 103.
— (comtes de), v. Albret.
Duboys, fermier de Châlucet, 186.
DU CANGE. 144, 161.
DUCOURTIEUX (Paul), 202.
Duguesclin, v. Bertrand.
DUPLÈS-AGIER, 102.

E

Ebles de Châlus, 48, 67.
— de Ventadour, 66.
Ebolus, v. Ebles.
Edouard III, roi d'Angleterre, 74.
— prince de Galles (le Prince Noir), 73, 74, 77, 78.
Ejau, v. Eyjeaux.
Elie de Châlucet, 39, 133.
— Coral, official de Limoges, 137.
— Flamenc, 49.
— de Frachet, 35, 52, 55, 192.
— de Guillat, 168.
— La Roche, clerc, 149.
— de La Roche, 37, 52.
— de Maulmont, 67.
— de Razès, 57.
— de Royère, 59.
— Vigier, 60.
Elias ou *Helias*, v. Elie.
Eloi (saint), fondateur de Solignac, 2.
Emericus, v. Aimeric.
Engaleumus Chabrol, chanoine de St-Yrieix, 146.
Escuras (las), localité près Boisseuil (Hte-V.), 186.
Esgallo (*de*), v. Eyjeaux.
Espinassoux ou Expinassoux, auj. commune de La Porcherie (Hte-V.), 139.
Esporners, v. Bernard.
ESTIENNOT (Dom), 2, 21, 24, 64, 130.
Estivaulx (le s^r d'), 116.
Etienne, prêtre, 124.
— (de Ponroi?), chanoine, 126.

Étienne, fils d'Aimeric de Jaunhac, 24.
— de Clermont, capitaine de Châlucet, 99.
— *del Bosc*, 124.
— de Jaunhac, 23, 125, 126.
— La Peyne, 69.
— de La Rivière, 124.
— desMolnars duGalois, 176.
— Manha, 61.
— de Monts, 56.
— Mondau, 107.
— de Morlaas, 72.
— Pinchaud, 117.
Eugène III, pape, 12, 31, 130.
Eustache de Bertincourt (al. d'Auberchicourt), sénéchal du roi d'Angleterre, 78, 79.
Eustorge, évêque de Limoges, 19, 20, 23, 25, 26, 31, 43, 44, 119, 130, 197, 198.
Excideuil, auj. chef-lieu de canton arr. de Périgueux (Dordogne), 73, 74.
Eyjeaux, auj. commune du canton de Pierrebuffière (Hte-V.), 5, 24, 27, 50, 51, 52, 106, 110, 111, 125, 143, 151, 186.
— château, 106.
Eymoutiers, auj. chef-lieu de canton de l'arrond. de Limoges (Hte-V.), 27, 113, 115, 117.
— (chapitre d'), 39.
Eyrauldie (l'), peut-être Leyraud, commune de St-Maurice-les-Brousses, 111.

F

Faber, notaire, 150.
Fabri, v. Pierre Faure.
Falcha, femme de Pierre de Jaunhac, 125.
Farges (les), auj. commune de Solignac (Hte-V.), 103.
Faulcon, famille, 106.

Faurie (la), localité près le Vigen (Hte-V.), 42, 138.
Fayac (le sieur de), 116.
Faydit de Royère, 60.
Fayolle, localité près le Vigen (Hte-V.), 186.
Felips de Domibus, 37.
Felletin, ville de la Haute-Marche, auj. chef-lieu de canton de l'arrond. d'Aubusson (Creuse), 76.
Ferrand, v. Bertrand, Jacques.
Festiacum, v. Feytiat.
Feytiat, auj. commune du canton sud de Limoges (Hte-V.), 62, 110, 143.
Figeac, chef-lieu d'arrond. (Lot), 49.
Flamenc, v. Elie.
FLOUR DE ST-GENIS, 201.
Foix, (comté de), 92.
— (comtes de), 92.
Folcherius, v. Foucher.
Forez, province de France, 90, 91.
Fossaria, v. Fosserie (la).
Fosserie (la), auj. commune de St-Maurice-les-Brousses (Hte-V.), 155.
Foscherius, v. Foucher.
Foucaud, v. Perrot.
Foucher, clerc de St-Genest, 124.
Foucher de La Brosse ou de La Brousse, 60, 126.
— de St-Hilaire, 60.
Foucherie (la), auj. commune de St-Hilaire-Bonneval (Hte-V.), 136.
Fougeras, auj. commune du Vigen (Hte-V.), 15, 103.
Foulque, abbesse des Allois, 142.
Foulques de Châlucet, 60.
— de Châtelus 16.
Fournès, lieu dit, peut-être une des localités de ce nom de l'Aude ou du Tarn? 188.
Foursac, près Benayes, commune du canton de Lubersac (Corrèze), 51.

Fousimbert, auj. commune de St-Maurice-les-Brousses (Hte-V.), 111.

Fr... (Alfred), 201, 203.

Frachet (le), auj. commune de St-Germain-les-Belles (Hte-Vienne), 17.
— famille, 30, 33, 37, 39, 52, 53, 54, 55, 57, 191. — Voir Agnès, Elie, Gautier, Gérald, Marie, Michel, Pierre, Pierre-Gérald.

Fraischeix, localité, près St-Martin-de-Fressengeas (Dordogne), 16.

Fraise, mas, 18, 25.

Fraisenet, mas, 24.

Fraisines, mas, 18.

Fraissanges ou Fressanges, auj. commune de St-Bonnet-la-Rivière (Hte-V.), 17.

Fraisse ou Le Fraisse, une des localités de ce nom situées aux environs de Terrasson et de Montignac (Dordogne), 16.

Fraisseix, Le Fraisseix ou Freisseix, communes de Boisseuil et d'Eyjeaux (Hte-V.), 18, 52.
— (sieur du), 115.

Fraissenc, mas, 18, 25.

Fraissinet, Freissinet, Fraichenet, château, auj. commune de St-Priest-Ligoure (Hte-V.), 17.

François I, roi de France, 107.
— Exsarteau, 186.
— Marie, comte de Verthamont, propriétaire de Châlucet, 189.
— Michel de Verthamont, seigneur de Châlucet, 120, 193.
— de Neufville, abbé général de Grandmont, 131.
— de Rancon, 118.
— Roullans, 185.

François de Verthamont, acquéreur de Châlucet, 189, 193, 205.

Françoise de Bretagne, vicomtesse de Limoges, 109.

Freissanges ou Fraissanges, auj. commune de Vicq (Hte-V.), 17, 52.

Fressenjas, Fraissenges, *Fraisenias, Fraiselinas*, 16, 17, 18, 52.

Fresselines, auj. commune du canton de Dun-le-Palleteau (Creuse), 16.

Freyssinaud (Le), auj. commune d'Eyjeaux (Haute-Vienne), 17.

Frichon, v. Aimeric.

Froissard, 71, 75, 77, 79, 84, 87, 90.

Fulcherius, v. Foucher.

Fulco, v. Foulques.

Fumel (de), v. Tandonnet.

G

G. de Castro Lucii, 37.

G. de Girardet, 37.

G. Perardit, 37.

G. Portier, 37.

G. Rodier, 134.

Gabias (Las), tènement près Saint-Jean-Ligoure (Hte-Vienne), 186.

Gabriel Albiac, 116.

Gaignières, 96.

Gain (de), famille, 59.

Galles (prince de), v. Edouard.

Gallichier, 114.

Galterus, Galterius, v. Gautier.

Galterii, Gualterii mansus, v. Mas-Gautier.

Garonne, fleuve de France, 97.

Gartempe, nom d'homme, 181, 182.

Gascogne, province de France, 93.

Gascons, 84.

Gastaux, localité près St-Hilaire-Bonneval (Haute-Vienne), 186.

Gaucelin Bernard, fils d'Itier, 25.

Gaucher (saint), fondateur et premier prieur d'Aureil, 123, 124, 126.

Gaucelin, fils d'Itier Bernard, 124.
— neveu de Gaucelin de Pierrebuffière, 24.
— de Frachet, 53.
— de Jaunhac, 24.
— del Mon ou de Monts, 24, 55, 56.
— de Pierrebuffière, 22, 23, 24, 25, 26, 55.
— de Royère, 23, 59, 125.
Gaucher de Passac, sénéchal du roi de France, 83.
Gaucherius, v. Gaucher.
Gauterie (La), auj. commune de St-Priest-Ligoure (Hte-V.), 151.
Gautier de Frachet, 53, 54, 55.
— Rainaudit, 35.
Gauzbert, abbé de Solignac, 29.
— de Livron, 39.
Gauxcelinus ou *Gaucelinus*, v. Gaucelin.
Gaudonvilliers, v. Henri de.
Gay, chanoine de St-Léonard, 113.
Genebrias, v. Léonard.
Genève, v. Robert de.
Geoffroi (saint), prieur du Chalard, 126.
GEOFFROI, prieur de Vigeois, 16, 26, 42, 52.
Geoffroi Lenfan, 65.
— de Lusignan, 38.
— de Mortagne, 156.
— Tête-Noire, 85, 90, 91, 92.
Gérald IV, abbé de Solignac, 128.
— fils d'Itier Bernard, 124.
— fils de Pierre Bernard, 24.
— fils de Hugues de Jaunhac, 24.
— frère de Bernard de Jaunhac, 125.
— d'Auvergne, 96.
— *Bajuli*, 65.
— Bernard, 25, 26.
— du Breuil, 127.
— de Châlucet, 156, 187.
— du Cher, évêque de Limoges, 30, 128, 129, 130, 178.
— de Frachet, 34, 35, 52, 53, 54.

Gérald Humbert, chanoine, 124.
— de Jaunhac, 18, 24, 38.
— Laplou, 168.
— de Laron, 18.
— de Lastours, 26.
— Magrefort, 127.
— de Malemort, évêque de Limoges, 62.
— de Maulmont, chanoine de Lyon, conseiller du roi, seigneur de Châlucet, 36, 38, 44, 46, 47, 48, 49, 50, 52, 61, 62, 64, 65, 67, 114, 149, 150, 151, 154, 155, 191, 192.
— de Monts, 55, 140.
— de Ponroi, 24.
— de Saint-Hilaire, 124.
— Tarneau, notaire, 98, 99, 100.
— *deu Troil*, religieux Grandmontain, 133.
Geraldus, Gerardus, v. Gérald et Gérard.
Gérard de Jaunhac, 65.
— Poydenot, 168.
Géronnet de Ladurant, 87, 88, 89.
Giac, v. Pierre de.
Gilardeix (Le), auj. commune de Boisseuil (Hte-V.), 37, 151, 180.
— (Moulin du), 186.
Girardesc, Giraldeix (Le), v. Gilardeix.
Gilbert de Lévy, comte de Ventadour, gouverneur du Limousin, 113.
Gimillac, v. J. de.
Girard, v. Pierre.
Girardus, Giraldus, v. Gérald et Gérard.
Glanges, auj. commune de la Hte-Vienne, canton de St-Germain-les-Belles, 27.
Golferius, Golferus, v. Gouffier.
GONDINET, 109.
Gouffier de Laront, capitaine de Châlucet, 104, 106, 178, 179, 180.

Gouffier de Lastours, 22, 146.
Gourgues (de), 16.
Gourmetus Gueyto, 85.
Gous ou Gouts (les), probablement localité du département du Lot-et-Garonne, 188.
— (seigneur des), 188.
Grandmont, auj. commune de St-Sylvestre (Hte-V.). 16, 77, 83.
— abbaye, chef d'ordre, 16, 24, 39, 131.
— (abbés ou prieurs généraux de), 131, 133.
— ordre, 131, 133.
Grange (la), auj. commune du Vigen (Hte-V.), 186.
Grangia, v. Grange.
Grataloba, v. Grateloube.
Grateloube, auj. commune de St-Just (Hte-V,), 153.
Grégoire Baud, 116.
Grellet-Dumazeau, 201.
Grez ou Grès en Gâtinais, auj. canton de Nemours (Seine-et-Marne).
Grignard (Emile), 17, 201, 203.
Guenant, v. Guillaume.
Guéret, v. Jean.
Guesclin, v. Bertrand du.
Gueyto, v. *Gourmetus*.
Gui, évêque de Limoges, 131.
— I, abbé de Solignac, 24.
— V, vicomte de Limoges, 3, 32, 33.
— VI, vicomte de Limoges, 42, 43, 44, 48, 49, 61.
— prieur d'Aureil, 125.
— fils d'Aimeric de Jaunhac, 21.
Gui ou Guidonis (Bernard), 49, 64, 197.
Gui Adémar, 66.
— Bernard (château de), près St-Hilaire-Bonneval(Hte-V.), 27.
— de Bosco, 37.
— Gaucelin, 126.

Gui de Jaunhac, 23, 25, 38.
— de Lastours, 26.
— de La Trémouille, 95.
— de Périgord, 33, 34, 37, 39, 44, 45, 57, 58.
— de Périgord, co-seigneur de Châlucet, 44, 57.
— de Périgord, damoiseau, du Bas-Châlucet, 144, 146, 147, 153, 154, 165, 191, 192.
— de Royère, 59, 154.
— de Sautour, 127.
Guichard de Culant, 76, 77.
Guibert ou Guybert, famille, v. Aimeric.
Guibert (Louis), 199, 201, 203.
Guido, v. Gui.
Guienne, province de France, 70, 90, 94, 119, 174.
Guillaume X, duc d'Aquitaine, 20, 198.
— IV, vicomte de Thiers, 67.
— frère de Pierre Bernard, 125.
— (de Ponroi ?), chanoine, 126.
— d'Albret, seigneur de Châlucet, 98, 99, 193.
— Amblard, 37.
— Bernard, 25, 27, 41.
— de *Casthuto*, 39.
— Chabort, 19.
— *Fabri*, 168.
— Gaffari, 168.
— Guenant, 66.
— Hugues, clerc, 163.
— de Jaunhac, 20.
— Jourdain, 33, 37, 59, 60.
— Jourdain, chevalier de Châlucet, 153.
— Jourdain, fils du précédent, 153.
— Jourdain, damoiseau, 153.
— *Las Gorsolas*, sergent.

Guillaume Le Bouteiller, sénéchal du roi de France, 94.
— Mathias, 84.
— de Maulmont, 64, 67, 191, 192.
— Metge, 34.
— Narbonne, 71.
— Paparet ou Preparet, sergent royal, 68, 69, 72, 163, 164.
— Radulphe, 66.
— de Richebort, 42.
— de Salagnac, 99.
— Verthamont, receveur-général, 116.
— Verthamont, trésorier-général, seigneur de Châlucet, 119, 193.
— Verthamont (autre), seigneur de Châlucet, 119, 193.
Guillelmus, v. Guillaume.

H

Halaïde, v. Alaïs ou Alix.
Haut-Châlucet, v. Châlucet.
Haut-Châlus, v. Châlus.
Hautefage, commune du canton de St-Privat (Corrèze), 26.
Hautefort, v. Jean d'.
Heble, v. Ebles.
Helias, v. Elie.
Henri II, roi d'Angleterre, 31.
— III, roi d'Angleterre, 50, 51, 141.
— III, roi de France, 113, 116, 117.
— IV, roi de France, d'abord roi de Navarre, seigneur de Châlucet, 119, 193.
— duc de Lorraine et de Bar, 119.
— II d'Albret, roi de Navarre, seigneur de Châlucet, 110, 111, 193.

Henri (IV) de Sully, bouteillier de France, seigneur de Châlucet, 65, 67, 68, 95, 109, 157, 158, 159, 169, 161, 192.
— de Gaudonvilliers, bailli de Bourges, 49.
— de la Marthonie ou Martonnie, évêque de Limoges, 117.
Hilaire de Monts, 56.
Hildegaire de Jaunhac, 24.
Hucher, 14.
Hugo, v. Hugues.
Hugonis, v. Guillaume Hugues.
Hugues II, abbé de Solignac, 134, 136, 139.
— cousin d'Aimeric Bernard et de P. de Jaunhac, 33.
— de la Barre, 99.
— de la Brosse, abbé de St-Martial, de Limoges, 32.
— de la Brosse ou de La Brousse, chevalier ou damoiseau de Châlucet, 60.
— le Brun, comte de la Marche, 32.
— de Jaunhac, 23, 29, 31, 34, 38, 39, 40, 42, 50, 51, 52.
— de Jaunhac, seigneur ou chevalier de Châlucet, 34, 36, 40, 41, 131, 133, 134, 138, 139, 191.
— de Jaunhac, fils d'Aimeric de Jaunhac, 152.
— *La Rocha* ou de La Roche, 37.
— de Lastours, 31, 57.
— de La Tour, 156.
— de Magnac, évêque de Limoges, 101, 178.
— de Monts, 55, 56, 69, 126, 166, 192.

Hugues de Périgord, 28, 34, 57.
— Peulverelli, sénéchal de la Marche et du Limousin, 68, 163.
— de Ponroi, 24.
— de La Porcherie, 37.
— Pulverelli, v. Peulverelli.

I

Icterius, v. Itier.
Ilarius, v. Hilaire.
Ildegarius, v. Hildegaire.
Innocent II, pape, 20.
Insula (de), v. Isle.
Irénée ou Itier du Puy-Aimar, sénéchal de la Marche et du Limousin, 163.
Isabeau de Craon, femme de Louis I, de Sully, 192.
Isabelle de La Tour, veuve de Jean d'Albret, 18, 96, 193.
Isle, bourg près Limoges (canton nord) et château, 82, 177.
Isle-Jourdain (le comte de l'), 71.
Iterius, v. Itier.
Itier, fils de Gérald Bernard, 26.
— Bernard, 18, 25, 26, 27, 124, 146.
— Chabot, al. de Châlus, évêque de Limoges, 16, 17, 18.
— du Puy-Aimar, v. Irénée.
Itier (Bernard), 124.

J

J., prêtre, 135.
J. de Gimillac, 135.
J. deu Teil, prêtre, 136.
Jacques d'Ailly, maréchal d'Aquitaine, 95, 98.
— David, 116.
— Ferrand, 98.
— Guyonnaud, dit *Lebre*, 112.
— de Maulmont, 112, 113, 115.
— Martial de Verthamont, seigneur de Châlucet, 193.
Janiliaco (de), v. Arnaud de Jaunhac.

Jarossa, v. Jarousses (les).
Jarousses (les), auj. commune de St-Martin-le-Vieux (Hte-V.), 153.
Jaucinellus, v. Joussineau.
Jaugnat, auj. commune de Vitrac et St-Vincent (Charente), 20.
Jaunac, Joanac, v. Jaunhac.
Jaunhac, famille, 5, 7, 13, 27, 28, 33, 39, 41, 44, 51, 52, 53, 56, 57, 95, 106, 123, 124, 126, 191.
V. Aimeric, Arnaud, Bernard, Etienne, Gaucelin, Gérald, Gérard, Gui, Hugues, Mathilde, Pierre, Guillaume, Ramnulfe, Robert.
Javernas, Javernat, v. Arnaud de Jaunhac.
Jean II, roi de France, 74, 75.
— fils aîné du roi de France, 167.
— fils de Philippe VI, 71.
Jean-sans-Terre, roi d'Angleterre, 31, 32, 33, 46, 50.
Jean (frère), correcteur de la celle grandmontaine du Châtenet, 132.
— d'Albret, seigneur de Châlucet, 18, 96, 109, 193.
— Audoin, 17.
— de Brie, capitaine de Châlucet, 104, 178, 179.
— de Beauchamp, 72.
— de Bonneval, 65.
— de Bretagne, v. Jean de Laigle.
— de Canal, 168.
— Chabrier, sergent, 181.
— Chambon, 74.
— Chandos, lieutenant général du roi d'Angleterre, 74.
— du Châtenet, prêtre, religieux Grandmontain, 133.
— de Cros, évêque de Limoges, 77.
— d'Hautefort, dit Verneuil, capitaine de Châlucet, 112, 185.

15

Jean de Laigle, lieutenant général de son frère, puis vicomte de Limoges, 17, 93, 96, 97, 98, 99, 100.
— de Lalinde, sénéchal d'Angleterre en Périgord, Querci et Limousin, 163.
— de Lapine, 116.
— Lavandier, 116.
— Léonard. procureur de Châlucet, 111, 185.
— *La Sala*, 168.
— Le Maingre, v. Boucicaut.
— Martin, 168.
— Mouret, 181.
— d'Orval, 110.
— Paris, 101, 183.
— de Peyzat, 178.
— de Pierrebuffière, 73, 80, 83.
— des Pousses, capitaine de Châlucet, 106.
— *de Prato*, 168.
— de Rochelles, bailli du roi d'Angleterre à Limoges, 76.
— Rozier, *al.* de Roziers, chanoine, 178, 181, 182.
— de St-Paul ou *de Lespero*, 99.
— Seduiraud, 18.
— (II) de Sully, seigneur de Châlucet, 192.
— de Veyrac, évêque de Limoges, 32, 131.
— *de Viridario*, 168.
— Vigier, 66.
— de Xantoux, 105.
Jean-Baptiste de Verthamont, général des finances, 120.
— Maurice de Verthamont, seigneur de Châlucet, 193.
— Martial de Verthamont, seigneur de Châlucet, 120.
Jeanne d'Albret, dame de Châlucet, 193.
— de Penthièvre, 100.
Jeannette (tour), à Châlucet, 6, 7, 10, 194.
Jeannot Excluson, 181.

Jérusalem, 26, 55, 124, 125.
Joannes, Johannes, v. Jean.
JOANNE (A.), 202, 203.
Jonchère (La), auj. commune du canton de Laurière (Hte-V.), 27.
Jordanus, v. Jourdain.
Jouaniac, Jouniac, Jounac, v. Jaunhac.
Jornhac, v. Jourgnac.
Joseph Blanchard, 116.
— Mosnier, 117.
Jourdain, v. Guillaume.
— Laurent, 82.
— de Montcocu, 52, 60, 149, 150.
— seigneur de Châlucet, 52, 60, 154, 155, 191.
Jourgnac, auj. commune du canton d'Aixe (Hte-V.), 27, 60, 106, 110.
— (seigneurs de), 111, 186.
Joussineau, chevalier de Fraissinet ou de Fraichenet, 117.
Joussonie (La), auj. commune de Janailhac (Hte-Vienne), 186.
Jovennac, Jovinniac, Joviniac, 124, v. Jaunhac.
Joviniaco (de), v. Jaunhac.
Jugie (La), auj. commune de Château-Chervix (Hte-V.), 186.
Jumilhac-le-Grand, auj. chef-lieu de canton, arrondissement de Nontron (Dordogne), 83.
— château, 83.
Jussaria (La), borderie, 134, peut-être La Joussonie.
JUVÉNAL DES URSINS, 90.

L

L. de Oyeen, 159.
LABBE (le P.), 16, 198.
LABROUE (E.), 173.
La Caunau, peut-être La Canau, (Gironde), 188.
— (seigneurs de), 188.
Ladignac, auj. commune du canton de Saint-Yricix (Haute-Vienne), 117.
Ladre (saint), v. saint Lazare.

Ladurant, v. Géronnet.
Lafforest, v. P. Lafforest.
Laga, v. Lage.
L'Age-au-Chapt, Lajonchat, v. Aimeric de.
Lagny, auj. canton de l'arrondissement de Meaux (Seine-et-Marne, 169.
— abbaye, 169, 170.
Laigle, v. Jean de.
Lalinde, v. Jean de.
Lambert, convers de l'ordre de Grandmont, 133.
Lambrascha (La), localité de la paroisse de Boisseuil (Hte-V.), 153.
La Melle, v. Bernard.
Langres (évêques de), 172.
Lansament, 104.
Laon (évêque de), 189.
La Pérusse v. Péruse.
La Peyne, v. Pierre.
Lapine, v. Jean de.
Larche, auj. chef-lieu de canton, arrondissement de Brive (Corrèze), 21.
Laron, château, auj. commune de Saint-Julien-le-Petit (Hte-Vienne), 27.
— famille, 27, 145, 179, v. Gérald, Gouffier.
— bailliage royal, 68.
Lastours, château, auj. commune de Rilhac-Lastours, canton de Nexon (Hte-Vienne), 27.
— famille, 26, 27, 32, 57, 111, v. Gouffier, Gui, etc.
Lathière ou La Lathière, auj. commune d'Eyjeaux (Hte-V.), 152.
Laterie (La), auj. commune de St-Jean-Ligoure (Hte-V.), 186.
Latour, sergent, 115.
Laudunensis episcopus, v. Laon.
Laurent, v. Jourdain.
— du Pin, notaire, 111.
Laurieira, v. Laurière.

Laurière, auj. chef-lieu de canton, arrondissement de Limoges (Hte-Vienne), 27, 125.
— (vigiers de), 125.
Lauvige (le capitaine), 117.
Lauzcelinus, Gauzcelinus, v. Gaucelin.
Lavandier, v. Jean (de).
Lavauguyon, v. Vauguyon (La).
Lavaud, près Boisseuil (Hte-V.), 180.
— auj. commune de Saint-Priest-Ligoure, 151, 152.
Lavaud-Bousquet, auj. commune de Château-Chervix (Hte-V.), 186.
Lavaud-Cossas, auj. commune de Saint-Paul-d'Eyjeaux (Hte-V.), 151.
Lé (Le), près Boisseuil, 177.
Leauc (le bâtard de), 105.
Lebreto (de), v. Henri, Jean d'Albret.
Lebreys (Las), auj. commune de St-Priest-Ligoure (Hte-H.), 116.
LECLER (l'abbé), 17.
Legora, v. Ligoure.
LEGROS (l'abbé), 17.
Lectoure, auj. chef-lieu d'arrondissement du Gers, 92.
Lemovicæ, Lemovicas, v. Limoges.
Lemovicense Castrum, v. Château de Limoges.
Lemovices, Lemovikes, peuplade de la Gaule, 14.
Lemovicinium, v. Limousin.
Lenfan, v. Geoffroi.
LENOIR (A.), 201.
Lenoir, 168.
Leocadius, proconsul romain, 14, 15.
Léon, v. Pierre de.
Léonard, v. Jean.
— de Fraissanges, 17.
— Genebrias, consul de Bellac, 117.
Leronte, *Lerunte*, v. Laron.

Leroux (Alf.), 98, 100, 178.
Leschalier, lieu dit, près Boisseuil (Haute-Vienne), 152.
Lescharprie, tènement de la paroisse de St-Hilaire-Bonneval (Haute-Vienne), 186.
Lespero, v. Jean (de).
Lespinat, v. Adémar.
Lesterps, auj. commune du canton et arrondissement de Confolens (Charente), 73, 80.
— abbaye, 73.
Lestrade, auj. commune de Bosmie (Haute-Vienne), 153.
Levasseur (F.), 192, 200.
Leuci, v. Leukes.
Leukes, peuplade ou tribu gauloise, 14, 15.
Lévy, v. Gilbert (de).
Leisene, 186.
Leymarie, v. Denise (de).
— auj. commune de Saint-Jean-Ligoure (Haute-Vienne), 137.
Liénard ou Léonard de Las Salas, 181.
Ligora, v. Ligoure.
Ligoure, rivière du département de la Haute-Vienne, 4, 7, 9, 14, 21, 36, 61, 193.
— Château, auj. commune du Vigen (Hte-V.), 42, 52, 138, 149, 150, 151.
— Bas, 186.
— Haut, 186.
— Moulin du Bas, 116, 126, 186.
Limeuil, auj. commune du canton de Sainte-Alvère (Dordogne), 66.
Limoges, ville de France, capitale du Limousin, auj. chef-lieu du département de la Haute-Vienne, 1, 12, 14, 20, 83, 85, 86, 87, 94, 95, 106, 108, 113, 156, 164, 169, 171, 181, 185, 193.

Limoges (Château de), 16, 28, 34, 45, 47, 48, 59, 70, 71, 78, 79, 80, 81, 82, 96, 97, 98, 99, 100, 101, 102, 103, 117, 118, 177.
— (Cité de), 61, 77, 78, 79, 103, 117, 144, 163, 169, 177.
— (comté de), 149.
— (chapitre de), v. Saint-Etienne.
— (diocèse de), 51, 64, 79, 138, 141.
— (élection de), 119, 205.
— (évêques de), 19, 23, 25, 31, 42, 49, 50, 64, 117, 125, 128, 129, 130, 131, 138, 140, 197.
— (marquisat de), 119.
— (mesure de), 136.
— (monnaie de), 137, 142.
— (official de), 137, 138, 146, 149.
— (officialité de), 137, 143, 147, 150.
— (présidial de), 115, 117.
— (sénéchaussée de), 110, 175, 178.
— (vicomté de), 106, 109, 119, 202, 204.
— (vicomtes de), 17, 20, 26, 31, 32, 40, 43, 55, 73, 96, 106, 119, 145, 154, 192, 198.
Limousin, province de France, 14, 31, 32, 42, 45, 50, 64, 65, 66, 70, 72, 73, 74, 75, 76, 80, 83, 84, 85, 90, 91, 94, 97, 100.
— (gouverneur du), 112.
— (sénéchaux du), 45, 49, 64, 68, 94, 98, 105, 138, 156, 163, 167, 172.
Limousin (Bas), 95, 100, 105.
Limousin (Haut), 105.

Limousin (Le), nom d'homme, 84.
Limousins, 84, 92.
Linards, auj. commune du canton de Châteauneuf-La-Forêt, (Hte-Vienne), 127.
Liners ou Livers, v. Linards ou Liviers.
Liviers, près Jumilhac-le-Grand (Dordogne), 127.
Livron (de), famille, v. Gauzbert.
Lobéac, v. Loubet.
Lodoicus, v. Louis.
Loire, fleuve de France, 31, 73, 97.
Longequeue, château, auj. commune de Saint-Jean-Ligoure, (Haute-Vienne), 111.
Longueil, 173.
Longuemar (A. de), 201.
Lorraine (ducs de), 193.
Loubet ou Lobet, auj. commune de St-Hilaire-Bonneval (Haute-Vienne), 4, 24, 42, 139, 186.
Loucios ou Loukios, chef Gaulois, 14.
Louis le Pieux ou le Débonnaire, empereur, 144.
Louis VII, roi de France, 31, 125.
Louis VIII, roi de France, 26.
Louis IX, roi de France, 49, 50, 51, 138, 144.
Louis X, roi de France, seigneur de Châlucet, 192.
Louis de Pierrebuffière, 99.
— de Sully, seigneur de Châlucet, 75, 84, 95, 192.
Lubersac, auj. chef-lieu de canton, arrond. de Brive (Corrèze), 51.
Luce (Siméon), 73, 76, 77.
Lucie de Saint-Hilaire, 124.
Lucilius, 14.
Lucius, Lucios, Lucoios, 14, 15.
Lucius Capreolus, proconsul, 15.
Ludovicus, v. Louis.
Lunel, auj. chef-lieu de canton, arrondissement de Montpellier (Hérault), 65, 155, 160.
Lusignan, auj. chef-lieu de canton, arrondissement de Poitiers (Vienne), 31.

Lusignan famille, 32, v. Geoffroi, Raoul.
Lussac-les-Eglises, auj. commune du canton de Saint-Sulpice-les-Feuilles (Haute-Vienne), 73.

M

Maciot le Maire, 170.
Magnac, famille, 16.
Magrefort, localité de la commune de Saint-Jean-Ligoure et nom d'une famille, v. Gérald, Hugues.
Maiios (*Las*), v. Maisons (Les).
Maingre (Le), v. Boucicaut.
Maisonnais, auj. commune du canton de St-Mathieu (Hte-V.), 73.
Maisons (Les), auj. commune de Saint-Jean-Ligoure, canton de Pierrebuffière (Haute-Vienne), 42, 52, 138, 149, 151.
Maledent, famille, 116, v. Audoin.
Malemort, famille, 32, v. Aimeric, Gilbert, etc.
Malisson, 187.
Mallier, 187.
Malomonte (*de*), v. Maulmont.
Manha, v. Etienne.
Manigne, quartier du Château de Limoges, 34, 52.
Mansus Ademari, 137. — Leymarie ou le Puy-Aymar.
Maravalle (de), v. Marval.
Marboau, prieuré de femmes, v. Bost-las-Monjas.
Marbouty (C), 204.
Marcel, v. Aymerigot.
Marche, province de France, 15, 75, 131.
— Sénéchaux de la, 68, 163.
Marchegay, 81.
Marcialis ou *Martialis*, v. Martial.
Margarita, v. Marguerite.
Marguerite, fille d'Agnès, et nièce de Gui de Périgord, 166.
— d'Albret, 173.
— de Bourbon, veuve du seigneur de Sully, 67.

Marguerite de Bourgogne, veuve de Gui VI, vicomte de Limoges, 45, 46, 47, 48, 49, 55, 62, 64, 102, 103, 114, 154, 192.
— *La Brosso*, 60.
Maria, v. Marie.
Marie, vicomtesse de Limoges, 47, 49, 62, 63, 154, 192.
— de Frachet, 55.
— veuve d'Hilaire de Monts, 56.
— Pelerarga, 37.
— de Sully, 95, 192.
Marot Audebert, 22, 82.
Marotus, v. Marot, 22.
Marronie (la), auj. commune de La Porcherie (Hte-V.), 42, 139.
Mars, village, 116.
Marsat, auj. commune de Jourgnac, 186.
Martial (Saint-), apôtre d'Aquitaine, 85, 86, 87.
Martial d'Auvergne, sénéchal de la terre des Maulmont, 65.
Martial de Bermondet, 102.
— Bize, 83.
— Douet, 109, 110.
— Pradeau, procureur près la juridiction de Châlucet, 188.
Martial de Verthamont, seigneur de Châlucet, 120.
— François de Verthamont, Sgr de Châlucet, 120.
Martin Drapier, 66.
MARVAUD (A.), 106.
Mas (du), famille, v. Mathieu.
Mas-Gautier (le), auj. commune d'Eyjeaux (Hte-V.), 143.
Mas-Gautier (le), auj. commune de Feytiat (Hte-V.), 143.
Mas-le-Fon, auj. commune du Vigen (H.-V.), 103.
Mas-de-Lavaud, auj. commune de St-Hilaire-Bonneval (H.-V.), 186.
Mas-du-Jard, auj. commune du Vigen (Hte-Vienne), 186.
Mas-la-Ribière, auj. commune de Château-Chervix, 186.

Mas-du-Puy, auj. commune du Vigen (Hte-V.), 42, 138.
Maslhac, peut-être pour Marliac ou Marliaguet, près Feytiat (Hte-V.), 57.
Masneuf, auj. commune de Château-Chervix (Hte-V.), 186.
Masseret, auj. commune du canton d'Uzerche (Corrèze), 27, 117.
Mateldis, v. Mathilde.
Mathias, v. Guillaume.
Mathieu d'Auvergne, 96.
— de Julien, chanoine, 178.
— du Mas, 118.
Mathilde, fille d'Etienne de Jaunhac, 126.
Maubos, auj. commune de La Porcherie (Hte-V.), 139.
Maulmont, Malmont, château, peut-être commune de Dournazac (Hte-V.), (la famille des Maulmont dont il s'agit paraît différente de celle dont le berceau est le château de Maulmont, commune de Rosiers d'Egletons (Corrèze), 109).
Maulmont, famille, 96, 102, 163.
— v. Adémar, Gérald, Elie, Guillaume, Jacques, Pierre.
Maurice-Edmond de Verthamont, propriétaire de Châlucet, 188.
Meaux, chef-lieu d'arr. de Seine-et-Marne, 90.
— (vicomte de), 90.
Meilhac, auj. commune du canton de Nexon (Hte-V.), 58, 145.
Mende, ville de France, auj. chef-lieu de la Lozère, 159.
— évêque (de), 159.
Meniéras, près le Vigen, (H.-V.), 103.
Monot, v. Nicolas.
Mercaders, Merchaders, 31.
MÉRIMÉE (Prosper), 6, 13, 195, 200.
Meuzac, auj. commune du canton de St-Germain-les-Belles, 27, 119.

Micaud ou Chez Micaud, auj. commune de St-Hilaire-Bonneval, (Hte-V.), 152.
Michel de Frachet, 19, 55.
Micuols v. Micaud.
Mimatensis episcopus, v. Mende.
. Mirebeau, auj. chef-lieu de canton, arrond. de Poitiers (Vienne), 32.
Missa, veuve de Pierre Bernard, 51.
Moissac ou Moissaguet auj. commune de Feytiat (Hte-V.), 153.
MOLINIER (Emile), 72, 73.
Molnars, v. Etienne des.
Mon (de), v. Monts.
Mondeau, v. Etienne.
Monségur, chef-lieu de canton, arr. de La Réole (Gironde), 100.
Mont (le) ou Monts (les), auj. commune du Vigen (Hte-V.), 55.
Monts (les), auj. commune de Bujaleuf, canton d'Eymoutiers (Hte-V.), 55.
— famille, 18, 23, 27, 30, 37, 38, 52, 55, 56, 124, 126, 191, v. Aimeric, Bernard, Boson, Etienne, Gaucelin, Gérald, Hugues, Hilaire, Pierre, Agnès, Almodic, Philippe, Raimonde.
Montberon ou Montbron, chef-lieu de canton de l'arr. d'Angoulême (Charente), 98.
Montbrun, château, commune de Dournazac (Hte-V.), 73, 126.
Montcocu, château dans la commune et canton d'Ambazac (H.-V.), 27
— famille, 27, 92, 149, v. Jourdain.
Monte (de) ou *Montibus (de)*, v. Monts.
Monte Cuculli (de), v. Montcocu.
Monteil (le) peut-être commune de Saint-Priest-Ligoure (Hte-V.), 42, 138.
Montembœuf, chef-lieu de canton, arr. de Confolens (Charente), 20.
Montet, v. Aimeric (de).
Montevrain, auj. canton de Lagny (Seine-et-Marne), 169.

Montjauvy, Montjovis, faubourg de Limoges, 37.
Montferrand, auj. commune du canton de Clermont-Ferrand (Puy-de-Dôme), 88, 89, 90.
Montpellier, ville de France, chef-lieu du département de l'Hérault, 84, 89.
Montuau, localité, 125.
MOREAU, 12, 18, 24.
Moret, une des localités de ce nom de Seine-et-Marne ou de Seine-et-Oise, 76.
Morlans, v. Etienne de.
Mortemart, château et bourg, auj. chef-lieu de commune du canton de Mézières (Hte-V.), 100.
— famille, 82, 100.
Mosnier, v. Joseph.
Moyllières, seigneurie de, 105.
Moulinarie (la), tènement de Saint-Hilaire-Bonneval (Hte-V.), 186.
Muret, celle Grandmontaine, près et commune d'Ambazac (Haute-Vienne), 131.
Mussidan, auj. chef-lieu de canton arr. de Ribérac (Dordogne), 93, 173, v. Amanion.

N

NADAUD (l'abbé), 17, 35, 109, 119, 146.
Narbona, bourgeois, 133.
Narbonne, famille, 60, 133, v. Guillaume, Pierre.
Narbonneau, auj. commune de Solignac (Hte-V.), 61, 186.
Narbonneix, auj. commune de Solignac (Hte-V.), 61.
Naudon du Can, 82.
Navarre (rois de), 109, 110, 112, 117, 157, 189, 190, 193, 205.
Nesle (le maréchal de), 72.
Neufville, famille, v. François de.
Nevers, ville de France, chef-lieu du départ. de la Nièvre, 109.
— comtes (de), 109, 193.

Nexon. auj. chef-lieu de canton, arr. de Saint-Yrieix (Hte-V.), 18, 154.
Neychonia, borderie près Saint-Hilaire Bonneval, 152.
Nicolas de Menot, 49.
Niger, v. Lenoir.
Noblat, v. St-Léonard.
Noir (le prince), v. Edouard.
Nontron, auj. chef-lieu d'arr. du département de la Dordogne, 73.
Normandie, province de France, 73
Notre-Dame (cimetière de), à Solignac, 29.
— des-Arènes, église sous les murs de Limoges, 95.
— de-la-Règle, v. Règle.
Nouailla, fief, 188.
— (seigneurs de), 108, 193.
Nouaillas, près Nexon, 154.
Nouailles (les), auj. commune d'Eyjeaux (H.-V.), 152.
Noyon (évêque de), 172.

O

Olieiras (las), v. Aulières (les).
Olim Barbe, 89, 90.
Olivier Blanchard, 81.
— de Bretagne, vicomte de Limoges, 96.
— Jourdain ou de Jourdain, 60.
Oradour-sur-Vayres, auj. chef-lieu de canton de l'arr. de Rochechouart (Hte-V.), 63, 73.
Orléans, ville de France, auj. chef-lieu du départ. du Loiret, 183.
Orronville (Cabarret d'), 92.
Orthez, auj. chef-lieu d'arr., Basses-Pyrénées, 83, 84, 91, 92.
Orval (seigneurs de), 94, 96, 98, 109, 110, 193, v. Albert, Jean d'Orval, etc.
Othon de Bré, 66.

P

P. Auderii, 37.
P. Bendon, 168.
P. Bernard, 34, 37, 41.
P. Chagat, chanoine, chapelain ou curé de Châlucet, 146.
P. de Frachet, 47, 151, 192.
P. de Jaunhac, 33, 39.
— seigneur de Châlucet, 39, 40, 131, 133, 191.
P. Lafforest, 34.
P. La Bozonia, 37.
P. Lesclava, 37.
P. de Monts, 37, 45, 47, 153.
P. de Périgord, 153.
P. de Royère, 40.
Pairiguos, Pairigol, v. Périgord.
Paparet ou Preparet, v. Guillaume.
Parentis en Born, auj. chef-lieu de canton, arr. de Mont-de-Marsan (Landes), 188.
— (seigneur de), 188.
Pardoux de La Garde (le F.), 16.
Pardulphus, v. Pardoux.
Pardulpho (de Sancto), v. Saint-Pardoux.
Paris, capitale de la France, 141, 159, 162, 170, 172, 189.
— v. Jean.
Parisius, v. Paris.
Passac, (v. Gaucher de).
Paya Negra, 83.
Pazat, auj. commune du Vigen (Hte-V.), 186.
Pedegos, 99.
Peiregore, borderie, 59.
Peireix, auj. commune de Boisseuil (Hte-V.), 42, 52, 101, 138, 174, 177, 178.
Peirieras (las), tènement de St-Jean-Ligoure (Hte-V.), 186.
Penot, 104.
Penthièvre, (v. Jeanne de).
Pepin, roi de France, 15.
Pera (la), 42, 52, 138, 150, v. Peireix.
Pérard de Baroilhs, 177.
Périgord, province, 42, 45, 49, 50, 64, 70, 72, 74, 75, 76, 97, 98, 100, 105, 106.
— (sénéchaux de), 138, 141, 163.

Périgord (famille), 5, 27, 30, 37, 38, 47, 52, 56, 57, 59, 191, v. Hugues, Gui, Pierre.
Périgourdins, 84, 92.
Périgueux, ville de France, auj. chef-lieu du départ. de la Dordogne, 64.
— (diocèse de), 64, 124, 138, 163.
Perregors, v. Périgord.
Perrot Foucaud, dit Le Béarnais ou le Bernois, 80, 83, 84, 85, 87, 88, 89, 90, 91, 92, 93, 94, 101.
Perrot Vigier, sergent, 164.
Pérusse (La), auj. commune du canton de Chabanais (Charente), 73.
Perueilh, v. Peireix.
Petitaud, v. Almodie.
Petra Bufferia, *Petrabupheria*, v. Pierrebuffière.
Petragorico, *Petragoricis (de)*, v. Périgord.
Pétronille, femme de Guillaume Mathias, 81.
Petrus, v. Pierre.
Peulverelli, v. Hugues.
Peyrat, auj. commune de Saint-Hilaire-Bonneval (Hte-V.), 152.
Peyre (La), v. Peireix.
— (La), v. Pierre.
Peyrusse des Cars, v. Charles de.
Peyriguos, Peyrigueys, Peirigos, v. Périgord.
Peyzac ou Pazat, auj. commune de Solignac, 111.
— v. Jean.
Philippe I, roi de France, 57.
— II, Auguste, roi de France, 31, 32, 33.
— III, roi de France, 61.
— IV, roi de France, seigneur de Châlucet, 64, 65, 66, 69, 192.
— V, roi de France, seigneur de Châlucet, 65, 68, 109, 157, 160, 192.
— VI, roi de France, 71.
— d'Aunai, 65.
— d'Artois, connétable de France, 93, 173.

Philippe de Monts, 56.
Picardie, province de France, 70, 73.
Pierre I (de la Châtre), archevêque de Bourges, 30, 128, 129, 130.
— abbé de Solignac, 153, 154.
— fils de Gérald de Jaunhac, 24.
— Amblard, 39, 60.
— d'Auvergne, 96.
— de Beaufort, vicomte de Turenne, 105.
— Bernard, fils de Hugues, 31.
— Bernard, 23, 24, 25, 26, 28, 29, 31, 40, 42, 50, 51, 52, 58, 60, 123, 124, 125.
— Bernard, seigneur de Châlucet, 34, 38, 39, 40, 41, 134, 135, 136, 138, 142, 148, 149, 154, 190.
Pierre de Blanosc, sénéchal de Poitou et Limousin, 63.
— de Bordeaux, évêque de Limoges.
— du Bois, 168.
— Brun, 126.
— Crozilh, 104.
— Faure ou Fabre, chancelier de l'officialité de Limoges, 150.
— de Frachet, 54, 55.
— de Frachet, coseigneur de Châlucet, 47, 54, 55, 191.
— Gaucelin, 126.
— Gérald, 53, 54.
— de Giac, chancelier de France, 89, 90.
— Girart, sergent, 164.
— de Jaunhac, 23, 25, 51. 123, 124.
— de Jaunhac, seigneur de Châlucet, 39, 40, 191.
— de Jaunhac *Las Flamas*, 38.
— de Jaunhac *l'Orros* ou *lo Ros*, 38.
— de Jaunhac de Saint-Vitte, 125.
— de Jaunhac, fils du précédent, 125.
— Lantene, dit Doust, 181, 182.

Pierre de Laver, 61.
— de Léon, anti pape, 20.
— de Maulmont, 64, 67, 182.
— de Montbrun, évêque de Limoges, 101, 178.
— de Monts ou *del Mon*, 24, 47, 55, 56, 192, 204.
— de Monts, coseigneur de Châlucet, 47, 56, 191.
— Narbonne, 61, 71.
— de Périgord, 58, 166.
— de Pierrebuffière, 45.
— Pollet, 169.
— Portier, 58.
— de La Roche dit Vouzelle, 113, 114, 115, 116, 117.
— Roger, 65.
Pierre de Royère, 18, 59, 60, 66.
— *Servientis*, sénéchal du roi de France, 138, 141.
— de Sussac, prévôt de Solignac, 140.
— Trenchant, 116.
— de Veix ou Videix, chanoine, 178.
— de Vieilleville, abbé de Solignac, 43, 139.
Pierrebuffière, auj. chef-lieu de canton, arr. de Limoges, (Hte-Vienne), 4, 18, 22, 23, 27, 31, 37, 38, 55, 56, 78, 98, 99, 124, 168.
— château, tours de, 23, 24, 26.
— chevaliers de, 23, 126.
— famille, 21, 22, 23, 27, 45, 55, 73, 79, 99, 100. v. Gauclin, Jean, Louis, Pierre.
— mesure de, 131, 133, 136.
Pierregort. v. Périgord.
Pin, v. Laurent du.
Pinchaud, v. Etienne.

Plagne (La), auj. commune de Saint-Priest-Ligoure (Hte-V.), 42.
Plaix (le capitaine), 115.
Planchas (Las), lieu dit près Château-Chervix (Hte-Vienne), peut-être localité de ce nom de la commune de Meuzac, 186.
Planche (La), commune de Saint-Hilaire-Bonneval (Hte-V.), 186.
Podio (mansus de), v. Mas du Puy.
Podio-Irat (de), v. Peyrat.
Poitiers, ville de France, auj. chef-lieu du département de la Vienne, 86, 100, 173, 185.
Poitiers comtes de, 20, 198, v. Guillaume.
— évêques de, 112.
Poitou, province de France, 15, 19, 63, 72, 75, 93, 156.
— sénéchaux de, 63, 65, 156, 167.
Polenac, v. Poulenas.
Pompadour, château, auj. commune d'Arnac-Pompadour (Corrèze), 65.
— vicomtes de, 115, 117.
Ponce, vicomte de Mortagne, sénéchal de Saintonge et Limousin, 154.
Ponroi, famille, 24, 124, 126. v. Aimeric, Gérald, Hugues.
Pontius, v. Ponce.
Pontoise, auj. chef-lieu d'arrondissement (Oise), 177.
Pont (v. Thibaut du).
Ponte Rubeo (de), v. Ponroi.
Porcharia (La), v. Porcherie.
Porcherie (La), auj. commune du canton de Saint-Germain-les-Belles (Hte-Vienne), 26, 27, 42, 187.
— château, 26, 33, 51, 127.
— famille, 26, 41, 127.
Pothon de Saintrailles, capitaine de Châlucet, 98, 99, 100, 183.

PORTE (DE LA), 199.
Porte (de La), famille, v. Renaud.
— neuve (la), au Bas-Châlucet, 6.
Portier, v. Pierre.
Possis (de), v. Pousses (les).
POUMEAU (Emile), 199.
Pousses (les), château, auj. commune de St-Maurice-les-Brousses (Haute-Vienne), 106.
— famille, v. Jean.
Poulaillère (Porte), au Château de Limoges, 126.
Poulénas, auj. commune d'Eyjeaux (Haute-Vienne), 131, 186.
Prade (La), 116.
Prat-Raynau, 165.
Prévot, v. Colin.
Prejectus, v. Saint-Priest.
Prince Noir (le), v. Edouard.
Puy-de-Bancix, commune de Jourgnac (Haute-Vienne), 186.
Puy-Mathieu, auj. commune du Vigen (Haute-Vienne), 103.
Puy-Tord, auj. commune du Vigen (Haute-Vienne), 186.
Puy-Las-Vignas, auj. commune du Vigen (Haute-Vienne), 186.
Pyrénées (Basses), département, 99, 101, 102.

Q

Querci, province de France, 42, 85, 106.
— sénéchaux du, 138, 163.
Queyrias (Las), ou le Grand Colombier, auj. commune de Saint-Just (Haute-Vienne), 153.

R

Rabré, auj. commune de St-Hilaire-Bonneval, 186.
Radulphe, v. Guillaume.
Radulphus, v. Raoul.
Raimond de Montant, seigneur de Mussidan, 173.
Raimonde de Monts, 56.
Raimond Vigier, 37.
Ramnulphe, abbé du Dorat, 20.
Ramnulfe de Jaunhac, 38.
Rancon, v. François de.
Raoul de Lusignan, 32.
— de Trappes, sénéchal du roi France en Limousin, Périgord et Querci, 45, 49, 138, 140.
Raynaud de La Porte, évêque de Limoges, 61, 64.
Razès, auj. commune du canton de Bessines (Hte-V.), 57.
— famille, 57, v. Elie.
Renardieras (Las), peut-être la localité de ce nom qui dépend auj. de la commune d'Eyjeaux (Haute-Vienne), 186.
Règle (La), abbaye de filles en la Cité de Limoges, 28, 68, 144.
Réthel, chef-lieu d'arrondissement (Ardennes), 109.
— seigneur de, 109, 193.
Reynou (Le), auj. commune du Vigen, 165.
Ribeira (La), v. Etienne de La Ribière.
Richard-Cœur-de-Lion, duc d'Aquitaine, puis roi d'Angleterre, 21, 31, 33, 46.
Richebort, Richebourg, v. Guillaume de.
Rilhac, probablement Rilhac, auj. commune de Château-Chervix (Haute-Vienne), 116.
Riucorbs, Riucorps, bois, 135, 136.
Rivière, v. Audet de La.
Robert de Genève (Clément VII), 91.
— de Douhet, procureur du roi à Limoges, 163.
— d'Avesbury, 72.
— de Jaunhac, 24.
— de Sancerre, 80.
— de Turneham, 32.
Roche (Mas de la), auj. commune de St-Jean-Ligoure (Hte-Vienne), 26.
— (La), famille, v. Elie.
— Bandie, auj. commune de St-Hilaire-Bonneval (Hte-Vienne), 126.

— l'Abeille, auj. commune du canton de Nexon (Hte-Vienne), 33.
Rochechouart, auj. chef-lieu d'arr. (Hte-Vienne), 63, 73, 75.
— château, 108, 122.
— famille, vicomtes de, 63, 67, 75, 108, v. Aimeric.
Rochelle (La), ville de France, auj. chef-lieu du département de la Charente-Inférieure, 84, 86.
Rochelles, v. Jean de.
Rochette (La), auj. commune de Boisseuil (Haute-Vienne), 106.
Roëria, Roeira, Roieira, v. Royère.
Rooz, v. Thomas de.
Rouergue, province de France, 85.
Rouffarie, petite localité près La Geneytouse (Hte-V.) (?), 186.
Roullans, v. François.
Roussillon, prov. de France, 193.
Royère, château, près et commune de La Roche-l'Abeille (Hte-Vienne), 33.
— famille, 41, 59, 80, v. Bernard, Boson, Elie, Faidit, Gaucelin, Gui, Pierre, Agnès, Ahélis, Tiphaine.
Rozier ou de Roziers, v. Jean.
Rymer, 31.
Ryvelli (dominus), 159.

S

S. deu Girardesc, 37.
Sabaudia, v. Savoie.
Saint-Angel, auj. commune du canton d'Ussel (Corrèze), 113.
— barons de, 113.
St-Augustin-lès-Limoges, abbaye d'hommes, 20, 28, 42, 54, 58.
— abbés de, 73.
Saint-Auvent, auj. commune du canton de St-Laurent-sur-Gorre (Haute-Vienne), 73.

St-Blaise, chapelle, v. Châlucet.
St-Bonnet-La-Rivière, auj. commune du canton de Pierrebuffière (Haute-Vienne), 17, 27.
Saint-Cyprien, auj. commune du canton d'Ayen (Corrèze), 129.
Saint-Eloi, église paroissiale du Vigen (Hte-V.), 22.
Saint-Eloi, autel de, à Solignac, 29.
St-Etienne, église cathédrale de Limoges, 101, 104, 176.
— chapitre de, 18, 19, 53, 54, 61, 67, 101, 104, 174, 176, 177, 180, 181.
— doyen de, 174, 176.
St-Genest, auj. commune du canton de Pierrebuffière (Hte-V.), 124.
St-Georges-La-Valade, près Saint-Porchaire (Charente-Inférieure), 72.
St-Gérald, église et hospice hors les murs de Limoges, 61, 178.
St-Germain-en-Laye, auj. chef-lieu de canton, arrond. de Versailles (Seine-et-Oise), 188.
St-Germain-les-Belles, auj. chef-lieu de canton, arrond. de Saint-Yrieix (H.-V.), 17, 18, 27, 32, 117.
St-Hilaire, famille, v. Foucher, Gérald, Lucie.
St-Hilaire-Bonneval, auj. commune du canton de Pierrebuffière (Hte-Vienne), 22, 27, 50, 59, 106, 110, 186.
St-Hilaire-Lastours, auj. commune du canton de Nexon (Hte-V.), 57.
St-Jean-Ligoure, auj. commune du canton de Pierrebuffière (Hte-V.), 4, 21, 27, 50, 58, 106, 110, 154, 186.
— seigneurs de, 107, 108, 109.
St-Jean-Baptiste (autel de), v. Châlucet.

— 235 —

St-Jean-l'Evangéliste (église de), à Aureil, v. Aureil.

St-Junien, auj. chef-lieu de canton, arrond. de Rochechouart (Hte-Vienne), 82, 117.

St-Just, auj. commune du canton sud de Limoges (Hte-V.), 125.

St-Lazare, village de la commune de Limoges, canton sud (Hte-Vienne), 4, 84, 168.

St-Léonard, ou Noblat-St-Léonard, auj. chef-lieu de canton, arrond. de Limoges (Hte-Vienne), 32, 49, 60, 82, 97, 113, 114, 115, 126.

Saint-Martial-de-Limoges, abbaye d'hommes, 25, 28, 126.

— abbés de, 28, 32, 73.
— bourg ou château de, 28.
— chroniques de, 47, 48, 50, 102.
— hôpital de, 124.
— pont, à Limoges, 1.
— ville ou bourg du Pont, 5, 81.

Saint-Martin-lès-Limoges, abbaye d'hommes, 73.

— abbés de, 73.

St-Martin-de-Fressengeas, près Thiviers (Dordogne), 16.

St-Martin-le-Vieux, auj. commune du canton d'Aixe (Hte-V.), 24.

St-Maurice-les-Brousses (autrefois St-Maurice-de-Bré ou de Brelet), auj. commune du canton de Pierrebuffière (Hte-V.), 106, 110, 111, 131, 151, 155, 185.

St-Michel-des-Lions, église paroissiale au Château de Limoges, 28, 117.

St-Pardoux-la-Rivière, auj. chef-lieu de canton, arrond. de Nontron (Dordogne), 64.

St-Paul, localité de la Gironde ou des Landes, 188.

— seigneurs de, 188.

St-Paul, v. Jean de.

St-Paul-d'Eyjeaux, auj. commune du canton de Pierrebuffière (Hte-Vienne), 60, 117, 178.

St-Pierre-de-Solignac, église de l'abbaye de Solignac, v. Solignac.

St-Pierre-de-Vigeois, église de l'abbaye de Vigeois, v. Vigeois.

St-Priest-Ligoure, auj. commune du canton de Nexon (H.-V.), 27, 42, 58, 99, 110, 112, 152, 178.

St-Sever, auj. chef-lieu d'arrond. (Landes), 92.

St-Séverin-de-Vallières, église, commune de Vallières, canton de Felletin (Creuse), 18.

St-Sulpice-de-Bourges, abbaye d'hommes, 65.

St-Théau (vitrail de), à Solignac, 29.

St-Thomas, église ou chapelle de Châlucet, v. Châlucet.

St-Vincent, v. Vitrat et St-Vincent.

St-Vitte, auj. commune du canton de St-Germain-les-Belles (Hte-Vienne), 27, 51, 83, 112, 125.

St-Yrieix, auj. chef-lieu d'arrond. (Hte-V.), 1, 117, 146.

— chapitre de, 30, 45, 49, 63, 64, 65, 66, 67, 128, 129.

Ste-Anne, auj. commune du canton d'Eymoutiers (Hte-V.), 113.

Ste-Croix, église de Pierrebuffière, prévôté de Solignac, 24, 55, 124.

Ste-Eulalie, auj. commune du canton de Parentis (Landes), 188.

— seigneurs de, 188.

Saintes, auj. chef-lieu d'arrond. (Charente-Inférieure), 72.

Saintonge, province de France, 72, 154.

— sénéchaux de, 154.

Saintrailles ou Xaintrailles, v. Pothon de.

Salagnac, v. Guillaume de.

Salargue (La), 188.

— seigneurs de, 188.

Salles (Les), auj. commune d'Eyjeaux (Hte-Vienne), 186.

Sancerre (le maréchal de), 77, 79, 81, 82.

Sanche, 31.
SAULCY (DE), 14.
Sautour, auj. commune de Linards (Hte-Vienne), 127.
Savignac, auj. commune de Meilhac (Hte-V.), 58, 145, 154.
Savoie (comté, puis duché de), 159.
Sébrand Chabot, évêque de Limoges, 19, 21, 32.
Seduiraud, v. Jean.
Seguin, fils de Gérald de Lastours, 26.
Ségur, auj. commune du canton de Lubersac (Corrèze), 25.
— château, 25, 74, 82.
Sens, auj. chef-lieu d'arrondiss. (Yonne), 198.
Servieus, al. *Servientis*, v. Pierre.
Sicard de La Barde, 93.
SIMON (Clément), 106, 201.
Simon de Beaulieu, archevêque de Bourges, 63.
— Boutineau, notaire, 82.
Soliaco (de), v. Sully.
Solignac, auj. commune du canton sud de Limoges (Hte-Vienne), 1, 2, 31, 53, 54, 67, 71, 72, 86, 93, 103, 109, 110, 112, 115, 116, 118, 119, 151, 165, 168, 173, 188, 193.
— château de, 153.
— abbaye d'hommes, 2, 12, 17, 20, 24, 26, 28, 29, 30, 33, 37, 39, 43, 44, 50, 51, 52, 53, 54, 55, 56, 57, 59, 60, 61, 69, 78, 79, 102, 107, 117, 118, 119, 124, 128, 129, 130, 138, 139, 141, 144, 151, 152, 153, 154, 155, 161, 167, 168, 194.
— abbés de, 20, 21, 30, 42, 44, 47, 58, 61, 67, 68, 70, 102, 128, 139, 146, 150, 151, 192.
SOLIGNAC (A. DE), v. Laporte (A. de).

Sollemniacum, Sollempniacum Sollompniacum. v. Solignac.
Sollompnhac, v. Solignac.
Souillac (abbaye de), auj. département du Lot, 37.
Souterraine (La), auj. chef-lieu de canton, arrondiss. de Guéret (Creuse), 81.
Stephanus, v. Etienne.
Suliaco al. *Seuliaco (de)*, v. Sully.
Sully, famille, 56, 61, 67, 68, 69, 73, 95, 163, 164, 192, v. Henri, Louis, Marie.
Sussac, auj. commune du canton de Châteauneuf-la-Forêt (Hte-Vienne), 5, 139.
Suyssac, v. Sussac et Pierre de Sussac.

T

Taillebourg, auj. commune du canton de St-Savinien (Charente-Inférieure), 72.
Taillefer, v. Bernard.
Tandonnet de Fumel, capitaine de Châlucet, 100, 101, 104, 105, 175, 177, 178, 183.
Taules (rue des), au Château de Limoges, 126.
Tercis, auj. commune du canton de Dax (Landes), 188.
— seigneurs de, 188, 193.
Ternias (Las), localité près Château-Chervix (Hte-Vienne), 187.
Tête-Noire, v. Geoffroi.
Théobald, frère de Sébrand Chabot, 19.
Thézillat, famille, propriétaires actuels de Châlucet, 121, 122, 190.
Thibaut du Pont, 75, 78, 79.
Thiers, auj. chef-lieu d'arrond. (Puy-de-Dôme), 61, 65.
— vicomtes de, 61, 67.
Thiviers, chef-lieu de canton, arr. de Nontron (Dordogne), 16.
THOMAS, (Antoine), 95, 100, 106.
Thomas de Rooz, sénéchal du Limousin pour le roi d'Angleterre, 76.

Tillo (Sanctus), v. Saint-Théau.
Tiphaine de Royère, 59.
Tonnay-Boutonne, auj. chef-lieu de canton, arr. de St-Jean-d'Angely (Charente-Inférieure,) 65.
Torena, Torenna, v. Turenne.
Torencha (La), nom d'une porte de Châlucet (?) 166.
Tornolio (de), v. Tournoël.
Tort, près Villac, canton de Terrasson (Dordogne), 126.
Toulouse, ville de France, auj. chef-lieu du département de la Haute-Garonne, 71.
Tour (de La), v. Isabelle.
Tournoël, château près Riom (Puy-de-Dôme), 65.
Tours, ville de France, auj. chef-lieu du département d'Indre et Loire, 74, 198.
— monnaie de, 146.
Tranchelion, château près Pierre-buffière (Hte-V.), 21, 23.
— famille, 21, 23, 27, 29, 124, v. Bernard.
Treis (Li), peut-être le Treix, commune de Tarnac (Corrèze), 123.
Trémouille (La), v. Gui de.
Trenchaleo, Trenchaleus, Trencaleon, Trencaleus, v. Tranchelion.
Trenchant ou Tranchant, v. Pierre.
Trévoux, (*Dictionnaire de*), 161, 178.
Tripon, (J.-B.), 200, 201, 202.
Triquerie (La), auj. commune de Saint-Maurice-les-Brosses (Hte-Vienne), 106.
Tulle, ville de France, auj. chef-lieu du département de la Corrèze, 79.
— diocèse de, 79.
Turenna, v. Turenne.
Turenne, auj. chef-lieu de canton, arr. de Brive (Corrèze), 21.
— château, 21.
— vicomtes, 21, 75, 105.

Turneham, v. Robert de.
Turribus (de), v. Lastours.

U

U ou V. de Jaunhac, seigneur de Châlucet, 30, 128, 129, 191.
Ubilis, veuve de Gérald de Jaunhac, 21, 24.
Ugo, v. Hugues.
Umberge, mère d'Almodis, 124.
Ussel, auj. chef-lieu d'arrondissement (Corrèze), 105.

V

Vaast (Saint), 15.
Valade (Le Président de La), 116.
Valelha, v. Vareilles.
Valette (La), auj. commune de Boisseuil (Haute-Vienne), 152.
Valérie (Sainte), 14.
Valle (de), v. Lavaud.
Vallières, auj. commune du canton de Felletin (Creuse), 19.
Vareilles (Les), auj. commune de La Porcherie (Hte-Vienne), 139.
Vandales, peuplade, 15.
Vanteaux, v. David de.
Vauguyon (La), château, auj. commune des Salles-La-Vauguyon, (Haute-Vienne), 83.
Vauldruc de Bretagne, 100.
Ventadour, château, commune du Moustier-Ventadour, canton d'Egletons (Corrèze), 66, 85, 91, 92, 94.
— vicomtes, puis comtes et ducs, 66, 112.
Verneuil, v. Jean d'Hautefort.
Verneuil, auj. chef-lieu de canton du département de l'Eure, 183.
Verneilh (Félix de), 194, 199, 201, 203.
Verneilh (Jules de), 199, 201, 203, 204.
Vergne (La), v. Christophe de Bony, sieur de.
Vergnenègre, auj. commune de La Geneytouse (Hte-V.), 137.

— 238 —

Veyrac, auj. commune du canton de Nieul (Hte-V.), 82.
— château, 82.
— famille, 27, 32, 82.
Vertamo, v. Verthamont.
Verthamont, famille, 116, 119, v. François, Guillaume, Martial, Maurice, Michel.
Vicano (de), v. Vigen (Le).
Video, Videix, Veix, v. Pierre de.
Videre, v. Bello Videre, Beauvais ou Beauvoir.
Vieilleville. Il y a trois localités de ce nom dans la Creuse, commune de Mourioux, de Roches et de St-Priest-la-Plaine, 140, v. Pierre de.
Vienne, rivière, 1, 20, 44.
— (Haute), département, 121.
— Préfet de la, 121, 122, 190.
— Conseil général de la, 121, 122.
Vigen (Le), auj. commune du canton sud de Limoges (Hte-V.), 1, 16, 19, 23, 27, 35, 52, 63, 67, 68, 69, 103, 110, 144, 145, 149, 151, 153, 154, 186.
Vigenna, v. Vienne.
Vigeois, auj. chef-lieu de canton, arrond. de Brive (Corrèze), 18.
— abbaye d'hommes, 16, 25, 26, 146.
— chronique de, 18, 21, 25, 31.
Vigier, famille, 37, 60, v. Adémar, Pierre, Perrot, Raimond.
Vignas (Las), auj. commune du Vigen (Hte-Vienne), 45, 186.
Vigne de l'Ermite (La), près Châlucet, 186.
Vilars, mas de la paroisse du Vigen, 42, 138.

Villac, auj. commune du canton de Terrasson (Dordogne), 27, 57.
Villard, auj. commune de Janailhac, canton de Nexon (Haute-Vienne), 133.
Ville, v. Claud-la-Ville.
— (Mas de la), auj. commune de St-Jean-Ligoure (Hte-Vienne), 42, 138.
Ville-Adam (La), 83.
Vilola, v. Virolle.
VILLEMSENS (E.), 201.
Villelmus, v. Guillaume.
Vinhal (mas deu), 152.
Vinhals, près Boisseuil, 152.
Vinhas, v. Vignas.
Viridarium, mas de Saint-Jean-Ligoure (Haute-Vienne), 154.
Virolle, auj. commune d'Aureil (Haute-Vienne), 123.
— auj. commune de Saint-Paul-d'Eyjeaux (Haute-Vienne), 152.
Vouzelle, v. Pierre de La Roche.

W

W., frère de P. Bernard de Châlucet, 135.
Waast, v. Vaast.
Waïffre, duc d'Aquitaine, 15.
Wido, v. Gui.
Willelmus, v. Guillaume.
Wisigoths, v. Visigoths.

X

Xaintrailles, v. Pothon de Saintrailles.
Xantoux, v. Jean de.

Y

Ylarius, v. Hilaire.
Yrieix (Saint), 125.

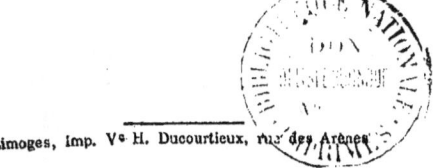

Limoges, imp. Vᵉ H. Ducourtieux, rue des Arènes.

TABLE DES MATIÈRES

Chalucet 1
   I. — Etat actuel des ruines et description de Châlucet 3
   II. — Légendes et traditions. — Châlucet sous les Bernard de Jaunhac 13
   III. — Derniers seigneurs de la famille des Bernard de Jaunhac. — La forteresse pendant la guerre dite de la Vicomté. — Gérald de Maulmont, seigneur du Haut et du Bas Châlucet. 38
   IV. — Copossesseurs et chevaliers de Châlucet Haut et Bas : les Frachet, les de Monts, les Périgord 52
   V. — Les procès de Gérald de Maulmont. — Châlucet cédé au Roi. — Il est donné aux Sully. — Commencement de la guerre de Cent Ans 61
   VI. — Les Routiers. — Exploits de Perrot le Béarnais 80
   VII. — Châlucet sous les d'Albret. — Jean de Laigle. — Une page des Histoires tragiques de Bandello 93
   VIII. — La baronnie de Châlucet. — Revenus et charges. — Le château, occupé par les protestants, est assiégé par les bourgeois de Limoges et démantelé 110
   IX. — Destruction définitive de la forteresse. — La seigneurie de Châlucet passe dans la famille de Verthamont 116

PIÈCES JUSTIFICATIVES

I. — Extraits du Cartulaire du prieuré d'Aureil se rapportant à divers membres de la famille de Jaunhac et aux alliances de cette famille (xı° et xıı° siècles)............. 123

II. — Deux lettres de Pierre, archevêque de Bourges, à Gérald du Cher, évêque de Limoges, au sujet des violences commises par V. de Jaunhac contre l'abbaye de Solignac, et du rétablissement de la paix entre ce seigneur et le monastère (entre 1142 et 1147)........................ 128

III. — Lettre de Pierre, archevêque de Bourges, à Gérald, évêque de Limoges, ordonnant à celui-ci d'interdire la chapelle du Château de Châlucet (entre 1142 et 1147).......... 130

IV. — Lettres d'un évêque de Limoges relatives à un don fait à la celle Grandmontaine du Châtenet, par Hugues de Jaunhac, seigneur de Châlucet (7 avril 1211).......... 131

IV bis. — Confirmation de la donation ci-dessus par Aymeric Bernard et Pierre de Jaunhac, seigneurs de Châlucet, fils de feu Hugues (1213)............................ 133

V. — Fondation par Pierre Bernard, seigneur de Châlucet, d'un anniversaire dans l'église de l'abbaye de Solignac, pour l'âme de son père Hugues de Jaunhac (mars 1233).. 134

VI. — Ratification, par P. Bernard de Châlucet, d'une vente faite à l'abbaye des Allois (1236).................... 135

VII. — Lettres de Hugues, abbé de Solignac, relatives à une cession faite à l'abbaye des Allois par Aimeric de Jaunhac, avec le consentement de son neveu, P. Bernard de Châlucet (7 octobre 1237)................. 136

VII bis. — Abandon à l'abbaye des Allois, par Gérald de Châlucet, damoiseau, de tous ses droits sur le Mas-Adémar et la borderie de Vergnenègre (4 mai 1249).............. 137

VIII. — Hommage rendu à l'abbé et au monastère de Solignac par Pierre Bernard, seigneur du Haut Châlucet et Hugues de Jaunhac, son neveu, en présence de l'évêque Aymeric de Malemort et du sénéchal du roi de France (26 octobre 1260) 138

VIII bis. — Lettres de sauvegarde royale en faveur de l'abbaye de Solignac, données par Pierre *Servientis*, sénéchal du Roi de France dans le diocèse de Limoges après la restitution de ce diocèse à l'Angleterre. (Parlement de la Pentecôte, 1263). *Vidimus* de 1266.............. 141

VIII ter. — Vente à l'abbaye des Allois par Pierre Bernard, chevalier, seigneur de Châlucet et Hugues de Jaunhac, damoiseau du bois et de la terre du Deveix (22 mai 1264) 142

IX. — Testament de Gui de Périgord, damoiseau du Bas Châlucet (25 octobre 1264).. 144
IX bis. — Abandon à l'abbaye des Allois, par Pierre Bernard, sei-
gneur de Châlucet, de toute revendication éventuelle
sur le Deveix, en vertu du droit de retour (19 janvier
1267).. 148
X. — Donation, devant l'Official de Limoges, par Jourdain de
Montcocu, chevalier, à Gérald de Maulmont, de ses
droits sur la quatrième partie du Château du Haut
Châlucet et sur divers fonds (25 mai 1279).............. 149
XI. — Extraits d'un rouleau d'hommages rendus à l'abbaye de
Solignac, commencé à la fin du XIII° siècle (vers 1280)
avec des additions de la première moitié du siècle
suivant.. 151
XII. — Attestation du commissaire du préposé royal relative au
paiement, par Hugues de La Tour, fermier des revenus
de Châlucet, de sommes payées en 1317, tant pour les
gages du châtelain et des hommes d'armes entretenus
par le Roi de France à Châlucet, que pour les dépenses
faites en vue de fortifier les châteaux du dit lieu,
1317.. 156
XIII. — Donation, par le roi Philippe V, en son conseil, à Henri
de Sully, bouteiller de France, des Châteaux de Châlus
Haut et Bas, Châlucet Haut et Bas, Courbefy et Bré
(octobre 1317)... 157
XIV. — Lettres (en français) relatives à la même donation (décembre 1317).. 160
XV. — Sentence du sénéchal du Roi de France pour la Marche
et le Limousin au sujet de la seigneurie de Châlucet
(20 juin 1326)... 163
XVI. — Fragments du testament d'Elie de Frachet, damoiseau
de Châlucet (10 ou 17 septembre 1330).................. 165
XVII. — Lettres en faveur de l'abbaye de Solignac, données par
Jean, fils aîné du Roi de France et son lieutenant général (1er août 1346)... 167
XVIII. — Extraits du rôle des assises tenues par le prévôt de l'abbé
de Solignac : condamnations prononcées contre les
personnes qui ont acheté aux Anglais une part de leur
butin (1er octobre 1370)....................................... 168
XIX. — Lettres de grâce et rémission pour Pierre Polet, autrefois
habitant de Saint-Lazare, près Limoges (juin 1389)... 169
XX. — Lettres royales de rémission aux habitants d'Aixe-sur-
Vienne pour l'aide qu'ils ont donnée à la garnison de
Châlucet et le trafic qu'ils ont eu avec les routiers
(septembre 1389).. 171
XXI. — Lettres de Philippe d'Artois, connétable de France, ac-
cordant grâce et rémission aux habitants de Solignac

	pour les mêmes faits (16 septembre 1393)............	173
XXII. —	Minute d'une supplique adressée par le doyen et le chapitre de Limoges à Charles d'Albret, seigneur de Châlucet, au sujet des usurpations commises par ses officiers (juin ou juillet 1443)......................	174
XXIII. —	Mémoire pour les mêmes contre le sire d'Albret et ses officiers de Châlucet, que le chapitre demande à assigner devant le Parlement. Procès-verbal d'un sergent royal constatant les déprédations commises par les gens du seigneur d'Albret (août 1443)...................	176
XXIV. —	Lettres de grâce et rémission à Jean Paris, homme d'armes de la compagnie de Tandonnet de Fumel, capitaine de Châlucet (septembre 1447).................	183
XXV. —	La seigneurie de Châlucet. Mémoire sans date (première moitié du XVIe siècle)............................	185
XXVI. —	Liève de la seigneurie de Châlucet (1688 et années suivantes)..	186
XXVII. —	Lettres de procureur postulant en la juridiction et baronnie de Châlucet (11 février 1782)	188
XXVIII. —	Extraits de l'acte de vente de la terre de Châlucet, par Maurice Edmond de Verthamont, à Jean François de Thézillat (27 mai 1836)...........................	189
XXIX. —	Seigneurs de Châlucet...........	191
XXX. —	Description de Châlucet, par M. Félix de Verneilh	194
XXXI. —	Bibliographie de Châlucet............................	199
	Note relative aux dessins et errata...................	204
	Table des noms de lieux et de personnes...............	207

OUVRAGES DU MÊME AUTEUR :

Le Château de Châlucet. — Limoges, Sourilas-Ardillier, 1863 (2ᵉ édit., revue et augmentée, 1871).
Crucifixa. — Paris, Dentu, 1863.
Rimes franches. — Paris, Librairie centrale, 1864.
Dolentia. — Paris, Librairie centrale, 1865.
Légendes du Limousin. — Paris et Tournai, Casterman, 1865.
Limoges et le Limousin. — Paris et Tournai, Casterman, 1868 et 1875.
Quelques notes sur la surveillance légale, lettre à un député. — Paris, F. Henry, 1870.
Les Employés de Préfecture. — Paris, F. Henry, 1870.
L'Assemblée du 8 février et la Loi électorale. — Lyon, Josserand, 1871.
Un Journaliste Girondin. — Limoges, Sourilas-Ardillier, 1871.
De la Grève, du Travail et du Capital, conférence faite à une Association ouvrière de Lyon, le 30 mai 1870 (extrait de la *Décentralisation*). — Lyon, Josserand, 1871.
Questions électorales. — Paris, E. Lachaud, 1871.
Notes de Voyage (Mauvais jours, Ex intimo, Poésies diverses). — Paris, E. Lachaud, 1872.
La Crise des subsistances et les emprunts de la période révolutionnaire à Limoges (extrait de l'*Almanach limousin*). — Limoges, Vᵉ Ducourtieux, 1873.
Monuments historiques de la Haute-Vienne, rapport de la Commission de la Société archéologique et historique du Limousin (extrait du *Bulletin* de cette Société). — Limoges, Chapoulaud frères, 1874.
Assurances sur la Vie, notions pratiques. — Limoges, Vᵉ Ducourtieux, 1876.
Une page de l'histoire du Clergé français au XVIIIᵉ siècle. Destruction de l'ordre et de l'abbaye de Grandmont. — Paris, librairie Champion, et Limoges, librairie Vᵉ Ducourtieux, 1877.
Rimes couleur du temps. — Paris, Dentu, 1877.
Sceaux et armes de l'Hôtel-de-Ville de Limoges. Sceaux et armes des villes, églises, cours, etc., des trois départements limousins. — Limoges, Vᵉ Ducourtieux, 1878.
Le Parti Girondin dans le département de la Haute-Vienne (extrait de la *Revue Historique*). — Paris, 1878.
Les Pénitents (extrait de l'*Almanach limousin*). — Limoges, Vᵉ Ducourtieux, 1879.
Les Confréries de Pénitents en France et notamment dans le diocèse de Limoges. — Limoges, Vᵉ Ducourtieux, 1879.
Coutumes singulières de quelques confréries et de quelques églises du diocèse de Limoges. — Limoges, Chapoulaud frères, 1879.
Anciens registres des paroisses de Limoges. — Limoges, Chapoulaud frères, 1881.

France ! chants, poèmes et paysages (avec MM. G. David, A. Hervo, P. Mieusset et A. Tailhand). — Paris, P. Ollendorff, 1881.

Les Hôtels-de-Ville de Limoges (extrait de l'*Almanach limousin*). — Limoges. Vᵉ Ducourtieux, 1882.

Le Livre de raison d'Étienne Benoist (1426). — Limoges, Vᵉ Ducourtieux, 1882.

L'Orfévrerie limousine au milieu du xvııᵉ *siècle* (extrait du journal l'*Art*.) Paris, 1882.

Les Dettes de la ville de Limoges et le Conseil municipal. — Limoges A. Ussel et G. Tarnaud, 1882.

L'Eau de ma Cave, deuxième lettre à la municipalité et au Conseil municipal. — Limoges, A. Ussel et G. Tarnaud, 1882.

Le Tombeau de Guillaume de Chanac, à Saint-Martial de Limoges. — Tulle, Crauffon, 1883.

La Famille limousine d'autrefois, d'après les testaments et la Coutume, — Limoges, librairies Vᵉ Ducourtieux et Leblanc, 1883.

Quelques notes extraites du Cartulaire d'Aureil. — Tulle, Crauffon, 1883.

Les Corporations de métiers en Limousin et spécialement à Limoges (extrait de la *Réforme sociale*). — Paris, 1883.

Le Prédicateur Menauld (extrait de l'*Almanach limousin*). — Limoges, Vᵉ Ducourtieux, 1884.

Les Confréries de dévotion et de charité et les œuvres laïques de bienfaisance à Limoges, avant le xvᵉ *siècle* (extrait du *Cabinet Historique*). — Paris, Champion, 1883.

Commentaires d'Étienne Guibert sur la Coutume de Limoges (1628) avec une note sur les différents textes de cette Coutume. — Limoges, Société générale de papeterie, 1884.

Le Bénédictin Dom Col en Limousin. — Limoges, Vᵉ Ducourtieux, 1884.

La Ligue à Limoges (1589). — Limoges, Vᵉ Ducourtieux, 1884.

Journal du Consul Lafosse (1649). — Limoges, Vᵉ Ducourtieux, 1884.

Registres Consulaires de la ville de Limoges, second registre 1592-1662, publié sous les auspices de la Société archéologique et historique du Limousin : publication commencée par M. Émile Ruben, secrétaire général de cette Société et continuée par M. L. Guibert, vice-président. — Société générale de papeterie, 1884.

L'Orfévrerie et les Orfèvres de Limoges. — Limoges, Vᵉ Ducourtieux, 1885.

La Corporation Limousine : ses caractères, son rôle, phases principales de son histoire. Rapport présenté au Congrès des œuvres catholiques tenu à Limoges (août-septembre 1885). — Extrait de *La Controverse et le Contemporain*. — Limoges, Vᵉ Ducourtieux, 1885.

Les Émigrés Limousins à Quiberon. — Limoges, Vᵉ Ducourtieux, 1885.

Le Limoges d'autrefois, sa physionomie, ses habitants, ses mœurs, ses institutions. — Limoges, Vᵉ Ducourtieux, 1886.

Les Foires et Marchés limousins aux xıııᵉ *et* xıvᵉ *siècles* (extrait de l'*Almanach limousin*. — Limoges, Vᵉ Ducourtieux, 1886.

Les Tours de Chalucet. — Limoges, Vᵉ H. Ducourtieux, 1887.

www.ingramcontent.com/pod-product-compliance
Lightning Source LLC
Chambersburg PA
CBHW070619170426
43200CB00010B/1842

HISTOIRE
DES
PRISONNIERS CÉLÈBRES
TOME VII

CAPTIVITÉ DE L'HOMME AU MASQUE DE FER

ou

LES ILLUSTRES JUMEAUX,

Rédigée et mise en ordre

Par Mme GUÉNARD.

TOME SECOND.

PARIS,

LOCARD ET DAVI, LIBRAIRES,

QUAI DES AUGUSTINS, N°. 3.

1822.

Imprimerie de LEROUX, a Rambouillet.

L'HOMME
AU
MASQUE DE FER.

CHAPITRE XVI.

Le directeur du collége ne se donna que le temps de remettre ses pouvoirs à un de ses confrères, et partit pour Paris, en passant, comme il l'avait dit, par Lérac. Je n'ai pas besoin d'apprendre quelle fut l'indignation de toute la famille en voyant cette nouvelle mesure tyrannique contre Ferdinand; celle-là lui parut bien plus dangereuse que toute autre. Félicie se crut privée pour jamais de son ami, et jura que s'il était engagé dans les ordres, elle se ferait religieuse, et ses père et mère la voyaient déjà prononçant des vœux irrévocables; mais le jésuite les tranquillisa, et les assura qu'étant ami intime du confesseur de la reine, il trouverait bien le moyen de faire révoquer l'ordre. M. et madame de Liancourt le crurent, mais Félicie ne pouvait se consoler. Le père Saint-Armand ne répondit à ses tendres plaintes que par l'assurance de son zèle à délivrer le bel abbé et en faire son époux. Il partit, et se rendit droit aux grands jésuites où était le père Damery, qui, à cette époque, gouvernait la conscience de la reine; elle n'était plus régente; mais on avait tellement éloigné le roi des affaires, qu'il laissait sa mère gouverner et elle ne faisait rien que par les volontés du cardinal; celui-ci, forcé deux fois de quiter la France, y était rentré plus puissant que jamais. Il traînait à sa suite la cour; et Louis XIV, qui devait faire trembler l'Europe, errait dans ses propres états agités par des conspirations sans cesse renaissantes, et ayant une armée bien moins forte que ne fut par la suite sa propre garde. Il était donc difficile d'espérer que la reine s'occuperait sérieusement de l'affaire de Ferdinand dont le jésuite ignorait l'importance; et le père Damery ne pouvait lui en donner une exacte connaissance puisqu'il ne la savait que sous le sceau de la confession.

Le père Saint-Armand croyait Ferdinand fils de Charles Ier. et d'une dame anglaise d'un haut parage; et que la reine d'Angleterre l'avait fait élever par M. de Louvigny; et comme on craignait qu'il ne partageât le malheur attaché au nom de

Stuart (1), on voulait qu'il n'eût aucune connaissance de son origine; et qu'il n'augmentât pas le nombre des princes de cette maison infortunée, et que c'était la raison pour laquelle on le forçait à prendre l'état ecclésiastique. La ressemblance avec Louis XIV était alors sans aucune raison; mais quand on se bâtit un système, on laisse de côté tout ce qui peut y nuire.

Le jésuite qui savait combien il est malheureux de prendre un état où l'on n'est point appelé, était décidé à faire un scrupule à la reine de forcer ainsi la vocation de ce jeune prince, et il avait un projet qui paraissait obvier à tous les inconvéniens. Com-

---

(1) Depuis trois siècles, tous ceux qui portèrent ce nom, à l'exception de Charles II, avaient péri d'une mort violente.

me nous l'avons dit, il chercha donc d'abord le père Damery, qu'il touva à l'instant de partir pour Saint-Germain où la reine le demandait. Celui-ci offrit au directeur de faire la route avec lui, qu'il pouvait le loger au château, et qu'ils auraient tout le temps de s'entretenir du sujet de son voyage dont il était étonné, car il savait que le directeur tenait infiniment à ses élvèes, et il pensait qu'il fallait qu'il eût une cause bien grave pour qu'il les quittât dans le milieu de l'année classique.

Dès qu'ils furent en voiture, le pére Saint-Armand rendit à son confrère tout ce qui s'était passé à Bordeaux et appuya fortement sur l'injure faite à leur ordre, de leur enlever un de leurs élèves pour le confier à M. le Bon, dont les principes politiques étaient fort équivoques, ayant été toujours plus attaché au parlement qu'à la cour. M. de Saint-Armand savait que c'était le moyen le plus sûr de fixer l'attention du confesseur qui tenait beaucoup à l'honneur de son ordre. Le père Damery ne dit point à son confrère qui était Ferdinand : il ne le pouvait pas; mais il dit qu'il n'était pas anglais, et encore moins fils du roi d'Angleterre; il ajouta : on ne peut pas douter qu'il n'ait une origine illustre par les soins que l'on prend de la cacher, et en même temps on le comble de faveurs; mais que prétendez-vous entreprendre contre le cardinal? — Faire sentir à la reine qu'on ne peut pas disposer du sacerdoce comme d'un régiment, et que si Ferdinand est un mauvais prêtre, toutes ces fautes retomberont sur cette princesse.

Le père Damery était dévot, quoiqu'à la cour; il fut frappé de cette vérité, et il promit à son confrère de lui faire avoir une audience particulière. J'aime mieux, dit-il, que vous fassiez ce scrupule à la reine que moi; elle m'en parlera, j'appuierai, et votre élève rentrera au collége.

Pendant que le confesseur se rendait aux ordres de la reine, M. de Saint-Armand se promenait sur la terrasse en attendant qu'il pût avoir la réponse de S. M., réfléchissant profondément à la destinée de Ferdinand. Il est tiré de sa rêverie par un bruit de chevaux qui venaient de l'autre côté de la terrasse; il aperçut une calèche avec plusieurs hommes à cheval; il reconnut la livrée de madame de Chevreuse, qu'il connaissait pour l'avoir vue à Bordeaux,

Elle le remit aussi et fit arrêter. — Quoi ! c'est vous, mon révérend père ; et elle l'engagea à monter dans sa voiture.

Dès qu'il y fut, la première chose qu'elle lui demanda fut des nouvelles de Ferdinand de Louvigny. Le jésuite surpris de ce qu'elle connaissait ce jeune homme, lui répondit : J'espère qu'il se porte bien, mais il est bien malheureux dans ce moment. La duchesse s'informa avec un vif intérêt du sujet de ce nouveau chagrin. M. de Saint-Armand le lui dit les larmes aux yeux. — Vous êtes bien touché, monsieur, des persécutions que Ferdinand éprouve ; si vous saviez comme moi qui il est, vous le seriez bien davantage ; connaissez-vous sa mère ? — Non, madame. — Eh bien ! jurez-moi de garder le secret, et vous le saurez.

— Je vous le jure. Alors madame de Chevreuse dévoila aux yeux du jésuite cette ténébreuse intrigue. Il en fut indigné. La duchesse lui dit que s'il n'avait pas une réponse favorable de la reine, qu'elle ferait enlever le jeune prince malgré toute la surveillance du père le Bon, et elle lui donna rendez-vous dans son appartement au château, quand il sortirait de l'audience de la reine.

M. de Saint-Armand redoubla de zèle pour son élève en connaissant son malheur; il sentait combien la situation de la reine était embarrassante; mais il ne pouvait concevoir comment une mère condamnait ainsi son fils à embrasser un état qui était odieux au jeune homme; il attendait avec une grande anxiété le résultat de sa conférence avec cette princesse.

Le père Damery le vint trouver dans son appartement, où il s'était rendu en quittant madame de Chevreuse. La reine, lui dit-il en entrant, a paru émue quand je lui ai dit que vous étiez ici, et que vous sollicitiez la grâce d'une audience particulière. — Que me veut-il, a dit cette princesse, le savez-vous? Il m'a bien fallu déguiser la vérité, mais c'était pour l'intérêt du prochain; je lui ai dit que je ne savais pas, ainsi, ne dites pas, cher ami, que vous m'en ayez parlé. Le jésuite lui promit la plus grande prudence. L'audience était pour minuit. Il paraît que la reine ne voulait pas que le cardinal la surprit. On fit dire à madame de Chevreuse que l'heure de l'audience ne permettait pas à M. de Saint-Armand de la voir en quittant S. M.; mais qu'il prendrait ses ordres le lendemain.

Les deux confrères firent un bon souper, dirent leur bréviaire, et jouèrent au trictrac jusqu'à l'heure de se rendre chez la reine. Bloin, garçon de la chambre, en qui S. M. avait une extrême confiance, vint avertir le révérend père qu'Anne l'attendait. M. de Saint-Armand le suivit; cet homme le fit passer par les mêmes corridors qui avaient servi à la reine pour ses rendez-vous avec son fils. Tant de mystères fortifièrent les idées que l'on avait données à M. de Saint-Armand, et il ne douta pas que son élève ne fût véritablement le frère du roi.

Celui qui était chargé de l'introduire, ouvrit une petite porte dont il avait la clef, dit au jésuite d'entrer, et ensuite il referma la porte à double tour et se retira. Le révérend père se trouva seul dans un oratoire, éclairé comme en plein jour, tout brillant d'or, de peintures précieuses et dont l'air était embaumé par des cassolettes qui brûlaient sans cesse ; il se cru transporté dans la Jérusalem céleste; son émotion était extrême, et elle fut bien plus forte encore lorsqu'un panneau de glace s'ouvrit, et qu'il vit entrer la reine. Quoique cette princesse eût plus de cinquante ans, elle était encore belle, et la noblesse de son port avait quelque chose de si imposant que le jésuite eut peine à le supporter ; il ne savait ce qu'il devait dire, et par où commencer son discours. La reine le tira d'embarras, en lui parlant ainsi : Je sais d'avance, monsieur de Saint-Armand, ce que vous avez à me dire ; c'est de Ferdinand dont vous venez me parler. Je ne sais jusqu'à quel degré vous êtes dans la confidence de cet important secret; je ne vous le demande point, je ne veux point le savoir; cela ne m'importe pas; vous êtes trop prudent, et vous tenez à un ordre qui sait trop se conduire par la plus parfaite politique pour craindre de vous la moindre indiscrétion. Qu'il vous suffise aussi de savoir qu'il importe au salut de l'état que Ferdinand soit engagé dans le sacerdoce, que vous y mettiez beaucoup trop d'indulgence, et que la mesure que le cardinal a prise était devenue indispensable. C'est un fort petit malheur pour un jeune homme d'être retenu dans une maison respectable pendant trois ou quatre ans. — Madame, Ferdinand n'en a que seize. — Eh bien! sept ou huit cela est possible; mais ensuite il sera parfaitement libre, puissamment riche, et la pourpre romaine ne sera peut-être pour lui qu'un degré pour obtenir la tiare : est-ce donc un sort si malheureux ! M. de Saint-Armand avait eu le temps de se remettre pendant que la reine lui avait parlé, il avait été tellement révolté de voir une mère trouver qu'une prison de sept à huit ans était la chose la moins fâcheuse, de la voir condamner au célibat un jeune homme, sans savoir si c'était ou non sa vocation, qu'il prit le parti de parler avec la plus grande fermeté contre un tel abus de l'autorité. La reine fut étourdie par sa mâle éloquence; personne, pas même le cardinal, n'avait osé lui parler ainsi. Je sais, madame, ajouta-t-il, en finissant, que je me perds et peut-être mon élève; mais les intérêts de la religion, je n'ose dire ceux de la nature, sont tellement méconnus dans la conduite que M. le cardinal fait tenir à V. M. que je n'ai pu me taire.

La reine ne put retenir ses larmes : vous voyez plus, dit-elle, que je ne voulais vous laisser voir, mais vous n'aurez pas imploré en vain l'amour maternel, non, je ne prononcerai pas son malheur; je ne puis dans cet instant faire révoquer l'ordre, mais il le sera dès qu'il sera sous-diacre. Vous devez m'entendre ; retournez près de lui ; tâchez qu'il se détermine à prendre au moins les ordres. Vous dites qu'il aime mademoiselle de Liancourt, quoi! si jeune ? — Ils s'adorent. — Ces pauvres enfans ! enfin nous verrons, il faut gagner du temps. Le cardinal est buté à ce qu'il soit ecclésiastique ; vous devez concevoir ses raisons. Libre, quel danger pour l'état ! On a fait une grande faute, ce n'est pas moi; madame de Louvigny vous le dira, demandez-le lui. Elle sait comment tout s'est passé, mais comment revenir? comment enlever à la France un roi qu'elle adore, qui le mérite? il est si beau, si aimable! Ferdinand l'est aussi; mais il n'est donc pas un moyen qui pût tout concilier? Et alors le père Saint-Armand fit part à la reine d'un projet qui s'exécuta plus tard, et dont nous verrons les développemens. S. M. n'en était pas éloignée, mais elle craignait le cardinal, et le directeur ne put obtenir rien de positif. C'était beaucoup d'avoir arraché l'aveu de la mère de Ferdinand. Quelle arme elle avait donnée contre elle! elle promit de parler au cardinal et d'envoyer la réponse à M. de Saint-Armand, chez le père Damery qui viendrait la chercher chez elle après la messe. Anne recommanda au jésuite la plus extrême discrétion, et surtout de se défier de la duchesse de Chevreuse, qui, pour se donner en spectacle, bouleversait le royaume. Alors elle détacha de son doigt un très-beau diamant, et dit à M. de Saint-Armand : portez ceci à mon fils de la part de la belle dame, car je sais que c'est ainsi qu'il m'appelle; qu'il sache que vous avez vu cette tendre protectrice de sa jeunesse, et qu'il soit sûr qu'elle ne négligera rien pour son bonheur; mais évitez les factions, parce que je ne serais plus maîtresse de rien.

Le jésuite se retira peu satisfait. L'ordre n'était point révoqué, seulement il avait obtenu qu'il en serait expédié un pour qu'il pût voir son élève toutes les fois qu'il le voudrait, et l'entretenir seul. Il alla l'attendre chez le père Damery. Quelle fut sa surprise d'y trouver à cette heure madame de Chevreuse! Elle avait une conversation animée avec le jésuite, qui se retranchait dans cette phrase: Je ne sais rien, je saurais que je n'en conviendrais pas.—Mais, dit-elle, qu'a-t-on fait de l'acte signé de la reine, et des témoins de la naissance de Ferdinand, que S. M. devait produire aussitôt la mort du roi? pourquoi est-il resté enseveli? Quand j'ai voulu en parler, on m'a exilée; je ne suis ici que parce qu'on craint que je fasse plus de mal en pays étranger qu'en France. Le jésuite disait toujours: Je ne sais pas, je ne me mêle de rien.

L'arrivée de M. de Saint-Armand suspendit un moment cette discussion; la duchesse voulut qu'il racontât tout ce qui s'était passé entre lui et S. M.; il n'en omit rien. — Ah ! s'écria madame de Chevreuse, si j'avais prévu que vous l'eussiez pu contraindre à vous avouer son secret, je vous eusse parlé de la cassette où est renfermé l'acte qui assure l'état de votre auguste élève; mais je n'en avais pas eu l'idée, et cette occasion passée, elle ne se retrouvera pas; elle verra le cardinal, elle retrempera son cœur à froid avec cet homme qui est incapable de la plus légère sensibilité, et nous ne reverrons jamais cette pièce qui fixe le sort de Ferdinand; il faudra s'en passer. La nature a écrit sur son front, en caractères ineffaçables, ses droits à la couronne, et malheur à ceux qui ne veulent pas profiter des moyens de conciliation qu'on leur offre, et qui préfèrent user d'un pouvoir tyrannique pour rendre à jamais malheureux un innocent.

Les jésuites firent tout leur possible pour adoucir la duchesse, et lui faire sentir que loin de servir Ferdinand, elle le perdrait. Elle persista dans ses résolutions, et ne remit l'exécution de ses projets que jusqu'à ce qu'elle eût revu la reine. Enfin elle quitta ces bons pères; il était temps, car l'horloge du château sonna deux heures après minuit; mais elle retourna dans son appartement qui était proche de celui de la reine, par les mêmes passages inconnus au vulgaire, et rentra chez elle, sans que l'on sût qu'elle en était sortie.

CHAPITRE XVII.

Le père Damery se trouva chez la reine comme elle lui en avait donné l'ordre. Cette princesse avait vu le cardinal, avait eu l'imprudence de lui rendre ce que M. de Saint-Armand lui avait dit, et il lui avait fait une peinture si affreuse de la guerre civile que pouvait et devait occasionner la reconnaissance de Ferdinand, qu'elle ne voulait plus entendre parler de rien de tout ce qui avait rapport à cette reconnaissance. — Ce que je puis, dit-elle, c'est d'abréger sa détention. Dès qu'il sera sous-diacre, il quittera le séminaire, et partira, avec monsieur de Louvigny, pour voyager dans toutes les cours de l'Europe. On ajoutera l'abbaye de Saint-Germain et celle de Corbie au prieuré de Saint-Martin. Il aura le chapeau de cardinal, aussitôt que son âge le permettra : je crois qu'il ne sera pas malheureux. Quand ses voyages seront terminés il viendra à la cour de ses frères. On laissera croire qu'il est le fils de Louis XIII, et de mademoiselle d'Hautefort, et cette existence serait encore fort agréable; croyez-vous qu'une couronne soit si désirable.

Le jésuite parla en homme pénétré de l'excellence du sacerdoce, du danger de s'y engager quand on n'y était pas appelé. Le père Damery ne pouvait rien ajouter, il avait rempli son devoir; ce n'était pas sa faute si la reine ne remplissait pas le sien. Il savait, par la manière dont on en avait agi autrefois avec madame de Chevreuse, tout ce qu'il avait à craindre. Il se borna à assurer S. M. que M. de Saint-Armand se conformerait à sa volonté, et à lui rappeler qu'elle avait bien voulu promettre à ce digne ecclésiastique, la permission de voir son élève. — Cela est juste, dit la princesse, et je vais la faire demander au cardinal, qui considère trop votre ordre pour la refuser.

Le confesseur se retira, et vint retrouver son confrère, qui fut consterné de voir ainsi tromper ses espérances; il ne pouvait néanmoins partir avant qu'on lui eût envoyé la permission qu'on lui avait promise; elle ne se fit pas attendre. Il partit aussitôt sans voir madame de Chevreuse, chargeant le père Damery de lui faire ses excuses, mais qu'il avait craint de la compromettre. Comme ce qu'il avait à dire à Ferdinand n'était pas fort satisfaisant, il n'avait pas un extrême empressement de se retrouver auprès de lui. Il pensa qu'il serait plus utile qu'il passât par la Touraine, ce qui n'allongeait pas son chemin, pour y voir M. et madame de Louvigny, la reine l'y avait auotrisé.

Déjà ces dignes amis de Ferdinand avaient appris, par M. de Liancourt, les nouvelles vexations du cardinal, et ils en étaient indignés. Cependant ils espéraient que le voyage du directeur, dont on leur faisait part, aurait quelques succès. Ils le virent donc arriver avec un sensible plaisir; mais quand ils apprirent la résolution de la reine, ils se livrèrent au découragement : ou il sera abandonné, ou il périra victime de quelque faction. O mon Dieu ! qui pourrait croire qu'une mère pût servir ainsi les ennemis de son fils ! Cependant il n'y à pas de doute qu'il faudrait engager Ferdinand à obéir aux volontés du cardinal, car c'est en vain qu'il voudra résister. M. de Saint-Armand passa vingt-quatre heures à Louvigny, et partit avec une lettre du marquis pour Ferdinand et une pour son beau-frère, afin de les engager à ployer, puisqu'il était impossible d'éviter le joug.

Ferdinand comptait les jours depuis le départ de M. de Saint-Armand. M. de Liancourt avait en vain tenté d'entrer dans le séminaire. M. le Bon était incorruptible, il gardait son prisonnier avec autant de soins que d'égards, et les portes ne s'ouvrirent qu'à la vue de la signature du cardinal que M. de Saint-Armand montra au portier, Celui-ci en instruisit un surveillant qui s'empressa d'en faire part à l'abbé le Bon; il vint en personne recevoir le jésuite, et le conduisit à l'appartement du prince. Dès que celui-ci aperçut son ami, il se lève et vient tomber dans ses bras. — Quel Dieu me rend mon cher maître ? — Vous le saurez, mon ami; et l'abbé le Bon qui avait fait quelques complimens au directeur, voyant qu'on ne disait rien que de vague devant lui, s'excusa sur ce que ses affaires ne lui permettaient pas de rester à tenir compagnie au jésuite, et sortit. Alors M. de Saint-Armand raconta à son élève tout ce qu'il devait lui dire, en exceptant ce qui aurait pu lui donner une idée distincte de sa naissance; mais il l'assura que la belle dame l'aimait toujours beaucoup : il lui montra la bague qu'il s'était chargé de lui remettre. La magnificence de ce présent étonna Ferdinand; mais il fut plus sensible à la bonté de celle qui le lui envoyait, qu'à la beauté du diamant. Il demanda ensuite quand il quitterait le séminaire, et s'il venait le chercher. — Pas encore, dit M. de Saint Armand; M. le cardinal ne le veut pas. — Et moi, je le veux, reprit Ferdinand, et je jure bien que dans huit jours j'aurai quitté cette triste habitation. Le jésuite fit l'impossible pour le calmer; il ne pût y réussir, et il eut la douleur de se séparer de lui, parce que l'heure le forçait à quitter le séminaire. — Pensez à celle qui vous envoye cette bague, lui dit-il en le quittant, et ne la réduisez pas au désespoir par des démarches qui attireraient sur vous l'animadversion du cardinal. — Il est temps que mon sort s'éclaircisse, reprit Ferdinand avec véhémence, il faut que je meure ou que je sois libre. Pauvre Ferdinand, tu ne mourras qu'après de longues années de souffrance, et tu vivras dans les fers !

Dès que M. de Saint-Armand fut parti, Ferdinand se livra à toute l'impétuosité de son caractère. — Quoi ! dit-il, on me privera du droit le plus imprescriptible; on me forcerait à prendre un état que j'abhorre, et pour y parvenir on me privera de la liberté ! non, non, il faut que cette tyrannie cesse. Si Charles veut me seconder, demain je ne serai plus ici.

Charles revint d'une conférence qui l'avait retenu plus de trois heures. En sortant, il apprit que M. de Saint-Armand était venu, et il éprouvait un vif regret de ne l'avoir pas vu. Il trouva son ami dans un désordre dont il lui demanda la cause avec la plus vive inquiétude. — Charles, il faut que je quitte le séminaire ou que je meure. Je veux aller à Lérac. — Mais, cher Ferdinand, vous compromettrez tout ce qui vous aime. — Je ne puis rien entendre; je ne sais que mourir. Je veux voir Félicie; je veux l'enlever, la conduire à Louvigny, l'épouser, et aller nous cacher dans un désert inaccessible au despotisme. — Cher Ferdinand, vous vous perdez. — Vous ne voulez point me servir? eh bien, j'affronterai seul les dangers. — Ferdinand, je n'accuse pas votre cœur, lorsque vous doutez du mien. Les passions sont injustes; mais soyez sûr qu'aussitôt que vous prendrez un parti, ce sera le mien, car Charles appartient à Ferdinand par les liens les plus sacrés, ceux de la reconnaissance. — Mon ami, je veux seulement que tu m'aides à sortir d'ici. Je suis descendu hier, pour la première fois, dans le jardin, j'ai vu une partie du mur qui est bien moins élevée que celle que j'aperçois de la fenêtre; mais encore ai-je besoin que tu me permettes de monter sur tes épaules pour pouvoir atteindre le haut du mur. Charles employa tous les raisonnemens que sa tendre amitié pouvait lui suggérer, il ne gagna rien sur l'esprit de Ferdinand. Enfin il lui promit que le lendemain, à onze heures du soir, ils attacheraient leurs draps à leurs fenêtres qui donnaient sur le jardin, et qu'il l'aiderait à franchir le mur.

Le directeur vint le lendemain, Ferdinand lui parut plus calme, ce qui lui donna une parfaite sécurité. Charles avait un vif désir de tout apprendre à M. de Saint-Armand; mais comment trahir la confiance de l'amitié. Il le laissa donc partir sans l'instruire du projet du prince, mais ce ne fut pas sans un trouble qui n'échappa point à leur digne ami. Rentré chez lui, il écrivit à M. de Liancourt, et lui fit part de ses craintes.

Cependant l'heure fatale est sonnée, et les deux amis se glissent le long de leur mobile échelle et se trouvent dans le jardin. Mais lorsqu'au pied de la muraille Ferdinand pense qu'il va se séparer pour toujours de son unique ami, un froid mortel passe dans ses veines; il tombe dans ses bras. O Charles! quel est donc ce sentiment qui l'emporte sur l'amour? Je ne puis me résoudre à te quitter, mais viens avec moi, et je brave tous les dangers. — Comment voulez-vous que nous partions ensemble, c'est impossible, puisque l'un a besoin de l'autre pour escalader le mur. Mais il me vient une idée : laissez-moi, au contraire, sortir le premier. Je me procurerai une échelle que je vous ferai repasser, et alors vous me rejoindrez, et nous nous rendrons à Lérac. Ferdinand trouva cet arrangement délicieux, et il ne douta pas qu'il n'eût un grand succès.

Charles était très-leste : il eut bientôt, aidé de Ferdinand, gagné le haut du mur, et, au risque mille fois de se casser bras et jambes, il sauta de l'autre côté, et gagnant la maison d'un maçon qui travaillait ordinairement au collége, et qui connaissait Charles comme l'ami de son bienfaiteur ; car Ferdinand lui avait donné de quoi épouser sa femme et acheter la maison qu'il occupait. Cet homme qui se nommait Marin, ignorait que le jeune prince avait quitté le collége ; mais Charles savait qu'il demeurait près du séminaire. Il court, frappe à sa porte à coups redoublés ; ce qui effraye Marin et sa femme encore plus. Qui est là ? s'écrie-t-il tout endormi.— C'est moi, c'est Charles, l'ami de Ferdinand. Ce nom ôte toute inquiétude à Marin ; il se lève, allume la lampe, vient ouvrir. Eh ! monsieur Charles, quoi ! si tard dans la rue ! — Oui, un peu tard, il est vrai, et je n'ose rentrer. Prêtez-moi une échelle, je passerai par-desssus le mur de la cour ; je retirerai l'échelle, et vous la trouverez demain, comme si vous l'aviez oubliée. Marin, qui croit que Charles et son ami sont toujours au collége, ajoute aisément foi à ce que le jeune abbé lui dit, et lui offre de porter l'échelle. — Non, non, cela vous compromettrait si on vous voyait avec moi. Marin donna l'échelle et se recoucha.

Charles approche du mur où Ferdinand l'attendait, il monte, et arrivé sur le haut, aussitôt il tire l'échelle à lui, la repasse à Ferdinand, qui monte de même, reprend l'échelle à son tour, et ils descendent l'un et l'autre, laissent l'échelle contre le mur et suivent le chemin de Lérac. Ils longeaient le bord de la rivière et déjà le jour paraissait, quand Ferdinand s'entend appeler par son nom. Pensant que c'est le supérieur qui fait courir après eux, il ne répondait pas, et faisait hâter le pas à Charles. Mais comme ils étaient à pied, et que celui qui les suivait était à cheval, il les eut bientôt rejoints. Quelle fut la surprise de Ferdinand en reconnaissant dans le cavalier qui le poursuivait, madame de Chevreuse !

Elle venait, déguisée en homme, à Bordeaux, pour chercher les moyens d'enlever Ferdinand; qu'on juge de son étonnement en le trouvant sur le grand chemin. Elle fit aussitôt descendre de cheval deux des hommes qui l'accompagnaient, et engagea les abbés à monter à leur place; puis elle les fit envelopper dans de grands manteaux écarlates, comme tous ceux de sa troupe, et mettre des chapeaux à plumet, qu'elle avait fait apporter pour qu'on ne pût les reconnaître; et, sans entrer dans aucune autre explication, elle mit son cheval au grand galop, et tous la suivirent.

CHAPITRE XVIII.

On ne s'arrêta qu'au bout d'une heure, devant une maison d'assez pauvre apparence. Un homme de la suite de la duchesse frappa à la porte. Une vieille femme l'ouvrit; la troupe entra dans la cour, et on referma la porte. Madame de Chevreuse fit passer nos fugitifs avec elle dans un fort joli salon, et s'asseyant, elle les plaça à ses côtés; puis elle leur dit : Qui donc vous a ouvert la redoutable porte du séminaire, et m'a enlevé le plaisir de vous rendre la liberté ? — Le sentiment naturel qui porte tout homme à s'affranchir d'un joug injuste et tyrannique. — Mais enfin, comment avez-vous fait ? Et Ferdinand lui raconta dans le plus grand détail, la manière dangereuse dont ils avaient franchi les murs. — Mon Dieu! si vous fussiez tombés, que vous fussiez blessés, quelle aurait été la désolation de celle à qui vous devez le jour! mais enfin vous voilà libres, et en état d'échapper pour jamais à l'oppression; il ne faut plus que suivre la marche que les événemens traceront, mais il n'y a pas un moment à perdre; et il faut enfin que vous sachiez quel est votre sort. Charles n'est pas de trop pour entendre l'aveu que je vais vous faire. Ferdinand, les yeux fixés sur la duchesse, attendait avec une sorte d'anxiété ce qu'elle allait dire, quand elle reprit la parole :

Ferdinand, vous sentez-vous le courage de disputer le premier trône de la terre, au prix de votre sang? — Oui, si je puis y faire asseoir Félicie. — Il n'est point question ici d'amour mais de vos droits. Vous êtes le frère de Louis XIV ; vous êtes né vingt-quatre heures après lui, j'ai été témoin de votre naissance, que les cardinaux de Richelieu et Mazarin ont voulu ensevelir ; j'ai tenté plusieurs fois de vous replacer où la nature vous avait mis, et on a déjoué mes projets ; mais enfin la haine que portent les Français au premier ministre vous a fait des amis: j'ai rassemblé les chefs dans l'île de Rhé ; ils n'attendent, pour se déclarer, que de vous avoir à leur tête. Pensez que le prince de Condé n'avait que deux ans plus que vous quand il gagna la bataille de Rocroy. — Oui mais il avait appris sous son père le grand art de la guerre; et moi, qu'ai-je vu ? que sais-je ? D'ailleurs, Condé défendait son roi; et vous voulez que j'attaque celui qui est possesseur du trône, qui l'est par l'assentiment de tous les grands du royaume ! et qu'y gagnerais-je ? De voir couler le sang de mes amis, de compromettre ceux qui ont élevé mon enfance, et qui périront victime de leur dévouement pour moi ! Ah ! que me proposez-vous ? Obtenez de celle que je n'ose appeler ma mère, mais pour qui mon respect et mon amour dureront autant que ma vie, qu'elle m'unisse à Félicie, et que si ma présence en Europe peut être dangereuse au repos de la France, qu'elle nous laisse passer en Amérique, dans ces vastes contrées où des forêts immenses nous serviront de retraite. Je suis sûr que

M. et madame de Liancourt, et la tendre Cécile quitteront tout pour m'accompagner dans mon exil. Là, nous ne causerons nulle inquiétude à ceux qui gouvernent la France; nous y serons oubliés et heureux. Oh! madame, dit-il, en se jetant à ses genoux, et en serrant sa main dans la sienne, soyez mon interprète auprès de la reine; dites-lui que je ne veux être que le sujet le plus soumis de mon frère; mais qu'il soit mon roi, et non mon tyran. Je ne demande que de jouir des droits imprescriptibles de l'enfant de la nature: la liberté et les doux liens de famille. Je ne me souviendrai plus de ceux que des circonstances bizarres me rendent étrangers. Le nom de Louvigny sera le seul sous lequel je serai connu, il fut celui de braves chevaliers dont je ne ternirai point la gloire.

Madame de Chevreuse laissait parler Ferdinand, et ne cherchait point à l'interrompre. Son discours lui causait tant d'étonnement, qu'elle ne trouvait point d'expression pour lui répondre. Refuser une couronne, mettre son bonheur à vivre ignoré dans les forêts du Canada; se bornant aux seules jouissances que lui offriraient l'amour et la nature: tout cela paraissait si bizarre à madame de Chevreuse, qu'il lui fallut plusieurs minutes pour rassembler ses idées. Enfin elle lui dit, en le forçant de se relever: Est-il possible, monseigneur, que vous ayez si peu d'ambition, et que vous trompiez ainsi les espérances d'un parti qui est prêt à tout entreprendre pour vos intérêts.—Je ne leur ai rien promis, c'est sans mon consentement qu'ils se sont assemblés, ils peuvent se séparer sans danger. Si parmi eux il s'en trouve quelques-uns qui soient pauvres et qui aient besoin d'argent pour regagner leurs provinces, je vous prierais, madame, de leur faire remettre ce qui leur sera nécessaire, M. de Louvigny vous en tiendra compte. — Ce n'est point de l'argent qu'ils veulent, ce sont des places, des honneurs auxquels ils ne peuvent atteindre tant que le cardinal sera ministre, et il le sera tant que Louis règnera. — Ce ne sera jamais moi qui entreprendrai de le détrôner, et je bénis le ciel qui m'a préservé du malheur d'être roi. — Ah! je ne reconnais pas en vous cet amour de la gloire qui est le principal caractère de votre auguste maison. — Je l'eusse peut-être eu comme mes ancêtres, si le ciel n'avait pas permis que je fusse écarté du chemin des grandeurs. Le peu que j'ai aperçu de ces biens pour lesquels les humains se donnent tant de peine, soit pour les conquérir, soit pour les garder, ne m'a paru que des songes trompeurs. La première fois que je vis la reine, je n'éprouvais que les douces émotions de la nature; je désirai de passer ma vie près d'elle, parce qu'elle me témoigna une grande tendresse. L'éclat qui l'environne me touchait bien moins que son amour. J'éprouvai le même sentiment, quand elle me fit venir dans un de ses palais. Les dix jours que je passai à portée d'elle ont été les plus beaux de ma vie; non parce qu'elle était reine (je l'ignorais), mais parce que je la croyais ma mère, et qu'elle me donnait tous les témoignages d'une vive tendresse; mais excepté ces deux époques, quelle a été mon existence ? Elevé par M. de Louvigny, ne sachant pas même si l'union de mon père et de ma mère était légitime, je n'ai pu élever bien haut mes espérances ; quand on m'a dit que ma mère était d'un sang illustre, ce n'a été que pour me faire entrevoir les craintes de parens jaloux qui avaient de fortes raisons pour m'éloigner de la société. Ai-je pu oublier les traitemens indignes de l'agent du cardinal ? Ce fut, si jeune encore, que je pris en haine les puissances de la terre, qui faisaient un aussi affreux abus de leur pouvoir ; depuis ils ont continué à me persécuter, et c'est pour fuir leur tyrannie que j'ai franchi les murs de leur prison. Ils m'en puniront peut-être, mais j'aime mieux souffrir innocent que coupable. Je n'irai point parmi les rebelles, c'est un parti irrévocablement pris; et en vous rendant grâce, madame, de l'intérêt que vous me témoignez, je vous conjure de nouveau de l'employer à me rendre heureux suivant mes désirs : la paix du cœur et l'obscurité, voilà tout ce que je veux. — Vous ne connaissez pas ceux que vous craignez d'offenser; ils vous feront chèrement payer votre modération : il faut opprimer ou l'être. Vous ne voulez pas reprendre vos droits, ils se serviront de ceux que vous leur laissez, pour vous rendre le plus malheureux des humains; ils vous sépareront de Félicie, vous contraindront à prendre l'état ecclésiastique, et si vous résistez à leur volonté, une prison d'état leur répondra de vous, et vos plaintes s'exhaleront sous des voûtes insensibles. — J'y porterai un bien que nul ne pourra me faire perdre, le calme d'une conscience pure.

Madame de Chevreuse voyant qu'elle ne pouvait rien gagner sur Ferdinand, s'adressa à Charles.— Et vous, son ami, vous qu'il entraîne dans sa perte, n'aurez-vous donc aucun empire sur lui, et vous laisserez-vous, par ses imprudences, ravir les grandes espérances qui vous attendent, dans une carrière que vous embrassez par goût, et qui, s'il parvient au trône, sera pour vous si brillante!— Je suis loin, madame, de croire que mes amis puissent avoir aucun poids sur l'esprit de celui qui m'appela son ami, quand nous étions égaux.— Nous le sommes toujours, et Ferdinand de Louvigny n'est pas plus que Charles de Valeroi, et si je pouvais croire aux rêves de la grandeur, j'en rejetterais l'idée, si elle me privait du plus grand des biens, un ami fidèle, et auquel je tiens d'autant plus que je suis sûr qu'il a la même opinion que moi. — Je ne puis le nier, à la place de Ferdinand, je penserais et j'agirais comme lui. J'ai toujours plaint les rois, et je ne puis concevoir comment il existe des usurpateurs. — Mais il ne le serait pas. — Rien ne prouve mes droits. La naissance de mon frère est reconnue avec toutes les formalités qui sont exigées pour être habile à la couronne; moi je n'ai que votre témoignage et celui de quelques personnes qui n'étaient point autorisées à attester ma naissance. Je regarde donc comme impossible que je reprenne mon rang, et je ne le pourrais, comme je l'ai déjà dit, qu'en versant des torrens de sang, et en renonçant à toute tranquillité pendant ma vie ; car il est bien certain que mon frère s'opposerait, tant que je vivrais, à me laisser tranquille sur un trône auquel il est accoutumé depuis sa tendre enfance : laissons-lui les honneurs, la gloire, et gardons le bonheur.

Les deux amis se réunirent pour supplier madame de Chevreuse de retourner à Versailles, d'instruire seule la reine des demandes de Ferdinand, si elle y consent, nous trouverons les moyens de nous dérober aux recherches du cardinal, et une fois en Amérique, nous ne le craindrons plus.

Madame de Chevreuse ne put refuser aux vives instances de Ferdinand de porter aux pieds de la reine les vœux d'un fils tendre et soumis, qui ne lui demandait que la liberté de fuir les grandeurs. Il fut convenu qu'on ne prendrait le chemin de Lérac qu'après le coucher du soleil, pour ne s'y trouver que la nuit, et ainsi dérober aux domestiques, l'arrivée des deux amis au château, où ils resteraient cachés jusqu'au retour de la duchesse à Lérac. On remonta en voiture, et en fort peu d'heures on fut chez M. de Liancourt, où nous allons un moment laisser reposer nos voyageurs, pour savoir quel effet produisit leur disparition subite à Bordeaux.

CHAPITRE XIX.

Charles entrait dès six heures en classe; on fut étonné de ne le pas voir. Le supérieur crut qu'il était malade, il envoya un maître de quartier savoir ce qui l'empêchait de se rendre aux exercices. Il trouva les gens de Ferdinand dans la plus vive inquiétude; ils étaient entrés comme de coutume, et ils avaient trouvé l'appartement dans le plus grand désordre. Les fenêtres ouvertes, les draps attachés au chassis, et leur maître certainement descendu, par ce moyen, dans le jardin. Le séminariste alla promptement rendre compte au supérieur. Celui-ci fut saisi de surprise et de colère. Se voir jouer ainsi par deux jeunes barbes ! que dira M. le cardinal ? Il écrit aussitôt à l'intendant, au gouverneur, requiert la maréchaussée pour faire arrêter les fuyards : car il comprend Charles dans sa recherche, quoiqu'on n'ait aucun droit de le faire arrêter, puisqu'il était volontairement au séminaire.

Robert apprend, par son père, l'évasion de Ferdinand. Il hâte les mesures de rigueur pour se saisir de lui; il est d'autant plus enclin à le persécuter, que la demande que son père a faite pour lui de la main de Félicie, a été rejetée avec politesse, mais de manière à ne laisser nul espoir. M. de Liancourt ayant dit formellement à l'intendant qu'il avait des engagemens irrévocables, avec un de ses parens, pour unir leurs enfans, il était clair que c'était Ferdinand dont il avait voulu parler : aussi Robert engagea son père à écrire au cardinal, et à dénoncer M. de Liancourt comme coupable de la fuite de Ferdinand, qui, sûrement, était caché à Lérac. M. le Bon inculpait le directeur des jésuites, et il se servait, pour appuyer cette assertion, d'une preuve à laquelle nos amis n'avaient pas pensé.

Quand on fit la recherche des moyens par lesquels les amis avaient franchi la clôture, l'échelle, prêtée par Marin, se trouva encore dressée contre le mur; sur cette échelle était écrit : *à Marin, maçon du collége.* Il n'y avait donc aucun doute que le directeur avait employé l'ascendant qu'il devait avoir sur Marin pour qu'il prêtât son échelle, et comme